RÉPERTOIRE

DE LA SCIENCE

DES JUSTICES DE PAIX

PAR

MM. CH. MILLION ET ALEX. BEAUME

SUPPLÉMENT

AU

DICTIONNAIRE GÉNÉRAL

DE LA COMPÉTENCE

DES JUSTICES DE PAIX

EN MATIÈRE CIVILE

ADMINISTRATIVE, DE SIMPLE POLICE. D'INSTRUCTION CRIMINELLE
ET D'ATTRIBUTIONS EXTRAJUDICIAIRES

PARIS

BUREAU DES ANNALES DES JUSTICES DE PAIX

RUE GUÉNÉGAUD, 27

1893

DICTIONNAIRE GÉNÉRAL

DE LA COMPÉTENCE

DES JUSTICES DE PAIX

PARIS. — TYPOGRAPHIE A. HENNUYER, RUE DARCET, 7.

RÉPERTOIRE

DE LA SCIENCE

DES JUSTICES DE PAIX

PAR

MM. CH. MILLION ET ALEX. BEAUME

SUPPLÉMENT

AU

DICTIONNAIRE GÉNÉRAL

DE LA COMPÉTENCE

DES JUSTICES DE PAIX

EN MATIÈRE CIVILE

ADMINISTRATIVE, DE SIMPLE POLICE, D'INSTRUCTION CRIMINELLE

ET D'ATTRIBUTIONS EXTRAJUDICIAIRES

PARIS

BUREAU DES ANNALES DES JUSTICES DE PAIX

RUE GUÉNÉGAUD, 27

1893

AVERTISSEMENT

Ce premier Supplément au Dictionnaire général n'est pas une œuvre indépendante de la quatrième édition ; il n'en est que l'annexe et le complément. Nous avons voulu mettre le Dictionnaire, terminé en 1884, au courant des lois qui ont été promulguées de 1884 à 1892 et des arrêts récents rendus sur les matières de la compétence des juges de paix.

Aussi avons-nous tenu à conserver les numéros mêmes du Dictionnaire, et à ne numéroter à nouveau que les matières qui n'y étaient pas traitées parce qu'elles résultent non pas de simples modifications à des lois antérieures, mais de lois qui confèrent aux juges de paix ou aux tribunaux de police des attributions nouvelles.

Le lecteur, pour se servir utilement de ce Supplément, devra donc consulter tout d'abord le Dictionnaire lui-même, puis se reporter au supplément, pour s'assurer si, sous le même mot et sous le même numéro, y est indiquée une modification ou une addition à ce qui a été dit dans le Dictionnaire.

L'absence de toute addition ou modification indiquera au lecteur que l'article du Dictionnaire sur le mot consulté demeure exact et complet.

Ce premier Supplément sera suivi d'un second dès qu'une loi essentielle, telle notamment que la loi de la compétence des juges de paix, aura sensiblement modifié les attributions de ces magistrats.

SUPPLÉMENT AU DICTIONNAIRE

GÉNÉRAL ET RAISONNÉ

DE LA COMPÉTENCE

DES JUSTICES DE PAIX

EN MATIÈRE CIVILE, ADMINISTRATIVE

DE SIMPLE POLICE, D'INSTRUCTION CRIMINELLE
ET D'ATTRIBUTIONS EXTRAJUDICIAIRES

ABANDON D'ANIMAUX ET DE BESTIAUX. (*Paragraphe additionnel.*)

I. *De la réparation civile du dommage causé par les animaux et bestiaux non gardés ou sans gardien connu.* (Loi sur le Code rural, titre VI, du 4 avril 1889.)

    a. Des bestiaux et animaux employés dans les exploitations rurales.

9. Les dispositions de la loi du 4 avril 1889 sont empruntées, pour la plupart, à la loi des 28 septembre-6 octobre 1791, complétée par des usages anciens et généralement suivis. Leur objet principal est presque exclusivement de régler le sort des animaux qui passent sur les propriétés voisines. — Rapport de M. Thellier de Poncheville à la Chambre des députés. (*Journ. off.*, doc. parlement. de mars 1889, p. 546.)

10. Lorsque des animaux non gardés, ou dont le gardien est inconnu, ont causé du dommage, le propriétaire lésé a le droit de les conduire sans retard au lieu de dépôt désigné par le maire, qui, s'il connaît la personne responsable du dommage, aux termes de l'article 1385 du Code civil, lui en donnera immédiatement avis. L. 4 avril 1889, art. 1er, alin. 1er.

11. Le droit d'exercer un recours contre l'animal lui-même, de saisir la bête quand l'homme ne peut être atteint, et de mettre la main sur l'instrument du dommage, était déjà accordé à la partie lésée par l'article 12 du titre II de la loi des 28 septembre-6 octobre 1791. La loi du 4 avril 1889 a reproduit cette disposition, qui n'est d'ailleurs que la conséquence du principe général édicté par l'article 1385 du Code civil, et l'a organisée. Exposé des motifs, Sénat (*Journ. off.*, doc. parlement. d'oct. 1876, p. 7798), et rapport de M. Ribière au Sénat (*Journ. off.*, doc. parlement. de janv. 1882, p. 22).

12. Mais il importe de remarquer — et c'est en cela que la loi du 4 avril 1889 contient une innovation importante — que, si cette dernière loi a reproduit, dans son article 1er, les dispositions de la loi des 28 septembre-6 octobre 1791 relatives aux bestiaux non gardés ou sans gardien connu, qui ont causé un dommage, elle a étendu ces dispositions, qui ne visaient que les seuls bestiaux, à tous les *animaux*, en général, employés dans les exploitations rurales, comme les chevaux, les chiens, etc. — En effet, l'article 1er de la loi de 1889, qui est le siège de la matière, se sert constamment de l'expression générique « animaux » ; et, si l'on a conservé à cet article la rubrique primitive « Des bestiaux », il ne faut voir là qu'un simple défaut de concordance, qui ne saurait jeter aucun doute sur les intentions du législateur, surtout en présence des explications fournies dans l'exposé des motifs de 1876, et du texte lui-même de l'article qui est assez clair et assez positif pour écarter toute confusion. — V. le rapport de M. Thellier de Poncheville à la Chambre des députés.

13. Le maire est tenu, aux termes de l'article 1er, § 1er, de donner immédiatement avis du dépôt à la personne responsable du dommage, s'il la connaît ; mais aucune forme particulière ne lui est prescrite relativement à la forme de cet avis. Une simple lettre missive sera généralement suffisante ; c'est d'ailleurs le mode adopté par nos lois pour les avertissements à comparaître devant le juge de paix. Et il est, dans le cas actuel, d'autant plus légitime de s'en contenter, que le propriétaire est tenu de veiller sur ses animaux, de les suivre s'ils s'échappent, et de les faire rechercher s'ils s'égarent. A la rigueur, on ne lui devrait aucun avis. Exposé des motifs, Sénat.

14. Si les animaux ne sont pas réclamés et si le dommage n'est pas payé dans la huitaine du jour où il a été commis, il est procédé à la vente sur ordonnance du juge de paix, qui évalue les dommages. L. 4 avril 1889, art. 1er, § 2. — Cette évaluation des dégâts et des dommages-intérêts qui en sont la conséquence est faite par le juge de paix, sur l'ordonnance même par laquelle il autorise la vente.

15. Cette ordonnance doit être affichée sur papier libre et sans frais à la porte de la mairie. L. 4 avril 1889, art. 1er, § 3.

16. Le montant des frais et des dommages est prélevé sur le produit de la vente. *Ibid.*, § 4. — Mais, si le prix de la vente venait à dépasser le montant des frais et du dommage, que devrait-il être fait du reliquat? La loi ne le dit pas; toutefois, comme le fait observer avec raison M. Ribière dans son rapport au Sénat (*Journ. off.*, doc. parlement. de janv. 1882, p. 22), il est si peu probable que, dans cette hypothèse, le propriétaire de l'animal ne se présente pas, qu'il a paru inutile au législateur d'ajouter une disposition pour un cas à peu près invraisemblable.

17. En ce qui concerne la fixation du dommage, l'ordonnance du juge de paix ne devient définitive, à l'égard du propriétaire de l'animal, que si celui-ci n'a pas formé opposition, par simple avertissement, dans la huitaine de la vente. L. 4 avril 1889, art. 1er, § 5. — Cette opposition est même recevable après le délai de*huitaine, si le juge de paix reconnaît qu'il y a lieu, en raison des circonstances, de relever l'opposant de la rigueur du délai. *Ibid.*, § 6.

18. Il était juste et en même temps conforme aux règles de notre droit qu'une voie de recours fût réservée au propriétaire de l'animal contre la condamnation à des dommages-intérêts prononcée contre lui à son insu et sans qu'il ait été entendu. Mais, d'autre part, il n'y avait pas lieu de suivre er pareil cas la procédure ordinaire en matière de jugement par défaut, laquelle suppose une personne défaillante, mais connue, tandis qu'ici l'individu condamné par défaut était inconnu. D'ailleurs, cette procédure eût été beaucoup trop longue, trop compliquée et surtout trop dispendieuse en raison de la médiocre importance de l'intérêt pécuniaire en jeu, c'est-à-dire des dommages-intérêts qui sont ordinairement encourus. Et puis, ces dommages-intérêts fussent-ils importants, que le propriétaire de l'animal a, dans tous les cas, à s'imputer la faute d'avoir laissé vaguer celui-ci, de n'avoir pas mis suffisamment de diligence à se rendre compte des dégâts qu'il a pu commettre, et d'avoir tardé à se faire connaître. C'est pour toutes ces raisons que le législateur a décidé, d'une part, qu'un simple avertissement délivré par la partie condamnée à la partie lésée vaudrait opposition à l'ordonnance du juge de paix, et, d'autre part, que cette opposition ne pourrait être formée que dans la huitaine du jour de la vente de l'animal. L'effet de cette opposition est de faire venir la cause devant le tribunal du juge de paix, qui statue contradictoirement sur l'importance des dommages. — La disposition finale de l'article 1er n'est que la reproduction abrégée de l'article 21 du Code de procédure civile, qui permet au juge de paix, suivant les circonstances, d'accorder une prolongation de délai pour l'opposition.

β. De certaines règles particulières aux *chèvres*.

19. Les dispositions de la loi du 4 avril 1889, en ce qui concerne les chèvres conduites aux pâturages, sont nouvelles en ce sens qu'elles ne sont empruntées à aucune législation antérieure, et, d'autre part, la réglementation spéciale à laquelle le législateur a cru devoir soumettre les chèvres, en particulier, trouve sa justification dans l'humeur vagabonde de ces animaux et dans la rapidité des dégâts qu'ils produisent ; elle est d'ailleurs conforme aux usages. —V. Rapp. de M. Thellier de Poncheville à la Chambre des députés, *ubi supra*. — Sur le même point, M. Ribière s'exprime ainsi dans son rapport au Sénat (**V.** *ubi supra*) : « Il est une espèce d'animaux qui ont paru, quoique étant de véritables bestiaux, mériter des mesures spéciales : ce sont les chèvres. Ces bêtes, en effet, peuvent être fort nuisibles... En ce qui les concerne, les usages varient beaucoup : tantôt on les conduit à la main, tantôt on les joint, pour le pacage, aux vaches et aux moutons qu'elles suivent avec plus ou moins de docilité. La difficulté était donc de ne pas heurter les usages locaux, et, en même temps, de ne pas tout abandonner à l'arbitraire et au laisser-aller. » Et c'est ce double écueil que le législateur de 1889 s'est proposé d'éviter en édictant les dispositions suivantes.

20. Les préfets peuvent, après avoir pris l'avis des conseils

généraux et des conseils d'arrondissement, déterminer par des
arrêtés les conditions sous lesquelles les chèvres peuvent être
conduites et tenues au pâturage. L. 4 avril 1889, art. 2. —
Il est à remarquer, d'une part, que l'exercice de ce pouvoir réglementaire est purement facultatif de la part du préfet, qui est
libre d'en user à l'égard de telles localités que bon lui semble,
et seulement dans les circonstances et dans la mesure où il le
juge utile ou nécessaire, et, d'autre part, que le préfet ne peut
prendre aucun arrêté en pareille matière sans avoir préalablement pris l'avis du conseil général et des conseils d'arrondissement de son département.

21. Les propriétaires de chèvres conduites en commun sont
solidairement responsables des dommages qu'elles causent.
L. 4 avril 1889, art. 3. — Cette disposition contient une dérogation au droit commun, suivant lequel les propriétaires d'animaux conduits en commun ne sont responsables que chacun
divisément et séparément des dommages causés par les animaux qui lui appartiennent personnellement, et non tous solidairement entre eux, des dégâts commis par le troupeau tout
entier. Mais cette dérogation, en ce qui concerne les chèvres,
est, ainsi qu'il suit, expliquée et justifiée par le rapport de
M. Ribière au Sénat (V. *ubi supra*) : « Malgré les précautions
prescrites par l'article 2, lorsqu'un troupeau de chèvres est
conduit en commun, il est difficile de reconnaître dans le
nombre celle qui a commis une dévastation. « Le berger, dit
« l'exposé des motifs, a bien soin d'augmenter l'embarras en
« attribuant la faute à la chèvre dont le propriétaire est le
« moins solvable. » L'article 3 tranche cette difficulté et prévient toute manœuvre frauduleuse en mettant, comme le troupeau, la faute en commun, et en rendant solidaires tous les
propriétaires de chèvres. Ils rechercheront entre eux le véritable coupable. »

22. Les dispositions des articles 2 et 3 de la loi du 4 avril 1889
ne s'appliquent pas aux moutons. — V. discussion et rejet de
l'amendement de M. de la Batie, Ch. des déput., séance du
7 mars 1889 (*Journ. off.* du 8 mars, déb. parlement., p. 491).

γ. Des volailles et autres animaux de basse-cour.

23. Celui dont les volailles passent sur la propriété voisine
et y causent des dommages est tenu de réparer ces dommages.

Celui qui les a soufferts peut même tuer les volailles, mais seulement sur le lieu, au moment du dégât, et sans pouvoir se les approprier. L. 4 avril 1889, art. 4.

24. Cette disposition est empruntée à l'article 12, titre II, de la loi des 28 septembre-6 octobre 1791, auquel elle a ajouté, consacrant en cela l'interprétation constante que la jurisprudence et la doctrine avaient faite de ce dernier texte, d'abord la réserve pour la partie lésée de réclamer au propriétaire de l'animal qui a commis le dégât la réparation du préjudice causé, en sus et indépendamment du droit qui lui appartient de tuer cet animal, et ensuite la prohibition pour celui qui a tué l'animal, auteur du dommage, de l'enlever et de se l'approprier. — V. notre *Dictionnaire général*, 4ᵉ édit., v° VOLAILLES, nᵒˢ 3, 4, 12 et 13.

25. Les volailles et autres animaux de basse-cour qui s'enfuient dans les propriétés voisines ne cessent pas d'appartenir à leur maître, quoiqu'il les ait perdus de vue. L. 4 avril 1889, art. 5, § 1ᵉʳ. — Néanmoins, celui-ci ne pourra plus les réclamer un mois après la déclaration qui devra être faite à la mairie par les personnes chez lesquelles ces animaux se seront enfuis. *Ibid.*, § 2.

26. Par l'expression « propriétés voisines » employée dans le texte de loi qui précède, il faut entendre, d'une manière générale, *les propriétés d'autrui;* et, si le législateur s'est servi de la première expression, c'est, dit M. Thellier de Poncheville en son rapport à la Chambre des députés (V. *ubi supra*), « parce que c'est toujours dans le *voisinage* que les animaux fugitifs sont rencontrés ». Et, pour dissiper toute équivoque, le rapporteur ajoute : « Il est bien clair qu'il n'y aura pas de question à régler si les animaux n'ont pas fait incursion chez *autrui*. »

27. Les animaux de basse-cour qui s'échappent et fuient sur les propriétés voisines ne cessent pas d'appartenir à leur maître, encore bien qu'il les ait perdus de vue ; et celui-ci peut les réclamer pendant le délai d'un mois à partir de la déclaration faite à la mairie, c'est-à-dire à compter du moment où il est présumé connaître le lieu de leur retraite. Mais, ce délai passé sans réclamation de sa part, il perd tous ses droits sur les animaux, parce qu'alors il est présumé les avoir abandonnés ou se reconnaître impuissant à constater leur identité. Rapport de M. Ribière au Sénat (V. *ubi supra*). — Mais il est bien entendu que l'article 5 de la loi du 4 avril 1889 ne déroge pas aux dispositions de l'article 2279, du Code civil, en ce sens que celui qui aurait volé des volailles ou autres animaux de basse-cour ne pourrait pas se prévaloir, à l'encontre du propriétaire, de l'expiration du délai d'un mois écoulé sans réclamation de la part de celui-ci ; l'article 5 ne prévoit nullement le cas de vol, et, dans ce cas, la revendication par le propriétaire durerait toujours trente ans. — V. séance du Sénat du 18 févr. 1882 (*Journ. off.*, déb. parlement., p. 96).

δ. Des pigeons.

28. Les dispositions qui vont suivre sont empruntées à l'article 2 du décret du 4 août 1789 et sont justifiées par cette considération, exposée par M. Ribière dans son rapport au Sénat (V. *ubi supra*), que « parmi les animaux domestiques, ceux qui causent les dommages les plus fréquents et les plus considérables, sont les pigeons, qui, surtout à l'époque des semences, s'abattent en grand nombre sur les propriétés plus ou moins voisines de leur colombier, y vivent aux dépens d'autrui, détruisent en germe une partie de la récolte sur laquelle comptait le fermier ou le propriétaire ».

29. Les préfets, après avis des conseils généraux, déterminent, chaque année, pour tout le département ou séparément pour chaque commune, s'il y a lieu, l'époque de l'ouverture et de la clôture des colombiers. L. 4 avril 1889, art. 6.

30. Pendant le temps de la clôture des colombiers, les propriétaires et les fermiers peuvent tuer et s'approprier les pigeons qui seraient trouvés sur leurs fonds, indépendamment des dommages-intérêts et des peines de police encourues par les propriétaires des pigeons. *Ibid.*, art. 7, § 1er. — En tout autre temps, les propriétaires et fermiers peuvent exercer, à l'occasion des pigeons trouvés sur leurs fonds, les droits déterminés par l'article 4 de la loi du 4 avril 1889. *Ibid.*, § 2.

31. Les pigeons de colombier, quelle que soit leur espèce (c'est-à-dire sans distinction entre les pigeons bisets ou de colombier et les pigeons de fantaisie ou de volière), sont soumis à la clôture pendant tout le temps déterminé par les arrêtés préfectoraux. Sénat, exposé des motifs (*Journ. off.*, doc. parlement. d'oct. 1876, p. 7798). — V. cependant *infra*, n° 43, en ce qui concerne les pigeons voyageurs.

32. A l'égard des droits qu'elle accorde aux propriétaires et aux fermiers, relativement aux pigeons trouvés sur leurs fonds, la loi du 4 avril 1889 distingue deux périodes :

1° Pendant le temps fixé par l'arrêté préfectoral pour la clôture des colombiers, c'est-à-dire ordinairement pendant l'époque des semailles et des récoltes, les propriétaires ont, indépendamment de leur action en dommages-intérêts, dans les termes du droit commun, à raison des dégâts causés sur leurs fonds par les pigeons d'autrui, et sans préjudice aux peines de police encourues par les propriétaires desdits animaux, le droit non seulement de tuer ces pigeons sur place, c'est-à-dire tant qu'ils sont sur leurs fonds, mais encore de *se les approprier.* Et, en effet, les pigeons qui errent dans la campagne en temps de clôture sont considérés tout à la fois comme animaux sauvages et comme animaux nuisibles, dit l'exposé des motifs de la loi de 1889, au Sénat. — V. *ubi supra.*

33. Il est, en outre, permis de supposer que, dans la pensée du législateur, ce droit d'appropriation est peut-être pour le propriétaire lésé une compensation à l'impossibilité où il se trouvera le plus souvent d'exercer une action en dommages-intérêts contre le propriétaire des pigeons, desquels l'identité sera toujours, en pareil cas, très difficile à établir, et dont il deviendra, dès lors, généralement impossible de reconnaître et d'atteindre le maître responsable.

34. Dans le même sens et par analogie de motifs, la loi du 4 août 1789, abolitive du régime féodal, édictait par son article 2 que « les pigeons seraient renfermés aux époques fixées par la communauté (c'est-à-dire par l'arrêté du maire de la commune), et que durant ce temps ils seraient regardés comme *gibier*, et que chacun aurait le droit de les tuer sur son terrain ». — Or, d'après l'interprétation de ce texte par la jurisprudence de la Cour de cassation, l'assimilation que la loi de 1789 avait faite des pigeons à un gibier, pendant le temps de la clôture réglementaire des colombiers, impliquait pour le propriétaire qui trouvait des pigeons sur son terrain le droit de s'approprier ces animaux après les avoir tués.—V. Cass., motifs, 9 juin 1886, Sirey 1886, I, 425, *J. P.* 1886, I, 1033. *Sic* Chauveau et Hélie, *Théorie du Code pénal,* t. V, n° 1925 ; Villequez, *Droit de destruct. des anim. malfais. et nuisibl.,* n° 82 ; Leblond, *Code de la chasse,* t. I, n° 151 ; de Neyremand,

Quest. sur la chasse, 2° édit., p. 403 ; Giraudeau, Lelièvre et Soudée, *la Chasse*, n° 143.

35. Peu importe que les pigeons commettent ou viennent de commettre des dégâts au moment où ils sont tués; peu importe même que le terrain sur lequel ils se sont abattus soit ou non ensemencé ou chargé de récoltes. Il suffit que les pigeons soient *trouvés sur le fonds* d'autrui pendant le temps de la clôture des colombiers, pour qu'il y ait contravention et pour que le propriétaire de ce fonds ait le droit de tuer sur place ces animaux et de se les approprier. En effet, le but principal que s'est proposé le législateur de 1889 est d'empêcher, de prévenir les dégâts qui pourraient être commis par les pigeons, c'est-à-dire que les mesures et les dispositions qu'il a édictées à cet égard ont surtout et avant tout un caractère préventif, bien plutôt que répressif. Telle était déjà, sous l'ancienne législation, la doctrine enseignée par la majorité des auteurs. V. Leblond, *op. cit.*, t. I, n° 151 ; Villequez, *op. cit.*, n° 80 ; Giraudeau, Lelièvre et Soudée, n° 143 ; Menche de Loisne, *Essai sur le droit de chasse*, n° 217. — Il est vrai de dire cependant que la jurisprudence, toujours sous l'empire de la législation antérieure à la loi du 4 avril 1889, était d'une opinion contraire et qu'elle décidait généralement que les pigeons ne devaient être réputés *gibier* et ne pouvaient, par conséquent, être tués et appréhendés sur le terrain d'autrui, qu'autant qu'ils y avaient causé un dommage. Paris, 11 nov. 1857, Sirey 1858, II, p. 173 ; Limoges, 18 sept. 1884, Sirey 1885, II, p. 40. — Mais aujourd'hui les termes précis et formels de l'article 7 de la loi du 4 avril 1889 repoussent cette dernière interprétation et ne subordonnent aucunement à la condition d'un dommage effectif et préalable l'exercice du droit, pour le propriétaire du terrain où les pigeons se sont abattus, de tuer ces animaux et de se les approprier.

36. Ce même droit pour les propriétaires ou les fermiers de tirer sur les pigeons trouvés sur leurs fonds, pendant le temps prescrit pour la fermeture des colombiers, et de s'en emparer après les avoir tués, ne constitue pas un fait de chasse. Il en résulte qu'il peut être exercé même à une époque où la chasse n'est pas ouverte et sans que le destructeur ait besoin d'être muni d'un permis de chasse. La jurisprudence l'avait déjà décidé ainsi, sous l'empire de la loi du 4 août 1789 (V. Rouen,

14 févr. 1845, Sirey 1845, II, p. 236, *J. P.* 1845, II, p. 122) ; et les auteurs partageaient cette opinion. — V. Villequez, *Droit de destruct. des anim. malfais. et nuisibl.*, n° 80 ; Menche de Loisne, *Essai sur le droit de chasse*, n° 219 ; Rogron, *Code de la chasse*, p. 339 ; Chardon, *Droit de chasse*, p. 96 ; Demolombe, *De la propriété*, t. I, n° 180. — Il existe aujourd'hui, depuis la nouvelle loi, les mêmes raisons de décider.

37. — 2° En dehors du temps prescrit par l'arrêté préfectoral pour la fermeture des colombiers (et même à quelque époque que ce soit, dans le cas où le préfet n'aurait pas pris d'arrêté à ce sujet), les propriétaires et fermiers peuvent exercer, à l'occasion des pigeons trouvés sur leurs fonds, les droits déterminés par l'article 4 de la loi du 4 avril 1889 (V. *supra*, n° 30), lequel est ainsi conçu : « Celui dont les volailles passent sur la propriété voisine et y causent des dommages est tenu de réparer ces dommages. Celui qui les a soufferts peut même tuer les volailles, mais seulement sur le lieu, au moment du dégât, et sans pouvoir se les approprier. »

38. Par ce qui précède, on voit que cette seconde hypothèse diffère de la précédente, celle qui se réfère au temps de la fermeture réglementaire des colombiers (V. *supra*) par deux points importants. La première de ces différences consiste en ce que, dans le cas qui nous occupe, c'est-à-dire en dehors du temps prescrit pour cette fermeture ou en l'absence d'un arrêté préfectoral la prescrivant, les pigeons ne sont plus considérés comme un gibier, comme des animaux à la fois sauvages et nuisibles, en sorte que le propriétaire ou le fermier du terrain sur lequel ils se sont réfugiés n'a le droit de les tuer que s'ils ont commis un dégât, et seulement sur le lieu et au moment du dégât ; mais il ne serait pas autorisé à les détruire par le fait seul qu'il les aurait trouvés sur son fonds et indépendamment de toute condition de dommage préalablement causé. C'est d'ailleurs dans ce sens que la jurisprudence et les auteurs avaient interprété l'article 2 de la loi du 4 août 1789, auquel la loi de 1889 a emprunté les dispositions de son article 7.—V. Cass., 1ᵉʳ août 1829, Sirey et *J. P.*, Chr., D., *P.* 1829, I, 317 ; Rouen, 14 févr. 1845, Sirey 1845, II, 236, *J. P.* 1845, II, 122, D., *P.* 1845, II, 57 ; Limoges, 18 sept. 1884, Sirey 1885, II, 40, *J. P.* 1885, I, 308 ; Cass., motifs, 9 juin 1886, Sirey 1886, I, 425, *J. P.* 1886, I, 1033. *Sic* Villequez, *Droit de destruct. des anim.*

malfais. et nuisibl., n° 83 ; Menche de Loisne, *Essai sur le droit de chasse*, n° 220 ; Leblond, *Code de la chasse*, t. I⁰ʳ, n° 151, p. 160 ; Berriat-Saint-Prix, *Législat. de la chasse*, p. 97 ; de Neyremand, *Quest. sur la chasse*, 2⁰ édit., p. 403, 404 et 405, n°ˢ 6 et 10 ; Giraudeau, Lelièvre et Soudée, *la Chasse*, n° 144. *Adde*, MM. F. Laurent, *Princip. de dr. civ. franç.*, t. VIII, n° 440 ; Aubry et Rau, t. II, p. 235, § 201, note 2.

39. Quant à la seconde différence, elle consiste en ce que le propriétaire ou fermier n'a pas le droit, dans cette seconde hypothèse, comme il l'a durant le temps de la clôture réglementaire des colombiers, de s'approprier les pigeons qu'il a tués pendant qu'ils endommageaient son champ. — Sous ce rapport, la loi du 4 avril 1889 n'a fait que consacrer les principes généralement admis par la jurisprudence antérieure de la Cour de cassation, qui avait décidé, par un arrêt du 9 juin 1886 (Sirey 1886, I, 425, *J. P.* 1886, I, 1033), « que les pigeons de colombier ne sont déclarés gibier par l'article 2 de la loi du 4 août 1789 que durant le temps pendant lequel les règlements administratifs ordonnent de les tenir enfermés ; que, hors ce temps, ils sont, aux termes de l'article 524 du Code civil, la propriété de celui à qui appartient le colombier ; que, s'il est permis même alors au propriétaire sur le terrain duquel ils causent des dégâts de les tuer, il n'a pas le droit de les emporter et d'en faire son profit ». *Sic*, Cass., 20 sept. 1883, Sirey et *J. P.*, Chr. ; Orléans, 25 janv. 1842, *J. P.* 1842, I, 369, D., *P.* 1842, II, 191 ; Cass., 9 janv. 1868, Sirey 1868, I, 319, *J. P.* 1868, 802 ; Limoges, 18 sept. 1884, précité.

40. Dans ce cas, comme dans le précédent (V. *supra*), le droit pour le propriétaire de tuer les pigeons qui dévastent son fonds n'est subordonné ni à la condition de l'ouverture de la chasse ni à celle du port d'armes. Rouen, 14 févr. 1845, Sirey 1845, II, 236, *J. P.* 1845, II, 122. *Sic* Villequez, *op. cit.*, n° 83.

41. L'expression *propriétaires et fermiers* employée pa l'article 7 de la loi du 4 avril 1889 doit être considérée, non pas comme limitative, mais comme simplement énonciative ; elle s'applique notamment à l'usufruitier, au possesseur et généralement à toute personne qui, à un titre quelconque, a droit de percevoir la ou la récolte du fonds envahi ou endommagé par les pigeons. — L'article 2 de la loi du 4 août 1789 disait que

« chacun aurait le droit de les tuer (les pigeons) sur son terrain »; et l'on était d'accord que cette expression *chacun* devait s'entendre dans le sens le plus large et comprendre indistinctement tous ceux qui auraient droit à la récolte. Arg., art. 12, tit. II, de la loi des 28 sept.-6 oct. 1891.

42. Bien plus, il faut admettre que le propriétaire ou le fermier, en confiant à des tiers la surveillance et la garde de sa propriété, est réputé leur avoir par là même transmis et délégué son droit à la destruction des pigeons. Ainsi le garde particulier, le régisseur, les domestiques, les enfants mêmes du propriétaire ou du fermier, sont ses préposés et peuvent exercer tous ses droits relativement aux pigeons qui endommagent ou menacent d'endommager ses propriétés. — C'est dans ce sens que se prononçaient la jurisprudence et les auteurs avant la loi du 4 avril 1889.— V. Rouen, 14 févr. 1845, Sirey 1845, II, 236, *J. P.* 1845, II, 122; Paris, 11 nov. 1857, Sirey 1858, II, 173, *J. P.* 1858, 628; Limoges, 18 sept. 1884, précité. *Sic* Villequez, *op. cit.*, n° 78; Leblond, *op. cit.*, t. Ier, n° 151; Menche de Loisne, *op. cit.*, n° 219; Giraudeau, Lelièvre et Soudée, *op. cit.*, n° 143.

43. Les pigeons voyageurs sont-ils soumis aux dispositions de la loi du 4 avril 1889 ? Nous ne le pensons pas, et cela pour les raisons suivantes.

D'abord cette dernière loi, comme le démontrent péremptoirement son titre de *Loi sur le code rural*, et la rubrique qui lui sert de sous-titre : *Des animaux employés à l'exploitation des propriétés rurales*, est exclusivement applicable aux domaines ruraux et aux animaux de ferme ou de basse-cour, dont l'agriculture utilise les services comme un instrument de travail, ou dont elle cultive l'élevage comme un produit. Or, les pigeons voyageurs, qui sont d'ailleurs généralement élevés au centre de villes, ne sauraient être considérés comme des animaux de ferme ou de basse-cour. Ce sont, au contraire, des animaux dont la destination, l'emploi et les services se rattachent à un ordre d'idées tout à fait étranger aux choses de la vie rurale et agricole, et répondent à des intérêts et à des besoins pour ainsi dire purement *urbains*, en ce sens qu'ils sont du domaine des choses de la vie publique et sociale ; ce sont, en effet, des messagers aériens soumis à un autre régime et à un autre mode d'existence que celui des pigeons ordinaires de colombier, dont on utilise, après les avoir développés par

l'éducation et l'entraînement, l'étonnante faculté d'orienta-
tion ainsi que la puissance et la rapidité de vol, dans le but
d'établir, à défaut d'autres moyens, des communications entre
certains points déterminés. Ainsi donc, à ce premier point de
vue déjà, pas d'assimilation possible entre les pigeons voyageurs et les pigeons ordinaires.

44. En second lieu, les pigeons voyageurs ne sont point
considérés comme des animaux *sauvages* (Trib. correct.
Avesnes, 23 oct. 1889, *G. P.* 1890, I, suppl., p. 26) ou *nuisibles*, et ils sont, au contraire, classés parmi les oiseaux *utiles*
dont la destruction doit être interdite en tout temps. Circul.
minist. de l'intér. 6 avril 1887. — Il a été jugé dans cet ordre
d'idées que l'individu qui tue un pigeon voyageur, alors qu'il
était facile de le distinguer des pigeons ordinaires, est responsable du préjudice qu'il cause par cette destruction à la société
colombophile, propriétaire du pigeon tué. Trib. Valence,
17 avril 1888, *la Loi*, n° du 26 mai 1888. — Dans le même sens
encore, un arrêt de la Chambre civile de la Cour de cassation
du 11 août 1890 (*Annales* 1891, p. 203) a décidé que, si les lois
du 4 août 1789, art. 2, du 6 octobre 1791, tit. II, art. 12, donnent à tout propriétaire le droit de tuer les volailles qui causent chez lui du dommage, l'article 9 de la loi du 3 mai 1844,
modifié par la loi du 22 janvier 1874, a dérogé à ces lois en
tant que de besoin. Dès lors, ajoute l'arrêt, est obligatoire l'arrêté préfectoral interdisant la capture et la destruction des
pigeons voyageurs par quelque moyen que ce soit, et doit, en
conséquence, être cassé un jugement qui, refusant de tenir
compte de cet arrêté, rejette la demande en dommages-intérêts intentée par le propriétaire de pigeons voyageurs contre
un tiers ayant détruit des animaux pour éviter le dommage
qu'ils causaient à son toit. — Du reste, pour prévenir toute
équivoque, les préfets ont coutume de prendre des arrêtés interdisant de tuer les pigeons voyageurs, auquel cas la destruction
de l'un de ces oiseaux constitue une contravention donnant
lieu à une peine de simple police, indépendamment de l'action
en dommages-intérêts du propriétaire de l'animal.

45. En troisième lieu, il est difficile de supposer que la
Chambre des députés et le Sénat, en votant la loi du 4 avril 1889,
aient eu la pensée d'entraver l'élevage des pigeons voyageurs
à une époque où l'on multiplie la création des colombiers

militaires, où le ministre de la guerre ordonne des recensements exacts des pigeons voyageurs, et où l'autorité administrative prend des arrêtés pour prohiber la destruction de ces précieux auxiliaires de la télégraphie militaire.

46. Sans doute, si un pigeon voyageur vient à commettre des dégâts sur le fonds d'autrui, le possesseur de ce fonds pourra, conformément au droit commun, demander au propriétaire de cet animal la réparation du dommage par lui souffert; mais là s'arrête son droit, il ne peut tuer le pigeon et encore moins se l'approprier. En effet, on peut vraisemblablement supposer que, dans l'intention du législateur de 1889, le droit qu'il a accordé au propriétaire dont le fonds a été envahi ou dévasté par les pigeons, de tuer ces animaux et même de se les approprier dans certains cas (V. *supra*), est une indemnité compensatrice de l'impossibilité où il se trouvera la plupart du temps d'exercer son action en dommages-intérêts contre le propriétaire des pigeons, lequel, en raison de la difficulté de constater l'identité de ces animaux, ne pourra que très rarement être reconnu et atteint. Or, quand il s'agit de pigeons voyageurs, le même motif ne se rencontre pas : ces oiseaux, en effet, sont essentiellement apprivoisés, ils ne cessent pas, dans leurs incursions au dehors, d'être la propriété, conformément à l'article 524 du Code civil, de celui auquel appartient le colombier, et ce propriétaire du colombier sera presque toujours facile à reconnaître, grâce notamment aux signes apparents et distinctifs dont ses pigeons sont généralement marqués. — Dans le sens de l'opinion contraire, voir un jugement du Tribunal civil de Troyes, du 3 juillet 1889, *G. P.* 1889, II, p. 234, qui décide que, quelque encouragement que mérite, à un point de vue d'intérêt général, l'éducation des pigeons voyageurs par des particuliers, il n'appartient pas aux tribunaux, en l'absence de toute disposition de la loi, de faire échec à la législation générale sur les pigeons, ni d'imposer aux propriétaires voisins des colombiers la servitude de supporter les dégâts qui peuvent être commis par ces animaux; — que, par suite, ces propriétaires voisins ne font qu'user de leur droit et n'encourent aucuns dommages-intérêts, en détruisant par le poison, ou autrement, les pigeons voyageurs qui causent des dégâts à leurs propriétés.

47. Jugé que la destruction des pigeons voyageurs, qui ne sont pas des oiseaux sauvages, *res nullius,* ne peut être considérée comme un fait de chasse tombant sous l'application de l'article 11 de la loi du 3 mai 1844, et ne constitue, quand elle a lieu en violation d'un arrêté préfectoral défendant de tuer ces animaux, qu'une simple contravention à l'article 471, n° 15, du Code pénal. Trib. correct. Avesnes, 23 oct. 1889, *G. P.* 1890, I, suppl., p. 26.

ε. Des abeilles.

48. Les préfets déterminent, après avis des conseils généraux, la distance à observer entre les ruches d'abeilles et les propriétés voisines ou la voie publique, sauf, en tout cas, l'action en dommage, s'il y a lieu. L. sur le Code rural du 4 avril 1889, art. 8.

49. « Jusqu'alors, dit M. Ribière en son rapport au Sénat (*Journ. off.,* doc. parlement. de janv. 1882, p. 22), ce sont des usages locaux, c'est-à-dire des règles diverses et plus ou moins efficaces, qui se sont efforcés de préserver les propriétés et les passants des inconvénients qui résultent du voisinage des ruches d'abeilles. L'article 8 de la loi de 1889 substitue à ces usages les arrêtés préfectoraux qui détermineront, après avis des conseils généraux, la distance à observer entre les ruches et les propriétés voisines ou la voie publique, sauf, en tout cas, l'action en dommage, s'il y a lieu. Cette disposition ne lève pas la difficulté, elle la déplace ; mais était-il possible de faire autrement ? Comment appliquer la même règle aux rues d'un village et aux plaines de la Beauce ou de la Sologne ? »

50. Le propriétaire d'un essaim a le droit de le réclamer et de s'en ressaisir, tant qu'il n'a point cessé de le suivre ; autrement l'essaim appartient au propriétaire du terrain sur lequel il s'est fixé. L. 4 avril 1889, art. 9. — Cette disposition est la reproduction de l'article 5, tit. I, sect. III, de la loi des 28 septembre-6 octobre 1791. « Le droit de suite, consacré par l'article 9 au profit du propriétaire de l'essaim qui s'est envolé, dit M. Thellier de Poncheville dans son rapport à la Chambre des députés (*Journ. off.,* doc. parlement. de mars 1889, p. 546), n'est pas nouveau. C'est le principe de la loi romaine : *Examen quod ex alveo nostro evolaverit, eo usque nostrum intelligitur donec in conspectu nostro est,* etc. Et ce principe se retrouve plus tard dans les *Établissements de Saint-Louis* (chap. CXLV). Il a donc pour lui l'autorité de la tradition. »

51. Dans le cas où les ruches à miel pourraient être saisies séparément du fonds auquel elles sont attachées, elles ne peuvent être déplacées que pendant les mois de décembre, janvier et février. L. 4 avril 1889, art. 10. — Cette disposition est également empruntée à l'article 4, tit. I, sect. III, de la loi des 28 septembre-6 octobre 1791.

52. Les ruches d'abeilles peuvent être saisies séparément du fonds sur lequel elles existent toutes les fois que, n'ayant pas été placées sur ce fonds par le propriétaire pour son exploitation ou au moins à perpétuelle demeure (C. civ., art. 524), elles ne sont pas de nature à être considérées comme immeubles par destination. Dans le cas contraire, aux termes de l'article 592, § 1er, du Code de procédure civile, elles ne peuvent être saisies qu'avec l'immeuble auquel elles sont incorporées.

ζ. Des vers à soie.

53. Les vers à soie ne peuvent être saisis pendant leur travail. Il en est de même des feuilles de mûrier qui leur sont nécessaires. L. 4 avril 1889, art. 11. — Cet article est encore emprunté à la loi des 28 septembre-6 octobre 1791, tit. I, sect. III, art. 4; il a pour but, en interdisant de saisir, pendant la durée du travail, les vers à soie et les feuilles de mûrier qui leur sont nécessaires, de prévenir une vexation qui serait très préjudiciable au débiteur, sans aucun profit pour le créancier. — V. Rapport de M. Thellier de Poncheville à la Chambre des députés, *ubi supra*.

II. *Délit rural d'abandon d'animaux sur le terrain d'autrui. Prescription de l'action civile. — Pénalités. — Compétence.*

54. Une grave et intéressante question est celle de savoir si la loi sur le Code rural, tit. VI, du 4 avril 1889 a eu pour effet d'abroger tacitement, à défaut d'abrogation expresse, les dispositions du titre II (intitulé *De la police rurale*) de la loi des 28 septembre-6 octobre 1791, abrogation qui emporterait cette conséquence que, depuis la promulgation de la nouvelle loi, le fait d'abandon d'animaux sur le terrain d'autrui, prévu et spécifié par l'article 12 du titre II de la loi ancienne, cesserait d'être un délit rural punissable dans les termes des articles 3 et 4 du même titre de la même loi, et ne constituerait plus, dès lors, qu'un simple fait de l'homme de nature à donner ouverture, de la part de la partie lésée, à une demande en dommages-intérêts pour réparation des dégâts qui lui ont été causés par les animaux laissés à l'abandon.

55. Notre opinion à ce sujet — que nous avons d'ailleurs déjà formulée, avec nos arguments à l'appui, en une note publiée aux *Annales*, 1890, p. 112 — est que la loi des 28 septembre-6 octobre 1791 n'a été abrogée par la loi du 4 avril 1889 dans aucune de ses dispositions relatives au délit d'abandon d'animaux, en sorte que le fait d'abandonner des animaux et bestiaux sur la propriété d'autrui continue aujourd'hui, comme par le passé, à constituer un délit rural passible des peines édictées par les articles 3 et 4 du titre II de la loi de 1791, puis aggravées par la loi du 23 thermidor an IV. Nous pouvons d'ailleurs invoquer à l'appui de notre opinion un arrêt de la Cour de cassation (Ch. crim.) du 20 juin 1891 (*Annales* 1892, p. 238) et un jugement du Tribunal de simple police de Bazas du 18 avril 1890 (*Rec. de Bordeaux*, 1890, III, 129). Les partisans de l'opinion contraire ne peuvent guère s'appuyer que sur un jugement du Tribunal de simple police d'Amiens du 11 avril 1890 (*Rec. d'Amiens*, 1890, p. 199).

Une conséquence importante de l'interprétation à laquelle nous nous sommes arrêtés est que l'action civile en réparation du dommage causé par ce délit est toujours, comme l'action publique, soumise à la prescription d'un mois, conformément à l'article 8 de la section VII du titre Ier de la même loi des 28 septembre-6 octobre 1791. — V. *Délits ruraux*, n° 2 *bis*.

56. Une autre question, également intéressante et qui a donné lieu à de profondes divergences entre la doctrine et la jurisprudence, consiste à savoir si, d'après la loi de 1791, l'existence du délit d'abandon d'animaux est inséparable du fait matériel d'un dommage causé, en sorte qu'il ne saurait y avoir délit s'il n'y a pas eu dommage constaté. — Quelques auteurs, s'appuyant sur l'article 12, tit. II, de la loi des 28 septembre-6 octobre 1791, et en faisant une interprétation qu'à notre avis il ne comporte pas, professent cette dernière opinion. — V. Marc Deffaux, *Guide man. du garde champêtre*, p. 142; Jacques, *Revue pratique*, t. XLV, années 1878-1879, p. 551, et t. LIV, année 1883, p. 84.

57. La Cour de cassation, au contraire, invariable dans sa jurisprudence, n'a jamais cessé d'affirmer et d'appliquer le principe que le délit existe indépendamment du dommage. Cass., 15 févr. 1811, Sirey et *J. P.*, Chr.; Cass., 17 oct. 1837, *J. P.* 1837, II, 622 ; Cass., 10 nov. 1837, *J. P.* 1840, I, 256, D., *P.* 1838, I, 211 ; Cass. belge, 23 févr. 1842, *Pasicr. belge* 1842, 69. *Sic* Boucher d'Argis, *Code de simple police*, p. 61. — C'est à cette dernière doctrine que nous nous rallions.

58. L'article 12, tit. II, de la loi des 28 septembre-6 octobre 1791, ne s'occupe que des réparations civiles ; mais il qualifie délit, dans son second paragraphe, le dommage causé par des de bestiaux à l'abandon sur des terrains d'autrui ; il en résulte que ce fait rentre dans l'application générale de l'article 3, tit. II, de la même loi, aux termes duquel tous les délits ruraux qui y sont mentionnés sont punissables d'amende ou de détention, ou de ces deux peines réunies, suivant les circonstances ; et comme, en l'absence d'une indication précise de la peine, c'est la peine la plus faible qui doit être prononcée, le propriétaire des animaux abandonnés est passible d'une amende qui était primitivement d'au moins la valeur d'une journée de travail, aux termes de l'article 4, tit. II, de la loi de 1791 et de l'article 606 du Code du 3 brumaire an IV, mais qui, d'après la loi du 23 thermidor an IV (art. 2), ne peut être inférieure à la valeur de trois journées de travail. *Rép. génér. du Journ. du Pal.*, t. I, v° ANIMAUX, n° 79 ; *Pandect. franç.*, *Répert. de doct. de législ. et de jurispr.*, t. I, v° ABANDON D'ANIMAUX, n° 61. — Cette doctrine est consacrée par un grand nombre d'arrêts de la Cour de cassation : Cass., 23 déc. 1814, Sirey et *J. P.*, Chr.; Cass., 31 déc. 1818, Sirey et *J. P.*, Chr., D. A., t. IV, 766 ; Cass., 27 août 1819, Sirey et *J. P.*, Chr., D. A., t. IV, 760 ; Cass., 16 juill. 1824, Sirey et *J. P.*, Chr., D. A., t. IV, 768 ; Cass., 11 août 1827, *J. P.*, Chr.; Cass., 18 sept. 1829, Sirey et *J. P.*, Chr., D., *P.* 1829, I, 359 ; Cass., 10 nov. 1836, Sirey 1836, I, 925 ; Cass., 4 mars 1842, *J. P.* 1842, II, 641. *Sic* Toullier, t. XI, n° 301 ; Champagny, *Police municipale*, t. IV, p. 230.

60. A l'appui de cette dernière opinion, on peut encore citer une lettre ministérielle du 16 novembre 1819, qui est ainsi conçue : « Quoique l'article 12 de la loi rurale de 1791 ne prononce aucune peine contre celui qui a laissé des bestiaux à l'abandon, il doit toujours en être appliqué une, en vertu de l'article 3 de la même loi. Seulement, cette peine doit être la moindre de celles qui ont été instituées contre les contraventions. »

61. La jurisprudence de la Cour de cassation est aujourd'hui fixée en ce sens, que le fait de laisser à l'abandon des animaux qui pénètrent sur la propriété d'autrui constitue le délit rural prévu par l'article 12, tit. II, de la loi des 28 septembre-6 octobre 1791, et non pas la contravention prévue et réprimée par l'article 471, n° 14, du Code pénal, lequel article vise seulement le fait d'avoir volontairement fait ou laissé passer sur le terrain d'autrui des bestiaux dont on a la conduite ou la surveillance ; que, dès lors, il y a lieu de faire application à un pareil délit de l'article 3 de ladite loi de 1791, combiné avec l'article 2 de la loi du 23 thermidor an IV. resté en vigueur aux termes de l'avis du Conseil d'État du 8 février 1812, c'est-à-dire de le punir d'une amende égale au moins à la valeur de trois journées de travail. Cass., 18 sept. 1829, Sirey et *J. P.*, Chr. ; Cass., 8 sept. 1837, Sirey 1839, I, 812, *J. P.* 1840, I, 102 ; Cass., 20 juill. 1848, Sirey 1848, I, 517, *J. P.* 1848, II, 685, D., *P.* 1848, I, 180 ; Cass., 16 avril, 29 déc. 1864, et 2 juin 1865, *Annales* 1866, p. 106, Sirey 1865, I, 425, *J. P.* 1865, 1277, D., *P.* 1865, I, 325 ; Cass., 29 janv. 1870, *Annales* 1871, p. 402, Sirey 1870, I, 415, *J. P.* 1870, 1058, D., *P.* 1870, I, 320 ; Cass., 4 juin 1875, *Annales* 1876, p. 60 ; Cass., 20 juin 1891, *G. P.* 1891, II, 225.

62. La Cour de cassation avait cependant jugé, contrairement à la solution qui précède, en ce qui concerne la peine à appliquer au délit d'abandon d'animaux, que l'article 12 de la loi de 1791, qui prévoit les dégâts causés par les bestiaux à l'abandon, n'ayant pas frappé d'une peine spéciale cette espèce de délit, on devait en conclure que les peines de simple police étaient seules applicables. Cass., 16 juill. 1824, Sirey et *J. P.*, Chr. — Mais la Cour suprême a abandonné cette doctrine qui était en contradiction avec la loi de 1791, aux termes de laquelle l'abandon d'animaux sur le terrain d'autrui, constituant un délit, ne pouvait être passible des peines applicables aux simples contraventions ; et elle a définitivement adopté la théorie énoncée sous le numéro précédent.

63. Du même principe (V. *supra*) découle encore cette conséquence que, la loi n'ayant pas indiqué, en dehors du cas de récidive, de peine supérieure à celle édictée par l'article 2 de la loi du 23 thermidor an IV, qui fût susceptible d'être appliquée à titre de maximum, le juge de simple police ne pourrait légalement, en dehors de toute récidive, prononcer une amende supérieure à la valeur de trois journées de travail ou la peine de la détention pour une durée de plus de trois jours. Cass., 3 mai 1877, Sirey, 1877, I, 484, *J. P.* 1877, 1258, D., *P.* 1877, I, 407.

64. Par application des règles qui précèdent, il a été jugé que le tribunal de simple police ne pouvait se borner à prononcer des dommages-intérêts au profit du propriétaire dont le terrain avait été endommagé par des bestiaux laissés à l'abandon (Cass., 6 brum. an XI, Sirey, Chr.), et que le juge qui déclarerait qu'il n'y a aucune peine à prononcer contre l'auteur de la contravention d'abandon d'animaux violerait les articles 3 et 12, tit. II, de la loi des 28 septembre-6 octobre 1791, et l'article 3 de la loi du 23 thermidor an IV. Cass., 7 nov. 1885, *Annales* 1887, p. 97, Sirey, 1887, I, 340, *J. P.* 1887, I, 808, D., *P.* 1886, I, 426.

65. L'amende égale à la valeur de trois journées de travail, fixée comme minimum par l'article 2 de la loi du 23 thermidor an IV, pour le délit d'abandon d'animaux, ne saurait être réduite par l'admission de circonstances atténuantes. D'une part, en effet, les lois qui prévoient et punissent ce délit sont antérieures à la promulgation du Code pénal, et, d'autre part, aucune disposition de loi postérieure audit Code n'a rendu applicable aux délits ruraux dont nous nous occupons le bénéfice des articles 463 et 483 du même Code pénal. Cass., 10 mai 1872, Sirey 1872, I, 311, *J. P.* 1872, 749, D., *P.* 1872, I, 83 ; Cass., 25 févr. 1876, D., *P.* 1878, I, 45.

66. A défaut de disposition spéciale, le délit d'abandon d'animaux doit être puni d'une peine de simple police et est, par conséquent, de la compétence du tribunal de simple police. Cass., 23 déc. 1814, Sirey et *J. P.*, Chr. ; Cass., 16 juillet 1824, Sirey et *J. P.*, Chr. *Sic* Rogron, *Cod. pén. expl.*, art. 475. Comp. Curasson, *Compét. des juges de paix*, édit. Poux-Lagier et Pialat, t. I, p. 557, n° 391, alin. 3.

67. « Attendu, porte l'arrêt précité de la Cour de cassation du 23 décembre 1814, que les dégâts faits sur les propriétés d'autrui par les bestiaux laissés à l'abandon sont des contraventions à la police, et des délits dont les personnes qui ont la jouissance de ces bestiaux sont responsables, d'après les articles 1er, 3 et 12 de la loi du 28 septembre 1791 ; — Que la connaissance de ces délits ou de ces contraventions est attribuée aux juges de paix formés en tribunal de simple police ; — Attendu que, sur la plainte de Guillaume Labelle, Hugues Ambayrac et Marie Soulié, sa femme, avaient été cités devant le Tribunal de simple police de la ville de Caussade, comme ayant laissé à l'abandon une vache et une génisse qui avaient fourragé une terre chargée de millet ; — Que le juge de paix, compétent pour connaître de ce délit, ne pouvait se dispenser, après avoir constaté le fait, de prononcer la peine portée par les lois, de statuer sur les dommages-intérêts réclamés, et de condamner aux dépens la partie qui aurait succombé, d'après les articles 161 et 162 du Code d'instruction criminelle... »

68. On a cependant soutenu, en sens contraire, que c'est au tribunal de police correctionnelle, et non au tribunal de simple police, qu'est dévolue la poursuite et la répression du délit d'abandon d'animaux sur la propriété d'autrui, ce délit étant passible d'une amende indéterminée, et cela, alors même que les condamnations prononcées par le juge de simple police n'excéderaient pas les limites assignées à sa compétence par les articles 465 et 466 du Code pénal, car il est de principe que la compétence se détermine non par l'importance de la peine effectivement prononcée par le juge, mais par le maximum de celles dont le fait incriminé peut entraîner l'application. V. notre *Dictionnaire général*, 4e édit., v° DÉLITS RURAUX, n° 15.

Mais nous ne saurions admettre cette doctrine, et c'est bien suivant nous au juge de simple police qu'il appartient de connaître du délit d'abandon d'animaux et d'appliquer les peines édictées par les articles 3 et 12 de la loi de 1791 et par l'article 3 de la loi du 23 thermidor an IV.

69. Antérieurement à la promulgation de la loi du 4 avril 1889, la jurisprudence admettait que, lorsque les animaux étaient confiés à un gardien, ce dernier seul était passible d'une amende, l'indemnité restant au contraire à la charge du propriétaire. Cass., 10 mai 1872, D.*P.* 1872, I, 83; Cass., 7 janv. 1856, *Pasicr. belge* 1856, I, 23. — Il nous semble que cette jurisprudence se trouve d'accord avec les dispositions de la loi nouvelle.

En effet, l'article 1er prévoit : 1° le cas où les animaux ne sont pas gardés; 2° celui où le gardien est inconnu. Mais il nous semble que s'il y a un gardien et que ce gardien soit connu, rien ne s'oppose à ce qu'il soit poursuivi personnellement.

ABEILLES. 18. La loi sur le Code rural du 4 avril 1889 (art. 8, 9 et 10) a remplacé la loi des 28 septembre-6 octobre 1791, dont elle a d'ailleurs conservé les principales dispositions, en ce qui concerne les essaims et ruches d'abeilles et le régime auquel ils sont soumis.— V. *supra*, *Abandon d'animaux et de bestiaux*, n°s 48 et suivants.

ACQUIESCEMENT. 8 *bis.* Le fait par le défendeur de plaider au fond devant le juge de paix sans protestation ni réserve, immédiatement après le rejet d'une exception d'incompétence *ratione materiæ* présentée par lui, peut être considérée comme un acquiescement au jugement qui a rejeté le déclinatoire, bien qu'au moment où cet acquiescement est donné, le droit d'appel ne soit pas encore ouvert à la partie. Cass. Req., 1er juin 1881, p. 331.

ACTE ADMINISTRATIF. 5. Les arrêtés de sectionnement d'une commune en vue des élections et les arrêtés portant limitation des communes ou des cantons sont des actes administratifs qui ne peuvent être interprétés que par l'autorité administrative. Cass., 4 et 26 mai 1880, *Annales* 1881, p. 121.

ACTION POSSESSOIRE. 61 *bis.* Le possesseur d'un talus et d'une haie, compris par un arrêté préfectoral de classement dans le sol attribué à un chemin vicinal, est recevable à faire constater sa possession annale pour arriver à établir son droit à une indemnité. Il n'est troublé dans sa possession, ni par l'arrêté de classement, ni par le fait licite de l'exécution des travaux, mais uniquement par la notification du refus d'indemnité. Cass., 7 juin 1886, *Annales* 1888, p. 21.

ADJOINT. 3... Adde, *les agents des postes et télégraphes*. L. 5 avril 1884, art. 80.

ADOPTION. 8... — V. *Supplément*, v° Puissance paternelle, n° 34.

12 *bis.* Cependant l'étranger autorisé à établir son domicile en France, pour y jouir des droits civils, peut être adopté par des Français. Paris, 30 avril 1881, *Annales* 1882, p. 134.

AFFICHES. 2... Aux termes de l'article 15 de la loi du 29 juillet 1881, les contrevenants sont punis d'une amende de

5 à 15 francs et même d'un emprisonnement d'un jour au moins et de cinq jours au plus en cas de récidive dans les douze mois.

2 *bis*. Rien n'empêche de se servir du papier blanc pour les affiches non imprimées. L'affichage dans ces conditions n'est point défendu, et les anciens arrêtés qui le réglementaient sont aujourd'hui non avenus. Trib. civ. Chambéry, 17 sept. 1887, *Mon. Lyon*, 15 sept. 1887.

2 *ter*. L'imprimeur qui a imprimé sur papier blanc de simples circulaires électorales destinées à être envoyées aux électeurs, ne se trouve point en contravention avec la disposition de l'article 15, § 3, de la loi du 29 juillet 1881, qui prohibe l'impression, sur papier blanc, des affiches des simples particuliers, et n'est, par suite, passible d'aucune peine à raison d'un affichage partiel, auquel il est resté étranger, desdites circulaires. Cass., 9 janvier 1890, *Annales* 1891, p. 213.

2 *quater*. Dans le cas d'apposition d'affiches particulières sur papier blanc, l'imprimeur et l'afficheur sont tous deux responsables de la contravention. Cass., 15 mars 1890; Cass., 9 janvier 1890, *Annales* 1891, 211 et 213.

2 *quinquies*. L'article 63 de la loi du 29 juillet 1891 qui interdit le cumul des peines en cas de plusieurs crimes ou délits en matière de presse ne s'applique pas aux contraventions de simple police, d'où il suit que chaque contravention doit être punie d'une peine spéciale. En d'autres termes, une amende distincte doit être prononcée contre l'afficheur pour chaque affiche sur papier blanc apposée par lui. Cass., 9 janv. 1890; *Annales* 1891, p. 213.

2 *sexies*. Aucune disposition de loi ne porte une peine quelconque contre les propriétaires ou auteurs d'écrits électoraux qui n'auraient pas pris les précautions nécessaires pour empêcher l'affichage de circulaires imprimées sur papier blanc. *Ibid*.

3... *Adde :* Article 15 de la loi du 29 juillet 1881.

5. Ainsi rectifié : aux termes de l'article 17 de la loi du 29 juillet 1881, les simples particuliers qui enlèvent, déchirent, recouvrent ou altèrent par un procédé quelconque, de manière à les travestir ou à les rendre illisibles, des affiches apposées par ordre de l'administration dans les emplacements à ce réservés, sont punis d'une amende de 5 à 15 francs. Lorsque le fait est commis par un fonctionnaire ou un agent de l'autorité publique, il est puni d'une amende de 16 francs à 100 francs et d'un emprisonnement de six jours à un mois, ou de l'une de ces deux peines seulement.

5 *bis.* Des affiches annonçant une fête communale ne doivent pas être considérées comme des affiches émanant de l'administration. Just. de paix Rozoy-en-Brie, 6 août 1886, *Mon. des J. de paix*, 431, 1886.

7... La loi de 1881 punit formellement le fait de recouvrir une affiche de l'autorité, pourvu que cette affiche soit placée dans l'emplacement à ce réservé.

8... Le fait d'enlever une affiche apposée par l'autorité dans l'emplacement à ce réservé constitue à lui seul, et indépendamment de toute intention, une contravention prévue et punie par l'article 17 de la loi du 29 juillet 1881. En l'absence d'un arrêté réservant certains endroits pour l'apposition des affiches administratives, la lacération des affiches ne tombe pas sous le coup de la loi pénale. Cass. crim., 16 févr. 1882, *Annales* 1884, p. 164.

10... Mais l'article 17 de la loi du 29 juillet 1881 punit d'une amende de 5 francs à 15 francs ceux qui enlèvent, déchirent, recouvrent ou altèrent, par un procédé quelconque, de manière à les travestir ou à les rendre illisibles, des affiches électorales émanant de simples particuliers, à moins que la lacération ou l'altération ne soit due au propriétaire ou à l'usufruitier des murs sur lesquels ces affiches ont été apposées. Cass. crim., 11 nov. 1882, *Annales* 1884, p. 94.

10 *bis.* Les curés et desservants ont le droit d'enlever les affiches électorales apposées sur leurs presbytères. *Ibid.*

10 *ter.* L'infraction prévue par l'article 17, § 3, de la loi du 29 juillet 1881, consistant dans le fait d'avoir enlevé, déchiré ou altéré d'une façon quelconque une affiche électorale, de manière à la travestir ou à la rendre illisible, n'existe que si l'auteur a agi dans une intention malveillante. Tout jugement rendu en pareille matière doit donc s'expliquer sur cette intention. Cass., 3 avril 1886, *Annales* 1887, p. 349.

11. Lorsque le fait d'altération ou de lacération d'affiches électorales, prévu et puni par l'article 17 de la loi du 29 juillet 1881, est commis par un fonctionnaire ou un agent de l'autorité publique, il est puni d'une amende de 16 francs à 100 francs et d'un emprisonnement de six jours à un mois ou de l'une de ces deux peines seulement, à moins toutefois que ces affiches ne fussent apposées dans l'emplacement désigné par arrêté du maire pour recevoir exclusivement les lois et arrêtés de l'autorité publique.

11 *bis*. Mais la loi ne punit l'altération ou la lacération d'affiches électorales par un fonctionnaire que s'il y a eu de sa part intention malveillante. Le jugement doit s'expliquer sur ce point. Trib. Melle, 30 janv. 1886, *G. P.*, I, 353.

11 *ter*. La lacération ou l'altération d'affiches électorales, lorsqu'elle est commise par un fonctionnaire, prend-elle le caractère d'un délit ou reste-t-elle, au contraire, malgré l'aggravation de la peine, une simple contravention ? Cette question offre un grand intérêt. En effet, si l'on considère les faits dont s'agit comme des délits, les articles 59 et 60 punissant la complicité peuvent recevoir leur application; ils sont au contraire, inapplicables si l'on range ces faits parmi les contraventions. Un jugement du Tribunal de la Roche-sur-Yon, en date du 26 novembre 1885 (*G. des T.*, 29 nov. 1885), décide que le fait de lacération ou d'altération reste une contravention malgré la qualité de fonctionnaire de son auteur, et qu'un maire, par exemple, ne saurait être poursuivi comme complice de son garde champêtre à raison de ces faits, quand bien même le garde champêtre n'aurait fait qu'exécuter ses ordres. L'opinion contraire, qui nous semble préférable, s'appuie sur un arrêt de la Cour de Paris du 29 juillet 1890 (*G. P.* 1890, II, 212), et un autre arrêt de la Cour de Besançon du 27 janvier 1886 (*Droit*, 12 févr. 1886).

11 *quater*. L'article 17 punit la lacération d'affiches électorales sans faire aucune distinction entre celles qui sont imprimées et celles qui sont manuscrites. Cass., 10 janv. 1886.

12. Ainsi rectifié : Dans chaque commune, le maire doit désigner, par arrêté, les lieux exclusivement destinés à recevoir les affiches des lois et autres actes de l'autorité publique. Il est interdit d'y placarder des affiches particulières. En cas de contravention à cette dernière disposition, le juge de simple police doit appliquer une amende de 5 francs à 15 francs, et peut même prononcer une peine d'emprisonnement d'un jour au moins et de cinq jours au plus en cas de récidive dans les douze mois. Art. 15 de la loi du 29 juill. 1881.

11 *bis*. L'article 16 de la loi du 29 juillet 1881, qui prohibe l'apposition d'affiches électorales sur les édifices consacrés au culte, n'édictant aucune peine à l'appui de cette prohibition, le juge de police, en relaxant l'individu poursuivi à raison de cette contravention, ne viole aucune loi. Cass., 18 déc. 1885, *Annales* 1886, p. 371.

15. Ainsi modifié : La loi du 29 juillet 1881 ayant eu pour effet de rendre absolument libre l'affichage des écrits politiques ou autres, le droit de réglementation qui appartenait antérieurement en cette matière à l'autorité municipale, a cessé d'exister, et aucune mesure préventive de nature à restreindre la liberté de l'affichage ne peut être prise. Cass. crim., 10 juin 1885, *Annales* 1886, p. 227 ; Cass., 17 janv. 1891, *G. P.* 1891, I, 627.

15 *bis*. L'arrêté préfectoral qui interdit l'affichage d'un écrit politique est sans force obligatoire, et la contravention à cet arrêté ne peut être réprimée en vertu de l'article 471, n° 15, du Code pénal. *Ibid.*

15 *ter*. Les dispositions restrictives de la liberté de l'affichage du décret du 25 août 1852, subordonnant l'apposition des affiches peintes à l'obtention du permis de l'autorité municipale ou du préfet de police, en prescrivant la mention du numéro de ce permis au bas de chaque exemplaire, ont été abrogées par l'article 68 de la loi du 29 juillet 1881. Orléans, 21 juill. 1885, *G. P.* 1885, I, 417 ; Orléans, 28 juill. 1885, *Rép. enreg.*, p. 617, t. X, 1885.

15 *quater*. L'article 68 de la loi du 29 juillet 1881 a établi la liberté de l'affichage, même en matière politique ; mais aucune disposition de cette loi ne fait obstacle à ce qu'un maire, agissant en vertu des pouvoirs qui lui sont conférés par les articles 91 et 97 de la loi du 5 avril 1884, interdise l'exposition d'emblèmes et de châssis transparents de nature à compromettre la tranquillité publique. Cons. d'Ét. 6 juill. 1888. *G. P.* 1888, II, 238.

15 *quinquies*. Est toujours en vigueur la disposition d'intérêt fiscal de l'article 3 du décret du 25 août 1852 imposant à l'afficheur l'inscription, sur chaque exemplaire de l'affiche, du numéro de l'ordre dans lequel cet exemplaire a été inscrit au bureau de l'enregistrement lors du payement du droit d'affichage. L'amende applicable en cas d'omission de cette formalité n'est pas l'amende de 100 à 500 francs, mais seulement

celle de simple police. Orléans, 21 juill. 1885, *G. P.* 1885,
I, 417 ; Orléans, 28 juill. 1885, *Rép. enreg.*, p. 617, t. X, 1885.

16. Sans intérêt depuis la loi du 29 juillet 1881, qui édicte
la liberté en matière d'affichage.

17. *Idem.*

20.... La décision qui vient d'être rapportée n'a plus de valeur aujourd'hui qu'en ce qui concerne l'emploi obligatoire
d'un afficheur commissionné.

24. Dans tous les cas prévus par la loi du 29 juillet 1881,
l'article 463 du Code pénal est applicable. Quand il y a lieu de
faire cette application, la peine prononcée ne peut excéder la
moitié de la peine édictée par la loi. L'aggravation des peines
résultant de la récidive n'est pas applicable aux infractions
prévues par ladite loi. Même loi, art 64.

25. L'action publique et l'action civile résultant de contraventions prévues par ladite loi se prescrivent après trois mois
révolus, à compter du jour où elles ont été commises ou du
jour du dernier acte de poursuite, s'il en a été fait. Même loi,
art. 65.

26. La citation doit préciser et qualifier le fait incriminé et
indiquer le texte de loi applicable à la poursuite, le tout à peine
de nullité de ladite poursuite. — Le ministère public est tenu,
dans son réquisitoire, d'articuler et de qualifier les faits à
raison desquels la poursuite est intentée, avec indication des
textes dont l'application est demandée, à peine de nullité du
réquisitoire et de ladite poursuite. Le désistement du plaignant
arrête la poursuite commencée. Même loi, art. 60.

27. Le droit de se pourvoir en cassation appartient au
contrevenant et à la partie civile quant aux dispositions relatives à ses intérêts civils. L'un et l'autre sont dispensés de consigner l'amende. Le pourvoi doit être formé dans les trois
jours, au greffe du tribunal qui a rendu la décision. Dans les
vingt-quatre heures qui suivent, les pièces sont envoyées à la
Cour de cassation qui juge d'urgence dans les dix jours, à
partir de leur réception. Même loi, art. 61. — V. *Supplément*,
vº IMPRIMERIE.

AFFICHEURS. 5. Toute personne qui veut inscrire des
affiches dans un lieu public, par quelque procédé que ce soit,
doit en faire la déclaration préalable au bureau de l'enregistrement dans la circonscription duquel se trouvent les communes

où les affiches doivent être placées et acquitter la taxe établie par la loi du 26 décembre 1890. Décret du 28 fév. 1891, art. 1er.

6. En cas de modification apportée au nom, à la raison sociale ou à l'adresse sur l'affiche, une nouvelle déclaration doit être faite au préalable, mais sans frais. *Ibid.*, art. 4.

7. Les entrepreneurs d'affichage sont tenus, avant de commencer leurs opérations, de faire au bureau de l'enregistrement du siège de leur établissement et à celui du siège de chaque agence une déclaration constatant la nature de leur industrie, leur nom et celui de leur agent local.

8. Les entrepreneurs d'affichage sont tenus d'avoir, dans chaque agence, un répertoire coté, parafé et visé par le juge de paix, et sur lequel ils portent, par ordre de date, les affiches visées par la loi du 26 décembre 1890. *Ibid.*, art. 7.

9. Les instances pour le recouvrement des amendes et droits fixés par les articles 5 et 8 de la loi du 26 décembre 1890 sont suivies dans la forme et d'après les règles établies par la législation spéciale au timbre. Les contraventions à la loi du 26 décembre 1890 et aux dispositions du décret du 18 février 1891 sont constatées par des procès-verbaux rapportés soit par les préposés de l'enregistrement, soit par les commissaires de police, gendarmes, gardes champêtres et autres agents de la force publique. *Ibid.*, art. 10.

AFFOUAGE. 13. Ainsi rectifié : S'il n'y a titre contraire, le partage de l'affouage, en ce qui concerne les bois de chauffage, se fait par feu. L. du 23 nov. 1883. Tous les usages contraires au mode de partage indiqué dans cette loi sont et demeurent abolis (V. *Annales* 1884, p. 8). — La loi nouvelle a eu pour but de supprimer les anciens usages qui favorisaient d'une façon excessive les grands propriétaires. En effet, dans beaucoup de pays, le partage se faisait, en ce qui concerne la futaie, non par feu, mais par toise des bâtiments.

14. Doit être considéré comme chef de famille ou de maison tout individu possédant un ménage ou une habitation à feu distinct, soit qu'il y prépare la nourriture pour lui et les siens, soit que, vivant avec d'autres à une table commune, il possède des propriétés divisées, qu'il exerce une industrie distincte ou qu'il ait des intérêts séparés. Même loi.

14 *bis*. L'habitant d'une commune qui y possède des propriétés divisées, ou y a des intérêts séparés, ou y exerce une

industrie distincte, quand bien même il ne travaillerait pas
sur ses propriétés ou associerait son gendre à leur culture en
commun, doit être admis à jouir du droit à l'affouage tel qu'il
est réglé par l'article 105 du Code forestier, modifié par la loi
du 23 novembre 1883. Lyon, 5 fév. 1890 ; L. 25 oct. 1890.

14 *ter*. La commission de la Chambre avait proposé d'exiger
de tout chef de famille un domicile d'une durée minimum de six
mois avant la publication du rôle. En effet, le partage ne se
faisant pas aux mêmes époques dans toutes les communes,
certains individus, après avoir reçu leur part dans une commune, peuvent transporter leur domicile dans une autre commune où le partage se fait plus tard, et participer ainsi à plusieurs distributions dans une même année. La mesure proposée
par la commission devait mettre obstacle à ce genre de spé-
culation. Mais on a pensé qu'il était préférable de laisser, le
cas échéant, aux tribunaux le soin de décider si le domicile
invoqué remplissait bien les conditions exigées par l'article 105
du Code forestier, et l'amendement a été rejeté.

21. En ce qui concerne les bois de construction, chaque
année, le conseil municipal, dans la session de mai, décide s'ils
doivent être en tout ou en partie vendus au profit de la caisse
communale, ou s'ils doivent être délivrés en nature. Dans le
premier cas, la vente a lieu aux enchères publiques par les
soins de l'administration forestière ; dans le second, le partage
a lieu suivant les formes et le mode indiqués pour les bois de
chauffage. L. 23 nov. 1883.

21 *bis*. On ne saurait considérer comme précisant un mode
particulier d'attribution un titre constatant l'abandon par un
seigneur des bois d'une localité pour en faire tous les usages
auxquels ils pourraient servir selon les besoins des habitants,
sans distinction des bois d'affouage et des bois de futaie. On ne
peut pas non plus regarder comme fondé sur ce titre l'usage
établi ultérieurement entre les habitants de répartir annuellement les bois de construction entre les propriétaires de maisons suivant le toisé de leurs bâtiments. En pareil cas, il y a
lieu d'appliquer l'article 105 du Code forestier, modifié par la
loi du 23 novembre 1883. Lyon, 28 janv. 1891, *Mon. Lyon*,
10 mars 1891.

ANIMAUX. 74 *bis*. La législation des **28** septembre-6 octobre 1791 concernant les volailles, et celle du 4 août 1789 rela-

tive aux pigeons, ont été complétées et quelque peu modifiées par la loi sur le Code rural du 4 avril 1889. — V. *Supplément*, vº ABANDON D'ANIMAUX ET DE BESTIAUX, nᵒˢ 23 et suiv., 28 et suiv.

74 *ter*. La même loi du 4 avril 1889 règle le sort des animaux et bestiaux (art. 1) qui passent sur la propriété d'autrui, et la réparation civile du dommage qu'ils y ont causé. — V. *Ibid.*, nᵒˢ 9 et suiv.

APPEL. 70. Ainsi modifié : Pour apprécier si un jugement de simple police est susceptible d'appel, les diverses amendes qu'il prononce doivent être totalisées. Cass. crim.,13 nov. 1884, *Annales* 1886, p. 80.

75. Ainsi modifié : Le délai de dix jours fixé pour interjeter appel par l'article 174 à partir du jour où le jugement a été prononcé doit être, selon la règle générale, augmenté d'un jour à raison de 5 myriamètres de distance, conformément à l'article 1033 du Code de procédure civile modifié par la loi du 3 mai 1862.

APPEL COMME D'ABUS. 11 *bis*. Lorsque, au cours de poursuites pour contravention à un arrêté de police, une exception est soulevée par le contrevenant sur ce motif que cet arrêté contient un abus aux termes de la loi du 18 germinal an X, il appartient au tribunal, en prononçant le sursis, de désigner la partie qui doit se pourvoir et de fixer le délai dans lequel elle doit justifier de l'introduction de son recours ; à l'expiration du délai, le Tribunal doit passer outre au jugement sans avoir égard à l'exception, laquelle doit être considérée comme non avenue. Circ., 18 août 1886, *Annales* 1887, p. 9.

ARBITRAGE VOLONTAIRE. 51... Il a été jugé, au contraire, que le délai normal déterminé par l'article 1007 pour la durée des pouvoirs de l'arbitre ne pouvait courir avant que la contestation fût née. Chambéry, 30 juin 1885, *Annales* 1887, p. 175.

ARBRES. 1. Ainsi modifié : La loi ne distingue plus les arbres d'après leur essence, mais simplement d'après leur hauteur réelle. — V. *infra*, nº 32.

11 *bis*. Lorsque la propriété de certains arbres a été constituée comme propriété distincte et séparée de la propriété du sol sur lequel ils sont accrus, le propriétaire du sol ne peut réclamer contre le propriétaire de ces arbres l'application de l'article 555 du Code civil et prétendre à la propriété desdits arbres contre remboursement de leur prix au moment de la plantation et des dépenses de plantation. Paris, 2 avril 1888, *Annales* 1889, p. 241.

16. Ainsi modifié : Les arbres qui se trouvent dans la haie mitoyenne sont mitoyens comme la haie. Les arbres plantés sur la ligne séparative de deux héritages sont aussi réputés mitoyens. Art. 670, C. civ., modifié par la loi du 20 août 1881.

20. Ainsi modifié : Les fruits des arbres mitoyens sont recueillis à frais communs et partagés aussi par moitié, soit qu'ils tombent naturellement, soit que la chute en ait été provoquée, soit qu'ils aient été cueillis. L. 20 août 1881.

22. *Adde :* Loi 20 août 1881.

23. Ainsi modifié : Lorsque les arbres mitoyens meurent ou sont coupés ou arrachés, ils sont partagés par moitié. *Ibid.*

32. Ainsi modifié : A défaut de règlements et usages, la loi du 20 août 1881 fixe à 2 mètres de la ligne séparative des deux héritages la distance légale qui doit être observée pour les plantations d'arbres, arbrisseaux et arbustes, dont la hauteur dépasse 2 mètres, et à un demi-mètre pour les autres plantations.

32 *bis.* Il est bien entendu que la loi a voulu parler des arbres qui dépassent 2 mètres au moment de leur plantation ; si donc un arbre d'une hauteur inférieure à 2 mètres était planté à moins de 2 mètres de distance de la ligne séparative, et que, par la suite, il vînt à dépasser 2 mètres de hauteur, il nous semble que le propriétaire voisin ne serait pas en droit d'exiger l'arrachage ou la réduction.

32 *ter.* Le projet du gouvernement et celui de la commission supprimaient tous les règlements et usages locaux, en se basant sur leur disparition presque complète de notre territoire. Mais le Sénat, considérant que ces règlements et usages existaient encore en bien des endroits et que leur suppression ne manquerait pas de causer de grandes perturbations, s'est décidé à maintenir les dispositions du Code civil qui y étaient relatives.

32 *quater.* Les arbres, arbustes et arbrisseaux de toute espèce peuvent être plantés en espaliers de chaque côté du mur séparatif, sans que l'on soit tenu d'observer aucune distance ; mais ils ne peuvent dépasser la crête du mur. Si le mur n'est pas mitoyen, le propriétaire seul a le droit d'y appuyer des espaliers. Même loi.

53. Ainsi modifié : Le voisin peut exiger que les arbres, arbrisseaux et arbustes plantés à une distance moindre que la distance légale, soient arrachés ou réduits à la hauteur déterminée au numéro 32 ci-dessus, à moins qu'il n'y ait titre, destination du père de famille ou prescription trentenaire. Si les arbres meurent, ou s'ils sont coupés ou arrachés, le voisin ne peut les remplacer qu'en observant les distances légales. Même loi.

54 *bis.* Jugé au contraire que les articles 671 et 672 du Code civil ne s'appliquent qu'aux arbres plantés sur la limite de deux héritages privés et non aux arbres plantés sur des propriétés privées bordées par une rue ou une voie publique. Cass. crim., 16 oct. 1881, *Annales* 1882, p. 348.

60... Ainsi modifié par la loi du 20 août 1880 : Celui sur la propriété duquel avancent les branches des arbres du voisin, peut contraindre celui-ci à les couper. — Ce droit est absolu, quelles que soient les difficultés de l'exécution et alors même que l'élagage serait en fait sans intérêt pour celui qui le réclame. Trib. civ. Bourganeuf, 6 nov. 1890 ; L. 13 déc. 1890. — Ce droit est également imprescriptible ; l'addition finale à l'article 673 n'en a pas modifié la nature. Trib. civ. Roanne, 7 fév. 1889, *Mon. Lyon,* 12 fév. 1891 ; Trib. civ. Apt, 11 fév. 1890, *G. des Trib.,* 12 oct. 1890.

69. Le projet du gouvernement et celui de la commission du Sénat autorisaient formellement le fermier à exercer les droits résultant de l'article 773. Le Sénat supprima ce paragraphe, dans la crainte que, par tracasserie, les fermiers n'abusassent de ce droit dans certains cas. Mais il a été reconnu, au cours de la discussion, que les droits conférés au fermier par les principes du droit commun lui étaient formellement réservés.

70. *Adde :* Loi 20 août 1881.

71... *Adde :* Loi 20 août 1881.

72. Ainsi modifié par la même loi : Les fruits tombés naturellement des branches s'étendant sur l'héritage voisin appartiennent au propriétaire dudit héritage.

88 *bis. Contra.* Le juge de paix saisi à la fois d'une demande à fin d'enlèvement d'arbres plantés en deçà de la distance légale sur la limite des deux héritages, et d'une demande à fin de condamnation du défendeur à des dommages-intérêts par chaque jour de retard apporté dans l'exécution de la décision à intervenir sans limitation du délai pendant lequel cette sanction pénale devra être appliquée, est compétent pour statuer sur le premier chef de la demande, aux termes de l'article 6 de la loi du 25 mai 1838, mais incompétent pour statuer sur le second chef, lequel constitue une demande mobilière personnelle et indéterminée. Il doit donc en ce cas se déclarer incompétent sur le tout, en exécution de l'article 9 de la loi du 25 mai 1838. Just. de paix Abbeville, 26 août 1884, *G. P.* 1885, II, 69, 91. — V. *supra*, n° 11 *bis*.

ARRÊTÉ MUNICIPAL. 1... La loi du 18 juillet 1837 a été abrogée par celle du 5 avril 1884, qui, d'ailleurs, a reproduit dans son article 94 l'article 11 dont il vient d'être parlé.

11 *bis*. La disposition de l'article 11 de la loi de 1837, comme celle de l'article 95 de la loi du 5 avril 1884, ne comporte aucune exception pour le cas où une approbation même expresse du préfet serait intervenue avant l'expiration du délai. Dès lors elle ne permet d'attribuer aux règlements permanents de police municipale un caractère obligatoire qu'autant que trente jours au moins se seront écoulés à partir du récépissé donné par le sous-préfet ou par le préfet lui-même. Cass., ch. réunies, 21 janvier 1885, *Annales* 1886, p. 46.

15... Cette solution est toujours exacte sous l'empire de la loi du 5 avril 1884.

19 *bis*. Les arrêtés municipaux antérieurs à la loi du 5 avril 1884 conservent leur force obligatoire, à la condition d'être revêtus des formes prescrites par la loi en vigueur au moment de leur confection et d'être légaux aussi bien en vertu de la nouvelle loi que de la loi ancienne. Circul. parquet de Rennes, 20 oct. 1884.

ASSISTANCE JUDICIAIRE. 26 *bis*. Ce délai d'un mois court à partir du jugement, quand le jugement renferme la liquidation des frais; et seulement à partir de la signification de la taxe par le juge et le greffier, quand, en matière ordinaire, il est délivré un exécutoire séparé pour les dépens. Cass., 12 novembre 1862; circul., 27 oct. 1888.

AUBERGISTE, HOTELIER OU LOGEUR. 42 *bis*. La loi du 18 avril 1889 est venue apporter une limite et une restriction à la responsabilité spéciale des aubergistes et hôteliers, telle qu'elle est réglée par les articles 1952, 1953 et 1954 du Code civil. —V. *infra* les numéros 45 *ter* et 48 *ter*.

45 *bis*. S'il n'est pas nécessaire, pour que la responsabilité existe, que les objets volés aient été confiés directement à la garde de l'hôtelier, il faut néanmoins que celui-ci ait été mis à même d'exercer une surveillance effective sur les objets déposés par le voyageur. Trib. civ. Seine, 10 janvier 1884, *Annales* 1884, p. 394.

45 *ter*. Cependant, depuis la loi du 18 avril 1889, les aubergistes et hôteliers ne sont plus responsables que jusqu'à concurrence de la somme de 1 000 francs, des espèces monnayées et des valeurs ou titres au porteur de toute nature qui n'auraient pas été *déposés réellement* entre leurs mains par les voyageurs logeant dans leur auberge ou hôtel. — V. ci-après le numéro 48 *bis*.

48 *bis*. L'hôtelier peut échapper à la responsabilité s'il vient à prouver que le vol a été commis par des tiers étrangers à l'hôtel et dans des circonstances propres à déjouer la surveillance et les mesures de précaution auxquelles il est tenu. Paris, 14 déc. 1881, *G. P.* 1882, I, 223.

48 *ter*. La loi du 18 avril 1889 a complété, comme il suit, l'article 1953 du Code civil : « Cette responsabilité est limitée à mille francs (1 000 francs) pour les espèces monnayées et les valeurs ou titres au porteur de toute nature non déposés réellement entre les mains des aubergistes ou hôteliers. » — V. *Responsabilité*, n° 41 *bis*.

48 *quater*. Les espèces, valeurs ou titres peuvent être remis à l'aubergiste soit à découvert, soit sous enveloppe ou dans un coffret. L'aubergiste est libéré par la remise des objets dans l'état extérieur où il les a reçus, et il ne répond pas dans ce cas du défaut de précautions particulières dont il n'a pas été mis à même de reconnaître la nécessité.

48 *quinquies*. Les bijoux, comme tous autres objets précieux, ne sont point compris parmi les valeurs à l'égard desquelles la loi des 18-19 avril 1889 limite la responsabilité de l'aubergiste ou de l'hôtelier, lorsque le dépôt n'en a pas été réellement effectué entre ses mains. Rouen, 18 juill. 1889, *G. P.* 1890, I, 125.

48 *septies*. Il résulte du discours prononcé par le rapporteur de la loi des 18-19 avril 1889 que l'esprit de la loi n'a pas été de transformer le caractère du dépôt fait par les voyageurs, et de nécessaire qu'il était le rendre volontaire. Ce dépôt peut donc, sous l'empire de la loi nouvelle comme par le passé, être prouvé par témoins, quand bien même il excéderait 150 francs, qu'il s'agisse des objets dont la loi ordonne la remise effectuée entre les mains de l'hôtelier, ou qu'il s'agisse, au contraire, des objets que les voyageurs sont autorisés à conserver par devers eux.

52 *bis*. Les hôteliers sont, comme dépositaires, responsables vis-à-vis des voyageurs des objets que ceux-ci apportent dans l'hôtellerie; mais cette responsabilité est atténuée par la faute ou la négligence du voyageur si cette faute ou cette négligence a contribué à la perte subie. Trib. comm. Nantes, 10 juill. 1886, *Rec. de Nantes*, 413, 1886.

52 *ter*. L'imprudence du voyageur ne peut faire écarter l'application du principe de responsabilité pesant sur l'hôtelier qu'autant qu'il y a relation directe entre cette imprudence et le vol, et que la faute du voyageur a été la cause occasionnelle du préjudice dont il se plaint. Rouen, 18 juill. 1889, *G. P.* 1890, I, 125.

62 *bis*. La responsabilité édictée par l'article 1953 du Code civil est une dérogation au droit commun ; elle doit donc être maintenue dans les limites que la loi a tracées. En conséquence, elle ne saurait être étendue à une location en garni faite au mois par un locataire qui réside dans la ville. Trib. civ. Marseille, 23 nov. 1888, *Droit*, 19 févr. 1889. *Contra*, Trib. civ. Seine, 20 nov. 1883, *G. P.* 1884, I, 93.

62 *ter*. Une compagnie de wagons-lits ne doit pas être assimilée à un aubergiste, et il ne peut lui être fait application des articles 1952 et suivants du Code civil. Trib. civ. Seine, 14 mai 1892, *G. P.* 1892, I, 676.

AUDIENCE. 2… Le juge de paix peut être autorisé à tenir des audiences dans une commune de son canton autre que la commune chef-lieu ; mais ces audiences doivent être exclusivement affectées aux conciliations, conseils de famille ou autres actes de juridiction non contentieuse. Le juge de paix peut aussi, aux termes de l'article 8 du Code de procédure civile, tenir audience en son propre domicile, mais accidentellement, en cas de comparution spontanée des parties, et non périodiquement et d'une façon régulière. *Bulletin des décisions* 5 fév. 1883; *Annales* 1883, p. 224.

16 *bis*. Le juge de police, après avoir prononcé une condamnation pour délit d'audience, se trouve dessaisi, et il ne peut la lever par une autre disposition de son jugement, sous prétexte que l'inculpé est revenu à résipiscence. Cass. crim., 9 fév. 1884, *Annales* 1885, p. 197.

37 *bis.* Les juges de paix doivent arrêter, d'accord avec le ministère public et suivant la moyenne proportionnelle des affaires à juger, le jour des audiences du Tribunal de simple police. Les audiences doivent avoir lieu régulièrement et exactement aux jour et lieu déterminés. Circ., 22 août 1887, *Annales* 1888, p. 109.

AUTORISATION DE PLAIDER. 1, 2, 3... Ces matières sont maintenant régies par les articles 121, 122, 123 de la loi du 6 avril 1884, qui a abrogé la loi du 18 juillet 1837, mais qui a reproduit, sur la question qui nous occupe, les articles correspondants de la loi abrogée.

9... Aux termes de l'article 122 de la loi du 6 avril 1884, le maire peut, sans autorisation préalable, faire tous actes conservatoires ou interruptifs des déchéances. — La décision du conseil de préfecture doit être rendue dans les deux mois, à compter du jour de la demande en autorisation. A défaut de décision rendue dans ledit délai, la commune est autorisée à plaider. Même loi, art. 121. — V. *Supplément*, v° COMMUNE, n° 9.

12, 13... Le législateur a reproduit les articles 50 et 53 de la loi du 18 juillet 1837 dans l'article 126 de la loi du 6 avril 1884.

14. Le demandeur en cassation d'une décision favorable à la commune n'est pas tenu de remplir à nouveau les formalités du dépôt d'un mémoire à la préfecture, et la commune régulièrement autorisée dès l'origine du procès à défendre à l'action intentée contre elle peut, sans autorisation nouvelle, défendre au pourvoi en cassation formé par son adversaire. Cass., 9 mars 1887, *Annales* 1889, p. 47.

15. Le recours au Conseil d'État prévu dans l'article 126 de la loi du 6 avril 1884 n'est, en aucun cas, ouvert aux parties contre lesquelles la commune a demandé l'autorisation de plaider. Cons. d'Ét., 3 mai 1886, *Annales* 1888, p. 263.

16. Une commune, autorisée à plaider, et qui, par suite d'une erreur de droit de l'administration, a vu sa demande rejetée pour incompétence, n'a pas besoin d'une nouvelle autorisation pour saisir de la même demande les juges compétents. Chambéry, 3 mars 1885, *Annales* 1886, p. 165. — V. *Supplément*, v° COMMUNE.

AVERTISSEMENT. 5 *bis*. Les billets d'avertissement doivent être extraits d'un carnet à souche, timbré sur l'avertissement et coté sur la souche par le juge de paix. Les greffiers doivent se procurer ces carnets dans les bureaux des receveurs de l'enregistrement. Circ., 27 oct. 1888, *Annales* 1889, p. 110.

BAC. 48 *bis*. Il a été jugé, au contraire, qu'un restaurateur établi dans une île de la Seine, et quoique dans le périmètre d'un bac public, peut, ayant un bateau particulier, même non autorisé, faire passer le fleuve aux personnes fréquentant son établissement ; ce faisant, il ne commet pas la contravention prévue par les articles 56 et 58 de la loi du 6 frimaire an VII. Trib. corr. Versailles, 30 juin 1881, *Annales* 1882, p. 64.

BAIL A COLONAT (OU COLONAGE) PARTIAIRE, OU MÉTAYAGE. 1. Le bail à colonat partiaire ou métayage est « le contrat par lequel le possesseur d'un héritage rural le remet pour un certain temps à un preneur qui s'engage à le cultiver sous la condition d'en partager les produits avec le bailleur ». — L. sur le Code rural du 18 juillet 1889, art. 1er.

Le preneur se nomme *colon partiaire*, et aussi, dans certains pays, *granger*, *métayer*, *bordier*.

2. Autrefois, c'était le Code civil qui régissait le contrat de bail à colonage partiaire, mais il n'en traçait les règles que d'une façon très incomplète et pour ainsi dire accessoire. Ainsi il se bornait à dire dans l'article 1763, au titre *Du louage*, que celui qui cultive sous la condition d'un partage de fruits avec le bailleur ne peut ni sous-louer ni céder son droit au bail, si cette faculté ne lui en a été expressément accordée par le bail. Il ajoutait, dans l'article 1764, qu'en cas de contravention, le propriétaire avait le droit de rentrer en jouissance, et que le preneur était condamné à des dommages-intérêts résultant de l'inexécution du bail.

Il contenait, en outre, au chapitre IV du même titre, qui a pour objet le bail à cheptel, trois articles (1827 à 1830) qui traitent des règles particulières au cheptel donné par le propriétaire au colon partiaire. Rapport de M. Léon Clément au Sénat sur la loi du 18 juillet 1889 (dépôt, le 7 mai 1880, *Journ. off.* du 8 mai, déb. parlement., p. 4940 ; texte, *Journ. off.*, doc. parlement. de juin 1880, p. 5957).

3. Suppléer à l'insuffisance de cette réglementation et aussi favoriser le développement de ce contrat, si utile à l'agriculture, en précisant les droits et obligations respectifs des parties, en leur donnant de nouveaux moyens de les faire valoir et en rendant leurs règlements de comptes plus faciles et plus onéreux, telles sont les principales causes qui ont donné naissance à la nouvelle loi du 18 juillet 1889, qui régit aujourd'hui, concurremment avec le Code civil dont elle complète les dispositions, le contrat de bail à colonat partiaire. *Ibid.*

4. Le bail à colonat partiaire est un contrat d'une nature particulière, d'un caractère mixte, participant à la fois du contrat de louage et du contrat de société, et ayant des règles qui lui sont propres. — Antérieurement à la loi de 1889, la jurisprudence était divisée sur le point de savoir si le bail à colonage partiaire était un contrat de louage ou un contrat de société. Pau 5 avril 1884, *Annales* 1886, p. 204; Riom 19 nov. 1884, *ibid.* — Mais la loi actuelle ayant déterminé les règles applicables à ce contrat, cette controverse n'a plus guère aujourd'hui qu'un intérêt purement doctrinal. — V. aussi M. Guillouard, *Tr. du contr. de louage*, t. II, n° 611, qui considère le bail à colonat partiaire comme un louage de choses; et M. Rérolle, *Du colonage partiaire*, p. 293, qui voit dans le colonage partiaire un contrat spécial innomé, qui n'est ni le bail à ferme ni la société. — Nous allons exposer ces règles en suivant les articles de la loi du 18 juillet 1889. — V. rapport de M. L. Million à la Chambre des députés (*Journ. off.*, doc. parlement. de juill. 1888, p. 756), et rapport de M. Clément devant le Sénat (*loc. cit.*).

5. Les fruits et produits se partagent par moitié, s'il n'y a stipulation ou usage contraire. L. 18 juill. 1889, art. 2.

6. Le bailleur est tenu à la délivrance et à la garantie des objets compris au bail. — Il doit faire aux bâtiments toutes les réparations qui peuvent devenir nécessaires. Toutefois, les réparations locatives ou de menu entretien, qui ne sont occasionnées ni par la vétusté ni par force majeure, demeurent, à moins de stipulation ou d'usage contraire, à la charge du colon. L. 18 juill. 1889, art. 3.

Cette dernière disposition est la reproduction des règles générales posées par les articles 1754 et 1755 du Code civil en matière de baux à loyer.

7. Sous le rapport des obligations du propriétaire à l'égard de l'entretien des bâtiments, on soutenait autrefois qu'il fallait distinguer entre ceux qui étaient affectés à l'exploitation et ceux qui servaient à l'habitation ; que le propriétaire était tenu, à l'égard des premiers, de toutes les réparations sans exception, même locatives ; tandis que, pour ce qui concernait le second groupe d'immeubles, c'était au colon qu'incombait la charge des réparations locatives. Méplain, *Traité du bail à portion de fruits*, p. 114. — Mais les termes précis et formels de la loi de 1889 repoussent une pareille distinction. Aujourd'hui, toutes les réparations, à quelque immeuble qu'elles s'appliquent, sont divisées en deux catégories et sont à la charge du colon ou du propriétaire, suivant qu'elles sont locatives ou non locatives, sauf le cas de vétusté ou de force majeure.

8. Le preneur est tenu d'user de la chose louée en bon père de famille, en suivant la destination qui lui a été donnée par le bail ; il est également tenu des obligations spécifiées pour le fermier par les articles 1730, 1731 et 1768 du Code civil. *Ibid.*, art. 5, § 1. — Les articles 1730 et 1731, que la loi de 1889 rend applicables au colonat partiaire, sont relatifs à la confection ou à l'absence d'un état de lieux ; et l'article 1768, visé par la même loi, est celui qui impose au preneur d'un bien rural, sous peine de tous dépens et dommages-intérêts, l'obligation d'avertir le propriétaire des usurpations qui peuvent être commises sur le fonds, et fixe le délai dans lequel doit être fait cet avertissement.

9. Le colon partiaire ne peut ni sous-louer, ni céder son droit au bail, si la faculté ne lui en a été expressément concédée par le contrat. C. civ., art. 1763. — Cette prohibition est fondée sur la présomption que le bail à colonat partiaire a été consenti par le bailleur en considération de la personne du colon, *intuitu personæ*. Et dans le cas où le preneur contreviendrait aux dispositions prohibitives de l'article 1763 et passerait outre, le bailleur aurait incontestablement le droit de faire prononcer la résiliation du bail.

10. Mais la défense contenue en l'article 1763 n'empêche pas le colon de s'associer, pour l'exploitation du fonds, une personne quelconque, qui prend le nom de *personnier*. Il est, d'ailleurs, bien entendu, que ce nouveau contrat, ou, pour mieux dire, cette sous-association, reste complètement étranger au bailleur, lequel ne connaît que son colon.— V. Méplain,

Tr. du bail à portion de fruits, n° 175; Guillouard, *Tr. du contr. de louage,* t. II, n° 628.

11. Le preneur répond de l'incendie, des dégradations et des pertes arrivées pendant la durée du bail, à moins qu'il ne prouve qu'il a veillé à la garde et à la conservation de la chose en bon père de famille. *Ibid.,* art. 4, § 2.

12. Le preneur doit se servir des bâtiments d'exploitation qui existent dans les héritages qui lui sont confiés, et résider dans ceux qui sont affectés à l'habitation. *Ibid.,* art. 4, § 3.

13. Le colon est tenu, dans les termes de l'article 1768 du Code civil, d'avertir le propriétaire des usurpations qui peuvent être commises sur les fonds qui lui sont loués, et il a, pour donner cet avertissement, le même délai que celui qui est réglé en cas d'assignation suivant la distance des lieux. Art. 73 et 1033, C. proc. civ. — S'il négligeait de prévenir le propriétaire, il serait tenu vis-à-vis de lui de tous dépens et dommages-intérêts. — V. Troplong, *Du contr. de louage,* t. II, n°ˢ 645 et suiv.; Méplain, *Tr. du bail à portion de fruits,* n°ˢ 139 et suiv.; Guillouard, *Tr. du contr. de louage,* t. II, n°ˢ 621 et suiv.

14. Les contributions des portes et fenêtres, étant une charge de l'habitation, doivent être supportées par le colon. — Quant à l'impôt foncier, c'est une question délicate que celle de savoir si, en droit et à défaut de convention particulière, il incombe au bailleur seul, ou bien si chacune des parties est tenue d'y contribuer dans une certaine proportion. La solution de cette question dépend surtout de la nature que l'on reconnaît au contrat de bail à colonat partiaire. Ainsi Méplain (*op. cit.,* n° 208), qui voit dans ce bail un véritable contrat de société, décide que l'impôt foncier étant une charge de la jouissance, doit être payé et supporté par la société qui profite de cette jouissance, c'est-à-dire par les deux parties, bailleur et colon. M. Guillouard au contraire (*op. cit.,* t. II, n° 618), qui considère ce contrat comme un véritable bail, émet l'opinion que la contribution foncière doit demeurer à la charge du propriétaire, qui n'est, en somme, qu'un bailleur ordinaire. — Quant à nous, c'est à cette dernière opinion que nous nous rallions. — V. dans ce sens, Just. paix Arles, 10 oct. 1879, motif, *Bulletin des décisions* 1880, p. 97.

Et, cet impôt étant calculé (L. 3 frim. an VII, art. 57), non point sur la totalité du produit du fonds loué, mais seulement sur la moitié ou la part quelconque revenant au propriétaire dont elle représente le revenu réel, il en résulte que le colon partiaire ou métayer n'est pas fondé à réclamer au propriétaire une part du dégrèvement d'impôt accordé à celui-ci à raison d'événements fortuits qui ont causé la perte de la récolte. Just. paix Arles, 10 oct. 1879, précité.

15 — *a*. Au point de vue de la responsabilité, le métayer ne saurait être, en cette seule qualité, considéré comme le domestique, ni comme le préposé du bailleur ; en conséquence, celui-ci ne peut être déclaré responsable, dans les termes de l'article 1384, § 3, du Code civil des faits et actes dommageables commis par son métayer. Toulouse, sol. impl., 5 avril 1865, Sirey 1865, II, 205, *J. P.* 1865, II, 847 ; Bourges, 30 nov. 1885, *Annales* 1886, p. 351.

— *b*. Au surplus, la Cour de cassation, par un arrêt du 12 juin 1855 (Sirey 1855, I, 710, *J. P.* 1856, I, 64), a posé en principe que le propriétaire pourrait être tenu, il est vrai, des conséquences civiles du mode abusif ou illégal de jouissance pratiqué par son locataire, si cet abus ou cette illégalité n'était que l'effet nécessaire ou l'exécution des stipulations du bail ; mais qu'il ne saurait répondre des faits personnels du fermier qui n'a agi que d'après sa propre impulsion, dans son intérêt particulier, sans l'aveu et à l'insu du bailleur.

— *c*. Ainsi, par exemple, le métayer doit être réputé avoir agi comme préposé du propriétaire et avoir, par suite, engagé la responsabilité de celui-ci à raison du dommage causé par l'animal faisant partie de la métairie, que ledit propriétaire l'a chargé de conduire à un concours agricole. Bordeaux, 10 mars 1874, Sirey 1874, II, 252.

— *d*. Mais il n'en serait pas de même à l'égard du dommage occasionné par un animal appartenant au bailleur, qui l'aurait remis au colon pour l'exploitation de la ferme, en vertu du contrat de cheptel, et le bailleur ne serait pas alors responsable en vertu de ce principe que la responsabilité de l'article 1385 du Code civil cesse de peser sur le propriétaire de l'animal, lorsqu'il s'est dessaisi de la détention, de l'usage et de la garde de cet animal par un contrat légal et régulier. Bourges, 30 nov. 1885, *Annales* 1886, p. 351.

— *e*. Le colon partiaire ne saurait être non plus assimilé à un homme de service à gages ; en sorte que les contestations qui s'élèvent entre lui et le propriétaire ne rentrent pas, sous le rapport de la compétence du juge de paix, dans les termes de l'article 5, § 3, de la loi du 25 mai 1838. Just. paix Verfeil, 12 oct. 1880, *Bulletin des décisions* 1881, p. 45.

16. Le bailleur a la surveillance des travaux et la direction générale de l'exploitation, soit pour le mode de culture, soit pour l'achat et la vente des bestiaux. L'exercice de ce droit est déterminé, quant à son étendue, par la convention ou, à défaut de convention, par l'usage des lieux. — Les droits de chasse et de pêche restent au propriétaire. L. 18 juill. 1889, art. 5.

17. La règle posée par cet article 5, dans sa première partie, découle de la nature même du contrat de colonat partiaire, et de cette circonstance que la jouissance du domaine reste, en quelque sorte, commune entre le propriétaire et le métayer. Lorsqu'il s'agit d'un véritable bail à ferme, le propriétaire abandonne au fermier, moyennant un certain prix, la jouissance exclusive des biens qui font l'objet du fermage ; le fermier qui en acquiert la jouissance les administre et les cultive comme il l'entend ; le propriétaire n'a pas d'autre droit que celui de surveiller l'exécution des engagements pris envers lui par le fermier. Dans le bail à colonat ou à métayage, au contraire, le propriétaire reste intéressé non seulement à l'amélioration de sa terre, mais même à son rendement annuel ; il importe qu'il puisse, par ses avis, par son expérience, par son intelligence et aussi quelquefois par des avances qu'il promet, concourir à donner à une culture une direction qui peut se traduire par un rendement supérieur, dont le colon profite comme lui. Rapport de M. L. Million à la Chambre des députés, *ubi supra*, n° 4.

17 *bis.* Lorsque, aux termes d'un contrat de métayage, la direction exclusive des ventes et des achats de bestiaux est attribuée au bailleur, il en résulte que celui-ci a le droit de toucher les produits des ventes dont il doit tenir compte ultérieurement au colon. Trib. civ. Montluçon, 13 août 1891, *G. des Trib.*, 13 décembre 1891.

18. La mort du bailleur de la métairie ne résout pas le bail à colonat. L. 18 juill. 1889, art. 6, § 1. — Ce bail est résolu par la mort du preneur ; la jouissance des héritiers cesse à l'époque consacrée par l'usage des lieux pour l'expiration des baux annuels. *Ibid.*, § 2.

19. La raison des effets différents que la mort du bailleur et celle du preneur exercent sur le sort du bail s'explique facilement. — On comprend, en effet, que le bailleur, qui intervient dans le contrat que pour remettre la propriété entre les mains du colon, c'est-à-dire pour fournir le capital, ne contracte aucune obligation qui ne puisse, par sa nature, passer à ses héritiers. Du reste, aucun texte de loi ne lui interdit de se substituer, s'il le croit utile, soit pour exercer la surveillance et la direction qu'il s'est réservées, soit pour recevoir la part des fruits et produits qu'il doit toucher, un régisseur, un préposé ou même un fermier général, qui prendra place dans ses rapports avec le colon. Dès lors, sa mort ne doit avoir aucune action sur la durée du contrat, qui doit continuer d'exister pour tout le temps convenu entre les parties. — Mais la situation est tout autre lorsque c'est le colon qui meurt; ses héritiers peuvent n'être pas en mesure de continuer l'exécution du contrat, ils peuvent avoir des professions non agricoles ; il est alors impossible de les forcer à entreprendre un travail pour lequel ils ne sont pas préparés, et. d'autre part, le Code civil, dans l'article 1763, leur interdit de se substituer un sous-traitant pour exécuter le contrat. Et lors même que les héritiers du colon seraient eux-mêmes cultivateurs, il se pourrait qu'ils n'eussent pas les qualités et les aptitudes qui, vraisemblablement, ont été la cause déterminante du bail consenti par le propriétaire à leur auteur. Rapport de M. L. Million à la Chambre des députés, *ubi supra.*

20. S'il a été convenu qu'en cas de vente, l'acquéreur pourrait résilier, cette résiliation ne peut avoir lieu qu'à la charge par l'acquéreur de donner congé suivant l'usage des lieux. L. 18 juill. 1889, art. 7, § 1er. — C'est la reproduction de la règle édictée par l'article 1748 du Code civil, avec cette différence cependant, que le délai imparti à l'acquéreur pour avertir le fermier des biens ruraux est fixé invariablement à un minimum d'un an, tandis qu'en matière de bail à colonat partiaire, ce délai est déterminé dans tous les cas par l'usage des lieux.

21. Dans ce dernier cas, comme dans celui de résolution du bail par la mort du preneur, le colon a droit à une indemnité pour les impenses extraordinaires qu'il a faites, jusqu'à concurrence du profit qu'il aurait pu en tirer pendant la durée de son bail ; la résiliation, en cas de vente, est régie au surplus par les articles 1743, 1749, 1750 et 1751 du Code civil. *Ibid.*, alin. 2.

22. L'article 7 suppose, en ce qui concerne l'acquéreur du bien loué à colonat partiaire, un bail écrit et ayant date certaine opposable à cet acquéreur. Autrement, ce contrat ne lui étant pas opposable, celui-ci est toujours libre de refuser de donner suite au bail à métayage, et le preneur reste alors en face de son bailleur, contre lequel il pourra exercer un recours en garantie et une action en dommages-intérêts, dans les termes du droit commun, si le bail, ayant encore une certaine durée, est muet sur la clause de résiliation en cas de vente. Mais lors même que cette clause existe dans le contrat, comme dans le cas de résolution du bail par la mort du preneur, celui-ci, ou ses héritiers, a droit, nonobstant l'absence de toute stipulation sur les dommages-intérêts, à une indemnité pour les impenses extraordinaires qu'il a faites, jusqu'à concurrence du profit qu'il aurait pu en tirer pendant la durée du bail. Toutefois, et en vertu de l'article 1750 du Code civil qui est applicable au bail à métayage, si ce bail n'est pas fait par acte authentique ou qu'il n'ait point de date certaine, l'acquéreur ne peut être personnellement tenu, à défaut du bailleur, d'aucuns dommages-intérêts. — V. le rapport, à la Chambre des députés, de M. L. Million.

23. Si, pendant la durée du bail, les objets qui y sont compris sont détruits en totalité par cas fortuit, le bail est résilié de plein droit. S'ils ne sont détruits qu'en partie, le bailleur peut se refuser à faire les réparations et les dépenses nécessaires pour les remplacer ou les rétablir. — Le preneur et le bailleur peuvent, dans ce cas, suivant les circonstances, demander la résiliation. L 18 juill. 1889, art. 8, § 1er.

Cet article établit, dans le cas de perte de la chose qui fait l'objet du contrat, une différence assez sensible entre le bail à ferme régi par l'article 1722 du Code civil, et le bail à métayage. Cette différence ne s'accuse pas en cas de perte totale, parce que, dans les deux cas, il y a lieu à résiliation. Mais, en cas de perte partielle, l'article 1722 donne au fermier le droit, comme à tout preneur, de demander ou la résiliation du bail, ou une diminution du prix du bail. La loi de 1889, au contraire, ne laisse pas d'autre alternative que la résiliation ou la continuation du contrat de colonat. Rapport de M. L. Million à la Chambre des députés.

24. Si la résiliation est prononcée à la requête du bailleur, le juge devra apprécier l'indemnité qui pourra être due au preneur, conformément au paragraphe 2 de l'article 7 de la présente loi. L. 18 juill. 1889, art. 8, § 2. — Si, au contraire, c'était à la requête du preneur que le bail fût résilié, il n'y aurait pas lieu à indemnité.

25. Si, dans le cours de la jouissance du colon, la totalité ou une partie de la récolte est enlevée par cas fortuit, il n'a pas d'indemnité à réclamer au bailleur. Chacun d'eux supporte sa part correspondante dans la perte commune. *Ibid.*, art. 9. — Cette disposition fait exception à la règle posée par les articles 1769, 1770 et 1771 du Code civil, qui portent que, si le bail est fait pour plusieurs années, et que, pendant la durée de ce bail, la totalité, ou la moitié d'une récolte au moins soit enlevée par des cas fortuits, le fermier peut demander une remise du prix de sa location, à moins qu'il ne soit indemnisé par les récoltes précédentes. Et cette exception trouve sa justification dans la nature même du contrat de bail à colonat partiaire; elle existait déjà dans le droit ancien, et tous les auteurs, notamment Domat (*Lois civiles*, liv. I⁰ʳ, tit. IV, *Du louage*, sect. V, § 3, p. 60), l'enseignaient formellement.

26. Le bailleur exerce le privilège de l'article 2102 du Code civil sur les meubles, effets, bestiaux et portions de récolte appartenant au colon, pour le payement du reliquat du compte à rendre par celui-ci. *Ibid.*, art. 10.

27. Le bailleur à colonat partiaire a le droit de pratiquer la saisie-gagerie contre son colon. Arg. art. 3, L. 25 mai 1838, modifiée par la loi des 2-5 mai 1855. Lyon, 9 juill. 1860, Sirey 1860, II, 520, D., *P.* 1860, II, 340.

28. Et cette saisie-gagerie peut être pratiquée pour toutes les créances résultant du bail, notamment pour les avances faites par le bailleur à son colon en suite de ce bail. Lyon, 9 juill. 1860, précité; Alger, 25 juin 1878, Sirey 1878, II, 327, D., *P.* 1879, II, 209. *Sic* Bioche, *Dictionn. de procéd.*, v⁰ Saisie-Gagerie, n⁰ 4; Carou, *Jurid. civ. des juges de paix*, n⁰ 201.

29. Mais, d'autre part, les avances faites par le propriétaire au métayer n'étant exigibles, en l'absence de toute stipulation, qu'après que le métayer, par la vente de sa part de fruits, s'est procuré les ressources nécessaires au remboursement, toute saisie-gagerie opérée par le propriétaire avant cette époque est prématurée, intempestive, et ouvre ainsi au colon une action en dommages-intérêts contre le bailleur, à raison du préjudice qu'elle lui a causé. Alger, 25 juin 1878, précité.

30. Chacune des parties peut demander le règlement annuel du compte d'exploitation. — Le juge de paix prononce sur les difficultés relatives aux articles du compte, lorsque les obligations résultant du contrat ne sont pas contestées, sans appel, lorsque l'objet de la contestation ne dépasse pas le taux de sa compétence générale en dernier ressort, et à charge d'appel à quelque somme qu'il puisse s'élever. — Le juge de paix statue sur le vu des registres des parties ; il peut même admettre la preuve testimoniale, s'il le juge convenable. L. 18 juill. 1889, art. 11.

30 *bis.* L'incompétence des tribunaux civils pour connaître de ces sortes de litiges est une incompétence *ratione materiæ* qui peut être invoquée en tout état de cause ; car, si les tribunaux civils, ayant plénitude de juridiction, peuvent connaître des difficultés qui doivent être soumises aux juges de paix, ils ne sauraient statuer au fond, lorsque l'exception d'incompétence est soulevée par une des parties. Agen, 8 juill. 1891, *Annales* 1892, p. 134.

31. Ainsi, la compétence du juge de paix pour connaître des difficultés relatives aux règlements de comptes entre le bailleur et le colon partiaire est, avant tout, subordonnée à la condition que les obligations résultant du contrat de bail ne soient pas contestées.— En formulant cette restriction, le législateur de 1889 s'est inspiré de ce principe général, dont la loi du 25 mai 1838 a fait l'application dans ses articles 4, § 1ᵉʳ, 5, § 2, 6, § 2 et 3, à savoir que le juge de paix cesse d'être compétent toutes les fois qu'il y a contestation sur le fond du droit.

32. Mais aussi, suivant la règle générale consacrée par la jurisprudence, il ne suffirait pas, pour que le juge de paix fût obligé de se dessaisir, que l'une des parties soulevât une contestation quelconque, se réduisant à une simple allégation dénuée de preuve et de vraisemblance, et à l'appui de laquelle rien de positif n'est articulé ; il faut que la contestation soit sérieuse. Cass., 15 déc. 1885, *J. P.* 1886, I, 371 ; Cass., 15 nov. 1886, *J. P.* 1887, I, 1147.

33. L'attribution de compétence que la loi du 18 juillet 1889 fait au juge de paix en matière de bail à colonat partiaire n'est pas une innovation. — Déjà l'article 3 de la loi du 25 mai 1838 (modifiée par la l *i* des 2-5 mai 1855), en fixant le taux et surtout le mode de détermination de la compétence du juge de paix pour connaître de certaines contestations auxquelles peut donner lieu l'exécution d'un bail à colonat partiaire, a, par là même, implicitement reconnu le principe de cette compétence. D'une part, en effet, cet article 3 porte que « les juges de paix connaissent, sans appel, jusqu'à la valeur de 100 francs et, à charge d'appel, à quelque valeur que la demande puisse s'élever, des actions en payement de loyers ou fermages, des congés, des demandes en résiliation de baux, fondées sur le seul défaut de payement des loyers ou fermages, des expulsions de lieux et des demandes en validité de saisie-gagerie, *le tout lorsque les locations verbales ou par écrit n'excèdent pas annuellement 400 francs* ». Et, d'autre part, il ajoute *in fine* que, « si le prix principal du bail consiste en prestations non appréciables d'après les mercuriales, ou *s'il s'agit de baux à colons partiaires,* le juge de paix déterminera la compétence, en prenant pour base du revenu de la propriété le principal de la contribution foncière de l'année courante, multiplié par 5 ».

34. Observons ici en passant que, si le bail porte sur une portion d'immeuble, et qu'il ne soit pas possible au juge de paix de déterminer la part afférente de cette portion dans le principal de la contribution foncière à laquelle est soumis l'immeuble en entier, ce magistrat doit considérer la demande comme indéterminée et renvoyer les parties à se pourvoir, à moins cependant que, d'après le chiffre de l'impôt foncier, il ne soit compétent pour l'immeuble entier. Curasson, *Tr. de la compét. des juges de paix,* édit. Poux-Lagier et Pialat, t. Ier, p. 387, note *a.* Comp. Foucher, n° 143 ; Carou, *Juridict. civ. des juges de paix,* n° 176.

35. Par ce qui précède, on voit qu'en vertu de la loi du 25 mai 1838 le juge de paix est compétent dans les limites susfixées, c'est-à-dire en dernier ressort jusqu'à 100 francs, et en premier ressort indéfiniment, lorsque le revenu annuel de la chose donnée à bail n'excède pas 400 francs, pour connaître des contestations et difficultés relatives à l'exécution d'un bail à colonat partiaire qui rentrent, par leur nature et par leur objet, dans la catégorie de celles spécifiées par l'article 3 de ladite loi, comme, par exemple, des congés, des demandes en résiliation fondées sur le seul défaut de délivrance au bailleur de sa quote-part de fruits, des expulsions de lieux et des demandes en validité de saisie-gagerie. — Jugé que le juge de paix est compétent pour connaître de la demande en résiliation d'un bail à colonat partiaire, lorsque la quote-part de fruits revenant au bailleur annuellement n'excède pas 400 francs. Trib. civ. Sarlat, 23 mars 1888, *Rec. de Bordeaux*, 95, II, 1888. Mais cette solution doit être, selon nous, expressément restreinte au cas où la demande en résiliation est fondée sur le seul défaut de délivrance par le colon au propriétaire de sa part de fruits, délivrance qui équivaut au payement des loyers en matière de bail ordinaire. — Il a été jugé également que l'article 11 de la loi du 18 juillet 1889 ne s'applique pas aux contestations pouvant s'élever entre le preneur et le bailleur au sujet des accusations réciproques d'inculture, de malfaçons, de privation de jouissance ou d'autres abus ou infractions à la loi même du contrat de bail. Trib. civ. Agen, 25 juin 1891, *Annales* 1891, p. 348. — Le Tribunal civil de Ribérac a décidé, à la date du 29 juin 1892 (*G. P.* 5-6 oct. 1892), que la demande formée par un colon partiaire et ayant pour objet la remise d'une moitié de la récolte, que le propriétaire aurait eu le tort de prendre ou de refuser de laisser enlever, ne rentre pas dans la compétence spéciale attribuée au juge de paix par ledit article 11 de la loi du 18 juillet 1889 et ne peut être portée devant ce magistrat qu'à titre de demande personnelle, si elle est inférieure à 200 francs.

Quant aux actions en payement de loyers, il ne saurait en être question en matière de bail à colonat partiaire, dont la nature est essentiellement exclusive de la stipulation de tout loyer ou fermage. — V. cependant Just. de paix Verfeil, 12 oct. 1880, motifs, *Bulletin des décisions* 1881, p. 45.

56. Mais, si ce dernier contrat, à la différence du bail à loyer ou à ferme, ne comporte ni loyer ni redevance fixe, il donne lieu (L. 18 juill. 1889, art. 2), entre le propriétaire et le colon, à un partage de fruits, et par suite, à un règlement de compte des avances, dépenses, recettes et produits, déboursés ou perçus de part d'autre, relativement à la culture et à l'exploitation du fonds loué.

Or, c'est précisément sur les difficultés qui peuvent naître de ce règlement de compte, que la loi du 18 juillet 1889 (art. 11), comblant en cela la lacune de la loi du 25 mai 1838, attribue compétence au juge de paix, sans appel, lorsque l'objet de la contestation ne dépasse pas le taux de sa compétence générale en dernier ressort, et, à charge d'appel, à quelque somme qu'il puisse s'élever.

36 *bis*. Les travaux faits au cours du colonage, dans l'intérêt exclusif du maître, ont un caractère spécial et ne peuvent être payés au colon le prix qu'ils le seraient à un étranger, puisqu'ils ont été faits avec les animaux de la métairie, et que, de plus, le colon doit en principe tout son temps aux travaux du domaine qu'il cultive ; précisément à cause de cela le prix à fixer pour les travaux est un des éléments du compte de colonage. Trib. civ. Périgueux, 13 juin 1891, *Annales* 1892, p. 67.

37. En assignant pour limite à la compétence en dernier ressort du juge de paix en pareille matière le taux de la compétence générale de ce magistrat en dernier ressort, le législateur de 1889 a entendu, sans aucun doute, se référer par cette dernière expression au taux de 100 francs, qui, sous l'empire de la législation actuelle, est invariablement celui du dernier ressort pour les juges de paix de la France continentale. (Ce taux est plus élevé dans les colonies. En Algérie, les juges de paix à compétence étendue connaissent des actions personnelles et mobilières jusqu'à 500 francs en dernier ressort.) — Et, en effet, il ressort des débats parlementaires qui ont précédé le vote de la loi du 18 juillet 1889 que si la commission de la Chambre des députés n'a pas cru devoir maintenir la rédaction du projet du gouvernement, adoptée par le Sénat, laquelle précisait le chiffre de 100 francs comme limite de cette compétence en dernier ressort, et si elle y a substitué une formule générale sans indication de somme, ce n'était pas dans le but ni dans la pensée de modifier le chiffre de ce taux, que cependant elle trouvait trop faible, mais qu'elle ne voulait pas changer dans la crainte de se mettre en désaccord avec la commission spéciale, chargée d'étudier les projets de loi présentés sur l'extension de la compétence des juges de paix. Cette modification de rédaction n'avait d'autre portée, dans l'intention de ses auteurs, que d'affirmer en quelque sorte et de mieux marquer, sur ce point, les sentiments et les vœux de la commission de la Chambre, et aussi de se référer par anticipation au taux de compétence qui pourrait être ultérieurement fixé par une nouvelle loi. — Et cette interprétation se trouve, au surplus, expressément confirmée par le langage de M. L. Faye, ministre de l'agriculture, qui, répondant devant le Sénat (séance du 5 juillet 1889, *Journ. off.* du 6 juill., déb. parlement., p. 884) à une question de M. le sénateur Casabianca, s'est exprimé ainsi au sujet des modifications apportées par la Chambre des députés au projet de loi antérieurement adopté par le Sénat : « Il y a une deuxième modification qui est non moins insignifiante : c'est qu'on a cru, dans la rédaction du Sénat, devoir préciser le taux de la compétence en dernier ressort, qui est de 100 francs, tandis que, dans la rédaction de la Chambre, on s'est borné à rappeler le taux en dernier ressort de la compétence. C'est donc une rédaction absolument identique. »

38. En ce qui concerne la compétence du juge de paix en premier ressort, il s'élève une difficulté ou, tout au moins, il naît un doute. Il est permis de se demander, en effet, si la disposition de l'article 11 de la loi du 18 juillet 1889, a entendu tacitement se référer à l'article 3 de la loi du 25 mai 1838, qui règle précisément la compétence du juge de paix, en matière de bail à colonat partiaire et sur certaines contestations d'une nature spécialement déterminée, — ou bien si elle constitue une loi ayant une existence propre et indépendante, et se suffisant à elle-même. — Et l'intérêt pratique de cette question est considérable ; car, selon qu'on adoptera la première ou la seconde solution, il faudra admettre que le juge de paix n'est compétent, au moins en premier ressort, dans les termes de l'article 11 de la loi du 18 juillet 1889, que lorsque le revenu annuel de la propriété louée ne dépasse pas 400 francs, — ou bien que cette compétence spéciale s'exerce sans restriction, c'est-à-dire quel que soit le chiffre de ce revenu annuel. — Quant à nous, nous nous rangeons à cette dernière opinion, qui nous paraît plus conforme au texte et à l'esprit de la loi.

38 *bis*. Le législateur, en attribuant compétence au juge de paix en matière de bail à colonat partiaire pour se prononcer, sur les difficultés relatives aux articles du compte, a entendu lui donner le droit de statuer sur les difficultés pouvant s'élever pendant toute la durée du bail et non sur les règlements de compte d'une année seulement. Agen, 8 juill. 1891, *Annales* 1892, p. 134.

39. Toute action résultant du bail à colonat partiaire se prescrit par cinq ans à partir de la sortie du colon. L. 18 juill. 1889, art. 12.

L'article 2277 du Code civil porte que les prix de ferme des biens ruraux se prescrivent par cinq ans ; mais la prescription de trente ans était seule applicable aux règlements de compte entre propriétaires et métayers, lorsqu'il s'agissait de baux à portions de fruits. L'article 12 fait cesser cette anomalie ; il établit la prescription de cinq ans. Mais cette prescription n'est pas spéciale à chaque année, comme celle de l'article 2277 du Code civil ; c'est à partir de la sortie du colon qu'elle commence à courir. Elle s'étend à toutes les actions qui peuvent naître entre le propriétaire et le métayer, à la différence de celle de l'article 2277 qui ne s'applique qu'à la dette annuelle des loyers. Rapport de M. L. Million à la Chambre des députés.

40. Les dispositions de la section 1re du titre du louage contenues dans l'article 1718 et dans les articles 1736 à 1741 inclusivement du Code civil, et celles de la section 3e du même titre contenues dans les articles 1766, 1777 et 1778 du même Code, sont applicables aux baux à colonat partiaire. Ces baux sont, en outre, régis, pour le surplus, par l'usage des lieux. L. 18 juill. 1889, art. 13 et dernier.

Voici, en quelques mots, quelles sont les dispositions contenues dans les divers articles du Code civil que l'article 13 de la loi de 1889 déclare être applicables aux baux à colonat partiaire.

L'article 1718 limite les droits du tuteur relativement à la durée des baux des biens de mineurs, en les astreignant aux règles posées au titre du contrat de mariage pour les biens des femmes mariées.

Les articles 1736 à 1738 sont relatifs à la tacite réconduction et disposent que si, à l'expiration d'un bail écrit, le preneur reste ou est laissé en possession, il s'opère par tacite réconduction un nouveau bail considéré comme un bail fait sans écrit, qui n'a pas de terme fixe et pour lequel un congé peut être donné en observant les délais fixés par l'usage des lieux.

Il est à remarquer que l'article 1776 du Code civil relatif à la tacite réconduction des biens ruraux n'est pas compris dans la nomenclature des articles applicables au bail à colonat.

Jugé dans cet ordre d'idées, sous l'empire de la législation antérieure à la loi du 18 juillet 1889, mais par application d'un principe qui n'a point été modifié par cette dernière loi, que, lorsque la tacite réconduction s'est opérée au profit d'un colon partiaire dont le bail originaire avait une durée de trois ans, il appartient aux juges du fait de décider, en se fondant sur l'usage des lieux et sur l'intention des parties, que le nouveau bail, ainsi tacitement renouvelé, ne doit avoir qu'une durée d'un an, et non de trois ans, comme celui auquel il succède. Cass., 21 oct. 1889, *J. P.* 1889, I, 1145.

L'article 1739 stipule que, lorsqu'il y a un congé signifié, le preneur, quoi qu'il ait continué sa jouissance, ne peut invoquer la tacite réconduction.

L'article 1740 porte que, dans le cas des deux articles qui précèdent, la caution donnée pour le bail ne s'étend point aux obligations résultant de la prolongation.

L'article 1741 déclare que le contrat de louage se résout par la perte de la chose louée et par le défaut respectif du bailleur ou du preneur de remplir leurs engagements.

L'article 1766 accorde au bailleur le droit de faire résilier le bail lorsque le preneur manque aux engagements que la loi, ou son contrat, lui impose.

Enfin, les articles 1777 et 1778 obligent le fermier sortant à laisser les pailles et les engrais de l'année, et assurent tant au fermier sortant à l'expiration de son bail qu'au fermier entrant les facilités nécessaires pour l'exécution des travaux agricoles qui suivent la sortie ou précèdent l'entrée en jouissance.

41. En matière de bail en général, la preuve testimoniale est prohibée au-dessus de 150 francs, quand il s'agit d'établir l'existence du contrat lui-même ; mais quand l'existence du bail n'est pas contestée, rien ne s'oppose à ce qu'un bailleur invoque la preuve testimoniale contre le colon qui refuse de lui rendre compte de la part de récolte lui revenant d'après l'usage des lieux. Trib. civ. Blaye, 5 fév. 1891, *Rec. de Bordeaux*, 45, III, 1891.

42. Le propriétaire peut reprendre, suivant estimation, la quantité de fumier excédant celle que le colon a reçue en entrant dans la métairie. Mais il résulte de l'article 1778 du

Code civil et de l'article 13 de la loi du 18 juillet 1889 que c'est une pure faculté et non une obligation pour le bailleur, quels que soient les usages locaux. Trib. paix Bazas, 15 janv. 1890, *Rec. de Bordeaux*, 21, III, 1891.

43. En matière fiscale, les baux à colonat partiaire, lorsqu'ils sont constatés par un écrit, sont assujettis, comme les autres contrats de louage, à la formalité de l'enregistrement et à la perception du droit proportionnel ; lors, au contraire, qu'ils ne sont pas écrits, ils sont dispensés de la déclaration prescrite par la loi du 23 août 1871, et, par suite, de tout droit d'enregistrement. L. 22 frim. an VII, art. 15, n° 1 ; L. 23 août 1871, art. 11 ; L. 28 fév. 1872, art. 6. Cass., 8 fév. 1875, D., *P.* 1875, I, 169 ; Cass., 12 avril 1873, D., *P.* 1873, III, 103; Cass., 20 janv. et 18 avril 1873, D., *P.* 1873, V, 201.

BAL. 1... La loi des 16-24 août 1790 a été abrogée dans son article 11, § 3, par la loi du 6 avril 1884 (art. 97, § 3), qui, d'ailleurs, confirme au maire le droit d'assurer le bon ordre dans les lieux publics.

8 *bis*. La location partielle et momentanée à des particuliers, pour y donner un bal, d'un local faisant partie d'un établissement de cafetier-limonadier et entrepreneur de bal, n'efface pas le caractère de publicité du local qui reste soumis à la surveillance de la police et à l'exécution des règlements légalement publiés, en ce qui concerne l'heure de fermeture. Cass. crim., 20 fév. 1880, *Annales* 1881, p. 98.

BALAYAGE. 10... La loi du 24 août 1790 a été abrogée et remplacée par la loi du 6 avril 1884.

53... Tous les traités intervenus entre un maire et un entrepreneur, après approbation de l'autorité préfectorale sur le balayage et l'enlèvement des immondices d'une ville constituent des règlements de police absolument obligatoires pour l'entrepreneur, quand bien même celui-ci n'aurait pas déclaré se soumettre à l'application des peines de police. Trib. simple police, Béziers, 18 oct. 1890, *G. P.* 1891, I, 293. — C'est bien en ce sens que la jurisprudence de la Cour de cassation tend à se décider. En effet, un arrêt de la Chambre criminelle du 13 mars 1891 (*Annales* 1892, p. 131) décide que l'adjudicataire de l'enlèvement des boues et immondices d'une commune, qui n'a pas effectué cet enlèvement en temps utile, ne peut être relaxé que s'il en a été empêché par force majeure, laquelle ne peut résulter que d'une impossibilité absolue et non de difficultés même très considérables.

BALISAGE. 3. La loi du 27 mars 1882 punit toute contravention aux prescriptions ci-dessus d'une amende de 10 à 15 fr. Le Tribunal peut, en outre, appliquer une peine d'emprisonnement de cinq jours au plus (art. 2). Cette peine d'emprisonnement peut être élevée jusqu'au double en cas de récidive, c'est-à-dire lorsqu'il a été rendu contre le contrevenant, dans les douze mois précédents, un premier jugement pour infraction à ladite loi (art. 6). — En cette matière le Tribunal de simple police peut, en tout cas, faire application des dispositions de l'article 463 du Code pénal (art. 7).

4. Les contraventions sont constatées par les officiers commandant les bâtiments de l'État, les officiers et maîtres de port, les conducteurs et autres agents assermentés du service des ponts et chaussées, les officiers mariniers commandant les embarcations garde-pêche, les syndics des gens de mer, les gendarmes maritimes, les gardes maritimes, les guetteurs des postes sémaphoriques et les pilotes, qui doivent être spécialement assermentés à cet effet, ainsi que par les agents et préposés des douanes. Même loi, art. 8.

5. Les procès-verbaux dressés en vertu dudit article 8 font foi jusqu'à preuve contraire. A peine de nullité, ils doivent être affirmés dans les trois jours de la clôture desdits procès-verbaux ou au retour à terre de l'agent qui aura constaté la contravention soit devant le juge de paix du canton, soit devant le maire de la commune où réside l'agent qui a dressé le procès-verbal. Sont dispensés de l'affirmation les procès-verbaux émanant des officiers commandant les bâtiments de l'État, des officiers de port, des officiers mariniers commandant les embarcations garde-pêche, des officiers de gendarmerie et des officiers de douanes. Même loi, art. 9.

6. Les procès-verbaux sont remis ou envoyés soit directement, soit par l'intermédiaire de l'officier ou du maître de port le plus rapproché à l'ingénieur des ponts et chaussées chargé du service maritime. Les poursuites ont lieu soit à la diligence du ministère public, soit à la diligence de l'ingénieur du service maritime qui a le droit, dans ce dernier cas, d'exposer l'affaire devant le Tribunal et d'être entendu à l'appui de ses conclusions.

L'affaire est portée devant le Tribunal de simple police du port le plus voisin du lieu où l'infraction a été commise ou devant le Tribunal du port français dans lequel le navire peut être trouvé, ou enfin du port auquel appartient le navire français. Même loi, art. 10.

BAN DE VENDANGE, DE MOISSON, DE FENAISON OU FAUCHAISON. 8 *bis.* — *a.* La loi du 9 juillet 1889 sur le Code rural (art. 3) a supprimé en principe le ban des vendanges, en édictant toutefois qu'il pourrait être maintenu et même établi dans les communes où le conseil municipal l'aurait ainsi décidé par délibération soumise au conseil général et approuvée par lui.

Ainsi, à la différence de la loi des 28 septembre-6 octobre 1791 (art. 1ᵉʳ, t. I, sect. V) qui refusait à l'autorité municipale le droit d'établir le ban des vendanges là où il n'était pas déjà en usage, la nouvelle loi de 1889 a autorisé le conseil municipal, sous la condition de l'approbation du conseil général, non seulement à le maintenir dans les communes où il existait déjà, mais encore à l'établir dans celles où il n'existait pas.

— *b.* Dans le cas où il est établi ou maintenu comme il vient d'être dit, le ban des vendanges est réglé chaque année par arrêté du maire. L. 9 juill. 1889, art. 13, § 2. — V. Dictionnaire général, 4ᵉ édit., *eod. verbo*, nᵒˢ 24, 25.

— *c.* Les prescriptions de cet arrêté municipal ne sont pas applicables aux vignobles clos de la manière indiquée par l'article 6 de la loi du 9 juillet 1889. *Ibid.*, art. 13, § 3.

Cette restriction se trouvait déjà implicitement consacrée par la loi des 28 septembre-6 octobre 1791.

— *d.* Est réputé clos, suivant le vœu de la loi, tout terrain entouré soit par une haie vive, soit par un mur, une palissade, un treillage, une haie sèche d'une hauteur de 1 mètre au moins, soit par un fossé de 1ᵐ,20 à l'ouverture et de 50 centimètres de profondeur, soit par des traverses en bois ou des fils métalliques distants entre eux de 33 centimètres au plus et s'élevant à 1 mètre de hauteur, soit par toute autre clôture continue et équivalente faisant obstacle à l'introduction des animaux. L. 9 juill. 1889, art. 6.

8 *ter.* Quant aux bans de moisson, de fenaison et de fauchaison, la loi du 9 juillet 1889 n'en fait pas mention. Mais l'exposé des motifs de cette loi lu au Sénat (*Journ. off.*, doc. par-

lement. d'oct. 1876, p. 7798), et le rapport de M. Boreau-Lajanadie à la Chambre des députés (*Journ. off.*, doc. parlement. de juill. 1888, p. 574) font connaître les raisons et la portée du silence gardé par le législateur à ce sujet. « Dans certains pays, peu nombreux, il est vrai, lit-on dans l'exposé des motifs, il y a des bans de fauchaison, des bans de moisson. Le Code rural n'en dit rien ; en cela il imite la loi de 1791, et *donne l'entière liberté de maintenir ces usages ou de les laisser tomber en désuétude.* » Le rapport de M. Boreau-Lajanadie n'est pas moins explicite : « Nous ne doutons pas, dit-il, que le ban des vendanges ne soit destiné à disparaître partout, dans un avenir prochain, comme les bans analogues de moisson et de fauchaison, dont le législateur ne croit plus devoir s'occuper, *mais qu'il ne proscrit pas*, et qui subsistent peut-être encore sur quelques points ignorés du territoire.

9... *Adde :* Dans le même sens, Trib. simp. pol. Pont-à-Mousson, 25 oct. 1884, *Bulletin des décisions* 1885, p. 221.

17... — V. *supra*, n° 8 *bis c, d.*

29... *Adde :* Dans le même sens, Trib. simp. pol. Pont-à-Mousson, 25 oct. 1885, *Bulletin des décisions* 1886, p. 26.

BANC D'ÉGLISE. 55. La concession des chaises et bancs, et l'attribution des places dans les églises sont des actes d'administration qui appartiennent aux conseils de fabrique sous le contrôle de l'autorité supérieure, aux termes du décret du 30 décembre 1809 ; dès lors, toutes les contestations qui peuvent s'élever sur les concessions de ce genre sont de la compétence de la juridiction administrative, et il est interdit à l'autorité judiciaire d'en connaître. Cass., 18 oct. 1892, *G. P.*, 3 nov. 1892.

BOISSONS. 12. Le législateur, par les lois du 14 août 1889 et du 11 juillet 1891, a cherché à réprimer la fraude dans la vente des vins. Aux termes de ces lois, nul ne peut expédier, vendre ou mettre en vente, sous la dénomination de *vin*, un produit autre que celui de la fermentation des raisins frais. Quiconque veut donc expédier ou vendre du vin tiré du raisin sec doit mentionner l'origine de son produit ; de même, quiconque veut expédier ou vendre son mélange de vin et d'eau avec ou sans sucre, doit donner à son produit le nom de *vin de marc* ou de *vin de sucre*. Ces dénominations doivent être portées en gros caractères sur les récipients et reproduites sur tous les papiers relatifs à la vente ou à l'expédition.

13. Toute addition, soit au vin naturel, soit au vin de raisin sec, soit au vin de marc ou de sucre du produit de la fermentation ou de la distillation des figues, caroubes, fleurs de mowra, clochettes, riz, orge et autres matières sucrées, ou de matières colorantes quelconques, ou d'acides sulfurique, nitrique, chlorhydrique, salicylique, borique et autres produits analogues ou de chlorure de sodium au delà d'un gramme par litre, constitue la falsification de denrées alimentaires prévue et punie par la loi du 27 mars 1851.

14. L'expédition et la livraison des vins plâtrés contenant plus de 2 grammes de sulfate de potasse ou de soude par litre est également défendue. Les récipients contenant des vins plâtrés doivent en porter l'indication en gros caractères.

15. Le législateur, comme sanction des prohibitions que nous venons d'énumérer, a édicté une amende variant de 16 à 500 francs et un emprisonnement de six jours à trois mois. Une de ces deux peines peut être appliquée seule.

BOUCHERS. 1... Le titre XI, art. 3, de la loi du 24 août 1790 a été abrogé par la loi du 6 avril 1884. Mais l'article 97, § 5, de la loi nouvelle, énumère parmi les attributions de la police municipale l'inspection sur la fidélité du débit des denrées qui se vendent au poids ou à la mesure, et sur la salubrité des comestibles exposés en vente, et l'article 94 de la même loi autorise le maire à prendre des arrêtés à l'effet d'ordonner les mesures locales sur les objets confiés par les lois à sa vigilance et à son autorité.

16... Par arrêt du 31 janvier 1890 (*Annales* 1891, p. 237), la Cour de cassation a décidé qu'il fallait considérer comme légal et obligatoire l'arrêté municipal qui, pour garantir la salubrité de la viande de boucherie, dispose que cette viande ne pourra être introduite et vendue en ville si elle provient d'animaux abattus ailleurs que dans l'abattoir communal ou dans tous autres abattoirs publics.

CARRIÈRES. — V. *Supplément,* vo TRAVAIL SUR LES ÉTABLISSEMENTS INDUSTRIELS.

CASSATION. 31 *bis.* Le ministère public doit, à l'appui de son pourvoi, produire un rapport visant avec précision la loi violée. Ce document est transmis au procureur de la République, qui donne son avis au moyen d'un simple visa approbatif ou d'une réfutation sommaire. Le dossier est ensuite transmis au ministère de la justice. Circul., 14 oct. 1887, *Annales* 1888, p. 187.

31 *ter*. Le ministère public n'a pas le droit de se désister d'un pourvoi qu'il a formé et d'anéantir de sa propre autorité l'effet d'un acte régulier qui, dans un intérêt d'ordre public, a légalement saisi la Cour de cassation. Cass. crim., 10 nov. 1888, *Annales* 1889, p. 393.

CERTIFICAT DE PROPRIÉTÉ. 9... Cette règle s'applique également aux certificats de propriété destinés aux retraits de fonds versés à la Caisse des retraites de la vieillesse. L. 20 juillet 1886, art. 17.

21... Aux termes d'une circulaire de la comptabilité publique, en date du 27 mars 1880, il a été décidé que les certificats de propriété produits aux préposés du Trésor par des héritiers, en vue d'obtenir le payement dû par l'État d'un traitement ou d'une solde d'activité, sont exempts d'enregistrement. Mais cette exemption n'est applicable qu'autant que les certificats sont produits à des comptables du Trésor public, et elle cesse lorsqu'il est fait usage de ces pièces soit dans un acte authentique, soit devant les tribunaux ou toute autre autorité constituée.—V. *Annales* 1882, p. 7.— Mais une circulaire ministerielle postérieure déclare que cette dispense d'enregistrement ne s'applique pas aux certificats de propriété délivrés pour obtenir le payement de traitements dus par les départements et les communes. — V. *Annales* 1881, p. 311.

32 *bis*. L'exemption du timbre et de l'enregistrement établie par les articles 20 et 21 de la loi du 9 avril 1881 en faveur des imprimés, écrits et actes de toute espèce nécessaires pour le service de la Caisse d'épargne postale et des caisses d'épargne ordinaires, ne s'applique pas aux certificats de propriété produits par des héritiers afin de retirer d'une caisse de cette nature des sommes y déposées par leur auteur. Décis. min. des fin., 6 janv. 1882. — V. *Annales* 1883, p. 218.

CERTIFICAT DE VIE. 2 *bis*. Les signatures des notaires apposées sur les certificats de vie sont légalisées par les présidents des tribunaux de première instance ou les juges de paix, conformément aux principes de l'article 28 de la loi du 25 ventôse an XI, et de la loi du 2 mai 1861. — Cette légalisation n'est pas nécessaire pour les certificats de vie produits au comptable du département dans lequel réside le notaire qui les a délivrés. Décret du 29 déc. 1885, *Annales* 1886, p. 37.

CHEMINS...

§ 3. *Des chemins ruraux.*

(Loi du 20 août 1881 sur le Code rural, articles 1 à 32.)

I. Définition.

23. — *a.* Les communes possèdent, en dehors de la voirie vicinale, de nombreux chemins publics qui en sont les ramifications ou les auxiliaires et que l'on désigne sous le nom de *chemins ruraux.* Circul. du min. de l'intér., 27 août 1881, sur l'exécution de la loi du 20 août 1881.

— *b.* Les chemins ruraux sont les chemins appartenant aux communes, affectés à l'usage du public, qui n'ont pas été classés comme chemins vicinaux. L. 20 août 1881 sur le Code rural (*Chemins ruraux*), art. 1er.

— *c.* Tout chemin non vicinal qui est une propriété communale rentre dans la catégorie des chemins ruraux, lorsqu'il est public, sans qu'il y ait lieu de distinguer, au point de vue du caractère légal, entre les chemins qui sont de simples sentiers et ceux dont la largeur comporte le passage des voitures. Circul. min. de l'intér., 27 août 1881, art. 1er.

II. Rues. Caractère distinctif.

24. Les rues reconnues dans les formes légales être le prolongement des chemins vicinaux font partie intégrante de ces chemins et sont régies par les mêmes règles. L. 8 juin 1864, art. 1er. — Les rues faisant suite aux chemins ruraux ne peuvent être l'objet d'une reconnaissance analogue. Elles restent en dehors des règles édictées par la loi du 20 août 1881. Il y aura parfois doute sur le point de savoir si une voie publique est une rue ou un chemin rural. Mais le doute cessera lorsqu'il sera établi que la voie a reçu formellement ou implicitement, d'une décision de l'autorité compétente, le caractère légal de la rue. Dans le cas contraire, la voie ne pourrait tenir ce caractère que de l'usage qui le lui attribuerait d'après les circonstances locales, telles que celle de mettre en communication deux rues ou d'être bordée d'un certain nombre d'habitations.

Cass. crim., 13 juill. 1861, Chicard, *Bull. crim.*, n° 151 ; circul. min. de l'intér., 27 août 1881.

III. Dépendances et accessoires des chemins ruraux.

25. — *a.* On doit considérer comme faisant corps avec les chemins ruraux et comme étant soumis, par suite, au même régime certains ouvrages qui en sont les accessoires et les dépendances nécessaires. Ducrocq, *Dr. administr.*, t. II, n° 1394. — Tels sont, par exemple, les *murs de soutènement* des chemins, les *talus* qui leur servent d'accotement, les *ponts* et autres ouvrages d'art au moyen desquels ils traversent les cours d'eau, les ravins, etc. ; les *berges* destinées à faciliter la viabilité (Cass., 3 mars 1846, D., *P.* 1846, I, 83 ; *sic*, Ducrocq, *op. cit.*, t. II, n° 934. — V. L. 14 flor. an X. sur les contrib. indir., art. 11) ; les *fossés de bordure*, s'ils ont été établis dans l'intérêt de la conservation du chemin rural plutôt que pour l'utilité des fonds voisins, et les *bornes* destinées à délimiter les chemins (en observant, toutefois, qu'il n'y a pas lieu d'appliquer, en matière de chemins ruraux, les règles de droit commun relatives à l'établissement des fossés et au bornage entre héritage de particuliers) ; les *arbres* plantés soit sur le sol même du chemin, soit sur les talus et dépendances qui en sont l'accessoire, à moins que, leur plantation remontant avant l'année 1792, les riverains n'en soient, jusqu'à preuve contraire, présumés propriétaires conformément à l'article 3 de la loi des 26 juillet-15 août 1790 et à l'article 14 de la loi du 28 août 1792,... ou à moins encore que, par application des articles 3 et 7 de la loi du 9 ventôse an XIII, ces arbres ne soient réputés appartenir aux riverains, qui justifient les avoir plantés et fournis eux-mêmes, sauf à la commune à établir qu'elle en a ensuite acquis la propriété par titre ou par possession,... et à moins, enfin, que ces mêmes riverains ne les aient acquis par un mode d'appropriation même indépendante et séparée de la propriété du sol auquel ils sont attachés. Cass., 3 févr. 1868, Sirey 1868, I, 55, D., *P.* 1868, I, 121 ; Amiens, 26 juill. 1872, Sirey 1872, II, 124, D., *P.* 1872, II, 201 ; Cass., 1er déc. 1874, Sirey 1875, I, 167, D., *P.* 1875, I, 323. — V. MM. Féraud-Giraud, *Traité des voies rurales*, t. I, n°s 89 et 144, 3e édit.; Guillaume, *Traité de la voirie rurale*, 3e édit., n° 38. — A cette nomenclature il convient d'ajouter encore les *alluvions*

qui viennent s'annexer aux chemins ruraux. Cass., 12 déc.
1832, Sirey 1838, I, 5, D., *P.* 1833, I, 104. — V. MM. Féraud-
Giraud, *op. cit.*, t. I, n° 146, et Guillaume, *op. cit.*, n° 21.

— *b.* Jugé, par application du principe énoncé plus haut,
que la possession annale, par un riverain, des arbres plantés
sur un chemin public, peut servir de base à une action en
complainte indépendante de la possession du fonds sur lequel
ils sont excrus. Cass., 1ᵉʳ déc. 1874, précité.

— *c.* En ce qui concerne les prétendus terrains d'alluvion
incorporés à un chemin public, il a été jugé qu'une commune
n'en peut revendiquer utilement la propriété qu'à la condition
de démontrer l'antériorité et l'emplacement précis de l'ancien
chemin auquel ces terrains se seraient, dans le principe, an-
nexés par voie d'alluvion. Cass., 4 mai 1885, *Annales* 1886,
p. 17.

IV. Affectation à l'usage du public et caractères de publicité.

26 — *a.* L'affectation d'un chemin communal à l'usage du
public peut s'établir notamment par la destination de ce chemin, jointe soit au fait d'une circulation générale et continue,
soit à des actes réitérés de surveillance et de voirie de l'autorité municipale. L. 20 août 1881 (*Chemins ruraux*), art. 2.

— *b.* La commune peut quelquefois établir sa propriété sur
ses chemins par des titres opposables aux tiers. Mais, en dehors de ce cas, qui est très rare, il faut qu'elle établisse sa propriété par la possession. Or, la loi du 20 août 1881 édicte que,
lorsqu'il s'agit d'un chemin, la possession par la commune
consiste dans l'affectation de ce chemin à l'usage du public.
Rapport de M. Maunoury à la Chambre des députés. *Journ.
off.*, déb. parlement. de févr. 1881, p. 69.

— *c.* L'affectation d'un chemin à l'usage du public consiste
dans la faculté accordée ou laissée à chacun de s'en servir. —
La destination du chemin communal, de laquelle peut résulter
la présomption d'une semblable affectation, ne saurait avoir
d'autre but que de satisfaire à des intérêts généraux. Telle est
la destination d'un chemin établi pour relier le chef-lieu de la
commune à un ou plusieurs des hameaux qui la composent,
pour mettre en communication une voie vicinale avec une autre
voie de même nature, une route, un chemin de fer, un canal,
pour donner accès à l'église, au cimetière, à la mairie, à

l'école, à une fontaine publique, à un abreuvoir communal, etc. Circul. min. de l'intér., 27 août 1881, art. 2, alin. 2 et 3.

— *d*. La circulation concourant avec une pareille destination à constater l'affectation du chemin à l'usage du public et à lui donner, par suite, le caractère d'un chemin rural, doit être générale et continue : *générale*, c'est-à-dire exercée par la généralité des habitants de la commune ou de l'une de ses sections; *continue*, c'est-à-dire avoir lieu d'une manière non accidentelle et ne permettant pas de supposer qu'elle est le résultat d'une pure tolérance. *Ibid.*, alin. 4.

— *e*. Jugé dans ce sens que les passages ont lieu avec un caractère de publicité *ut universi*, c'est-à-dire dans un intérêt de groupes d'habitants, alors qu'il est constant que le chemin litigieux est fréquenté par le public avec chevaux et voitures, et *a fortiori* lorsque, ne fût-ce même que dans l'intérêt exclusif des habitants de certains villages ou hameaux écartés, il offre la voie la plus courte, la plus commode et la meilleure pour gagner la grande route. Et il importe peu que dans l'une de ses parties le chemin traverse une pâture et soit mal et inégalement frayé, si cette circonstance, due à la nature du sol, ne met pas obstacle à ce qu'on y puisse passer. Orléans, 6 mai 1885, D., *P.* 1888, II, 12.

— *f*. Mais les faits de passage pratiqués par les habitants d'une commune ne sauraient justifier du droit de propriété de celle-ci qu'autant qu'elle établirait que le chemin litigieux constitue pour elle une voie d'accès indispensable ayant un caractère d'utilité publique; et elle ne pourrait le faire, s'il existait, pour faire le même parcours, d'autres chemins plus faciles, accessibles aux voitures et ayant un caractère public non discutable. Orléans, 27 oct. 1886, D.,*P.*1888, II, 12. Comp. Trib. Vervins, 12 fév. 1886, *Annales* 1887, p. 70.

— *g*. Pour avoir un caractère public, les chemins ruraux doivent être le résultat d'une véritable nécessité et ne pas faire double emploi avec d'autres chemins d'une publicité incontestable. Trib. correct. Loudun, 18 janv. 1884, *G. P.* 1884, I, 472, *France judic.* 1883-1884, II, 389 ; Trib. civ. Amiens, 1er mars 1890, *Rec. d'Amiens*, 68, 1891.

— *h*. Quant aux actes réitérés de surveillance et de voirie de l'autorité municipale qui peuvent être invoqués pour prouver la publicité d'un chemin, ce sont les actes ayant pour

objet, par exemple, la poursuite de la répression des usurpations, la réglementation des alignements individuels, la délivrance de ces alignements, l'exécution des travaux d'entretien
ou d'amélioration du chemin. Circul. min. de l'intér., 27 août
1881, art. 2, alin. 5.

Les délibérations du conseil municipal relatives soit au classement du chemin au nombre des chemins communaux, soit
au plan d'alignement, ne peuvent constituer à elles seules des
actes de surveillance et de voirie. Dijon, 28 mai 1890, *Annales*
1892, p. 31.

27. Spécialement on doit considérer comme ayant une affectation à l'usage du public :

— *a...* Le chemin qui, étant non seulement inutile aux riverains, mais encore onéreux pour eux en ce qu'il leur crée une
charge sans compensation, est, d'autre part, indisp   able à la
commune pour l'exploitation de ses bois; et cela, encore bien
que le sol de ce chemin ait été labouré sur certains points par
les propriétaires voisins, si d'ailleurs la nature même de sa
destination justifie cette circonstance, et alors surtout que
les actes administratifs de la commune l'ont classé comme
chemin communal, sans réclamation de la part des riverains.
Paris, 26 juin 1863, D., *P.* 1863, II, 189;

— *b...* Le chemin qui, existant depuis un temps immémorial, relie une commune à l'un de ses hameaux, en traversant
des héritages de particuliers, alors que les habitants de ces
commune et hameau y ont constamment passé, et s'il a été
inscrit au tableau des chemins reconnus. Et il en serait ainsi
quand bien même ce chemin n'aurait sur certains points que
la largeur d'un simple sentier, si d'ailleurs cette circonstance
pouvait être expliquée par le défaut d'entretien ou par des
usurpations non réprimées et s'il était établi, au surplus, que
des charrettes y ont passé. Aix, 16 janv. 1865, D. *P.* 1865,
II, 200;

— *c...* Le chemin qui met en communication deux rues ou
chemins publics sur lesquels il débouche, alors qu'il a été, de
tout temps et sans aucune opposition ni observation de la part
des riverains, affecté à une circulation publique, pour la satis-
faction d'intérêts communs et généraux. Pau, 9 févr. 1870,
Sirey 1878, II, 156, D., *P.* 1871, II, 71;

— *d...* Le chemin qui met en communication, par une voie

abrégée, divers hameaux d'une commune avec une route départementale conduisant au chef-lieu de cette commune. Orléans, 6 mai 1885, D., *P.* 1888, II, 12;

— *e...* Le chemin qui relie entre elles plusieurs autres voies publiques et produit un raccourci qui, en raison de la situation des lieux, l'état du sol et les directions suivies, offre un avantage réel pour la circulation, alors d'ailleurs qu'aucun des propriétaires riverains, à l'exception du demandeur, n'en conteste le caractère public. Orléans, 31 déc. 1886, D., *P.* 1888, II, 12;

— *f...* Le chemin qui, en fait, réunit ces trois conditions : de relier un lieu public à un autre lieu public ; d'exister de temps immémorial avec le caractère de voie publique, et d'avoir été constamment pratiqué par les habitants de la commune. Cass., 6 août 1888, *G. P.* 1888, II, 496, Sirey, 1889, I, 219.

28. Un chemin a le caractère *public* requis et déterminé par les articles 1 et 2 de la loi du 20 août 1881, notamment :

— *a...* Lorsque, sur diverses de ses parties, la commune a fait exécuter, par voie de prestation, des travaux d'entretien prouvant qu'elle ne s'est jamais désintéressée de cette voie de communication. Orléans, 31 déc. 1886, D., *P.* 1888, II, 12. — Mais le fait que les cantonniers à une époque remontant à dix ou vingt ans auraient comblé quelques ornières du chemin serait insuffisant, surtout si la commune n'a jamais fait dresser de procès-verbaux contre les propriétaires qui, tous les ans, mettent le chemin en culture. Trib. civ. Amiens, 1er mars 1890, *Rec. d'Amiens* 1868-1891.

— *b...* Lorsque son caractère de publicité résulte à la fois de sa destination attestée par l'aspect des lieux, d'une ordonnance ancienne maintenant les habitants dans la possession et jouissance de ce chemin, du livre terrier d'autrefois, et enfin des plan et enquêtes. Cass., 28 mai 1873, Sirey 1874, I, 340, D., *P.* 1875, I, 127.

— *c....* Lorsque les désignations ou abornements de ce chemin, figurant au titre, paraissent exclusifs d'une propriété privative (Orléans, 31 déc. 1886, précité); et les énonciations du titre doivent être considérées comme exclusives de la propriété du sol, lorsque les parcelles de terre voisines des deux côtés y sont attenancées, sans qu'il se trouve aucune indication pou-

vant impliquer le caractère privatif du chemin. Orléans,
6 mai 1885, D., *P.* 1888, II, 12 ;

— *d.* Un chemin ne perdrait son caractère public, ni par
le fait de la construction d'une bergerie qu'un riverain aurait
édifiée en avancement sur ce chemin, si l'empêchement qui en
résulte était insignifiant et que le chemin eût d'ailleurs conservé sa largeur normale,... ni par le fait de redressement de
ce chemin à son extrémité, si, cette opération n'ayant eu d'autre but que d'améliorer la voie, la commune n'avait aucun
intérêt à y mettre obstacle. Orléans, 31 déc. 1886, D., *P.* 1888,
II, 12 ;

— *e.* Il en serait encore ainsi, soit que les riverains aient
tenté d'affirmer sur ce chemin un droit privatif de propriété
par des travaux qu'ils y ont fait exécuter ou par des obstacles
qu'ils y ont créés, si, d'ailleurs, ces obstacles ont été presque
aussitôt détruits, surmontés ou enlevés, et si, malgré ces entreprises, les habitants des hameaux ont continué d'exercer sur
le chemin des actes de passage ;... soit que la largeur du chemin
ait été augmentée par des actes administratifs et par l'arrêté
de classement lui-même, sans que cette modification ait donné
lieu à aucune protestation. Orléans, 31 déc. 1886, précité.

— *f.* La demande en revendication, par un tiers, d'un chemin rural n'est pas justifiée par la production d'un titre postérieur en date aux faits de passage exercés par les habitants
de la commune, ainsi qu'au plan cadastral et à l'état de classement des chemins ruraux. Orléans, 6 mai 1885, D., *P.* 1888,
II, 12.

29. Ne saurait être, au contraire, considéré comme affecté
à l'usage du public :

— *a.* Ni le chemin qui, bien qu'aboutissant par une extrémité à une route nationale et par l'autre à un chemin vicinal,
ne sert pas néanmoins à une circulation générale et continue,
comme, par exemple, s'il ne conduit ni à une église, ni à un
marché, ni, plus généralement, à un lieu affecté à un usage de
la vie publique ; s'il est fermé, au point où il aboutit à l'une
des voies publiques, par une barrière souvent munie d'un ca-
denas, et s'il est séparé par un fossé de l'autre voie ; s'il ne
sert qu'à la circulation nécessitée par l'exploitation des propriétés voisines ; si les propriétaires riverains protestent, notamment par des actes d'obstruction, contre le passage des

tiers; et si, au surplus, la commune n'a jamais fait sur ce chemin acte de surveillance ou de voirie, un pareil chemin rentre dans la classe des chemins et sentiers d'exploitation dont s'occupe l'article 33 de la loi du 20 août 1881, et, si aucun titre n'est produit, il est présumé appartenir aux propriétaires riverains, chacun en droit soi. Pau, 6 déc. 1886, *Annales* 1887, p. 331.

— *b.* Ni le chemin qui, bien que conduisant d'un hameau à un autre, reliant ensemble deux voies publiques et habituellement fréquenté par certains habitants, n'est pas cependant indispensable à la circulation publique par suite de l'existence, à une faible distance, d'autres voies de communication, d'une publicité non contestée, établies dans des conditions de viabilité analogues, remplissant la même destination et n'allongeant d'ailleurs pas sensiblement le parcours. Orléans, 20 janv. 1883, D., *P.* 1886, II, 75 ; Orléans, 10 janv. 1884, D., *P.* 1886, II, 75 ; Orléans, 2 juin 1887, D., *P.* 1888, II, 12. Comp. Grenoble, 2 déc. 1887, *Rec. de Grenoble* 1888, 26.

Par suite, les faits de passage exercés sur un pareil chemin, alors surtout qu'il est mal entretenu et impraticable aux voitures, quels qu'en soient le caractère et le nombre, n'ont plus le caractère d'une circulation générale et continue et impliquent uniquement l'existence d'une servitude de passage qui, à raison de sa nature discontinue, est impuissante à créer au profit de la commune une présomption de propriété. Grenoble, 2 déc. 1887, précité. — V. aussi Orléans, 28 juill. 1886, D., *P.* 1888, II, 12 ;

— *c.* Ni celui qui ne constitue qu'un simple sentier, fréquenté par les piétons, mais rarement et difficilement pratiqué par les voitures, ne servant pas à relier deux hameaux entre eux, n'ayant aucune habitation sur son parcours, et n'offrant pas une grande utilité pour les habitants, qui peuvent effectuer le même trajet par un autre chemin un peu plus long, il est vrai, mais aussi plus commode. Orléans, 13 avril 1883, D., *P.* 1886, II, 75.

— *d.* Ni celui sur lequel la circulation du public n'a pu être exercée d'une manière continue, notamment parce que le chemin, à raison de son assiette déterminée, ayant à traverser des cours d'eau sur un point guéable, est, pendant plusieurs mois de l'année, impraticable aux habitants qui ne peuvent y passer que pendant la saison des eaux basses. Orléans, 20 janvier 1883, D., *P*, 1886, II, 75.

— *e*. Ni le chemin qui ne met point en communication diverses sections de la commune, n'a jamais figuré comme chemin public sur les plans de la commune et n'a été l'objet d'aucun classement (Dijon, 27 nov. 1886, *G. P.* 1886, II, 830), ou sur lequel, bien qu'il soit d'un usage assez fréquent pour les habitants autres que ceux dont il traverse ou sépare les héritages, la commune n'a ni fait exécuter des travaux de réparation ou d'entretien, ni exercé les actes juridiques de voirie. Lyon, 20 janv. 1887, *Mon. de Lyon*, 26 mars 1887. Comp. Orléans, 28 juill. 1886, D., *P.* 1888, II, 12 ;

— *f*. Ni celui dont les propriétaires riverains ont constamment payé l'impôt foncier ; le sol qui sert d'assiette audit chemin ayant été englobé en totalité dans la contenance de leurs propriétés imposées (Orléans, 20 janv. 1883, D., *P.* 1886, II, 75); alors surtout que ce chemin ne figure ni à l'état de classement des chemins communaux ou ruraux, ni au plan cadastral lui-même. Orléans, 27 oct. 1886, D., *P.* 1888, II, 12.

— *g*. Dans le même ordre d'idées, il a été jugé qu'une ruelle doit être considérée comme propriété privée et non comme faisant partie du domaine communal, lorsque le cadastre lui-même ne la comprend pas dans ce domaine, que le sol en est imposé à la contribution foncière et inscrit à la matrice sous le nom des riverains ; que la commune n'a jamais fait aucun acte de propriété sur cette ruelle ; qu'elle est fermée à une extrémité par une porte, et par une grille à l'autre extrémité, sans protestation de la municipalité. Limoges, 26 janv. 1886, *Annales* 1887, p. 212. — Une telle ruelle est la copropriété des riverains à l'usage desquels elle sert ; et aucun des copropriétaires ne peut préjudicier aux droits de ses communistes. Il en résulte que l'un des riverains ne pourrait pas substituer un passage couvert à un passage à air libre en recouvrant ladite ruelle commune de constructions à une certaine hauteur. *Ibid.*

— *h*. Le caractère privé d'un chemin peut résulter de cette circonstance que, dans les titres respectifs des propriétaires riverains, les parcelles situées de chaque côté du chemin sont attenancées directement les unes aux autres, sans qu'il soit fait dans ces abornements aucune mention du chemin dont l'exis-

tence antérieure est cependant reconnue. Orléans, 10 janv.
1884, D., *P.* 1886, II, 75 ; Orléans, 2 juin 1887, D., *P.* 1888, II, 12.

30. — *a.* L'affectation d'un chemin communal à l'usage du
public peut s'établir par tout autre mode que celui indiqué par
l'article 2 de la loi du 20 août 1881, dont les termes sont simplement énonciatifs et nullement limitatifs.

— *b.* L'indication d'un chemin au tableau de classement
approuvé par le préfet est un fait qui constate la prétention et
non le droit de la commune. Trib. civ. Amiens, 1er mars 1890,
Rec. d'Amiens, 68, 1891. — Et d'ailleurs les actes qui, antérieurement à la loi du 20 août 1881, classaient les chemins
ruraux, étaient toujours rendus sous réserve des droits des
tiers. Cass., 29 juin 1891, *G. P.* 1891, II, 406 ; Trib. civ. Sedan,
1er mars 1887, D., *P.* II, 1889, 127 ; Dijon, 28 mai 1890, L.
11 oct. 1890. — Mais, la mention d'un chemin sur l'état de
classement des chemins ruraux de la commune lui imprime
le caractère de chemin public, alors que le classement qui contient les indications les plus précises, n'ayant eu lieu qu'après
enquête, n'a pu être ignoré des riverains et n'a donné lieu de
leur part, pendant une longue période, à aucune réclamation.
Orléans, 31 déc. 1886, D., *P.* 1888, II, 12.

— *c.* Mais, à l'inverse, si l'absence de cette mention sur
l'état de classement est de nature à donner de la vraisemblance à l'interprétation suivant laquelle le chemin litigieux
ne serait pas public (Orléans, 10 janv. 1884, D., *P.* 1886, II,
75. Comp. Orléans, 28 janv. 1883 et 13 avril 1883, *Ibid.*; Orléans, 2 juin 1887, D., *P.* 1888, II, 12), il n'en est pas moins
vrai qu'en principe les chemins ruraux peuvent avoir le caractère de chemins publics indépendamment de tout arrêté de
classement, ce défaut de classement n'étant point exclusif de
la publicité des chemins ruraux. Cass., 21 avril 1870, D., *P.*
1871, I, 268.

— *d.* Il a été jugé qu'un chemin n'est pas public, soit lorsqu'il ne figure au cadastre dans aucune de ses parties (Orléans,
20 janv. 1883, D., *P.* 1886, II, 75 ; Limoges, 26 janv. 1886,
Annales 1887, p. 212 ; Orléans, 27 oct. 1886, D., *P.* 1888, II,
12), soit lorsque le plan cadastral n'indique le tracé de ce
chemin que par un simple pointillé ; cette circonstance étant
suffisante à démontrer qu'il n'était point considéré comme
public et distinct des fonds traversés. Orléans, 13 avril 1883,

D., *P.* 1886, II, 75. Il est permis de dire d'une façon générale que les indications du cadastre n'ont que la portée et la valeur d'un renseignement et non d'un titre. Trib. civ. Amiens, 1er mars 1890, *Rec. d'Amiens*, 68, 1891. Et pour servir même d'élément de conviction, il faut que le cadastre présente des énonciations précises et concordantes. Trib. civ. Seine, 12 mai 1890, *G. des Trib.*, 18 juillet 1890.

— *e*. Les juges du fond ont un pouvoir souverain pour apprécier si, d'après les constatations de faits auxquelles ils ont procédé, une voie présente tous les caractères d'un chemin rural public. Cass., 12 févr. 1884, D., *P.* 1885, I, 204; Cass., 12 août 1884, *Annales* 1885, p. 306, Sirey 1887, I, 201, D., *P.* 1885, I, 204. *Sic* MM. Féraud-Giraud, *Traité des voies rurales et privées*, n° 45; Bourguignat, *De la propriété des chemins ruraux*, p. 34. — De même il lui appartient de décider souverainement si la possession dont se prévaut le demandeur au possessoire, à l'égard d'un chemin communal non imprescriptible, est suffisamment caractérisée ou si elle est équivoque. Cass., 10 mai 1881, Sirey 1883, I, 396, D., *P.* 1883, I, 245.

— *f*. Par application de ce principe, il a été jugé que, lorsque le défendeur à une action possessoire, pour contredire l'état d'enclave sur lequel se fonde le demandeur, allègue que ce dernier a accès à son fonds par un chemin classé parmi les chemins ruraux de la commune, il appartient au juge du possessoire, nonobstant tout arrêté de classement, d'apprécier, au point de vue de l'enclave, si un chemin rural a cessé d'être public. Cass,, 24 janv. 1883, *Annales* 1885, p. 85.

— *g*. Si les chemins publics ne sont pas dans le commerce et si, dès lors, ils ne peuvent faire directement l'objet de conventions entre particuliers, il n'est nullement prohibé à ceux-ci, dans le règlement de leurs intérêts privés, de s'obliger à ouvrir des chemins pour la commodité de la desserte de leurs héritages, et de mettre à la charge de l'un d'eux les arrangements à prendre avec l'autorité publique pour assurer l'exécution de leurs accords, en combinant, le cas échéant, l'exécution de ces travaux avec des projets d'établissement d'une voie publique. Cass., 22 décembre 1884, *Annales* 1885, p. 222. — Et il appartient à l'autorité judiciaire de statuer sur l'exécution de ces conventions entre les particuliers et d'ordonner qu'elles seront exécutées sous une contrainte par celui qui s'y est obligé, sauf, en cas de non-exécution, à statuer ultérieurement sur les conséquences des droits reconnus en faveur du stipulant. *Ibid.*

V. Présomption de propriété.

31. *a.* Tout chemin affecté à l'usage du public est présumé, jusqu'à preuve contraire, appartenir à la commune sur le territoire de l. quelle il est situé. L. 20 août 1881 (Chemins ruraux), art. 3.

— *b.* La loi du 20 août 1881, par son article 2, n'a eu nullement l'intention de préjudicier aux droits acquis, tels qu'ils résultent du Code civil interprété par la jurisprudence. Elle n'a fait que régler la procédure de reconnaissance des chemins. — Ainsi, la faculté pour les particuliers de contester le fait de l'affectation du chemin reste entière, comme celle de se prévaloir de leur possession, quand la possession de la commune n'est pas annale, et d'exercer le droit de revendication tant que la prescription trentenaire n'est pas acquise. La compétence des tribunaux civils est maintenue. En un mot, rien n'est changé au fond du droit et les tribunaux ont seuls à prononcer sur les contestations qui peuvent surgir. — Le législateur a seulement voulu adopter une disposition consacrée par la jurisprudence unanime et qui détermine dans quels cas la possession de la commune, c'est-à-dire l'affectation des chemins à l'usage du public, est incontestable. Rapport de M. Maunoury à la Chambre des députés.

— *c.* Toutefois, le législateur de 1881 n'a pas entendu établir en faveur de la commune une présomption légale de propriété des chemins ruraux, mais seulement tracer les règles qui serviront en quelque sorte de point de repère aux tribunaux. Débat parlement. du Sénat, séance du 17 mars 1877, réponse de M. Pâris à M. de Gavardie (*Journ. off.* du 18 mars, p. 2065, 1re col.).

— *d.* L'article 3 de la loi du 20 août 1881 n'a point, d'ailleurs, eu pour but ni pour résultat de porter atteinte à la doctrine affirmée par la jurisprudence de la Cour de cassation, doctrine suivant laquelle il n'existe aucune présomption *légale* qui attribue, en principe, aux communes la propriété des chemins ruraux, en sorte que c'est à la commune qui revendique un chemin rural comme faisant partie du domaine public municipal à fournir la justification de l'ensemble des moyens propres à établir son droit. Les communes n'ont pas plus de droit sur la propriété des chemins ruraux depuis la promulgation de la loi nouvelle qu'avant cette loi. Trib. civ. Amiens, 1er mars 1890, *Rec. d'Amiens*, 68, 1891 ; Cass., 27 avril 1864, Sirey 1864, I, 212 ; Cass., 3 mai 1881, *Annales* 1882, p. 199 ; Caen, 4 juin 1883, *Annales* 1884, p. 205. *Sic* M. Féraud-Giraud, *Traité des voies rurales publiques et privées*, 3e édit., t. I, n° 43, p. 67 et suiv. *Ibid.*, et rapport de M. Maunoury à la Chambre des députés.

— *e*. Et, au surplus, cet article 3 n'a rien innové, en disposant que la commune est présumée propriétaire, jusqu'à preuve contraire, de tout chemin *affecté à l'usage du public*. Il n'a pas, en effet, voulu dire par là que tout chemin rural est de droit frappé de l'affectation à l'usage du public, ou, en d'autres termes, que cette affectation est légalement présumée. Il a simplement entendu exprimer que la commune, si elle justifie d'un ensemble de circonstances de fait déterminées, propres à caractériser l'affectation à l'usage du public d'un chemin rural qu'elle revendique, sera par là-même présumée propriétaire de chemin, sans avoir rien à prouver de plus, sauf à son adversaire à démontrer, soit par titres, soit par tout autre moyen, qu'il a la propriété exclusive du chemin revendiqué par la commune. — V. M. Féraud-Giraud, *op. cit.*, t. I, n° 45, p. 71. Comp. Bost, *Code formulaire des chemins ruraux*, n° 28 ; Herman, *Voirie vicinale*, n° 914 ; Dufour, *Droit administ.*, t. III, n° 401. V. aussi Cass., 24 mai 1869, D., *P.* 1871, I, 133 ; Caen, 15 juin 1883, *Annales* 1884, p. 205 ; Cass., 13 août 1890, *Rev. du contentieux*, 45, 1891.

— *f*. D'où l'on voit que la présomption de propriété, que l'article 3 de la loi du 20 août 1881 crée en faveur de la commune quant à la propriété des chemins ruraux en général, n'est ni la présomption légale *juris et de fine*, n'admettant pas la preuve contraire (C. civ., art. 1352, alin. 1er), ni même la présomption légale *juris tantum*, qui dispense de toute preuve celui au profit duquel elle est admise et peut seulement être détruite par la preuve contraire (*Ibid.*), mais une présomption simple, abandonnée à l'appréciation du juge, qui n'a pas pour effet de déplacer le fardeau de la preuve, et dont le magistrat peut seulement tenir compte pour la justification de la demande.

C. civ., art. 1353. En d'autres termes, la publicité du chemin, à laquelle est attachée la présomption de propriété ne doit pas être légalement présumée elle-même jusqu'à preuve contraire. C'est à la commune, suivant le droit commun, à justifier de la publicité du chemin sur lequel elle prétend des droits. — V. le rapport de M. le conseiller Delise, sous Cass., 12 août 1884, *J. P.* 1887, I, 494.

Et c'est seulement après qu'elle a fourni cette justification, dans les termes de l'article 2 de la loi de 1881, que la commune se trouve placée sous la protection de l'article 3, c'est-à-dire légalement présumée, *jusqu'à preuve contraire*, propriétaire du chemin public litigieux. — V. Grenoble, 2 déc. 1887, *Mon. de Lyon*, 26 mars 1887. Comp. Chambéry, 9 juin 1884, *G. P.* 1884, II, suppl. 146 ; Trib. Dieppe, 11 mars 1886, *G. P.* 1886, II, 439. V. aussi *infra*, n° 33, *i*.

— *g*. Réciproquement, il n'existe en faveur des propriétaires riverains d'un chemin public rural aucune présomption *légale* de propriété, susceptible seulement d'être détruite par la preuve contraire. Dès lors, c'est à ces riverains, s'ils revendiquent la propriété d'un chemin longeant ou traversant leurs héritages, à prouver leur droit de propriété, conformément aux règles du droit commun. Cass., 12 août 1884, *Annales* 1885, p. 306.

— *h*. En conséquence, le propriétaire riverain qui, poursuivi en simple police pour extraction de pierres sur un chemin rural public longeant son héritage, après avoir soulevé l'exception préjudicielle de propriété, a fait assigner la commune au pétitoire pour voir dire qu'il était propriétaire exclusif du terrain dont s'agit, est tenu de rapporter la preuve de la propriété par lui revendiquée. *Ibid*.

VI. Reconnaissance des chemins ruraux. Ses effets. Prise de possession. Imprescriptibilité. Prescription par la commune.

32. — *a*. La loi du 20 août 1881 admet deux classes de chemins ruraux : les chemins *reconnus* et les chemins *non reconnus*.

— *b*. Le conseil municipal, sur la proposition du maire, détermine ceux des chemins ruraux qui doivent être l'objet d'arrêtés de reconnaissance, dans les formes et avec les conséquences énoncées par la présente loi. — Ces arrêtés sont pris par la commission départementale, sur la proposition du préfet, après enquête publique dans les formes prescrites par l'ordonnance des 23 août-9 septembre 1835 et sur l'avis du conseil municipal. Mais la commission départementale commettrait un excès de pouvoir en prenant son arrêté de reconnaissance avant qu'il ait été statué sur la question de propriété soulevée devant elle par le prétendu propriétaire. Cons. d'État, 17 mai 1889, *Rev. du contentieux*, 256, 1890. — Ils doivent désigner, d'après l'état des lieux, au moment de l'opération, la direction des chemins ruraux, leur longueur sur le territoire de la commune et leur largeur sur les différents points. — Ils doivent être affichés dans la commune et notifiés, par voie administrative, à chaque riverain, en ce qui concerne sa propriété. Pour que le vœu de la loi soit rempli et que la notification soit régulière, la partie intéressée ne doit pas simplement recevoir une ampliation de l'arrêté de reconnaissance, mais une copie de l'arrêté de reconnaissance contenant mention expresse de la signification avec sa date. Trib. civ. Dreux, 24 nov. 1891, *G. P.* 1892, I, 38. — Un plan est annexé à l'état de reconnaissance. — Les dispositions de l'article 88 de la loi du 10 août 1871, relatives aux droits d'appel devant le conseil général et de recours devant le Conseil d'État, sont applicables aux arrêtés de reconnaissance. L. 20 août 1881, art. 4. — Les recours contre les décisions des commissions départementales peuvent être formés sans frais. Cons. d'État, 17 mai 1889, *Rev. du contentieux*, 256, 1890.

— *c.* A l'égard des chemins non reconnus, c'est-à-dire dont l'état civil n'est pas constaté par des arrêtés de l'autorité municipale, le législateur ne s'en est point occupé, et ils restent dans l'état incertain et précaire qui résulte généralement pour eux de l'absence d'aucun titre, et c'est à la commune à justifier de leur possession suivant les règles anciennes. Noblet, *Code pratique des chemins ruraux*, n° 40.

53. — *a.* Les arrêtés de reconnaissance produisent deux effets importants :

1° Ils valent prise de possession des chemins par la commune. L. 20 août 1881 (Chemins ruraux), art. 5 ;

2° Et ils établissent l'imprescriptibilité en faveur des chemins reconnus. *Ibid.*, art. 6.

— *b.* Ainsi l'arrêté de reconnaissance emporte de plein droit et par lui-même, en dehors de toute preuve de droit commun établie sur des actes purement matériels, la reconnaissance immédiate, non de la propriété, mais de la possession légale des communes à l'égard des chemins reconnus. — V. M. Féraud-Giraud, *op. cit.*, t. I, n° 78.

— *c*. La prise de possession, résultant de l'arrêté de reconnaissance, ne préjudicie pas aux droits antérieurement acquis à la commune, conformément à l'article 23 du Code de procédure civile. L. 20 août 1881, art. 5. — Cette possession peut être contestée dans l'année de la notification de l'arrêté. *Ibid.*

— *d*. L'arrêté de reconnaissance ne constitue qu'une simple prise de possession de la part de la commune ; mais, si elle se prolonge pendant une année, à partir de la notification, sans que le propriétaire riverain conteste l'arrêté et fasse reconnaître par les tribunaux la possession ou la propriété qu'il a de la totalité ou d'une partie du chemin, alors cet arrêté non attaqué fait preuve, en faveur de la commune, de la possession annale et lui ouvre, en conséquence, l'action possessoire devant le juge de paix pour s'y faire maintenir ou réintégrer contre les troubles ou entreprises des tiers, sans qu'on puisse désormais lui opposer autre chose qu'un droit de propriété dûment justifié. — En d'autres termes, cet arrêté, non contesté dans l'année de la notification, « produit tous les effets que le droit commun attribue à un acte de possession ; il opère les effets d'un bornage, prévient les usurpations, sert de point de départ à la prescription trentenaire et rend à l'avenir toute contestation impossible. » Rapport de M. Labiche au Sénat, 15 février 1877 (*Journ. offic.*, 21 mars 1877, p. 2220).

— *e*. Mais, d'autre part, si l'arrêté concerne un chemin dont la commune avait déjà la possession incontestable, ce droit acquis ne peut pas être remis en question ni affecté en quoi que ce soit par cet arrêté ; il conserve, au contraire, tous ses effets et toute sa force, et les riverains ne peuvent se prévaloir de l'arrêté pour former une action possessoire.

— *f*. Le rapport de M. Maunoury à la Chambre des députés (*loc. cit.*) définit, au surplus, dans les termes suivants, le sens et la portée de ces deux dernières dispositions, combinées entre elles, de l'article 5. « Cela ne veut pas dire, dit-il, que, pendant ce délai d'un an, toute possession pourra être contestée à la commune, même celle qu'elle pourra établir avoir existé antérieurement à l'arrêté ; ce serait fort injustement la dépouiller d'un droit acquis ; cela veut dire qu'après un an rien ne pourra être prétendu contre le droit de possession de la commune. Ajoutons qu'aucun acte nouveau ne pourra préjudicier à cette possession. »

— *g*. S'il est vrai, comme nous l'avons vu plus haut, que les arrêtés de reconnaissance des chemins publics ruraux ne sont pas attributifs de la propriété de ces chemins en faveur de la commune de leur situation, il n'en est pas moins certain qu'ils doivent légitimement exercer une influence sur la solution de la question de propriété, lorsqu'ils sont corroborés par d'autres documents et par les circonstances de la cause. Cass., 27 avril 1861, I, 212 ; Cass., 16 avril 1866, Sirey 1866, I, 321, D., *P*. 1866, I, 312. *Sic* M. Féraud-Giraud, *op. cit.*, t. I, n° 80.

— *h*. L'arrêté de classement, antérieur à la loi du 20 août 1881, d'un chemin *non vicinal*, n'équivaut pas à une prise de possession légale par la commune, mais constitue une mesure purement administrative qui ne met pas obstacle à ce que les parties intéressées se pourvoient devant les tribunaux pour revendiquer contre la commune soit la propriété, soit la possession dudit chemin. Trib. Pithiviers, 30 déc. 1886, *Rev. du contentieux*, 1877, 173.

— *i*. De même, un état de reconnaissance des chemins ruraux de la commune dressé par le conseil municipal et approuvé par arrêté préfectoral antérieurement à la loi du 20 août 1881, c'est-à-dire à une époque où aucune loi antérieure à sa date n'en prescrivant l'établissement, il n'avait pu être établi en exécution d'une loi, — ne saurait être considéré comme un titre en faveur de la commune, ni créer en sa faveur une présomption opposable à celle qui naît, au profit des riverains de l'article 33 de la loi du 20 août 1881. Paris, 6 déc. 1886, *Annales* 1887, p. 331. — Et, en admettant que l'on se trouve en présence d'un conflit des présomptions contradictoires, il y aurait lieu pour le juge de rechercher dans la cause les faits et circonstances qui seraient de nature à faire préférer l'une à l'autre. *Ibid*.

— *j*. L'imprescriptibilité des chemins ruraux qui ont été l'objet d'un arrêté de reconnaissance s'applique également aux chemins qui sont entretenus par des syndicats, dans les termes des articles 19 et suivants de la loi du 20 août 1881, au lieu de l'être par la commune. M. Féraud-Giraud, *op. cit.*, t. I, n° 85.

— *k.* Les chemins non reconnus restent prescriptibles contre les communes (Circul. min. intér., 27 août 1881, art. 6), encore bien que ni leur existence en tant que propriété communale, ni leur publicité ne soient contestées. Guillaume, *Tr. de la voirie rurale*, 3° édit., n° 30; M. Féraud-Giraud, *op. cit.*, t. I, n° 84; Trib. Narbonne, 27 mars 1884, *G. P.* 1884, II, 16.

— *l.* Le moment à partir duquel les chemins ruraux reconnus deviennent imprescriptibles est celui où expire, sans qu'il soit survenu de contestation, l'année qui suit la notification de l'arrêté de reconnaissance. MM. Féraud-Giraud, *op, cit.*, n° 86, et Faulquier, *Chemins ruraux*, p. 110 et suiv. — Et, en effet, la possession de la commune, une fois qu'elle a été affirmée par l'arrêté, publiée par la notification et consolidée par l'absence de contestation, acquiert un caractère légal, équivalent à un véritable titre contre lequel il devient, dès lors, impossible de prescrire.

— *m.* D'ailleurs, il semble que, pour être utiles à la prescription du chemin en faveur du propriétaire riverain, les faits de possession, accomplis postérieuremeut à l'arrêté de reconnaissance mais aussi dans l'année de la notification, doivent nécessairement se rattacher à des faits de même nature antérieurs à la reconnaissance; car autrement et à défaut de cette dernière circonstance, ces faits de possession, simplement postérieurs à l'arrêté, seraient impuissants à faire acquérir à leur auteur une possession annale antérieure à l'époque où la possession de la commune devient, par l'échéance de l'année qui suit la notification, une possession parfaite et légale à laquelle on ne peut plus désormais opposer des faits de possession contraire. — V. Labori, *Répertoire encyclopédique du droit français*, t. II, v° CHEMINS RURAUX, n° 29.

— *n.* Le chemin rural cesse d'être imprescriptible, lorsque l'arrêté de reconnaissance est rapporté conformément à l'article 16 de la loi du 20 août 1881. MM. Féraud-Giraud, *op. cit.*, t. I, n° 87; Faulquier, *op. cit.*, p. 112; Noblet, *Code prat. des ch. ruraux*, n° 47.

— *o.* Même en l'absence d'une commission administrative rapportant l'arrêté de reconnaissance, le chemin redeviendrait prescriptible à partir du moment où il cesserait en réalité d'être affecté à l'usage du public. — V. MM. Féraud-Giraud,

Faulquier et Noblet, *ubi supra*. Comp. Cass., 26 mai 1868, Sirey 1868, I, 329 ; Cass. 1er déc. 1874, Sirey 1875, I, 167.

— *p*. La prescription d'un chemin contre une commune s'accomplit par une possession de trente ans, conformément au droit commun. — Cette prescription a pu toujours utilement courir, si le chemin n'a pas été l'objet d'un arrêté de classement ; elle a pour point de départ la date de l'acte de déclassement, quand il en est intervenu un ; et s'il y a eu classement du chemin, puis abandon en fait sans déclassement officiel, elle court du jour où cet abandon s'est réalisé et a été constaté par les juges du fond. MM. Féraud-Giraud, *op. cit.*, t. I, n° 88 ; Faulquier, *op. cit.*, p. 115 et 116.

— *q*. Les riverains d'un chemin rural, qui en revendiquent la propriété, doivent, en l'absence de titres, prouver que, durant une période de trente ans avant les faits qui ont donné lieu au procès, ils en ont eu la jouissance paisible, non précaire et ininterrompue. Orléans, 6 mai 1886, D., *P.*, 1888, II, 12.

— *r*. S'il est vrai qu'aux termes de l'article 691 du Code civil, la servitude de passage, qui est discontinue, ne peut pas être acquise sur un héritage privé par la possession même immémoriale, il en est tout autrement s'il s'agit de la possession même du sol d'un chemin public. En droit, un chemin public, établi dans un intérêt général, ne saurait être assimilé à un simple passage, constituant une servitude établie sur un héritage en faveur d'un autre héritage : par suite, l'usage des chemins publics est susceptible d'être acquis par la prescription trentenaire. Cass., 6 août 1888, Sirey 1889, I, 219.

— *s*. Les communes peuvent incontestablement acquérir par prescription la propriété du sol d'un chemin. Cass., 9 avril 1862, Sirey 1862, I, 465. Cass., 28 févr. 1877, Sirey 1878, I, 453, D., *P.* 1877, I, 455. *Sic* MM. Féraud-Giraud, *op. cit.*, t. I, n° 90 ; Foulquier, *op. cit.*, p. 116 et suiv.; Guillaume, *Traité de la voirie rurale*, 3e édit., n° 39. — Mais les seuls faits susceptibles de constituer au profit de la commune une possession suffisante pour mener à la prescription sont ceux qui sont de nature à démontrer son intention manifeste de posséder le chemin à titre de propriétaire, ou, en d'autres termes, à caractériser la possession *animo domini*. — V. MM. Féraud-Giraud, *op. cit.*, n° 91 et Faulquier, *op. cit.*, p. 120 et 121. V.

aussi, sur l'application de ce principe, notamment, Orléans, 20 janv. 1883, D., *P.* 1886, II, 75 ; Trib. Versailles, 13 déc., *G. P.* 1844, I, 647 ; Trib. correct. Loudun, 18 janv. 1884, *G. P.* 1884, I, 472.

— *t.* Il appartient aux juges du fond de décider, d'après une appréciation souveraine des faits et circonstances de la cause, qu'une commune est en possession d'un chemin. — Et, en pareil cas, sa possession, caractérisée, d'un côté par les actes de jouissance des habitants, de l'autre, par les actes matériels accomplis, le cas échéant, au nom de la collectivité, pour défendre le chemin contre les empiètements, peut être considérée comme réunissant toutes les conditions nécessaires pour l'usucapion. Cass., 10 mai 1881, *Annales* 1883, p. 332; Cass., 6 août 1888, Sirey 1889, I, 219, *J. P.* 1889, I, 525. Comp. Cass., 12 août 1887, Sirey 1887, I, 281.

VII. Compétence. Actions en justice. Pouvoirs du maire.

34. — *a.* Les contestations qui peuvent être élevées par toute partie intéressée sur la propriété ou sur la possession totale ou partielle des chemins ruraux, sont jugées par les tribunaux ordinaires. L. 20 août 1881, art. 7.

— *b.* Cette dernière disposition n'a pas eu, dans l'intention du législateur, pour but de modifier les règles ordinaires de la compétence, et l'expression *tribunaux ordinaires* qui y est employée doit être prise, non pas dans un sens exclusif des juridictions de l'ordre judiciaire qui, comme celle des juges de paix, sont dites extraordinaires ou d'exception, mais simplement par opposition aux tribunaux de l'ordre *administratif.* En conséquence, les contestations dont s'agit doivent être portées devant les juges de paix ou devant les tribunaux civils, suivant les règles du droit commun, suivant qu'elles sont engagées au possessoire ou au pétitoire. Discuss. devant le Sénat, séance du 17 mars 1877 (*Journ. off.* du 18 mars, p. 2065). Trib. civ. Chambéry, 17 janv. 1891, *Rec. de Grenoble*, 186, II, 1891.

— *c.* Jugé, en conséquence, que les tribunaux de l'ordre judiciaire sont seuls compétents pour connaître des actions relatives aux usurpations commises sur les chemins ruraux. Alger, 16 déc. 1885, *Rec. d'Alger*, 1886, 134.

— *d.* Jugé aussi que la revendication, par un particulier contre une commune, d'un terrain ayant fait partie d'un chemin classé comme vicinal, puis déclassé et devenu simple chemin rural ou d'exploitation, ne constitue qu'une question de propriété pour laquelle l'autorité judiciaire a seule compétence. Cass., 28 déc. 1885, *Annales* 1887, p. 152.

— *e.* Jugé, dans le même sens, que l'autorité judiciaire est compétente pour apprécier la publicité d'un chemin rural, lorsque cette question est soulevée à l'occasion d'un litige sur la propriété du chemin (Cass., 6 juin 1866, Sirey 1867, I, 257 ; Cass., 18 déc. 1866, Sirey 1868, I, 28. *Sic*, MM. Féraud-Giraud, *op. cit.*, t. I, n° 161 ; Faulquier, *op. cit.*, p. 33 et suiv.; Noblet, *op. cit.*, n° 49), ou lorsque cette question se pose devant un tribunal de simple police, à propos d'une contravention à la police des chemins (Cass., 4 déc. 1857, Sirey 1858, I, 322),... alors, du moins, que la publicité du chemin est un élément constitutif de la contravention commise. Cass., 15 oct. 1852, Sirey 1853, I, 317. V. aussi *infra*, n° 45, *c*, et n° 78.

— *f.* Et, dans ce dernier ordre d'idées, la Cour de cassation a décidé que le juge de simple police, saisi d'une contravention de dégradation d'un chemin public, ne pourrait, pour nier la publicité de ce chemin, se fonder uniquement sur l'absence de tout acte administratif de classement ou de reconnaissance de ladite voie ; mais que son jugement est suffisamment motivé, s'il le base sur l'examen qu'il a fait de l'assiette, de la direction et de l'utilité du chemin, et sur la constatation de fait que la commune n'a jamais manifesté en quoi que ce soit l'intention d'avoir la jouissance de ce chemin à titre de droit de passage pour les habitants. Cass., 5 août 1880, Sirey 1881, I, 392, *J. P.* 1881, I, 926.

— *g.* Les tribunaux de l'ordre judiciaire ont le droit et même le devoir de faire l'application des actes administratifs, notamment des arrêtés relatifs aux chemins ruraux, lorsque leur sens est clair, précis, manifeste, et ne donne lieu à aucun débat entre les parties. Cass., 15 janv. 1879, D. *P.* 1879, I, 104 ; Cass. 27 nov. 1880, Sirey 1881, I, 388. *Sic*, M. Féraud-Giraud, *op. cit.*, n° 166. — V. sur le principe, Cass. 12 juin 1888, *J. P.* 1889, I, 287 ; Cass. 17 déc. 1888, *J. P.* 1889, I, 788. M. Féraud-Giraud, *op. cit.*, n° 166.

— *h.* Mais ils cessent d'être compétents s'il y a lieu, non plus à l'application, mais à l'interprétation d'un acte administratif dont le sens est obscur, équivoque ou ambigu. Et, dans ce cas, ils doivent surseoir à statuer jusqu'à ce que cette interprétation ait été faite par l'autorité administrative. Cass., 6 nov. 1877, Sirey 1878, I, 114; Paris, 27 févr. 1880, D., *P.* 1880, II, 172 ; Cass., 5 nov. 1884, *J. P.*, 1885, I, 148. — Sur le principe, Cass., 24 janv. 1887, Sirey 1888, I, 312.

— *i.* Il y a lieu à interprétation d'acte administratif et, dès lors, à renvoi devant la juridiction administrative, toutes les fois que, pour statuer, le juge saisi ne peut pas se borner à appliquer purement et simplement un arrêté de classement d'un chemin, et se trouve forcé de le comparer à d'autres documents et de le combiner avec eux. En pareil cas, le juge saisi de l'action possessoire doit surseoir à statuer jusqu'après la décision à intervenir sur la question préjudicielle. Trib. des confl., 12 mai 1883, *Annales* 1885, p. 185. — V. aussi Cass., 19 juill. 1882, *Annales* 1883, p. 41.

j. Jugé, dans ce dernier sens, que, lorsque, à l'appui d'une poursuite pour dégradation ou détérioration d'un chemin public, le ministère public produit, comme faisant foi de la publicité du chemin, un extrait en forme de l'état général des voies publiques de la commune où ce chemin est situé, si l'inculpé conteste la *régularité* et la *validité* de ce document, il n'appartient qu'à l'autorité administrative de statuer sur la question préjudicielle résultant de cette contestation. Cass., 23 mars 1888, *Annales* 1889, p. 31.

— *k.* Enfin, les tribunaux de l'ordre judiciaire sont seuls compétents pour connaître des actions civiles intentées par les communes ou contre elles, relativement à leurs chemins ruraux.

— *l.* Jugé, en outre, que ces tribunaux ont compétence pour connaître de l'action en dommages-intérêts formée par les propriétaires riverains d'un chemin rural en réparation du préjudice qui leur est causé par l'usage abusif que certains usiniers font de ce chemin. Aix, 12 juill. 1886, *Bull. d'Aix* 1887, 214.

55. — *a.* Le maire d'une commune a qualité, en vertu des attributions générales qui lui ont été conférées par l'article 90 de la loi du 5 avril 1884, pour exercer en justice, au nom et dans l'intérêt de la commune, tant en demandant qu'en défendant, toutes les actions relatives aux chemins ruraux, et notamment celles qui tendent à faire reconnaître le droit du public sur les voies qui font partie du domaine communal.

— *b.* Au surplus, l'article 123 de la même loi du 5 avril 1884 accorde à tout contribuable inscrit au rôle de la commune le droit d'exercer, à ses frais et risques, avec l'autorisation du conseil de préfecture, les actions qu'il croit appartenir à la commune ou section, et que celle-ci, préalablement appelée à en délibérer, a refusé ou négligé d'exercer. En conséquence, le contribuable peut, à défaut par la commune d'agir elle-même, revendiquer, par une action personnelle, pour elle et à son profit, la propriété ou la possession d'un chemin public communal qui lui est contestée. Mais, dans ce cas, la commune ou section intéressée est mise en cause, et la décision qui intervient a effet à son égard. L. 5 avril 1884, art, 123, § 2.

— *c.* Jugé, dans ce sens, que, bien que la loi du 20 août 1881 (Chemins ruraux) ait organisé une procédure particulière pour la reconnaissance administrative des chemins ruraux, tout contribuable, préalablement autorisé par le conseil de préfecture, n'en a pas moins le droit d'exercer, dans l'intérêt de la commune, toute action en justice tendant à faire reconnaître les droits de celle-ci relativement à l'existence d'un de ces chemins. Alger, 14 déc. 1885, *Rec. d'Alger* 1886, 134.

— *d.* De plus, le propriétaire riverain d'un chemin (ou d'un terrain) public communal, spécialement d'un chemin rural, a, sur ce chemin (ou terrain), des droits qu'il tient de la situation des lieux et de la loi, sans qu'il ait besoin, pour les faire valoir, soit d'un titre, soit, à défaut de titre, de la prescription. — Par suite, il peut, pour se faire maintenir ou réintégrer dans la possession de ce chemin en cas de trouble, intenter individuellement l'action en complainte ou en réintégrande, et il n'est point obligé d'emprunter, comme contribuable, l'action de la commune, dans les termes de l'article 123 de la loi du 5 avril 1884, et de remplir dès lors les formalités imposées par cet article. Cass., 19 oct. 1887, *J. P.* 1887, I, 1032; *G. P.* 1887, II, 471. — V. dans le même sens, sous l'empire de la loi du 18 juillet 1837, Cass., 12 juin 1880, Sirey 1882, I, 140, D., *P.* 1881, I, 95.

— *e.* Mais, dans ce dernier cas, l'action, intentée dans l'intérêt particulier et au nom du riverain, ne peut, quelle que soit la décision qui intervienne, ni engager ni compromettre les droits de la commune, par le motif que cette décision ne peut, en aucun cas, acquérir vis-à-vis de celle-ci l'autorité de la chose jugée. Cass., 19 oct. 1887, précité.

— *f.* De même, serait dispensée des formalités prescrites par l'article 49 de la loi du 18 juillet 1837 (aujourd'hui par l'article 123 de la loi du 5 avril 1884) l'action de l'individu, étranger à la commune, qui, en défense à la demande en dommages-intérêts intentée contre lui à raison d'un fait de passage sur un sentier traversant la propriété d'un tiers, assigne à son tour celui-ci pour voir dire que ce sentier est un chemin public. Cet individu n'exerce pas, en effet, dans ce cas, une action appartenant à la commune ; il agit simplement dans son intérêt privé et pour faire reconnaître à son profit un droit qui n'est pas celui des habitants ou contribuables de la commune sur laquelle est situé le chemin, mais qui appartient à tous. Cass., 24 mars 1885, *Annales* 1886, p. 196.

— *g.* Au surplus, la commune sur le territoire de laquelle est situé, en totalité ou en partie, un chemin nécessaire à la circulation générale de ses habitants, a intérêt évident et, dès lors, qualité pour intervenir dans tous litiges où la propriété de ce chemin est en cause. Cass., 24 mai 1869, D., *P.* 1871, I, 133.

— *h.* Mais serait non recevable l'intervention d'une commune dans une instance dirigée par le propriétaire d'un terrain contre une personne qui a indûment passé sur un sentier traversant ce terrain, alors que ce sentier n'a été l'objet, de la part de la commune, d'aucun acte de voirie ou de surveillance municipale, et qu'il ne résulte pas de l'enquête à laquelle il a été procédé que des actes de passage aient été exercés sur le sentier dont s'agit par la généralité des habitants de la commune, et cela quand bien même cette enquête constaterait des faits de passage exercés par quelques individus agissant *ut singuli.* Trib. Vervins, 12 févr. 1886, *Annales* 1887, p. 70.

VIII. Ouverture, redressement et élargissement des chemins ruraux. Expropriation.

36. — *a.* Lorsqu'il y a lieu, soit d'ouvrir un chemin rural nouveau, soit de redresser ou élargir un chemin ancien, déjà reconnu, le tracé doit en être réglé dans les formes déterminées par les cinq derniers paragraphes de l'article 4 de la loi du 20 août 1881 (Chemins ruraux) pour la reconnaissance d'un chemin existant (V. *supra,* n° 32, *b.*), et, à défaut du consentement des propriétaires, l'expropriation est poursuivie confor-

mément aux dispositions des paragraphes 20 et suivants de l'article 16 de la loi du 21 mai 1836. L. 20 août 1881 (Chemins ruraux), art. 13, § 1 et 2.

— *b.* Quand il y a lieu à l'occupation soit de maisons, soit de cours ou jardins y attenant, soit de terrains clos de murs ou de haies vives, la déclaration d'utilité publique doit être prononcée par un décret, le Conseil d'État entendu, et l'expropriation est poursuivie comme il est dit précédemment. *Ibid.*, § 3. — Cette disposition est empruntée à l'article 2 de la loi du 8 juin 1864 sur les chemins vicinaux.

Voir, sur le rôle et les attributions du juge de paix en matière d'expropriation relative à l'ouverture et au redressement des chemins vicinaux, dans les termes de l'article 16 de la loi du 21 mai 1836, notre *Dictionnaire général*, 4ᵉ édit., vᵒ CHEMINS, nᵒˢ 83-91.

— *c.* La commune ne peut prendre possession des terrains expropriés avant le payement de l'indemnité. L. 20 août 1881, art. 13, § 4. — ... Ou du moins avant la consignation de cette indemnité. Circul. min. de l'intér., 27 août 1881, art. 13, alin. 4.

— *d.* Les chemins ainsi ouverts, dans les termes de l'article 13 de la loi de 1881, sont compris dans la catégorie des chemins reconnus. Il en est de même des chemins redressés ou élargis qui n'auraient pas été précédemment l'objet d'un arrêté de reconnaissance. Circul. min. de l'intér., 27 août 1881, art. 13, alin. 3.

— *e.* Les dispositions de l'article 13 de la loi de 1881 sont analogues à celles qui régissent les chemins vicinaux. Elles en diffèrent cependant sur certains points. En matière de voirie vicinale, la décision de l'autorité compétente prononçant l'élargissement d'un chemin attribue immédiatement à la commune la propriété et la possession du sol non bâti, ni clos de murs, compris dans les nouvelles limites du chemin. En pareil cas, lorsqu'il s'agit d'un chemin rural, la commune, à défaut d'arrangement amiable, ne devient propriétaire du sol qu'en l'expropriant dans les formes ci-dessus indiquées, et elle ne peut en prendre possession qu'après le payement ou la consignation de l'indemnité. D'un autre côté, en matière de voirie vicinale, c'est seulement quand les terrains à incorporer à un chemin sont bâtis ou clos de murs qu'un décret est nécessaire pour déclarer l'utilité publique et pour poursuivre l'expropriation. Un décret, indispensable dans ce cas, en matière de voirie rurale, l'est également lorsque les immeubles à occuper sont soit des cours ou jardins même non clos de murs, pourvu qu'ils soient attenants à une maison, soit des terrains clos de haies vives dépendant ou non d'une habitation. *Ibid.*, alin. 4.

— *f.* Jugé que l'élargissement d'un chemin sur une terre riveraine est opéré sans droit si, à défaut du consentement amiable du propriétaire riverain, il n'a pas été procédé contre lui dans les formes indiquées par la loi du 20 août 1881 ; et qu'en conséquence ce propriétaire a le droit de se faire maintenir en possession du terrain indûment occupé par la commune, alors même que celle-ci aurait rempli certaines formalités administratives dans le but d'obtenir la reconnaissance de ce chemin comme chemin rural. Trib. Lyon, 17 févr. 1888, *Mon. de Lyon*, 18 avril 1888.

37. — *a.* L'action en payement de l'indemnité due en conformité de l'article 13 se prescrit par le laps de deux ans. L. 20 août 1881, art. 15. — Ces deux ans courent du jour où le propriétaire est dépossédé. M. Guillaume, *Traité de la voirie rurale*, 3ᵉ édit., nº 45.

— *b.* Mais si l'indemnité a été réglée à l'amiable, ou, plus généralement, suivant un mode autre que celui tracé par l'article 13 de la loi du 20 août 1881, elle n'est plus soumise à la prescription biennale, mais seulement à la prescription trentenaire. M. Guillaume, *ubi supra*.

**IX. Désaffectation des chemins publics ruraux. Vente. Riverains.
Droit de préemption.**

38. — *a.* Les arrêtés portant reconnaissance, ouverture ou redressement de chemins ruraux peuvent être rapportés dans les formes prescrites par l'article 4 de la loi du 20 août 1881. L. 20 août 1881, art. 16.

— *b.* En principe, les chemins ruraux reconnus conservent ce caractère tant que l'arrêté qui le leur donne n'a pas été rapporté dans les formes légales. Ils le perdent, par exception à cette règle, lorsqu'ils ont été transformés en rues ou rangés, par une décision de l'autorité compétente, dans la grande voirie ou dans la voirie vicinale. Circul. min. de l'intér., 27 août 1881, art. 16, alin. 1ᵉʳ.

— *c.* Lorsqu'un chemin rural cesse d'être affecté à l'usage du public, la vente peut en être autorisée par un arrêté du préfet, rendu conformément à la délibération du conseil municipal, et après une enquête précédée de trois publications faites à quinze jours d'intervalle. — L'aliénation n'est point autorisée si, dans le délai de trois mois, les intéressés, formés en syndicat, conformément aux articles 19 et suivants, consentent à se charger de l'entretien. L. 20 août 1881 (Chemins ruraux), art. 16, §§ 2 et 3.

— *d.* En pareil cas, un droit de préemption est accordé aux propriétaires riverains relativement aux terrains retranchés de la voirie rurale, c'est-à-dire provenant des chemins ruraux reconnus ou non reconnus. A cet effet, lorsque l'aliénation du sol du chemin est ordonnée, les propriétaires riverains sont mis en demeure d'acquérir les terrains attenant à leurs propriétés, par un avertissement qui leur est notifié en la forme administrative. En ce cas, le prix est réglé à l'amiable ou fixé par deux experts, dont un est nommé par la commune, l'autre par le riverain ; à défaut d'accord entre eux, un tiers expert est nommé par ces deux experts. S'il n'y a pas entente pour cette désignation, le tiers expert est nommé par le juge de paix. *Ibid.*, art. 17, § 1er.

X. Actions civiles. Procédure. Droits des riverains sur les chemins ruraux. Leur nature. Dépossession. Indemnité. Règlement. Compétence. Droit fixe d'enregistrement.

39. Les actions civiles intentées par les communes ou dirigées contre elles, relativement à leurs chemins, sont jugées comme affaires sommaires et urgentes, conformément à l'article 405 du Code de procédure civile. *Ibid.*, art. 18, § 2.

40. — *a.* Les droits d'accès et de passage, de vue et de jours, que les riverains possèdent sur les voies publiques, ne constituent pas de véritables servitudes, mais des droits d'une nature toute spéciale, dérivant de la nature des lieux, attachés à la riveraineté et dont l'exercice n'est, en somme, pas autre chose que l'un des modes de l'usage commun auquel est soumis le domaine public. Duranton, t. V, nos 294 et suiv. ; Aubry et Rau, t. III, § 249, texte et note 4, p. 69. *Contra*, Demolombe, *Tr. des servitudes*, t. II, n° 699 ; Laurent, *Princ. de dr. civ. franç.*, t. VII, nos 131 et suiv. — Il en résulte que l'ad-

ministration conserve, nonobstant ces droits, la faculté de
modifier les voies publiques, sans avoir à se préoccuper
d'autre chose que de l'intérêt général, soit par des appropriations nouvelles, soit par la cession qu'elle en fait à des particuliers, mais à la charge seulement par elle d'indemniser les
riverains des dommages que ces mesures ont pu leur causer.
— V. Cass., 5 fév. 1879, D., *P.* 1879, I, 52 ; Cass.. 25 fév. 1880,
D., *P.* 1880, I, 255 ; Cass., 4 août 1880, D., *P.* 1880, I, 446.

— *b.* Jugé spécialement qu'en cas de constructions élevées
par un particulier sur la limite du nouveau tracé d'un chemin
public, en vertu de l'alignement régulier délivré par l'administration, les riverains qui se prétendent lésés par ces travaux
dans leurs droits de vue, d'accès ou autres sur ce chemin ainsi
rectifié, ne peuvent demander la suppression desdits travaux,
mais seulement réclamer une indemnité. Cass., 16 mai 1877,
Sirey 1878, I, 27, *J. P.* 1878, I, 43. — V. *infra*, n° 46, *d.*

— *c.* Et la jurisprudence paraît être fixée en ce sens, que le
règlement de cette indemnité, en ce qui concerne du moins
les chemins ruraux reconnus, est de la compétence de l'autorité administrative, c'est-à-dire du conseil de préfecture, sauf
recours devant le Conseil d'État. Trib. des confl., 26 juin 1880,
Rec. Leb. 1880, 645 ; Trib. des confl., 29 juill. 1882, *Annales*
1884, p. 325.

— *d.* Néanmoins si, en principe, la suppression d'une voie
publique entraîne l'extinction de tous les droits que les propriétaires riverains peuvent avoir, en cette qualité sur ladite
voie, sauf indemnité à leur profit, rien n'empêche qu'il ne soit
dérogé à cette règle par une convention expresse, et que la
commune venderesse du sol de ce chemin désaffecté ne stipule
le maintien des droits des riverains.

— *e.* C'est ainsi qu'il a été jugé que l'acte de vente qui con-
somme la suppression d'un chemin comme voie publique peut
sauvegarder les intérêts des riverains ; et que, notamment, les
signes apparents et les termes de l'acte de vente peuvent faire
considérer comme subsistant les droits de vue et de passage
qu'avait un riverain sur une ruelle vendue par la commune.
Limoges, 23 mai 1882, *Annales* 1884, p. 343.

41. Les plans, procès-verbaux, certificats, significations,
jugements, contrats, marchés, adjudications de travaux, quittances et autres actes ayant pour objet exclusif la construction

l'entretien et la réparation des chemins ruraux, sont enregistrés moyennant le droit de 1 fr. 50. L. 20 août 1881, art. 18, § 1er. — Sur l'application de cette disposition, qui est la reproduction de l'article 20 de la loi du 21 mai 1836, relative aux chemins vicinaux, voir Instruction de l'administration des domaines, n° 2656, § 10, *Annales* 1882, p. 118.

XI. Entretien des chemins ruraux reconnus. Autorité municipale. Insuffisance des ressources des communes. Associations syndicales. Dégradation des chemins ruraux provenant d'exploitations. Subventions.

42. — *a.* L'autorité municipale pourvoit à l'entretien des chemins ruraux reconnus, dans la mesure des ressources dont elle peut disposer. — En cas d'insuffisance des ressources ordinaires, les communes sont autorisées à pourvoir aux dépenses des chemins ruraux reconnus, à l'aide soit d'une journée de prestation, soit de centimes extraordinaires en addition au principal des quatre contributions directes. — Les articles 5 et 7 de la loi du 24 juillet 1867 sont applicables lorsque l'imposition extraordinaire excède 3 centimes. *Ibid.*, art. 10.

— *b.* Mais souvent les ressources de la commune seront insuffisantes, non seulement pour entretenir et améliorer comme ils devraient l'être les anciens chemins ruraux reconnus, mais encore pour ouvrir les nouvelles voies rurales dont l'utilité ou la nécessité se fera sentir. Il se pourra faire, en outre, que la dépense ne présente pas un assez grand intérêt public pour justifier une contribution imposée à la généralité des habitants.

— *c.* Dans l'une et l'autre hypothèse, il importe que les propriétaires qui se servent ou se serviront habituellement des chemins puissent s'unir, par un accord unanime ou sur la demande de la majorité, pour assurer l'exécution des travaux. La loi du 20 août 1881 leur permet de former, à cet effet, des associations syndicales analogues à celles qui sont constituées en vertu de la loi du 21 juin 1865 pour les ouvrages de défense contre la mer, les fleuves, etc., pour le curage des cours d'eau non navigables ni flottables, le desséchement des marais, l'assainissement des terres humides et insalubres, l'irrigation et le drainage, l'établissement et l'entretien des chemins d'exploitation. — Les articles 19 à 32 de la loi du 28 août 1881 (Chemins ruraux) déterminent les conditions et les formes de l'institution des associations syndicales en matière de voirie rurale, l'organisation, la nature, les limites et le mode d'exercice des pouvoirs de ces associations, les règles de compétence à suivre pour la solution des difficultés qui seraient soulevées par leur création ou leur action. Circul. min. de l'intér., 27 août 1881, sect. II, *in initio*.

— *d.*. Les associations syndicales ainsi constituées peuvent ester en justice par leurs syndics. L. 20 août 1881 (Chemins ruraux), art. 25.

— *e.* Cependant, malgré les termes généraux de cette disposition, qui attribue aux syndics capacité pour ester en justice relativement à tout ce qui concerne le fonctionnement du syndicat, nous pensons, avec M. Féraud-Giraud (*Tr. des voies rurales*, 3ᵉ édit., n° 526), que les syndics n'ont pas la capacité nécessaire pour intenter une action concernant la propriété du sol du chemin rural lui-même, ni pour y défendre, ce sol étant une propriété communale et la commune ayant seule, dès lors, qualité pour ester en justice, soit en demandant, soit en défendant, sur une action le concernant.

— *f.* Toutes les fois qu'un chemin rural reconnu, entretenu à l'état de viabilité, sera habituellement ou temporairement dégradé par des exploitations de mines, de carrières, de forêts ou de toute autre entreprise industrielle appartenant à des particuliers, à des établissements publics ou à l'État, il pourra y avoir lieu à imposer aux entrepreneurs ou propriétaires, suivant que l'exploitation ou les transports auront lieu pour les uns ou les autres, des subventions spéciales, dont la quotité sera proportionnée à la dégradation extraordinaire qui devra être attribuée aux exploitations. L. 20 août 1881, art. 2.

— *g.* Ces subventions peuvent, au choix des subventionnaires, être acquittées en argent ou en prestations en nature…; elles sont réglées annuellement, sur la demande des communes ou, à leur défaut, à la demande des syndicats, par les conseils de préfecture, après des expertises contradictoires, et recouvrées comme en matière de contributions directes. — Les experts sont nommés d'après l'article 17 de la loi du 21 mai 1836. — Ces subventions peuvent aussi être déterminées par abonnement ; les traités doivent être approuvés par la commission départementale. *Ibid.*

— *h.* Jugé, par application de ce dernier texte de loi, qu'en dehors du tout grief de contravention, c'est au conseil de préfecture, à l'exclusion du juge de simple police, aux termes de l'article 11 de la loi du 20 août 1881, qu'il appartient, sur la demande de la commune, de fixer la subvention qu'un particulier aurait à supporter pour contribuer à l'entretien du chemin par lui détérioré en exploitant son industrie. Cass., 31 mai 1888, *Annales* 1889, p. 92.

XII. Algérie.

43. La loi du 28 août 1881 sur le Code rural est devenue applicable à l'Algérie, en vertu du décret du 19 mars 1886, qui en a reproduit les dispositions, sauf quelques modifications résultant de l'organisation spéciale de la colonie. Trib. Blidah, 21 déc. 1887, *Rev. d'Alger* 1888, 331.

XIII. Police des chemins ruraux. Pouvoir réglementaire des préfets et des maires. Juge de simple police. Compétence. Questions préjudicielles.

44. — *a.* L'article 8 de la loi du 20 août 1881 a conféré aux préfets, à l'égard des chemins ruraux reconnus, un pouvoir réglementaire, dont l'exercice, dans le silence de la loi, doit être considéré à la fois comme étendu et limité aux objets qu'ils peuvent réglementer en matière de voirie vicinale (art. 21 de la loi du 21 mai 1836, modifié par la loi du 10 août 1871). Ainsi les préfets ont pouvoir de statuer notamment sur ce qui est relatif aux alignements individuels, aux autorisations de construire le long des chemins ruraux, à l'écoulement des eaux, aux plantations, à l'élagage, aux fossés, à leur curage et à tous autres détails de surveillance et de conservation. — V. circul. min. de l'intér., 27 août 1881, art. 8, alin. 2.

— *b.* D'ailleurs, l'administration centrale a rédigé, à la date du 3 janvier 1883, un modèle de règlement général destiné à déterminer l'étendue et à faciliter l'exercice du pouvoir réglementaire des préfets en la matière.

— *c.* En outre, l'article 9 de la loi du 20 août 1881 charge l'autorité municipale de la police et de la conservation des chemins ruraux. Il consacre ainsi une attribution qui appartenait déjà aux maires en vertu de l'article 3 du titre XI de la loi des 16-24 août 1790, et des articles 10 et 11 de la loi du 18 juillet 1837, et qui, depuis, leur a été confirmée par les articles 91, 94 et 97 de la loi du 5 avril 1884. Cet article 9 leur permet de réglementer non seulement les objets de police concernant les chemins ruraux non reconnus, mais encore ceux relatifs aux chemins reconnus, lorsqu'ils n'ont pas été réglementés par l'autorité préfectorale en vertu de l'article 8. Circul. min. de l'intér., 27 août 1881, art. 9.

— *d.* Mais la loi du 20 août 1881, en chargeant l'autorité municipale de la police et de la conservation des chemins ruraux, n'a en aucune façon subordonné l'application des dispositions du Code pénal, qui répriment la dégradation de ces chemins, à la condition qu'un règlement municipal les ait reproduites ou rappelées. Donc, l'absence de tout règlement de cette nature ne saurait être invoquée par le prévenu pour prétendre qu'il n'y a pas eu contravention et qu'il n'y a pas lieu, par suite, à l'application de l'article 479, n° 11, du Code pénal. Cass., 13 janv. 1888, *Annales* 1888, p. 381, *G. P.* 1888, II. 308.

— *e.* Les infractions aux arrêtés réglementaires pris par les maires relativement à la police ou dans l'intérêt de la conservation des chemins ruraux, dans les termes de l'article 8 de la loi de 1881, tombent, comme pour le passé, sous l'application de l'article 471, n°⁵ 4, 5 et 15, du Code pénal. — Et les tribunaux de simple police sont seuls compétents, à l'exclusion des conseils de préfecture, sauf le recours de droit, pour connaître de ces infractions aux arrêtés municipaux et aussi des usurpations ou des détériorations commises sur les chemins ruraux dans les cas prévus par l'article 479, n°⁵ 11 et 12, du Code pénal. *Ibid.* — V. aussi MM. Féraud-Giraud, *op. cit.*, n° 295, et Faulquier, *Chemins ruraux*, p. 293 et 294.

— *f.* Décidé, dans ce sens, que les conseils de préfecture sont incompétents pour connaître d'une action relative à une anticipation commise sur un terrain communal qui ne fait pas partie des chemins vicinaux de la commune. L. 9 vent. an XIII, art. 8 : Cons. préfect. Gironde, 5 mars 1886, *Rec. de Bordeaux*, 1886, III, 53.

— *g.* Les tribunaux de simple police sont, au surplus, compétents non seulement pour statuer sur l'application de la peine, mais encore pour prononcer les réparations civiles et les restitutions qui sont demandées accessoirement à l'action publique. Cass., 24 août 1883, *Annales* 1885, p. 101.

— *h.* Jugé, dans ce sens, que le juge de simple police, saisi d'une contravention à la police des chemins ruraux pour détérioration ou usurpation d'un chemin de cette nature, est compétent non seulement pour prononcer la peine applicable à cette contravention, mais encore pour ordonner, à l'exclusion du conseil de préfecture, le rétablissement des lieux dans leur état primitif. Cass., 14 févr. 1863, D., *P.* 1863, 1, 270 ; Cass., 7 avril 1866, D., *P.* 1868, I, 287.

— *i.* De même, le juge de police qui constate que les travaux ont été faits sans autorisation préalable, dans la partie retranchable d'une propriété riveraine de la voie publique, ne peut refuser d'ordonner la démolition de ces travaux sans violer les dispositions de l'article 5 de l'édit de décembre 1607. Cass., 24 août 1883, *Annales* 1885, p. 101.

— *j.* Mais là s'arrête le pouvoir du juge de simple police, et il ne pourrait ordonner la destruction ou la suppression d'ouvrages qui ne constitueraient pas un dommage pour le chemin public, et, par exemple, une usurpation ou un empiètement sur l'alignement légal et actuel de ce chemin. — V. Cass., 22 mars 1884, *Annales* 1885, p. 334.

— *k.* Les contraventions aux règlements de l'autorité municipale concernant la voirie et les constructions sur la voie publique donnent lieu à des poursuites non seulement contre le propriétaire de l'ouvrage, mais encore contre les maçons et ouvriers qui ont dirigé ou exécuté les travaux, sans que ceux-ci puissent prétendre, pour s'y soustraire, qu'ils n'avaient d'autre devoir que d'obéir à la volonté du maître qui les commandait. Cass., 17 déc. 1840, Sirey 1841, I, 693, *J. P.* 1841, I, 718. — V. Guillaume, *op. cit.*, n° 119.

— *l.* La participation directe et personnelle des prévenus à un fait qui caractérise la contravention d'usurpation sur un chemin public (rural ou autre) doit faire considérer ces prévenus comme s'en étant rendus les auteurs et non pas seulement les complices, et ils ne peuvent, dès lors, à ce titre, échapper à la responsabilité pénale qui découle de leur infraction à l'article 479, n° 11, du Code pénal. Cass., 20 nov. 1885, *Annales* 1887, p. 147.

45. — *a.* Lorsque l'individu prévenu de la contravention excipe, devant le Tribunal de simple police, d'un droit de propriété lui appartenant sur le chemin rural, il y a là une exception préjudicielle en présence de laquelle le juge doit surseoir à statuer et prononcer le renvoi de la question devant les tribunaux compétents. Mais aussi, pour que l'exception ait le caractère d'une question préjudicielle, motivant le sursis et le renvoi, il faut qu'elle présente les apparences d'une contestation sérieuse et qu'elle puisse influer sur le sort de la contravention ; il faut, par conséquent, que cette exception ait pour objet un droit de propriété ou tout autre droit réel, qu'elle soit appuyée sur un titre apparent ou sur des faits de possession personnels au prévenu, qui en soient l'équivalent, et enfin que le titre produit ou les faits de possession articulés soient de nature à enlever au fait poursuivi tout élément constitutif de la contravention reprochée. MM. Féraud-Giraud, *Tr. des voies rurales*, 3ᵉ édit., nᵒˢ 304 et suiv. ; Guillaume, *Tr. de la voirie rurale*, 3ᵉ édit., nᵒˢ 115 et suiv. ; Noblet, *Code prat. des ch. ruraux*, nᵒ 84.

— *b*. Jugé, conformément à cette doctrine, que si, aux termes de l'article 182 du Code forestier, le juge de police doit surseoir au jugement de la contravention jusqu'à ce qu'il ait été statué, par la juridiction compétente, sur les exceptions préjudicielles résultant d'un droit de propriété ou de tous autres droits réels de nature à faire disparaître la contravention, il ne peut ordonner ce sursis que lorsque l'exception est fondée, soit sur un titre apparent de nature à rendre vraisemblable le droit prétendu, soit sur des faits de possession équivalents ; — et que cet article de loi est violé par le jugement qui admet l'exception préjudicielle de propriété opposée par un individu prévenu d'usurpation sur un chemin rural public, sans constater que le prévenu a produit un titre pour justifier son prétendu droit de propriété, ou allégué des faits de possession. Cass., 20 nov. 1886, *Annales* 1887, p. 392.

— *c*. Mais l'exception tirée de la non-publicité du chemin ne constitue pas une question préjudicielle qui autorise le juge de police, devant lequel elle est soulevée, à surseoir et à en renvoyer l'examen devant une autre juridiction ; il appartient à ce magistrat de statuer sur cette exception, c'est-à-dire d'apprécier si le chemin est ou non réellement public. MM. Féraud-Giraud, *op. cit.*, nᵒ 309, et Guillaume, *op. cit.*, nᵒ 316. — V. en ce sens, *supra*, nᵒ 34, *e*, et *infra*, nᵒ 78. V. aussi, cependant, *infra*, alin. *g*.

— *d*. Décidé, par application de ce qui précède, que le jugement par lequel le tribunal de simple police, saisi d'une poursuite pour usurpation d'un chemin public, surseoit à statuer sur l'action du ministère public et impartit au prévenu un délai pour poursuivre devant le tribunal compétent l'exception de propriété, sans s'expliquer sur la question de publicité soulevée devant lui, doit être cassé comme intervertissant l'ordre de la preuve. Cass., 10 juillet 1886, *Annales* 1887, p. 267.

— *e.* Lorsque, sur une poursuite pour dégradation d'un chemin rural, le ministère public a produit, à l'appui de la publicité du chemin contestée par le prévenu, divers documents administratifs, le juge de simple police ne peut se borner à dénier cette publicité par des considérants équivoques et vagues ne permettant pas à la Cour de cassation de vérifier si ce juge a écarté, sans y avoir égard, les documents invoqués et s'est déterminé par des renseignements qu'il aurait personnellement recueillis, ou s'il s'est assuré, par l'examen de ces documents, qu'ils n'étaient nullement attributifs du caractère public prétendu par la prévention. Cass., 13 janv. 1888, *Annales* 1888, p. 381, *G. P.* 1888, II, 308. Comp. Cass., 15 mars 1889, *Annales* 1890, p. 135.

— *f.* Le procès-verbal d'un garde champêtre constatant un fait de dégradation d'un terrain qu'il considère comme public ne fait pas foi de la publicité de ce terrain (Trib. correct. Saint-Claude, 29 fév. 1888, *G. P.* 1888, I, 410), et c'est à la partie poursuivante, c'est-à-dire au ministère public, qu'incombe la charge de prouver la publicité du terrain. *Ibid.* Comp. Cass., 10 juill. 1886, *Annales* 1887, p. 267.

— *g.* Il appartient au juge de police saisi, par des conclusions prises par une commune partie civile, de la question de publicité d'un chemin rural, de recourir, pour édifier sur ce point sa religion, à tous les moyens de preuve de droit commun ; mais si la solution de cette question de publicité lui paraît subordonnée à des questions de propriété ou de possession du sol dudit chemin, soulevées par la partie civile et par l'inculpé, il doit surseoir à statuer et renvoyer avant faire droit la commune devant la juridiction civile, seule compétente pour les apprécier ; il est tenu, en outre, de s'expliquer sur toutes les parties utiles des conclusions qui lui sont soumises. Cass., 15 mars 1889, *Annales* 1890, p. 135.— Et le juge de police qui, pour prononcer la relaxe de l'inculpé, rejeter la demande de la partie civile et condamner cette dernière aux dépens, se fonde sur ce seul motif « que de l'examen des documents versés aux débats il ne résulte pas que la possession de la commune soit suffisamment prouvée, qu'elle reste à l'état de doute et que le doute doit s'interpréter en faveur de l'inculpé, » commet un excès de pouvoir et viole l'article 7 de la loi du 20 avril 1810. *Ibid.*

— *h.* L'article 640 du Code d'instruction criminelle, aux termes duquel les contraventions se prescrivent par un an à compter du jour où elles ont été commises, s'applique à la contravention qui consiste dans l'usurpation d'un chemin rural public au moyen d'ouvrages édifiés sur ce chemin ; et la prescription court, dans ce cas, à partir de la construction de ces ouvrages, — une pareille contravention, bien que permanente et continue, ne pouvant être considérée comme successive. MM. Féraud-Giraud, *op. cit.*, n° 313 ; Guillaume, *op. cit.*, n° 126. — V. Cass., 28 nov. 1856 et 10 janv. 1857, Sirey 1857, I, 386, *J. P.* 1857, 1075 ; Cass. 2 juin 1865, Sirey 1865, I, 431, *J. P.* 1865, 1093. Comp. Cass., 1er mars 1867, *J. P.* 1867, 895, Sirey 1867, I, 340 ; Cass., 6 mars 1884, *Annales* 1885, p. 264.

— *i.* La démolition des travaux exécutés sans autorisation ou contrairement à l'alignement donné ne peut être ordonnée par le juge de police, lorsque, en raison de la prescription de la contravention, le prévenu est relaxé de la poursuite, car ce juge ne connaît de l'action civile qu'accessoirement à l'action publique. Art. 161 C. instr. crim. Cass., 28 nov. 1856 et 1er mars 1867 précités. *Sic* Noblet, *op. cit.*, n° 86 ; Guillaume, *op. cit.*, n° 127.

— *j.* Si l'autorité municipale, lorsqu'il s'agit d'un terrain privé communal affecté à l'usage public et dont la propriété ne fait l'objet d'aucun litige, peut déclarer, par arrêté, que ce terrain sera considéré comme dépendant de la voie publique et le soumettre à ce sujet aux règlements de police, — elle n'a plus ce même droit lorsqu'il s'agit d'un terrain dont la propriété fait l'objet d'une contestation judiciaire. Dans ce cas, la question à débattre est d'ordre purement civil et ne rentre point dans les objets de police placés dans le domaine des arrêtés municipaux dont l'inobservation peut donner lieu à l'application des peines de police. Cass., 11 août 1883, *Annales* 1885, p. 51.

XIV. Droits des riverains sur les chemins ruraux. Charges et obligations
qui leur incombent.

α. Droits de passage, d'accès, d'ouvertures et de vues.

46. — *a.* Indépendamment du droit qu'ils ont, comme le
public en général, à l'usage commun des chemins ruraux, les
propriétaires riverains possèdent sur ces chemins des droits
qu'ils tiennent de la situation des lieux et de la loi, sans qu'ils
aient besoin, pour les faire valoir, soit d'un titre, soit, à défaut
de titre, de la prescription. Cass., 5 janv. 1869, Sirey 1869,
I, 168, D., *P.* 1869, I, 12, Cass., 19 oct. 1887, *J. P.* 1887, I,
1032, *G. P.* 1887, II, 471. *Sic* M. Féraud-Giraud, *op. cit.*,
t. I, n° 148. — V. sur la nature spéciale de ces droits, *supra*,
n° 40, *a.*

— *b.* Il en résulte que, si l'usage d'un chemin rural est
commun à tous, les droits du riverain n'en sont pas moins
exercés par lui individuellement et dans son intérêt privé, et
que, dès lors, pour en défendre la possession contre les troubles et entreprises des tiers, il n'est pas obligé d'emprunter
l'action de la commune et de remplir les formalités imposées
par l'article 123 de la loi du 5 avril 1884. Cass., 19 oct. 1887,
précité. — Mais l'action, ainsi intentée dans l'intérêt particulier et au nom du riverain, ne peut, quelle que soit la décision
qui intervienne, ni engager, ni compromettre les droits de la
commune, à l'égard de laquelle cette décision ne saurait, en
aucun cas, acquérir l'autorité de la chose jugée. *Ibid.*

— *c.* Au nombre des droits particuliers que sa situation de
riverain confère au propriétaire sur le chemin rural qui borde
son héritage, on peut citer principalement : 1° le droit d'accès
et de libre passage sur ce chemin (V. Féraud-Giraud, *op. cit.*,
t. I, n° 149; Faulquier, *op. cit.*, p. 202), qui lui donne à la fois
l'action possessoire pour repousser les troubles apportés par
des tiers à sa possession (Cass., 5 janv. 1869 et 19   . 1887,
précités), et l'action en dommages-intérêts pour   ..ir des
tiers réparation du préjudice que ceux-ci, spéci.   .nent des
usiniers, lui ont causé par des abus commis sur le chemin (Aix,
12 juill. 1886, *Bull. d'Aix* 1887, 214); — 2° et le droit d'ouvrir
sur ce chemin des ouvertures, des jours et des vues droits ou
obliques, sans être tenu de se conformer aux règles tracées par

les articles 678 et 679 du Code civil relativement aux distances à observer par rapport aux héritages voisins. Cass.,1er juill.1861, *Annales* 1862, p. 248, Sirey 1862, I, 81, *J. P.* 1862, 1197. *Sic* Duranton, t. V, n° 412 ; Marcadé, t. II, sur les articles 678 et 679, n° 2 ; Demante, t. II, n° 533 *bis*, 2 ; Demolombe, *Tr. des servit.*, t. II, n° 566 ; du Caurroy, Bonnier et Roustain, t. II, n° 320. MM. Féraud-Giraud, *op. cit.*, t. I, n° 151 ; Faulquier, *op. cit.*, p. 203 et suiv.

— *d.* Ces droits de riveraineté ne constituent pas de véritables servitudes, dans le sens légal du mot, au profit des héritages riverains qui en sont en possession ; et les atteintes qui ont pu leur être portées comme conséquence des modifications ou appropriations nouvelles que la commune est toujours libre de faire de ses voies publiques dans l'intérêt général et par mesures administratives, ouvrent seulement aux riverains lésés une action contre la commune en indemnité du dommage que ces mesures leur ont causé. — V. *supra*, n° 40, *a, b.*

— *e.* Mais il n'en serait plus de même si les travaux exécutés en vertu de permissions de voirie délivrées par l'administration portaient atteinte non plus à de simples droits de riveraineté, consistant uniquement dans la jouissance et l'usage commun du chemin, mais à des droits réels de propriété, de servitude ou même de possession appartenant légitimement à des tiers. Dans ce dernier cas, les propriétaires lésés par ces travaux n'ont plus seulement droit à des dommages-intérêts, mais ils sont fondés à demander la destruction des ouvrages exécutés au mépris de leurs droits, même en vertu d'autorisations de voirie régulièrement accordées.

— *f.* Jugé, à cet égard, que les actes administratifs qui accordent des autorisations de voirie aux riverains des voies publiques, contiennent la réserve des droits des tiers et ne sauraient faire obstacle à ce que le tiers qui se prétendrait lésé dans ses droits de propriété, de servitude ou de possession par les travaux établis en vertu d'un pareil acte, porte la contestation devant la juridiction civile, seule compétente. Cass., 9 juin 1885, *Annales* 1886, p. 115. — Et le juge du possessoire, saisi de la contestation, n'empiète pas sur le domaine de l'administration, lorsque, après avoir constaté l'existence, avec les caractères voulus, de la possession invoquée par la demande, il ordonne la suppression partielle ou totale des travaux exécutés en vertu de l'autorisation, comme portant atteinte à cette possession. *Ibid.*

— *g*. Il est de principe que l'on peut se frayer un passage sur la propriété riveraine d'un chemin public, lorsque ce dernier est impraticable, soit que cette impraticabilité provienne de ce que la route a été complètement détruite, soit qu'elle soit purement temporaire et accidentelle. L. des 28 sept.-6 oct. 1791, art. 41, tit. II ; Cass., 11 févr. 1879, Sirey 1879, I, 168, *J. P.* 1879, 408.

— *h*. Cette disposition est applicable aux chemins ruraux, à la seule condition qu'ils soient des chemins publics ; elle se trouve, en effet, dans la loi de 1791, sous le titre *Des biens ruraux et de la police rurale*. Et il n'y a pas, à cet égard, de distinctions à faire entre les divers chemins publics ; il faut que le public puisse passer partout où il a le droit de passer. — V. rapport de M. le conseiller Féraud-Giraud, sous Cass., 10 mai 1881, *Annales* 1882, p. 44, Sirey 1882, I, 59, *J. P.* 1882, I, 130. V. aussi M. Féraud-Giraud, *Tr. des voies rurales*, 3ᵉ édit., t. I, nº 246 ; Guillaume, *Tr. de la voirie rurale*, 3º édit., nº 68 ; Faulquier, *Chemins ruraux*, p. 233. — Mais il a été jugé que pour qu'il y ait lieu à la servitude établie par la loi de 1791, il faut que le chemin soit véritablement en fait un chemin ouvert au public et que l'impraticabilité soit momentanée seulement ; il n'en serait pas ainsi si le chemin classé administrativement était depuis longtemps en fait abandonné et impraticable. Trib. civ. Chambéry, 17 janv. 1891, *Rec. de Grenoble*, 1891, II, 156.

— *i*. Ce droit de se frayer un passage existe sur les fonds riverains clos ou non. — Les fonds riverains y sont tous assujettis, quels que soient leurs propriétaires : État, communes, particuliers. — Le droit est ouvert pour tous ; la loi de 1791, qui le reconnaît en faveur des voyageurs, a entendu désigner par là tous ceux qui usaient du chemin. Trib. civ. Chambéry, 17 janv. 1891, *Rec. de Grenoble*, 1891, II, 156. — Le passage peut être pratiqué à pied, avec bête de somme et avec voitures. — Lorsque des difficultés naissent devant les tribunaux à l'occasion de l'exercice de ce droit, c'est au juge de l'action à reconnaître et constater l'impraticabilité. — V. rapport de M. le conseiller Féraud-Giraud, sous Cass., 10 mai 1881, précité. V. aussi, dans le même sens, MM. Féraud-Giraud, *op. cit.*, t. I, n°ˢ 247, 248, 249, 250, 251; Faulquier, *op. cit.*, p. 234, 235, 236.

— *j.* Jugé, dans ce sens, que, lorsqu'un chemin public est impraticable, tout voyageur est autorisé à se frayer, pour continuer sa route, un passage sur les champs riverains, même en faisant une brèche dans leur clôture, et même encore dans le cas où, pour arriver à sa destination, il pourrait prendre un autre chemin praticable dans tout son parcours. Cass., 9 déc. 1885, *Annales* 1887, p. 187. — V. aussi Trib. Château-Thierry, 17 mars 1885, *Annales* 1886, p. 284.

— *k.* De ce qu'il appartient à l'autorité judiciaire seule, à l'exclusion de l'autorité administrative, de constater l'impraticabilité du chemin public, il résulte notamment que le juge de simple police, saisi de la poursuite d'une contravention pour violation de propriété, est compétent pour statuer sur l'exception tirée par le prévenu de cette impraticabilité. MM. Féraud-Giraud, *op. cit.*, n° 251, et Faulquier, *op. cit.*, p. 245 et 246.

— *l.* Les riverains d'un chemin rural public, sur la propriété desquels le public s'est frayé un passage à raison de l'impraticabilité de ce chemin, ont droit à une indemnité pour réparation du dommage causé à leurs terrains par ce passage. Cass., 17 févr. 1841, Sirey 1841, I, 246; Cass., 27 juin 1845, *Annales*, 1ʳᵉ série, t. II, p. 235 et 1858, p. 116, Sirey 1845, I, 770, D., *P.* 1845, I, 280. *Sic* MM. Féraud-Giraud, *op. cit.*, t. I, n° 252, et Faulquier, *op. cit.*, p. 237.

— *m.* Lorsque l'impraticabilité d'un chemin rural provient directement du défaut d'entretien et de l'état d'abandon où il a été laissé, c'est à la commune, en qualité de propriétaire de ce chemin et comme étant chargée de pourvoir à son entretien et de le maintenir dans un bon état de viabilité (L. 20 août 1881, art. 10), qu'incombe la charge de réparer le dommage souffert par les propriétaires riverains à raison du passage pratiqué sur leurs fonds, c'est-à-dire le payement de l'indemnité à laquelle ils ont droit de ce chef. Ce passage, en effet, et le préjudice qui en est résulté pour les riverains, ont leur cause directe et immédiate dans la négligence et l'incurie de la commune, qui a manqué à ses obligations, et il est juste qu'elle en supporte la responsabilité et les conséquences. Cass., 8 mai 1856, Sirey 1856, I, 924, *J. P.* 1857, 763; Cass., 30 nov. 1858, *Annales* 1859, p. 437, Sirey 1859, I, 251, *J. P.* 1859, 857 ; Cass., 11 févr. 1879, Sirey 1879, I, 168, *J. P.* 1879, 408; Cass., 10 mai 1881, *Annales* 1882. p. 44, Sirey 1882, I, 59, *J. P.* 1882, I, 130. *Sic* MM. Faulquier, *op. cit.*, p. 239, et Féraud-Giraud, *op. cit.*, t. I, n° 253.

— *n.* Cette question de la responsabilité de la commune, en ce qui concerne spécialement les chemins ruraux, a soulevé autrefois de vives controverses ; mais, aujourd'hui, la jurisprudence de la Cour de cassation paraît être définitivement fixée en ce sens que l'article 41, tit. II, de la loi des 28 septembre-6 octobre 1791, qui met à la charge de la commune les dommages causés aux riverains d'un chemin public par le voyageur que l'impraticabilité dudit chemin a contraint de se frayer un passage sur le fonds de ce riverain, est applicable à tous les chemins qui sont à la fois publics et communaux, sans qu'il y ait à distinguer entre les chemins classés comme vicinaux et les chemins simplement ruraux ; — que, si les communes ne sont obligées à entretenir au moyen de ressources spéciale, que leurs chemins vicinaux, il ne s'ensuit pas qu'elles soient affranchies de toute responsabilité à raison des dégradations causées aux propriétés riveraines par le défaut d'entretien des autres chemins qui leur appartiennent et qui sont destinés à assurer la circulation publique sur leur territoire. Cass., 20 juin 1857, *Annales* 1857, p. 425, Sirey 1857, I, 706, *J. P.* 1858, 265 ; Cass., 1er juin 1866, Sirey 1867, I, 91, *J. P.* 1867, 183 ; Limoges, 28 juin 1869, Sirey 1869, II, 286, *J. P.* 1869, 1140, D., *P.* 1870, II, 93; Cass., 10 mai 1881, précité. *Sic* Dufour, *Traité de droit administratif*, 2ᵉ édit., t. III, n° 403, p. 403 ; Foucart, *Éléments de droit public et administratif*, t. III, n° 1356 ; Dalloz, *Jurisprudence générale*, vᵒ VOIRIE PAR TERRE, nᵒˢ 1377 et 1444 ; Jousselin, *Servitudes d'utilité publique*, t. II, p. 428; Solon, *Chemins vicinaux*, p. 88 ; *Courrier des communes*, 1835, p. 171 ; Prévost de Brebières, *Chemins vicinaux*, p. 211 ; Aubry et Rau, t. III, p. 33, § 244 *in fine. Contra*, Cass., 17 févr. 1841, Sirey 1841, I, 246 ; Montpellier, 1er déc. 1873, Sirey 1874, II, 97 ; Rennes, 31 janv. 1880, Sirey 1881, II, 62. — Les décisions qui précèdent (dans le sens de la responsabilité de la commune), bien que rendues sous l'empire de la législation antérieure à la loi du 28 août 1881, conservent toute leur valeur et doivent continuer à s'appliquer depuis la promulgation de cette dernière loi ; et, d'ailleurs, la doctrine qu'elles consacrent a été définitivement adoptée, sous le régime de la législation actuelle, par les dernières solutions de la jurisprudence. — V. Trib. Château-Thierry, 17 mars 1885, *Annales* 1886, p. 284 ; Cass., 9 déc. 1885, *Annales* 1887, p. 187.

— *o*. Mais l'action du riverain en responsabilité contre la commune cesserait d'être recevable si l'impraticabilité du chemin rural provenait du fait de ces riverains ou de celui de ses auteurs,... comme, par exemple, si ceux-ci avaient établi sur le chemin, et dans leur seul intérêt, un aqueduc, dont la détérioration, à défaut d'entretien, a amené l'impossibilité de passage. Limoges, 28 juin 1869, précité. — V. aussi Cass., 10 mai 1881 (motifs), précité.

— *p*. Lorsque la détérioration d'un chemin est le résultat d'un cas de force majeure, tel qu'un éboulement, une inondation, etc., la commune n'est point responsable des dégâts causés par ce fait aux propriétaires riverains. Faulquier, *op. cit.*, p. 241.

— *q*. Le juge de paix est dans tous les cas compétent pour connaître de l'action en indemnité intentée par les riverains d'un chemin rural à raison du dommage causé à leurs propriétés par des faits de passage, soit qu'elle le soit contre le voyageur lui-même qui a causé le dommage en se frayant le passage, soit qu'elle le soit contre la commune directement, en tant que responsable ; la loi des 28 septembre-6 octobre 1791 ne fait aucune distinction à cet égard. Faulquier, *op. cit.*, p. 246.

γ. Alignement.

— *r*. Avant la loi du 20 août 1881, il était admis par la jurisprudence que les propriétaires riverains de chemins ruraux n'étaient pas, en principe, assujettis à la servitude d'alignement et à l'obligation d'obtenir de l'autorité compétente l'autorisation préalable de construire le long de ces chemins. Mais, toutefois, on reconnaissait aux maires, comme étant chargés par la loi du 16 août 1790 de veiller à la commodité et à la sûreté du passage sur les voies publiques et, par suite, de prévenir toutes anticipations, le droit, sinon d'imposer un alignement aux riverains des chemins ruraux, au moins de prendre des arrêtés réglementaires interdisant de construire le long de ces chemins sans l'autorisation municipale. Un pareil arrêté, s'il en existait un, avait pour sanction l'article 471 du Code pénal ; mais, s'il n'en existait pas, le seul fait de construire sans autorisation ne constituait pas une contravention. —V., sur les applications de ces principes, Cass., 12 janv. 1856, *Annales* 1856, p. 243, D., *P*. 1856, I, 142 ; Cass., 25 juill. 1856, *Bull. Cass. crim..* n° 263 ; Cass., 21 janv. 1859, *Annales* 1859, p. 212, D., *P*. 1860, I, 418 ; Cass., 9 juill., 1860, D., *P*. 1860, I, 417 ; Cass., 29 août 1861, D., *P*. 1862, I, 98 ; Cass., 11 janv. et 20 févr. 1862, *Annales* 1862, p. 311 et 349 ; Cass., 14 févr. 1863, D., *P*. 1863, I, 392 ; Cass., 17 juill. 1863, *Bull. Cass. crim.*, n° 199 ; Cass., 2 mars 1865, Sirey 1865, I, 387 ; Cass., 17 août 1865, Sirey 1866, I, 383. Aussi notre *Dictionnaire général*, 4° édit., v° ALIGNEMENT, n° 32.

— *s*. Depuis la loi du 20 août 1881, les chemins ruraux *reconnus* sont soumis au pouvoir réglementaire du préfet, qui tient de l'article 8 de ladite loi le droit d'édicter telles règles et de prendre tels arrêtés qu'il juge utiles, notamment en ce qui concerne les alignements individuels et les autorisations de construire le long de ces chemins. — De plus, en vertu de l'article 9 de la même loi, ce pouvoir de réglementation appartient au maire, qui peut l'exercer non seulement à l'égard des chemins ruraux *non reconnus* (Aucoc, *École des commun.*, 1863, p. 57 et suiv. ; Guillaume, *Voirie rurale*, n° 92, p. 127 et suiv.), mais encore à l'égard des chemins reconnus, à défaut par le préfet de l'avoir exercé lui-même, au moyen d'arrêtés municipaux portant règlement permanent aux conditions prévues par l'article 95 de la loi du 5 avril 1884. Batbie. *Droit publ. et administr.*, t. VI, p. 39 ; circul. min. de l'intér., 27 août 1881, art. 8 et 9. —Et ce droit pour les maires de réglementer les objets relatifs à la police de la voirie rurale se trouve confirmé implicitement par les articles 90 et 91 de la loi municipale du 5 avril 1884.

— *t*. Tout ce qui concerne l'alignement et les permissions de construire le long des chemins ruraux reconnus se trouve réglé par les articles 77 et suivants du *Règlement général* du 2 janvier 1883.

— *u*. Avant la loi de 1881, le maire ne pouvait donner l'alignement le long d'un chemin rural qu'en se conformant à l'état

des lieux, c'est-à-dire sans imposer ni avancement ni reculement au riverain qui sollicitait cet alignement. C'est encore la
règle qui doit être suivie aujourd'hui, à défaut d'une réglementation particulière, pour les chemins ruraux qui n'ont pas
été l'objet d'une reconnaissance. Mais il n'en est pas de même
à l'égard des chemins ruraux *reconnus* et, comme tels, devenus imprescriptibles, car, aux termes de l'article 4, § 3, de la
loi du 20 août 1881, les arrêtés de reconnaissance doivent déterminer la largeur du chemin sur les différents points, ce qui
constitue un véritable plan d'alignement dont l'application
implique, pour le maire chargé de le faire respecter, le droit
de forcer les riverains à construire en avancement ou en reculement. M. Féraud-Giraud, *op. cit.*, t. I, n° 204; Batbie, *Droit
publ. et administr.*, t. V, p. 424.

— *v.* Jugé qu'en l'absence de titres établissant la largeur
d'un chemin rural, le propriétaire riverain qui veut construire
en bordure peut le faire valablement sans demander l'alignement, à la condition que sa construction n'empiète pas sur
l'assiette reconnue du chemin. Lyon, 31 mai 1888, *Mon. de
Lyon*, 6 oct. 1888.

δ. Aqueducs et conduites d'eau. Élagage des arbres et haies.

— *w.* L'autorité municipale a le droit, en outre des pouvoirs de police qui lui appartiennent sur les chemins ruraux,
d'interdire aux riverains ainsi qu'à toutes autres personnes de
pratiquer, sans son autorisation, soit à la surface ou sous le
sol de ces chemins, soit sur les fossés qui en dépendent, des
aqueducs, barrages, canalisations et autres travaux de conduite
d'eau.

— *x.* Jugé à cet égard que le refus par le maire d'autoriser
un particulier à établir un conduit sous le sol d'un chemin
rural, à l'effet d'amener dans sa propriété les eaux d'une source
par lui acquise, n'est pas susceptible d'être déféré à la juridiction contentieuse. Cons. d'État, 6 mars 1885, *Rec. Leb.* 1885,
266. — V. aussi Cons. d'État, 12 févr. 1886, *Rec. Leb.* 1886, 129.

— *y.* L'autorité municipale a incontestablement le droit, en
vertu des pouvoirs qu'elle tient des articles 9 et 10 de la loi du
20 août 1881, de prendre des arrêtés pour ordonner le recé-
page des racines ainsi que l'élagage des branches des arbres
et haies plantés sur le bord des chemins ruraux, toutes les fois

que l'exige la liberté ou simplement la commodité de la circulation. Circul. min. de l'intér., 27 août 1881, art. 8 et 9 ; Cass.,
sol. implic., 6 août 1886, *Annales* 1887, p. 272 ; MM. Féraud-
Giraud, *Traité des voies rurales*, 3° édit., t. I. n° 226 ; Noblet,
Code prat. des ch. rur., n° 62 ; Faulquier, *Chemins ruraux*,
p. 216. — Et même on admet généralement que le maire peut
prendre, relativement à cet objet, un arrêté permanent.
MM. Féraud-Giraud, *op. cit.*, n° 227, et Faulquier, *op. cit.*,
p. 217 ; Chauveau, *Journ. de Dr. administ.*, t. V, p. 207 et
t. VI, p. 162. — Mais en l'absence d'un arrêté municipal, il ne
saurait exister aucune contravention dans le fait d'avoir laissé
prendre à la ramure des arbres un développement nuisible à la
circulation. MM. Féraud-Giraud, Noblet et Faulquier, *op. et
loc. cit.* — V. au surplus, à l'égard des chemins ruraux reconnus, les articles 94 et 95 du *Règlement général* du 2 janv. 1883.

— z. Jugé dans cet ordre d'idées que, si l'administration
municipale ne peut en principe se faire justice à elle-même et
prescrire qu'il sera procédé d'office aux travaux nécessaires
pour assurer l'exécution des arrêtés pris dans les limites de ses
attributions (notamment en vertu des articles 9 de la loi du
20 août 1881, 91, 94 et 97 de la loi du 5 avril 1884), lorsque
les intéressés auront négligé ou refusé d'obéir aux injonctions
à eux faites à cet égard, cette règle générale doit recevoir
exception en ce qui touche les faits qui entravent la circulation publique ou menacent la sécurité publique. Cass., 6 août
1886, *Annales* 1887, p. 272. — Et les branches des arbres et des
haies bordant les chemins publics (vicinaux ou ruraux), lorsqu'elles ont acquis une dimension rendant leur élagage nécessaire, constituent à la fois une entrave à la circulation publique et une menace à la sécurité publique. *Ibid.*

§ 4. *Des chemins ruraux privés ou d'exploitation.*

(Loi sur le Code rural du 20 août 1881, articles 33 et suivants.)

47 bis. — *a.* Le propriétaire du fonds auquel aboutit un
chemin d'exploitation établi dans l'intérêt commun des fonds
qu'il traverse ou dessert, s'il s'en est de tout temps servi pour
l'exploitation de son héritage, a droit concurremment avec les
riverains d'en faire usage ; l'article 33 de la loi du 20 août 1881

n'a pas en effet modifié les droits d'usage de ce genre. Cass., 14 avril 1891, *Annales* 1891, p. 400.

— *b*. De la présomption de propriété créée par la loi du 20 août 1881 en faveur des riverains des chemins d'exploitation, il résulte que chaque parcelle du chemin est simplement assujettie, en faveur des fonds des autres riverains, à un droit de passage, droit constitutif d'une servitude. Cass., 2 mai 1888, *Annales* 1888, p. 397. — D'où il suit qu'un propriétaire, seul riverain de ce chemin en un point déterminé, peut, en ce point, comme tout propriétaire d'un fonds débiteur d'une servitude de passage, conformément aux dispositions de l'article 701 du Code civil, déplacer l'assiette du passage, si l'assignation primitive de cette servitude lui est devenue plus onéreuse, pourvu qu'il offre au propriétaire de l'autre fonds un autre endroit aussi commode pour l'exercice de son droit de passage. *Ibid.*, et Chambéry, 15 juill. 1890, *Rec. de Grenoble*, 1871, II, 91. — V. dans le même sens sous la législation antérieure à la loi du 20 août 1881, Lyon, 5 janv. 1849, D., *P.* 1850, II, 297. Mais avant de procéder à aucune modification, le propriétaire doit mettre en demeure les intéressés d'y consentir, et en cas de refus de leur part, se faire autoriser par justice. S'il procédait autrement, il risquerait, quand bien même son droit viendrait à être reconnu ultérieurement dans une instance engagée par une des parties intéressées, à être tenu de supporter une partie des dépens de cette instance. Chambéry, 15 juill. 1890, *Rec. de Grenoble*, 1891, II, 71. — Quant à la suppression du chemin, elle ne peut avoir lieu que du consentement de tous les propriétaires qui ont le droit de s'en servir. Trib. civ. Dijon, 29 juill. 1890, *G. des Trib.*, 13 sept. 1890.

— *c*. Mais une autre conséquence du même principe, c'est que l'un des riverains d'un chemin privé ou d'exploitation ne peut pas changer le mode ou la nature de l'usage auquel ce chemin est affecté au profit de ses coriverains et communistes, et, par exemple, substituer un passage couvert à un passage à air libre au moyen de l'édification, sur le chemin commun, de certaines constructions aboutissant à ce résultat. Limoges, 26 janvier 1886, *Annales* 1887, p. 212. — Mais le propriétaire du sol d'un chemin d'exploitation a le droit d'établir au-dessus du chemin des constructions et des ouvrages tels qu'un hangar, un fenil, dût-on même y accéder par une échelle mobile, pourvu

que la circulation des autres ayants droit reste exactement la
même. Chambéry, 15 juill. 1890, *Rec. de Grenoble*, 71, II, 1891.

— *d.* Un état de reconnaissance des chemins ruraux d'une
commune, dressé par le conseil municipal et approuvé par le
préfet antérieurement à la loi du 20 août 1881, c'est-à-dire
à une époque où il n'a pas été établi en exécution d'une loi
préexistante, ne saurait être considéré comme un titre en faveur
de cette commune, ni lui créer une présomption opposable à
celle qui naît, au profit des riverains, de l'article 33 de la loi
du 20 août 1881. Pau, 6 déc. 1886, *Annales* 1887, p. 331. —
V. *supra*, n° 33, *i.*

— *e.* L'arrêt qui, visant l'article 33 de la loi du 20 août 1881,
constate qu'un propriétaire est seul riverain, au point de vue
litigieux, du chemin d'exploitation, donne des motifs suffisants
pour établir qu'il est seul propriétaire dudit chemin en cet
endroit, en l'absence de titres contraires. Cass., 2 mai 1888,
Annales 1888, p 397.

— *f.* Si les chemins d'exploitation sont, à défaut de titres
contraires, réputés appartenir en commun aux propriétaires
des héritages qu'ils bordent ou traversent, c'est que les propriétaires de ces différents héritages sont présumés, par suite
d'arrangements intervenus entre eux et de sacrifices réciproques, les avoir établis dans leur intérêt mutuel et pour le service de leurs fonds respectifs. Limoges, 20 mai 1885, *Annales*
1886, p. 238. Cette présomption doit céder devant la preuve
contraire et même des présomptions contraires, par exemple
en présence d'un acte authentique qui attribue la propriété
exclusive du chemin à un riverain (Cass., 6 nov. 1889, Sirey
1890, I, 413 ; Cass., 8 mars 1892, *G. P.* 1892, I, 715), lorsque les
chemins en question, au lieu d'offrir des avantages à tous les
propriétaires de ces héritages, n'ont d'utilité que pour un ou
quelques-uns d'entre eux, et ne sont qu'une charge pour la
propriété des autres. Dans ce cas, faute d'acte établissant la copropriété du chemin litigieux, le demandeur ne pourrait exiger
un passage qu'à titre de servitude et en cas d'enclave. Limoges, 20 mai 1885, précité, et notre observation à la suite. Bordeaux, 23 déc. 1890, *Rec. de Bordeaux*, 130, I, 1891.

51... V. dans le même sens, *supra*, n° 29.

58 *bis.* La contribution aux charges d'entretien et de réfec-
tion d'un chemin réservé pour la desserte de deux héritages à

titre, non de voie de servitude, mais de chemin ou de passage *commun* dans toute son étendue, doit se régler d'après les principes du droit de copropriété et non d'après ceux qui régissent les servitudes. Il s'ensuit, comme conséquence juridique, que chacun des copropriétaires pouvant se servir de la totalité de la chose commune comme de chaque partie de cette chose, est tenu de contribuer à l'entretien de ce chemin dans toute sa longueur. Et chacun des copropriétaires doit cette contribution en proportion de l'étendue et de l'importance de ses immeubles desservis par le chemin commun.Caen, 25 août 1883, *Annales* 1884, p. 314.

§ 5. *De la compétence en matière de chemins.*

75... V. en outre, sur l'application du même principe, *supra,* n°ˢ 45, *a.*

78... *Adde :* sur l'application de ce principe, Cass., 10 juillet 1886, *Annales* 1887, p. 267; Cass., 13 janv. 1888, *Annales* 1888, p. 381. — V. aussi *supra,* n°ˢ 34, *e,* et 45, *c.*

81... V. dans le même sens, *supra,* n° 45, *f.*

95. En ce qui concerne la procédure à suivre en matière d'expropriation des terrains nécessaires à l'ouverture, au redressement ou à l'élargissement d'un chemin rural, la loi du 20 août 1881 (art. 13) s'est référée aux dispositions des paragraphes 2 et suivants de l'article 16 de la loi du 21 mai 1836, qu'elle a complétées par une autre disposition empruntée à l'article 2 de la loi du 8 juin 1864 sur les chemins ruraux. — V. *supra,* n° 36, *a.* — Néanmoins il existe, sous ce rapport, quelques différences entre la loi du 20 août 1881 (art. 13) et celles qui régissent les chemins vicinaux. — V. *supra,* n° 36, *e.*

CHEMINS DE FER. 27 *bis.* Cependant, dans une décision plus récente, la Cour de cassation a adopté le système contraire. En effet, un arrêt du 2 août 1887 juge que toute fausse application des tarifs de chemins de fer dûment homologués, qui est faite au détriment de l'une des parties, constitue non pas l'inexécution d'une convention susceptible d'être couverte par la réception des marchandises et le payement du prix de transport, mais un payement sans cause légale donnant ouverture à répétition, et qu'en conséquence, doit être rejetée la fin de non-recevoir opposée par la compagnie dans les termes de l'article 105 du Code de commerce. — V. *Annales* 1889, p. 49.

CHÈVRES... 8. Les chèvres, en ce qui concerne leur conduite et leur tenue au pâturage, et la réparation civile des dégâts qu'elles ont commis en commun, sont spécialement soumises aux dispositions des articles 2 et 3 de la loi du 4 avril 1889 sur le Code rural, indépendamment des règles générales édictées par l'article 1er de la même loi et qui leur sont également applicables. — V. *Abandon d'animaux et de bestiaux*, nos 19 et suiv.

CIRCONSTANCES ATTÉNUANTES ET AGGRAVANTES.
16. Une loi du 26 mars 1891 a inauguré, pour l'atténuation et l'aggravation des peines, un système nouveau. L'article 5 de cette loi, qui traite de l'aggravation, est incontestablement inapplicable aux peines que peuvent prononcer les tribunaux de simple police; en effet, cet article modifie les articles 57 et 58 du Code pénal qui prévoient des cas étrangers à la compétence de ces tribunaux. Nous ne traiterons donc pas cette partie de la loi nouvelle. Quant à la question de savoir si les articles 1, 2, 3 et 4 de la loi nouvelle peuvent s'appliquer aux condamnations prononcées par les tribunaux de simple police, elle est controversée. Nous allons d'abord rapporter le texte de ces articles et nous ferons connaître ensuite les autorités qui se sont prononcées dans les deux sens.

17. En cas de condamnation à l'emprisonnement ou à l'amende, si l'inculpé n'a pas subi de condamnation antérieure à la prison pour crime et délit de droit commun, les cours ou tribunaux peuvent ordonner par le même jugement et par décision motivée qu'il sera sursis à l'exécution de la peine. Si pendant le délai de cinq ans à dater du jugement ou de l'arrêt, le condamné n'encourt aucune poursuite suivie de condamnation à l'emprisonnement ou à une peine plus grave pour crime ou délit de droit commun, la condamnation est comme non avenue. Dans le cas contraire, la première peine est d'abord exécutée sans qu'elle puisse se confondre avec la seconde. L. 26 mars 1891, art. 1er.

18. La suspension de la peine ne comprend pas le payement des frais du procès et des dommages-intérêts. Elle ne comprend pas non plus les peines accessoires et les incapacités résultant de la condamnation. Toutefois, ces peines accessoires et ces incapacités doivent cesser d'avoir effet du jour où, par appli-

cation des dispositions de l'article 1er, la condamnation est réputée non avenue. *Ibid.*, art. 2.

19. Le président de la cour ou du tribunal doit, après avoir prononcé la suspension, avertir le condamné qu'en cas de nouvelles condamnations dans les conditions de l'article 1er, la première peine sera exécutée sans confusion possible avec la seconde, et que les peines de la récidive seront encourues dans les termes des articles 57 et 58 du Code pénal. *Ibid.*, art. 3.

20. La condamnation est inscrite au casier judiciaire, mais avec la mention expresse de la suspension accordée. Si aucune poursuite suivie de condamnation dans les termes de l'article 1er, § 2 n'est intervenue dans le délai de cinq ans, elle ne doit plus être inscrite dans les extraits délivrés aux parties.

21. Si nous en croyons certains auteurs (Brégeault, *Commentaire de la loi du 26 mars 1891*, p. 25 et 26 ; Locard, *Commentaire de la loi Bérenger* ; Mahoudeau, *Journ. des Parquets,* 1891, p. 93), le sursis institué par la loi du 26 mars 1891 peut être prononcé par les tribunaux de simple police, mais cette opinion nous semble erronée. Il est à remarquer, en effet, que dans l'article 1er, le législateur ne prévoit que le cas de crime et de délit de droit commun ; n'est-ce pas ajouter à la loi que d'admettre que le législateur a sous-entendu le mot *contravention ?* Plus loin, le législateur parle de casier judiciaire ; en matière de simple police il n'existe pas et cela nous amène à nous demander comment, dans la pratique, on aura la certitude absolue que le contrevenant n'est pas en état de récidive, puisque le casier judiciaire est muet sur les contraventions. — Aussi, croyons-nous bien plutôt avec Jules Nègre et Ferdinand Gavoy (*la Loi Bérenger*, p. 75 et suiv.), avec Boullard (*Journ. des Parquets*, 1891, p. 166), que la loi du 26 mars 1891 est inapplicable en matière de contravention de simple police. C'est, d'ailleurs, dans ce sens que se prononce la Cour de cassation dans ses arrêts du 5 mars 1892 (*Annales* 1892, p. 167) et du 23 juillet 1892 (*G. P.*, n° 21, 22 sept. 1892).

CITATION. 50... (Au lieu de *partie civile*, lire : *partie citée*.) A la distance de 3 myriamètres, la loi du 3 mai 1862 a substitué 5 myriamètres. Le jour de la signification et celui de l'échéance ne comptent pas dans le délai.

55... Depuis la loi du 3 mai 1862, c'est sur la distance de 5 et non de 3 myriamètres qu'il faut raisonner.—Les fractions de moins de 4 myriamètres ne sont pas comptées ; les fractions de 4 myriamètres et au-dessus augmentent le délai d'un jour entier. Si le dernier jour du délai est un jour férié, le délai est prorogé au lendemain.

CLOCHES. 1. Ainsi modifié : Les cloches des églises sont spécialement affectées aux cérémonies du culte. Néanmoins, elles peuvent être employées dans les cas de péril commun qui exigent un prompt secours, et dans les circonstances où cet emploi est prescrit par des dispositions de lois ou règlements, ou autorisé par les usages locaux. — Une clef du clocher doit être déposée entre les mains des titulaires ecclésiastiques ; une autre entre les mains du maire qui ne peut en faire usage que dans les circonstances prévues par les lois ou règlements. Si l'entrée du clocher n'est pas indépendante de celle de l'église, une clef de la porte de l'église doit être déposée entre les mains du maire. Art. 100 et 101 de la loi du 5 avril 1884.

CLOTURE. 13 *bis.* Toute clôture qui sépare des héritages est réputée mitoyenne à moins qu'il n'y ait qu'un seul des héritages en état de clôture ou s'il y a titre, prescription ou marque contraire. Art. 666 du Code civil modifié par la loi du 20 août 1881.

14. Ainsi rectifié (art. 667 du Code civil modifié par la même loi) : La clôture mitoyenne doit être entretenue à frais communs ; mais le voisin peut se soustraire à cette obligation en renonçant à la mitoyenneté.

COLPORTAGE DES JOURNAUX, LIVRES, BROCHURES, LITHOGRAPHIES ET AUTRES ÉCRITS IMPRIMÉS. 12... Lorsqu'il y a lieu de faire cette application, la peine prononcée ne peut excéder la moitié de la peine édictée par la loi. L. du 29 juillet 1881, art. 64.

12 *bis.* L'aggravation des peines résultant de la récidive n'est pas applicable aux infractions prévues par la loi du 29 juillet 1881. Même loi, art. 63.

12 *ter.* La citation doit préciser et qualifier le fait incriminé et indiquer le texte de loi applicable à la poursuite, le tout à peine de nullité de la poursuite. Le désistement du plaignant arrêtera la poursuite commencée. Même loi, art. 60.

12 *quater.* Le ministère public est tenu, dans son réquisitoire, d'articuler et de qualifier les faits prétendus délictueux et à raison desquels la poursuite est intentée, avec indication des textes dont l'application est demandée, à peine de nullité du réquisitoire et de ladite poursuite. *Ibid.*

12 *quinquies.* L'action publique et l'action civile résultant de contraventions prévues par la loi de 1881 se prescrivent après trois mois révolus, à compter du jour du dernier acte de poursuite, s'il en a été fait. Même loi, art. 6.

12 *sexties.* Le droit de se pourvoir en cassation appartient au contrevenant et à la partie civile quant aux dispositions relatives à ses intérêts civils. L'un et l'autre sont dispensés de consigner l'amende et le prévenu de se mettre en état. Le pourvoi doit être formé dans les trois jours, au greffe du tribunal qui a rendu la décision. Dans les vingt-quatre heures qui suivent, les pièces sont envoyées à la Cour de cassation, qui juge d'urgence dans les dix jours à partir de leur réception. *Ibid.* — V. *Suppl.*, v° CRIEUR PUBLIC.

18. Quand un fait unique de colportage frauduleux est relevé contre deux personnes, elles doivent toutes deux être condamnées solidairement à une seule et même amende. Trib. corr. Saint-Pol, 18 déc. 1891, journ. *la Loi*, 6 janv. 1892.

19. On ne saurait considérer un individu comme exerçant la profession de distributeur ou colporteur pour cette seule raison qu'à plusieurs reprises il a distribué des gravures sur la voie publique. Trib. corr. Pont-l'Évêque, 6 févr. 1889, Sirey 1889, II, 120.

COMMIS-GREFFIER 5. L'article 5, § 2, de la loi du 5 mars 1855 est applicable aux commis-greffiers assermentés, lesquels font partie intégrante des tribunaux près desquels ils exercent leurs fonctions. En conséquence, doit être annulée, pour cause d'incompatibilité, l'élection aux fonctions de maire d'un commis-greffier assermenté de justice de paix. Cons. d'État, 17 févr. 1882, *Annales* 1883, p. 258.

COMMISSAIRE DE POLICE. 62 *bis.* — V. *Puissance paternelle*, n°ˢ 43 et 44.

COMMISSION ROGATOIRE. 51... La correspondance directe entre magistrats français et helvétiques est autorisée dans les cas d'urgence, à charge toutefois par le magistrat expéditeur d'aviser immédiatement de cette correspondance le garde des sceaux en France, et, en Suisse, le département fédéral de justice et de police. — Les relations directes échangées entre les magistrats des deux pays ne peuvent jamais, quelle que puisse être l'urgence, avoir pour objet des matières politiques. D'une façon générale, les magistrats de ces deux pays sont autorisés à correspondre directement entre eux en vue d'obtenir l'envoi des bulletins du casier judiciaire et des extraits de jugements en matière pénale. Circul., 22 janvier 1885, *Annales* 1885, p. 253.

54. ... Pour le payement des frais, les commissions rogatoires en matière civile adressées par les tribunaux étrangers sont assimilées aux commissions rogatoires criminelles. Il s'ensuit que les greffiers n'ont en cette matière droit à aucun émolument. Les officiers publics doivent, comme en matière criminelle, délivrer en minute l'acte qui constate l'exécution de la commission rogatoire. La rédaction de cet acte ne peut, d'ailleurs, donner lieu à aucun honoraire ; elle rentre, en effet, dans les devoirs d'assistance auxquels la justice est tenue. Décis. ministér. du 2 décembre 1880. — V. *Annales* 1881, p. 111.

COMMUNE. 8 *bis.* En principe, c'est le maire qui représente en justice la commune ; mais, en cas d'opposition d'intérêt entre le maire et la commune, cette dernière doit être représentée, non par un adjoint dans l'ordre des nominations, mais par un conseiller municipal spécialement désigné à cet effet.

9... La loi du 18 juillet 1837 a été abrogée et remplacée par la loi du 5 avril 1884. Mais les dispositions de l'article 49 de la loi abrogée se trouvent reproduites dans l'article 121 de la loi nouvelle. De plus, d'après la loi nouvelle, si le conseil de préfecture n'a pas statué dans les deux mois sur la demande en autorisation, la commune est autorisée à plaider. En statuant après ce délai, le conseil de préfecture commet un excès de pouvoir. Cons. d'État, 23 octobre 1886, *Annales* 1888, p. 263.

12... L'article 122 de la loi du 5 avril 1884 reproduit les dispositions de l'article 55 de la loi du 18 juillet 1837.

13... Le maire a le droit d'interjeter appel ou de se pourvoir en cassation avant d'avoir obtenu une nouvelle autorisation ; mais il a besoin de cette autorisation pour suivre sur l'appel ou le pourvoi. Art. 122, loi du 5 avril 1884.

14 *bis.* L'autorisation du conseil de préfecture est nécessaire à une commune pour appeler un tiers en garantie dans une instance où elle est défenderesse. Cons. d'État, 21 novembre 1886, *Annales* 1888, p. 263.

19... Reproduit dans l'article 123 de la loi du 6 avril 1884.

23... Le mémoire peut être adressé au préfet ou au sous-préfet. L'action intentée contre une commune ne peut, en principe, être portée devant les tribunaux que deux mois après la date du récépissé du mémoire présenté par le demandeur. Art. 124, loi du 5 avril 1884.

23 *bis*. Les prescriptions de l'article 124 de la loi du 5 avril 1884, qui obligent le demandeur à une action dirigée contre une commune (sauf en matière d'action possessoire, à déposer à la préfecture un mémoire tendant à faire autoriser la commune à ester en justice, s'appliquent exclusivement à l'exercice de l'action à son origine. Par suite, le demandeur en cassation d'une décision favorable à la commune n'est pas tenu de remplir à nouveau cette formalité, et la commune, régulièrement autorisée dès l'origine à défendre à l'action intentée contre elle, peut, sans autorisation nouvelle, défendre au pourvoi. Cass., 9 mars 1887, *Annales* 1889, p. 47.

24... La présentation du mémoire n'interrompt les prescriptions ou déchéances qu'autant qu'elle est suivie d'une demande en justice dans le délai de trois mois. Art. 124, loi 6 avril 1884.

26... Ainsi décidé par l'article 124 de la loi du 6 avril 1884.

27 et 28... Tous ces points sont régis par les articles 128 et suivants de la loi du 5 avril 1884, qui a d'ailleurs, en cette matière, très peu sensiblement modifié la loi de 1837.

31... Aux termes de l'article 136 de la loi du 6 avril 1884, les dépenses obligatoires pour les communes sont celles que nous énumérons, *eodem verbo*, n° 31 du *Dictionnaire général*, 4° édit., sauf les modifications ci-après : ... 2° ... *adde :* frais de conservation des archives communales et du recueil des actes administratifs du département ; 3° ainsi modifié : les frais d'abonnement au *Bulletin des communes*, et, pour les communes chefs-lieux de canton, les frais d'abonnement et de conservation du *Bulletin des lois ;* 4° ... *adde :* les frais des assemblées électorales qui se tiennent dans les communes et ceux des cartes électorales ; 5° ... *adde :* les frais des livrets de famille ; 7° et 8° ainsi modifiés : les traitements et autres frais du personnel de la police municipale et rurale et des gardes des bois de la commune ; 9° ainsi modifié : les pensions à la charge de la commune, lorsqu'elles ont été régulièrement liquidées et approuvées ; 13° ...*adde :* et lorsque les fabriques ou autres administrations préposées aux cultes ne pourront pourvoir elles-mêmes au payement de cette indemnité ; 14° non reproduit dans la loi du 6 avril 1884 ; 15° ... *adde :* et des aliénés ; 16° ainsi modifié : les grosses réparations aux édifices communaux, sauf lorsqu'ils sont consacrés aux cultes, l'application préalable des revenus et ressources disponibles des fabriques à ces réparations et sauf l'exécution des lois spéciales concernant les bâtiments affectés à un service militaire ; 18° ainsi modifié : les frais d'établissement et de conservation des plans d'alignement et de nivellement ; 19° ainsi modifié : les frais et dépenses des conseils des prud'hommes pour les communes comprises dans le territoire de leur juridiction et proportionnellement au nombre des électeurs inscrits sur les listes électorales spéciales à l'élection, et les mêmes frais des chambres consultatives des arts et manufactures pour les communes où elles existent ; 21° et 22° non reproduits par la loi du 6 avril 1884 ; 23° voir ci-dessus 4° ; 25° les dépenses des chemins vicinaux dans les limites fixées par la loi ; 26° dans les colonies régies par la loi du 5 avril 1884, le traitement du secrétaire et des employés de la mairie, les contributions assises sur les biens communaux, les dépenses pour le service de la milice qui ne sont pas à la charge du Trésor ; 27° les dépenses qui seraient faites au cas où, en vertu de l'article 85 de la loi du 6 avril 1884, le maire ayant refusé ou négligé de faire un des actes à lui prescrits par la loi, après en avoir été requis, le préfet y procéderait par lui-même ou par un délégué spécial.

56... Les articles 49 et suivants de la loi du 18 juillet 1837 sont remplacés par les articles 121 et suivants de la loi du 5 avril 1884. — V. *Supplément,* v° AUTORISATION DE PLAIDER.

COMPÉTENCE CIVILE, 7... V. *Supplément,* v° CONTRIBUTIONS DIRECTES, n° 7.

17. — 6° ... La compétence du juge de paix quant aux actions civiles pour rixes et voies de fait ne cesse qu'autant qu'il s'agit de voies de fait revêtant le caractère de coups et blessures, et passibles, en conséquence, de la juridiction correctionnelle. La qualification pénale du fait délictueux appartient exclusivement à la juridiction répressive, dont la décision, sous ce rapport, lie la juridiction civile. Trib. civ. Saint-Girons, 22 juill. 1891, *Annales* 1892, p. 99. — V. *Supplément*, v° BAIL A COLONAGE PARTIAIRE.

26 bis. Les travaux de canalisation pour l'écoulement des eaux ménagères et autres provenant de propriétés bâties ne constituent pas des travaux de drainage ou d'assèchement. En conséquence, les litiges relatifs à ces canalisations sont de la compétence des tribunaux de première instance et non de celle des juges de paix. Paris, 5 mars 1889, *Annales* 1889, p. 380.

33... Il connaît de l'application de la loi du 2 août 1884 (qui a abrogé la loi du 20 mai 1838) sur les vices rédhibitoires des animaux domestiques, toutes les fois que la valeur de la demande n'excède pas 200 francs. — V. *Vices rédhibitoires*, n°s 18 *quater* et 26. — De plus, il est dans tous les cas compétent, aux termes de l'article 7 de ladite loi, pour nommer sur requête les experts chargés de vérifier l'état de l'animal soupçonné de vice rédhibitoire et de dresser procès-verbal. — V. *ibid.*, n° 15.

34. — V. *Supplément*, v° ÉLECTIONS.

34 bis. Le juge de paix statue en premier ressort sur les contestations relatives aux funérailles. L. 15 nov. 1887. — V. *Supplément*, v° FUNÉRAILLES.

78... 10° En matière de versements à la Caisse nationale des retraites pour la vieillesse, en cas d'absence ou d'éloignement d'un des deux conjoints depuis plus d'une année, d'accorder l'autorisation de faire des versements au profit exclusif du déposant. En ce cas, sa décision peut être frappée d'appel devant la chambre du conseil du tribunal de première instance (L. 20 juill. 1886, art. 13); 11° en matière d'abandon d'animaux, d'ordonner la vente des animaux mis en fourrière et d'évaluer le dommage causé par eux. L. 4 avril 1889. — V. *Supplément*, v° ABANDON D'ANIMAUX; 12° en matière de protection de l'enfance, de contrôler les décomptes sur le vu desquels sont liquidés les émoluments des secrétaires de mairie. — V. *Supplément*, v° NOURRICES, NOURRISSONS.

79... 3° Et en général dans les réclamations en matière de contributions directes et taxes assimilées. L. 29 déc. 1884, art. 5. — V. *Supplément*, v° EXPERTISE; 14° il cote, parafe et vise les répertoires imposés aux entrepreneurs d'affichage par le décret du 18 février 1891; 15° en matière de contestations relatives à l'exploitation des mines, il nomme le troisième expert, s'il n'existe pas de circonscription. Décret 3 janv. 1813, modifié par la loi du 8 juill. 1890. — V. *Supplément*, v° EXPERTISE ; 16° il nomme sur requête les experts chargés de vérifier l'état de l'animal soupçonné de vice rédhibitoire. L. 2 août 1884, art. 7.

95 *bis*. La compétence du juge de paix en matière de dommages aux champs doit être limitée aux faits dommageables accomplis à la surface du sol, et non aux faits qui s'attaquent à la constitution même du fonds, notamment aux travaux de recherche et d'exploitation des mines. Chambéry, 8 février 1887, *Annales* 1889, p. 104.

95 *ter*. Un garde champêtre ne saurait, à raison de son défaut de surveillance, être poursuivi devant le juge de paix en réparation d'un dommage aux champs, solidairement avec les auteurs du dommage. Cass., 31 juill. 1889, *Annales* 1892, p. 8.

95 *quater*. Le président du tribunal civil est incompétent pour ordonner une expertise à l'effet de constater un dommage aux champs ; et le résultat d'une expertise ordonnée dans de telles conditions ne peut être retenu par le juge de paix qu'à titre de simple renseignement. *Ibid.*

95 *quinquies*. Le fait de déposer des pierres par méchanceté et pure vexation devant la maison d'un particulier, de façon à obstruer le passage nécessaire pour l'exploitation de sa culture, constitue un dommage aux champs. Cass., 13 janv. 1890, *Annales* 1891, p. 70.

100 *bis*. Lorsque, sur une demande en payement de la prime d'une assurance, l'assuré forme contre l'assureur une demande reconventionnelle en résiliation de la police, le juge de paix saisi de la demande principale est compétent pour statuer sur le tout, si le total de la prime réclamée et de celles que le contrat l'oblige à payer jusqu'à l'expiration de la police ne dépasse pas 200 francs. Cass., 4 mars 1891, *Annales* 1892, p. 15.

109 *bis*. Jugé au contraire qu'il ne dépend pas des parties de supprimer absolument le premier degré de juridiction institué par la loi et de saisir directement de l'action un tribunal qui ne doit en connaître qu'à la suite d'un appel. Dans ce cas, le moyen d'incompétence doit être soulevé d'office par le tribunal. Si, contrairement à ce principe, le tribunal statue au fond, son jugement est susceptible d'appel, et les juges du degré supérieur sont tenus de reconnaître l'excès de pouvoir dont il est entaché.—Cass., 12 mars 1889, *Annales* 1889, p. 332.

129. Le juge de paix n'est pas compétent pour connaître des difficultés relatives à la perception des droitts dus à une commune et rentrant dans la catégorie des impôts indirects, alors même qu'un arrêté préfectoral, assimilant le droit réclamé à un droit d'octroi, a décidé que les contestations relatives à ce droit seraient jugées par le juge de paix.— Cass., 7 déc. 1887, *Annales* 1888, p. 334.

129 *bis*. Les demandes en règlement de prix de travaux et journées, qui s'agitent entre un commerçant et les gens qu'il emploie pour les besoins de son commerce, sont-elles de la compétence des tribunaux de commerce, ou rentrent-elles au contraire dans celle des juges de paix, aux termes de l'article 5, § 3, de la loi du 25 mai 1838? C'est là une question très controversée ; elle a déjà été examinée dans le *Dictionnaire général*, v⁰ Ouvriers, nᵒˢ 10 et suiv. — Mais, depuis la confection de la dernière édition du *Dictionnaire*, il est intervenu, sur la matière, de nouvelles décisions de jurisprudence qu'il est intéressant de résumer.

130. D'après deux arrêts de la Cour de cassation, l'un du 23 mai 1882 (Dalloz 1883, I, 289), l'autre du 30 décembre 1890 (*Annales* 1891, p. 264), et un arrêt de la Cour d'Angers, du 29 novembre 1890 (*Annales* 1891, p. 264), lorsque le maître ou le patron est commerçant, les contestations sur les salaires qu'il doit à ceux qu'il a employés pour les besoins de son commerce sont de la compétence exclusive du Tribunal de commerce.

131. Cette jurisprudence se fonde : 1⁰ sur l'article 634, § 1ᵉʳ, du Code de commerce ; 2⁰ sur ce que le juge de paix est un juge purement civil, dès lors incompétent pour statuer sur toute affaire commerciale, quelle qu'en soit la valeur ; 3⁰ sur ce que le règlement des salaires dus par un commerçant à la personne qu'il a employée pour les besoins de son commerce constitue un litige commercial. Nous allons reprendre successivement ces différents points.

132. Premier point. Que nous dit l'article 634, § 1ᵉʳ, du Code de commerce ? « Les Tribunaux de commerce connaîtront des actions contre les facteurs, commis des marchands ou leurs serviteurs, pour le fait seulement du trafic du marchand auquel ils sont attachés. » Il y a lieu de remarquer, tout d'abord, que la loi ne parle que des actions exercées CONTRE les commis, et nullement des actions pouvant être exercées PAR EUX ; il nous semble que c'est ajouter à la loi que d'attribuer compétence aux Tribunaux de commerce pour ces dernières. La loi ne dit pas, il est vrai, que ce passage n'est pas applicable au cas où l'action serait intentée par le maître ; mais elle ne parle que des actions intentées pour le trafic du marchand. C'est là une expression un peu vague ; mais cependant il nous paraît difficile d'admettre qu'une contestation entre un patron et un employé, relative au salaire de ce dernier, puisse être considérée comme se rattachant directement au trafic du marchand.

133. Deuxième point. Dans ce sens ont statué un arrêt de la Cour de cassation du 4 novembre 1863 (Dalloz 1863, I, 473), et un arrêt de la Cour de Grenoble du 24 mars 1881 (*Annales* 1882, p. 68 et observations). — Toutefois, d'un arrêt de la Cour de cassation rendu le 16 décembre 1885 il résulte que l'incompétence du juge de paix ne serait qu'une incompétence *ratione personæ* pouvant, par conséquent, être couverte par le silence des parties. *Annales* 1887, p. 263.

134. Troisième point. Il ne nous semble pas que le fait, par un employé ou un ouvrier, de louer ses services à un patron constitue un acte de commerce. Le législateur a fait, dans les articles 632 et 633 du Code de commerce, une énumération des actes devant être réputés actes de commerce. Et il est impossible de faire rentrer dans aucune des catégories d'opérations prévues auxdits articles le contrat d'engagement entre patron et commis.

135. En résumé, si l'on en croit la jurisprudence, toute action se débattant entre un patron commerçant et ses commis ou ouvriers, et relative au salaire, est de la compétence du tribunal de commerce et non du juge de paix ; ce dernier cependant ne serait incompétent que *ratione personæ* et non *ratione materiæ*. — Suivant nous, au contraire, si l'action dont s'agit est exercée par le patron contre son commis, c'est le juge de paix qui est compétent pour en connaître, aux termes de l'article 5, § 3, de la loi du 25 mai 1838. Si elle est, au contraire, dirigée par un commis contre son patron, elle peut être portée, au choix du demandeur, ou devant le juge civil, qui

est le juge de droit commun, ou devant le tribunal de commerce, qui est compétent à raison de la qualité de commerçant du défendeur. — Il est bon de rappeler que l'article 5,
§ 3, de la loi du 25 mai 1838, déclare ne pas déroger aux lois
et règlements relatifs à la juridiction des prud'hommes.

136. Le juge de paix est incompétent pour statuer sur une
demande de validité de saisie-revendication, alors même que
cette saisie aurait été pratiquée sur les meubles d'un locataire
payant un loyer annuel inférieur à 400 francs. Trib. civ. Lyon,
3 déc. 1891, *Annales* 1892, p. 177.

137. L'action tendant à ce qu'il soit fait défense à la partie
adverse de continuer ou d'entreprendre de nouveau certains
travaux et à ce que les lieux soient rétablis dans leur état
primitif est indéterminée, et dès lors le juge de paix est incompétent pour en connaître. Cass., 29 févr. 1892, *Annales* 1892,
p. 218.

138. Le juge de paix, pour savoir si, aux termes de l'article 3
de la loi du 25 mai 1838, il est compétent pour connaître d'une
demande en justice, doit s'attacher au prix principal du bail,
sans tenir compte des charges accessoires, telles que l'obligation du balayage et le payement de l'impôt des portes et
fenêtres. Orléans, 23 mars 1892, *Annales* 1892, p. 242.

139. La compétence du juge de paix, pour connaître d'une
demande en payement d'une indemnité inférieur à 200 francs
pour non-jouissance formée par un locataire contre son propriétaire, ne cesse que quand le droit à l'indemnité est sérieusement contesté. Le juge de paix a le pouvoir d'examiner le
mérite de la contestation, et même d'interpréter le titre sur
lequel elle repose, quand le résultat du jugement sur ce point
n'est pas de nature à exercer entre les parties l'autorité de la
chose jugée sur l'interprétation du bail. Trib. civ. Rouen,
10 mai 1892, *Annales* 1892, p. 391.

COMPÉTENCE ÉTENDUE. 2... En Tunisie, les juges de
paix siégeant dans une ville où il y a un tribunal de première
instance n'ont la compétence étendue que pour les actions
personnelles et mobilières en matière civile et commerciale ;
pour le surplus, ils exercent la compétence ordinaire telle
qu'elle est déterminée par les lois et décrets en vigueur en
Algérie. L. 27 mars 1883, *Annales* 1883, p. 147.

6 *bis*. En Algérie, en matière musulmane, les juges de paix connaissent, en dernier ressort, des actions civiles, commerciales, mobilières et immobilières dont la valeur n'excède pas 500 francs de principal. Ils connaissent en premier ressort de toutes les actions dont la valeur excède ce taux et des contestations relatives au statut personnel, quand elles leur sont déférées d'un commun accord par les parties. Ceux de ces magistrats qui exercent les pouvoirs déterminés par le décret du 19 août 1854 peuvent statuer en référé ou rendre des ordonnances sur requête dans les cas prévus par le Code de procédure civile. Décret, 10 sept. 1886, art. 26.

6 *ter*. Les appels des jugements rendus en premier ressort dans le cas précédent par les juges de paix sont portés, dans l'arrondissement d'Alger, devant la Cour d'appel ; partout ailleurs, devant le tribunal civil de l'arrondissement. Même décret, art. 37.

CONCILIATION. 76... Depuis la loi du 3 mai 1862, le délai de distance se compose d'un jour par cinq myriamètres.

CONGÉ. 4 *bis*. L'obligation de se rendre, par suite de nomination, dans une nouvelle résidence, n'implique pas le droit à un congé exceptionnel et sans retenue. — Le magistrat qui n'a pas droit à un congé parce qu'il doit jouir des vacances légales, ou qui a épuisé son droit à un congé, doit, s'il demande un congé pour déménager, être soumis à la retenue réglementaire du décret du 3 novembre 1853. *Bulletin des décisions*, 13 mars 1883 ; *Annales* 1883, p. 225.

7 *bis*. Les magistrats qui ne jouissent pas de vacances légales ne peuvent s'absenter sans congé, et les congés qui leur sont accordés ne doivent pas être limités ou à peu près aux jours d'audience ; ils doivent porter sur toute la durée de l'absence. *Bulletin des décisions*, 18 juin 1884 ; *Annales* 1884, p. 363.

7 *ter*. Les magistrats qui s'absentent en dépassant la durée de leur congé sans autorisation, s'exposent aux mesures disciplinaires prescrites par l'article 48 de la loi du 20 avril 1810, et peuvent être privés de leur traitement pendant un temps double de la durée de leur absence. *Ibid*.

CONSEIL DE FAMILLE. 27... Est nulle la souscription à des actions libérées d'un quart faite par un tuteur pour employer les capitaux du mineur, alors même que cette souscription aurait été autorisée par le conseil de famille, s'il s'agit de plus de 1500 francs, et que le tuteur ne rapporte pas l'homologation du tribunal. Paris, 18 mars 1884, *Annales* 1885, p. 135.

59... La première opinion s'appuie encore sur un arrêt de la Cour de Montpellier du 14 mai 1883, *Annales* 1884, p. 202. — Et la seconde opinion sur un jugement du Tribunal civil de Rouen du 2 juin 1891, *Annales* 1892, p. 34.

123 *bis*. Tout individu déchu de la puissance paternelle est incapable d'être membre d'un conseil de famille. Art. 8 de la loi du 24 juill. 1889.

152 et suivants. — **V.** *Supplément*, v° ENREGISTREMENT, n°ˢ 55 *bis* et suivants.

153. Le délai doit être augmenté d'un jour, non plus par 3 myriamètres, mais par 5 myriamètres. L. 3 mai 1862.

206 et suivants. — **V.** *Supplément*, v° ENREGISTREMENT, n°ˢ 55 *bis* et suivants.

259... En cas de contravention aux dispositions du Code civil sur la composition du conseil de famille, les tribunaux sont souverains pour apprécier s'il y a lieu d'annuler ou de maintenir la délibération, suivant que les intérêts de l'incapable ont ou n'ont pas été lésés. N'est pas nulle la délibération d'un conseil de famille pour cette seule raison que le juge de paix n'a pas choisi, dans la commune même, les amis appelés à remplacer les parents.

Est annulable, au contraire, la délibération d'un conseil de famille réuni pour donner son avis sur l'interdiction d'une personne, lorsque le petit-fils de cette dernière, domicilié dans la commune où se réunit le conseil, n'a pas été appelé à en faire partie, et qu'on y a, d'autre part, convoqué deux amis non domiciliés dans la commune. Limoges, 17 juin 1889, *Annales* 1891, p. 208; Trib. civ. Vienne, 6 nov. 1891, *Annales* 1892, p. 139; Paris, 11 juin 1884, *Annales* 1885, p. 235.

315. L'abandon d'une succession bénéficiaire aux créanciers et légataires conformément à l'article 802 du Code civil constitue une véritable aliénation, pour laquelle le tuteur doit être habilité par une autorisation spéciale du conseil de famille. Trib. civ. Annecy, 15 déc. 1884, *Annales* 1886, p. 100.

CONSIGNATION JUDICIAIRE. 17... 17° Au bout de six mois, les sommes détenues par les notaires pour le compte d'un tiers. Décret 30 janv. et 2 févr. 1890.

18 *bis*. Jugé qu'une simple opposition suffit, dans les ventes volontaires de meubles comme dans les ventes mobilières sur saisie. pour mettre l'officier public vendeur en demeure d'opérer la consignation dans le délai que la loi lui impartit, sans que le créancier opposant soit tenu de remplir les formalités prescrites en matière de saisie-arrêt.

Dès lors, l'officier public vendeur entre les mains duquel une opposition a été formée n'étant pas juge du mérite ou de la validité de cette opposition, engage la responsabilité si, au lieu de consigner le prix, il paye le vendeur ou le créancier de celui-ci. Cour de Rennes, 20 mars 1880, *Annales* 1881, p. 404. — V. *Supplément*, vº VENTE PUBLIQUE DE MEUBLES ET MARCHANDISES, nº 124 *bis*.

CONTRAT D'ENGAGEMENT DES OUVRIERS. 5 *bis*. — V. sur la durée présumée du louage des domestiques et des ouvriers ruraux, *infra*, nº 95 *bis*.

88... V. *Supplément*, vº LIVRET, nº 4.

92. — *a*. La loi du 27 décembre 1890 est venue compléter l'article 1780. Aux termes de cette loi, le louage de service fait sans détermination de durée peut toujours cesser par la volonté d'une des parties contractantes. Néanmoins, la résiliation du contrat par la volonté d'un seul des contractants peut donner lieu à une indemnité. Pour la fixation de l'indemnité à allouer le cas échéant, il est tenu compte des usages, de la nature des services engagés, du temps écoulé, des retenues opérées et des versements effectués en vue d'une pension de retraite, et en général de toutes les circonstances qui peuvent justifier l'existence et déterminer l'étendue du préjudice causé.

— *b*. Il est interdit aux parties de renoncer à l'avance au droit éventuel de demander des dommages-intérêts, en vertu des dispositions de la loi précitée.

— *c*. Les contestations auxquelles peuvent donner lieu les dispositions de la loi nouvelle, lorsqu'elles sont portées devant les tribunaux civils et les cours d'appel, doivent être instruites comme affaires sommaires et jugées d'urgence.

— *d*. Les dispositions de la loi nouvelle sont générales et s'appliquent sans distinction à toutes les personnes qui engagent leurs services dans les termes de l'article 1780.

— *e*. La loi nouvelle n'a pas donné, en réalité, aux tribunaux une faculté nouvelle : elle leur a simplement donné l'exercice plus libre, plus rationnel et plus équitable d'une faculté qu'ils avaient déjà, mais qui se trouvait gênée dans les mailles trop étroites de l'article 1780.

— *f*. En interdisant, pour l'avenir, aux parties de renoncer à l'avance au droit éventuel de demander des dommages-intérêts, le législateur a entendu sauvegarder la liberté sérieuse des parties contractantes et protéger la faiblesse contre la force et les abus d'autorité.

— *g*. En décidant que, lorsque les contestations seraient portées devant les tribunaux civils ou les cours d'appel, elles devraient être jugées comme affaires sommaires, le législateur n'a pas entendu déroger aux règles générales de la compétence. Les demandes d'indemnité doivent, dans l'avenir comme par le passé, être portées devant les tribunaux de commerce, les conseils de prud'hommes, les justices de paix ou les tribunaux civils, d'après les règles ordinaires du droit, c'est-à-dire suivant le chiffre de la demande, la nature du contrat ou la qualité des parties. En un mot, le dernier paragraphe de l'article 1er de la loi du 27 décembre 1890 est fait pour le cas où l'affaire serait, de par sa nature et les règles du droit, amenée devant un tribunal civil ou une cour d'appel.

— *h*. Jugé que la loi du 27 décembre 1890 n'a pas d'effet rétroactif et ne peut, en conséquence, modifier en rien les effets d'un contrat de louage de services antérieur à sa promulgation. Trib. com. civ. Seine, 5 mai 1891, *Annales* 1892, p. 282.

— *i*. Jugé que la clause d'un règlement intérieur d'atelier, aux termes de laquelle tout employé peut être renvoyé sans avoir droit à aucune indemnité, est nulle de plein droit, comme contraire aux dispositions de la loi du 27 décembre 1890. Dès lors, ledit employé a droit à une indemnité en cas de brusque renvoi prononcé sans cause légitime, sans que cette clause puisse lui être opposée; qu'il l'ait ou non connue et acceptée. *Ibid.* Trib. comm. Nantes, 11 juillet 1891, *Rec. de Nantes* 1891, I, 361; Trib. paix Reims, 6 juin 1891, *G. P.* 1891, II, 325.

— *j*. La loi du 27 décembre 1890 n'a pas interdit aux patrons et ouvriers de renoncer à l'avance à tout délai de prévenance réciproque. C'est ce qu'ont décidé un jugement du Tribunal de commerce de Roubaix du 6 août 1891 (*G. P.* 1891, II. 446) et un jugement du Tribunal de commerce de Lille du 26 mai 1891 (*G. P.* 1891, II, 437).—Mais, dans ce dernier jugement, le tribunal a décidé, en outre, que, du moment qu'un ouvrier avait renoncé par avance au bénéfice du délai de congédiement, il ne pouvait obtenir une indemnité pour brusque renvoi, qu'à la condition de démontrer un abus de pouvoir à la charge de son patron. Cette conclusion n'est peut-être pas facilement conciliable ni avec les termes, ni avec l'esprit de la loi du 27 décembre 1890. En renonçant au bénéfice du délai de congédiement dans les conditions indiquées par le jugement, l'ouvrier ne renonce-t-il pas implicitement à l'indemnité, au moins en principe ? Et le vœu de la loi, qui a été de protéger l'ouvrier contre lui-même, est-il bien rempli ? C'est ce qu'il est permis de se demander.

— *k*. Dans un jugement du 9 septembre 1892 (*G. P.*, 30 sept.-1er oct. 1892), le Tribunal de commerce de la Seine décidait qu'on devait considérer comme valable la convention intervenue entre patron et employé, et fixant à l'avance l'indemnité pour le cas de brusque renvoi ou de brusque départ. —La vérité est que les tribunaux ont, à cet égard, un pouvoir d'appréciation absolu : si la convention a été faite sérieusement et de bonne foi, le tribunal peut la valider ; si, au contraire, elle n'a été faite que pour éluder les prescriptions de la loi du 27 décembre 1890, le tribunal peut la modifier ou l'annuler. C'est ce qui résulte des explications fournies au Sénat par le rapporteur M. Trarieux. « Les tribunaux, disait-il à ce sujet, auront mission d'être équitables quand on les consultera, et nous avons pleine confiance dans leur prudence et dans leur justice. » Débats du Sénat, séance du 28 novembre 1890.

95 *bis*. La durée du louage des domestiques et des ouvriers ruraux est, sauf preuve d'une convention contraire, réglée suivant l'usage des lieux. L. 9 juill. 1889 sur le Code rural, tit. II et III, art. 15.

167 *bis*. — V. *Supplément*, v° LIVRET, n°s 1, 2 et 3.

CONTRAVENTION. 62 *bis*. En cas de contraventions successives, la relaxe d'une poursuite pour infraction à un arrêté municipal n'entraîne pas l'exception de la chose jugée à l'égard d'une poursuite ultérieure et distincte de la première pour infraction au même arrêté municipal. Cass. crim., 10 nov. 1888, *Annales* 1889, p. 39.

73. *Supplément*, v° CIRCONSTANCES ATTÉNUANTES ET AGGRAVANTES, et aussi v° TRAVAIL DANS LES ÉTABLISSEMENTS INDUSTRIELS.

CONTRIBUTIONS DIRECTES. 7. Quand, par suite de désaccord entre les experts chargés de donner leur avis sur une réclamation en matière de contributions directes, il y a lieu de recourir à une tierce expertise, le tiers expert doit être désigné sur simple requête de la partie la plus diligente et sans frais, par le juge de paix du canton. L. 29 déc. 1884, art. 5.

8. Le tiers expert doit déposer son rapport dans un délai de quinze jours. Même loi.

9. Les juges de paix ne doivent pas choisir comme expert la personne présentée par la partie requérante. Circul. ministér. 3 juill. 1890, *Annales* 1891, p. 109.

10. Afin de permettre aux conseils de préfecture d'appliquer la sanction édictée contre le tiers expert négligent, les juges de paix doivent donner au vice-président du conseil de préfecture avis de la nomination du tiers expert aussitôt qu'elle a été faite. *Ibid.*

CONTRIBUTIONS INDIRECTES. — V. *Supplément*, v° Expertise.

CRIEURS PUBLICS. On appelle de ce nom les individus qui ont pour métier de crier, c'est-à-dire d'annoncer par des cris la vente ou la distribution qu'ils font, sur la voie publique, de journaux, écrits, imprimés, dessins ou emblèmes.

1. A l'origine, le criage et la mise en vente des journaux et autres écrits sur la voie publique n'ont été soumis à aucune législation particulière ; ils relevaient des attributions générales de police dont les lois des 16-24 août 1790 et 22 juillet 1791 avaient investi l'autorité municipale pour le maintien du bon ordre dans les rues et places publiques. — Cependant il y a lieu de mentionner, sous l'ancienne législation, l'ordonnance du 29 octobre 1782, qui défendait aux crieurs publics d'annoncer les écrits qu'ils vendaient autrement que par leur titre, et qui les assujettissait à la formalité du dépôt préalable entre les mains de l'autorité.

2. Puis sont survenues plusieurs lois spéciales qui ont successivement réglementé la matière.

D'abord une loi du 5 nivôse an V, dont un arrêté du Directoire exécutif du 15 frimaire an VI a ordonné la proclamation, interdit à tout individu d'annoncer sur la voie publique aucun journal ou écrit périodique « autrement que par le titre général et habituel qui le distingue des autres journaux ». — Puis l'article 290 du Code pénal de 1810 exige l'autorisation de la police pour l'exercice de la profession de crieur public, et un arrêté pris à la date du 7 avril 1814, par le gouvernement provisoire de cette époque, assujettit le criage public à l'autorisation de la préfecture de police.

3. Vient ensuite la loi du 10 décembre 1830, qui, abrogeant la législation antérieure et enlevant implicitement à l'autorité municipale le pouvoir de réglementation qu'elle tenait des lois des 16-24 août 1790 et 22 juillet 1791, remplace (art. 2) l'autorisation administrative, jusque-là nécessaire pour l'exercice de la profession de crieur public, par une simple déclaration préalable à faire devant l'autorité municipale, avec indication de domicile, et dispose en même temps (art. 3) que les journaux ne pourront plus désormais être annoncés sur la voie publique que par leur titre.

Des abus auxquels donna lieu cet état de choses et de la nécessité de les réprimer naquit la loi du 16 février 1834, dont l'article 4 porte que « nul ne pourra exercer, même temporairement, la profession de crieur, de vendeur ou de distributeur sur la voie publique, d'écrits... imprimés..., sans autorisation préalable de l'autorité municipale; et que cette autorisation pourra être retirée ».

4. Cette législation était encore en vigueur au moment où a été votée la loi du 29 juillet 1881 sur la liberté de la presse, laquelle, d'une part, n'en a pas reproduit les dispositions, et a déclaré, d'autre part, dans son article 68, expressément abroger toute la législation antérieure relative « à l'imprimerie, à la librairie, à la presse périodique ou non périodique, au colportage, à l'affichage, *à la vente sur la voie publique...*, sans que puissent revivre les dispositions abrogées par les lois antérieures ». C'était soumettre au régime de la liberté la plus absolue l'exercice de la profession des crieurs publics. — V. dans ce sens, étude de M. G. Allart, sur *le Criage public des journaux, Annales* 1889, p. 38 et suivantes.

5. Cependant nous avions pensé — et certains jurisconsultes avaient pensé avec nous — que, depuis la loi du 29 juillet 1881, le préfet de police à Paris, les préfets et les maires dans les villes et communes des départements, pouvaient puiser, dans le pouvoir général qui leur appartient d'assurer le bon ordre de la voie publique, le droit de réglementer l'exer-

cice des professions qui, s'exerçant sur cette voie publique, comme celle des crieurs de journaux, sont de nature à en troubler le bon ordre et la tranquillité. Et nous avions estimé surtout que la loi municipale du 5 avril 1884, en chargeant tout spécialement (art. 91, 94 et 97) l'autorité municipale de veiller au bon ordre, à la sûreté et à la tranquillité publiques, lui avait implicitement, il est vrai, mais d'une façon certaine et absolue, conféré le pouvoir de réglementer par des arrêtés de police tout ce qui peut les troubler, et spécialement et au premier chef le criage des journaux sur la voie publique. La plupart des maires des grandes villes avaient cru pouvoir prendre dans ce sens des arrêtés, dont presque tous les tribunaux auxquels ils avaient été déférés avaient proclamé le caractère légal. — V. notamment Trib. simple pol. Marseille, 4 mai 1885, cassé par arrêt de la Cour de cassation du 30 octobre 1885, *Annales* 1887, p. 90; Trib. simple pol. Calais, 18 nov. 1887, rapporté sous Cass., 16 févr. 1888, *J. P.* 1888, I, 1076 ; Trib. simple pol. Nancy (canton Est), 28 nov. 1888, *Bulletin des décisions* 1889, p. 5. — Mais la Cour de cassation a refusé à ces arrêtés toute force obligatoire, et elle a décidé en dernier lieu que les lois du 10 décembre 1830 et du 16 février 1834, qui avaient eu pour effet d'abroger les dispositions des lois des 16-24 août 1790 et 22 juillet 1791, en ce qui concerne le pouvoir de réglementation des maires sur le criage et le colportage des journaux, ont été abrogées elles-mêmes par l'article 68 de la loi du 29 juillet 1881, sans que le droit de réglementation des maires, qui avait cessé d'exister en vertu des lois de 1830 et 1834, ait pu revivre après leur abrogation ; — qu'en conséquence le criage des journaux sur la voie publique pouvait être librement exercé, sous la seule condition, pour les crieurs, de faire la déclaration prescrite par l'article 18 de la loi du 29 juillet 1881; — que l'article 97 de la loi du 5 avril 1884 n'avait apporté aucun changement à la situation créée par la promulgation de cette dernière loi; —qu'ainsi donc était illégal l'arrêté municipal interdisant de crier les journaux autrement que par leur titre. Cass., 6 févr. 1888, *J. P.* 1888, I, 1076 ; Cass., 30 oct. 1885, *Annales* 1887, p. 90.

6. Enfin la loi du 19 mars 1889 est venue remédier à cet état de choses par les deux dispositions suivantes :

7. Les journaux et tous les écrits ou imprimés distribués ou vendus dans les rues et lieux publics ne peuvent être annoncés que par leur titre, leur prix, l'indication de leur opinion et les noms de leurs auteurs ou rédacteurs. L. 19 mars 1889, art. 1er. — Aucun titre obscène ou contenant des imputations, diffamations ou expressions injurieuses pour une ou plusieurs personnes ne pourra être annoncé sur la voie publique. *Ibid.*

8. Les infractions aux dispositions qui précèdent sont punies d'une amende de 1 franc à 15 francs, et, en cas de récidive, d'un emprisonnement d'un à cinq jours. Toutefois, l'article 463 du Code pénal peut toujours être appliqué. *Ibid.*, art. 2. — Ainsi ces infractions constituent seulement des contraventions du ressort du Tribunal de simple police, lequel, au surplus, a la faculté d'appliquer aux récidivistes le bénéfice de l'article 463 du Code pénal, c'est-à-dire les circonstances atténuantes.

9. Ce que la loi du 19 mars 1889 a entendu réglementer, ce sont seulement les cris des marchands de journaux, le mode suivant lequel les crieurs pourront à l'avenir annoncer les journaux, ainsi que tous autres écrits ou imprimés, sur la voie publique. Cass., 17 mai 1889, *G. P.* 1889, II, 5; Cass., 6 juillet 1889, *Annales* 1890, p. 23.

10. En conséquence, ne constitue pas une contravention tombant sous l'application de ladite loi du 19 mars 1889 le fait par un libraire d'exposer à l'extérieur et sur la devanture de son magasin un placard annonçant un journal et en même temps le sommaire des articles et la qualification des documents qu'il contient (Trib. simp. pol. Rennes, 24 mai 1889, et Cass., 6 juill. 1889, *Annales* 1890, p. 23);... ni le fait par un crieur de journaux d'annoncer son passage dans les rues qu'il parcourt en sonnant du cornet. Trib. simp. pol. Périgueux, 30 mars 1889, *Bulletin des décisions* 1889, p. 120, et Cass., 17 mai 1889, *G. P.* 1889, II, 5. — Ce dernier fait échappe, en outre, à toute répression si, d'ailleurs, d'une part, il n'existe dans la commune où il s'est produit aucun arrêté municipal classant le cornet au nombre des instruments bruyants dont l'usage serait interdit aux habitants de cette commune sur la voie publique, et si, d'autre part, il ne revêt pas le caractère d'une contravention de bruit ou tapage injurieux ou nocturne ayant troublé la tranquillité des habitants. Cass., 17 mai 1889, précité.

11. Mais, d'un autre côté, si le crieur d'un journal sur la voie publique a le droit, aux termes de la loi du 19 mars 1889, d'annoncer l'opinion de cette feuille, il doit, sous peine de contrevenir à cette même loi, se borner sur ce point à une simple indication, et non point l'amplifier ou la souligner par des commentaires ou des appels à certaines catégories de citoyens. Trib. simp. pol. Angoulême, 26 avril 1889, *Bulletin des décisions* 1889, p. 251.

CRYPTOGAMES. — V. *Supplément*, v° Insectes.

CURATEUR. 1 *bis*. Tout individu déchu de la puissance paternelle est incapable d'être curateur. L. 24 juill. 1889, art. 8.

DÉBIT DE BOISSONS. 6... La prohibition faite au débitant interdit d'être employé dans son établissement subsiste toujours, quelle que soit la façon dont le fonds ait été transmis, et non pas seulement en cas de vente, de louage ou de gérance. Cass., 20 fév. 1891, *G. P.* 1891, I, 361.

6 *bis*. Le débit de boissons peut être cumulé avec le commerce en gros, mais à la charge, pour celui qui veut exercer ce dernier commerce, de se soumettre à toutes les conditions requises par la loi au point de vue des déclarations, de la licence, de la comptabilité, sous peine de se voir faire application de l'article 106 de la loi du 28 avril 1816. Cass., 29 nov. 1889 , *Pand. franç.*, 1890, I, 501.

8 *bis*. La disposition de l'article 9 de la loi du 18 juillet 1880 doit être interprétée en ce sens, que le maire peut, avant l'expiration de la quinzaine qui suit l'ouverture du débit, prendre un arrêté portant l'interdiction mentionnée audit article, sans que le déclarant, pour refuser de s'y soumettre, puisse se prévaloir d'un prétendu droit acquis. Cass. crim., 12 avril 1881, *Annales* 1882, p. 208.

12... — V. *Supplément*, v° Adresse, n°ˢ **44** et **44** *bis*, et v° Lieux publics.

DÉCÈS. 2. Ainsi modifié : Dans toute l'étendue du territoire de la République, tout officier de l'état civil, qui reçoit la déclaration du décès soit d'une personne laissant des héritiers ou des pupilles mineurs ou absents, soit d'un étranger (même ne laissant aucun héritier), doit porter ce décès à la connaissance du juge de paix du canton dans le plus bref délai. Circ., 10 déc. 1887, *Annales* 1888, p. 189.

2 *bis.* Cette mesure a pour but de mettre le juge de paix à même, dans le premier cas, d'apposer les scellés d'office s'il y a lieu ; dans le second cas, d'aviser le consul de la puissance à laquelle appartient le défunt.

DÉLÉGATION CANTONALE. 7... Ainsi modifié par circulaire ministérielle du 12 novembre 1882 : Les procureurs généraux ne doivent autoriser qu'à titre exceptionnel les juges de paix à accepter les fonctions de délégués cantonaux ; et, en tout cas, la désignation et la notification de cette désignation ne doivent se faire que suivant la forme indiquée dans la circulaire du 31 mai 1882. — V. *Supplément*, v° STATISTIQUE, n° 2.

11. — V. *Annales* 1887, p. 146, le rapport de M. Lelorrain, juge de paix, sur la question de savoir si, sous l'empire de la loi du 30 octobre 1886, les juges de paix peuvent encore faire partie de la délégation cantonale.

DÉLÉGUÉS A LA SÉCURITÉ DES OUVRIERS MINEURS. — V. *Supplément*, v° ÉLECTIONS et v° MINES.

DÉLITS RURAUX...

1 *bis.* Les faits de pacage dans les fossés des fortifications constituent des délits ruraux prévus et punis par l'article 26 du titre II de la loi des 28 septembre et 6 octobre 1791. Trib. civ. Seine, 4 déc. 1890, journ. *la Loi*, 5 déc. 1890.

2 *bis.* La loi sur le Code rural (tit. VI) du 4 avril 1889 n'a pas eu pour effet d'abroger les dispositions du titre II de la loi des 28 septembre-6 octobre 1791, qui font de l'abandon d'animaux et de bestiaux sur le terrain d'autrui un délit rural, spécifié par l'article 12 et puni des peines déterminées par les articles 3 et 4 du même titre de cette dernière loi, et ensuite aggravées par la loi du 23 thermidor an IV. En conséquence, le fait d'abandonner des animaux sur la propriété d'autrui continue à constituer un délit rural et à être passible des mêmes peines que par le passé. Cass., 20 juin 1891, *Annales* 1892, p. 238. — V. *Abandon d'animaux et de bestiaux*, n°ˢ 54 et suiv. V. aussi *Annales* 1890, p. 112.

DÉPOT. 21 *bis.* Le propriétaire d'un café est directement responsable de la perte ou du vol du vêtement remis par un consommateur à un des garçons de l'établissement. Cette responsabilité dérive du contrat de dépôt volontaire qui naît tacitement de la remise de l'objet au préposé du maître de l'établissement. Trib. paix Lyon, 25 janv. 1889, *Mon. Lyon*, 28 février 1889.

25. — *a.* Les dispositions des articles 1952 et 1953 du Code civil s'imposent aux propriétaires d'établissements de bains. Le maître d'une école de natation est responsable de la perte des objets qui lui avaient été confiés par un baigneur auquel il avait délivré un ticket en bois pour constater le dépôt, lorsque ce ticket a été pris dans la cabine où le baigneur avait laissé ses effets pendant qu'il prenait son bain, par un tiers qui a détourné les objets déposés. Trib. Rouen, 21 mars 1883, *Annales* 1884, p. 248; Trib. paix Paris, 27 juil. 1887, *Mon. des J. de paix* 1887, 402.

— *b.* Le voiturier est responsable du vol d'une valise déposée dans une de ses voitures, quand le cocher a eu connaissance du dépôt et qu'il a surtout laissé sa voiture sans surveillance, ce qui a permis la perpétration du vol. Trib. civ. Seine, 25 nov. 1884, *G. P.* 1885, I, 44.

— *c.* Le dépôt fait au vestiaire d'un théâtre est un dépôt nécessaire. Par suite, le préposé de ce vestiaire est responsable de la disparition des objets qui lui ont été confiés. Le service du vestiaire étant l'accessoire de l'exploitation théâtrale, le directeur du théâtre est civilement responsable de cette disparition. Trib. civ. Seine, 5 janv. 1888, *G. P.* 1888, I, 427.

— *d.* La responsabilité édictée à la charge des aubergistes et hôteliers par les articles 1952 et 1953 du Code civil peut être, dans certains cas, étendue aux cafetiers. Trib. paix Paris, 16 fév. 1888, *Droit*, 19 fév. 1889. — V. *supra*, n° 21 *bis*.

— *e.* Un restaurateur doit être déclaré responsable de la perte d'effets d'habillement confiés par un client à un domestique. Il n'importe que des ordres formels aient interdit aux préposés de prendre en garde les effets des clients, alors que ces instructions n'étaient pas affichées dans l'établissement et n'étaient, par suite, pas connues du public. Trib. paix Paris, 31 mai 1889; L. 6 juill. 1889.

DÉSAVEU DE PATERNITÉ. 9. Ainsi modifié : En cas de jugement ou même de demande soit de divorce, soit de séparation de corps, le mari peut désavouer l'enfant né trois cents jours après la décision qui a autorisé la femme à avoir un domicile séparé, et moins de cent quatre-vingts jours depuis le rejet de la demande ou la réconciliation. L'action du désaveu n'est pas admise s'il y a eu réunion de fait entre les époux. Art. 313 du Code civil, modifié par la loi du 18 avril 1886.

DOMESTIQUES... 11 *bis*. La durée du louage des domestiques et des ouvriers ruraux est, sauf preuve d'une convention contraire, réglée suivant l'usage des lieux. L. 9 juill. 1889 sur le Code rural (tit. II et III), art. 15.

19. — V. *Supplément*, v° LIVRET, n° 4.

23... V. *Supplément*, v° CONTRAT D'ENGAGEMENT DES OUVRIERS, n°ˢ 92 et suivants.

EAU. 10 *bis*. Si tout propriétaire riverain d'un cours d'eau non navigable ni flottable a le droit d'user des eaux et de faire tous travaux destinés à faciliter cet usage, l'exercice de ce droit ne doit pas nuire à celui des autres riverains. Cass., 19 mars 1890, *Annales* 1891, p. 83.

10 *ter*. Celui-là aggrave la servitude imposée aux riverains inférieurs, qui dans son unique intérêt a pratiqué, dans le lit d'un cours d'eau non navigable ni flottable, des travaux par suite desquels le plan de l'eau a été abaissé, le régime ancien des eaux modifié, la rapidité du courant sensiblement augmentée et des détériorations causées aux fonds inférieurs. *Ibid.*

21 *bis*. Sous la réserve du contrôle appartenant à l'autorité administrative sur les travaux en rivière susceptibles de nuire à l'écoulement des eaux, il appartient aux tribunaux de l'ordre judiciaire de décider, en cas de litige entre particuliers, quels travaux un propriétaire est tenu envers d'autres soit à faire, soit à laisser faire sur son fonds, et comment la dépense doit être supportée. Cass., 4 avril 1892, *Annales* 1892, p. 372.

63 *bis*. Les droits des riverains sur les eaux courantes, limitativement déterminés par l'article 644 du Code civil, ne comprennent pas le droit de servitude d'abreuvage. Cette servitude est discontinue et l'établissement d'un ou plusieurs abreuvoirs sur le cours d'eau, même alors qu'ils ont une assiette fixe et permanente, ne peut la transformer en une servitude continue. Elle ne peut pas être acquise par prescription. Cass., 4 déc. 1888, *Annales* 1889, p. 338. — V. sur la question d'entreprise sur les cours d'eaux l'étude de M. Boulé, juge de paix à Pontoise, publié au volume des *Annales* de 1892, p. 148 et 181.

ÉCHENILLAGE. — V. *Supplément*, v° INSECTES.

ÉDIFICES MENAÇANT RUINE. 2 et **3.** L'article 3, tit. XI, de la loi du 24 août 1790 a été abrogé par la loi du 6 avril 1884. Mais, aux termes des articles 94, § 4, et 97, § 1, de la loi nouvelle, le maire continue à être chargé de prendre tous arrêtés nécessaires pour assurer la démolition ou la réparation des édifices menaçant ruine.

S'il y a péril imminent, le maire a le droit d'ordonner la démolition immédiate de l'immeuble, après une simple mise en demeure faite au propriétaire ; si au contraire il n'y a qu'un danger possible et futur, il faut tout d'abord que le maire fasse procéder à une expertise sur ce point. La loi du 6 avril 1884 n'a pas abrogé les ordonnances des 18 juillet 1729 et 18 août 1730. Trib. corr. Rouen, 16 juill. 1891, *G. des Trib.*, 22 octobre 1891.

Cependant, contrairement à l'arrêt que nous venons de citer, et antérieurement à la loi du 6 avril 1884, il avait été jugé que les maires ont le droit d'ordonner la démolition ou la réparation des édifices menaçant ruine, sauf recours à l'autorité supérieure et sans que leurs pouvoirs soient subordonnés à l'accomplissement des formalités exigées par les déclarations de 1729 et 1730 ; il suffit qu'ils déclarent dans leurs arrêtés que la mesure est devenue nécessaire. Cass. crim., 12 janv. 1882, *Annales* 1883, p. 164.

ÉLECTIONS. — Sous un nouveau chapitre additionnel (chap. VI), nous traiterons des élections consulaires, et sous un autre chapitre additionnel (chap. VII), nous traiterons des élections des délégués pour la sécurité des ouvriers mineurs.

LÉGISLATION.

Loi du 5 mai 1855 (*abrogée*).

Loi du 24 juillet 1867 (*abrogée, à l'exception de l'article 9 relatif à l'établissement du tarif général, et de l'article 17, lequel reste en vigueur provisoirement, mais seulement en ce qui concerne la ville de Paris*).

Loi du 14 avril (et non juillet) 1871 (*abrogée dans ses articles 1, 2, 3, 4, 5, 6, 8, 9, 18, 19, 20*).

Loi du 10 août 1871 (*abrogée dans le paragraphe 25 de l'article 46, et le paragraphe 4 de l'article 48*).

Loi du 7 juillet 1874 (*abrogée dans son article 5 par la loi municipale du 5 avril 1884*).

Adde : Loi du 8 décembre 1883. Élections consulaires.

Loi du 5 avril 1884. Organisation municipale. Article 14.

Loi du 29 mars 1886, rendant applicable à la ville de Paris l'article 14 de la
loi du 5 avril 1884.
Loi du 8 juillet 1890 sur les délégués à la sécurité des ouvriers mineurs.

DES DROITS POLITIQUES ET DE LA NATIONALITÉ.

2 *bis.* — *a.* La qualité de Français s'acquiert et se conserve
suivant les règles tracées par le Code civil, sous les articles 9,
10, 12 et 13, lesquelles ont été successivement modifiées et
complétées par les lois du 22 mars 1849, des 13, 21 novembre-
3 décembre 1849, du 7 février 1851, du 29 juin 1867, du 16 décembre 1874, du 14 février 1882, et du 28 juin 1883 ; — par les
décrets du 30 juin 1860 (sujets sardes domiciliés et nés en
Savoie et dans l'arrondissement de Nice), du 26 octobre 1870
(naturalisation des étrangers ayant pris part à la guerre pour
la défense de la France), du 25 mai 1881 (Annamites et autres
indigènes placés sous le protectorat de la France dans l'extrême
Orient), du 10 novembre 1882 (naturalisation des étrangers établis en Nouvelle-Calédonie), du 29 juillet 1887 (naturalisation
en Tunisie), et du même jour, 29 juillet 1887 (naturalisation
en Annam et au Tonkin) ; — par le sénatus-consulte du 14 juillet 1865 (relatif à l'état des personnes et à la naturalisation en
Algérie), et finalement par la loi du 26 juin 1889, sur la nationalité (*Annales* 1889, p. 253), et par le décret du 18 août 1889,
portant réglementation d'administration publique pour l'exécution de cette dernière loi. *Annales* 1889, p. 289.

A cette nomenclature il convient d'ajouter l'article 22, encore en vigueur, du décret de l'Assemblée nationale des 9-15 décembre 1790. — V. *Français, Nationalité, Naturalisation.*

— *b.* Pour être électeur, il ne suffit pas d'être *Français*, il
faut encore avoir la qualité de *citoyen*, qui, aux termes de l'article 7 du Code civil, confère seule l'exercice et, par conséquent, la jouissance des droits politiques, laquelle est une condition essentielle de l'inscription sur les listes électorales.
Arg., art. 5, de la loi du 7 juillet 1874, et art. 14, alin. 4, de
la loi du 5 avril 1884. Just. de paix 1er arrond. de Paris,
13 févr. 1885, et Cass. (motifs), 16 mars 1885, *Annales* 1885,
p. 254.

— *c.* D'autre part, la qualité de citoyen, condition essentielle
de l'électorat, et qui est indépendante de l'exercice des droits
civils, ne s'acquiert que conformément à la loi constitutionnelle

(C. civ. art. 7). Il en résulte que les femmes de nationalité française, qui jouissent, il est vrai, des droits civils dans la mesure déterminée par la loi, suivant qu'elles sont célibataires ou mariées, mais auxquelles aucune disposition constitutionnelle ou légale n'a conféré la jouissance et, par suite, l'exercice des droits politiques, ne peuvent pas être inscrites sur les listes électorales. Cass. 16 mars 1885, et Just. de paix 1er arrond. de Paris, 13 février 1885, *Annales* 1885, p. 254. *Sic* Merlin, *Répert.*, v° FRANÇAIS, n° 2 ; Coin-Delisle, *Comment. C. civ.*, sur l'art. 4, n°s 9 et 10 ; Boileux, *Ibid.*, t. I, sur l'art. 7 ; Valette, *Cours de C. civ.*, sur l'art. 7.

— *d.* La jouissance des droits civils et politiques et la capacité qui en résulte au point de vue de l'électorat doivent toujours se présumer chez l'individu qui, étant majeur, justifie de sa qualité de Français ; en sorte que c'est à celui qui lui conteste cette capacité à faire la preuve du contraire. Cass., 8 avril 1884, *Annales* 1886, p. 148 ; Trib. paix Sens, 23 févr. 1889, *G. P.* 1889, I, 629.

— *e.* En conséquence, le citoyen qui demande son inscription sur une liste électorale n'est pas obligé, pour l'obtenir, de produire son casier judiciaire et de justifier qu'il jouit de ses droits civils et politiques. *Ibid.*

— *f.* Il en résulte encore que c'est au tiers électeur qui demande la radiation d'un citoyen inscrit qu'incombe la charge de prouver que celui-ci a cessé de remplir les conditions exigées par la loi pour l'électorat ; et il en est ainsi, alors surtout que l'inscription dont la radiation est demandée remonte à plusieurs années. Cass., 17 avril 1883, *J. P.* 1883, I, 953. *Sic* Hérold, *Dr. élect.*, n° 154 ; M. Greffier, *Code élect.*, p. 79 *in fine ;* Bavelier, *Dict. de dr. élect.*, v° LISTE ÉLECTORALE, n° 77, p. 495 et 496.

— *g.* Encore une autre conséquence du même principe, c'est que le juge de paix ne saurait refuser à un individu l'inscription sur la liste électorale en se fondant uniquement sur la notoriété d'une condamnation. Cass., 2 mai 1883, *G. P.* 1883, II, 20 (1re partie).

— *h.* Les Indiens natifs des établissements français de l'Inde qui, par l'effet de leur renonciation aux us et coutumes de leurs castes, conformément au dernier paragraphe de l'article 1er du décret du 21 septembre 1881, se trouvent soumis au statut civil et aux lois politiques des Français, ne sont plus seulement de simples sujets français protégés par les traités ou les décrets locaux, mais de véritables citoyens français ; et, en cette qualité définitivement et irrévocablement acquise, ils ont le droit de réclamer leur inscription sur les listes électorales dans tous les pays de France où la législation accorde des droits électoraux aux citoyens français ou naturalisés. — Just. de paix Saïgon, 12 mars 1887, et, par arg. *a contrario*, Cass., 3 janv. 1888, *Annales* 1888, p. 230 ; Cass., 29 juill. 1889, *G. P.* 1889, II, 429.

— *i.* Le fils d'un étranger descendant en ligne directe d'une Française expulsée de France pour cause de religion, à la suite de la révocation de l'édit de Nantes, est Français de plein droit, s'il a fixé son domicile en France. L. 15 déc. 1790, art. 22 ; cons. préfect. Rouen, 27 juin 1888, *Rec. de Rouen*, 169, I, 1888.

— *j.* Le principe de la non-rétroactivité des lois, formulé par l'article 2 du Code civil est inapplicable aux textes législatifs qui déterminent et règlent la capacité politique, et, par suite, l'exercice des droits électoraux. Cass., 28 oct. 1885, *J. P.* 1886, I, 916. — V. aussi Cass., 23 mars 1876, Sirey 1876, I, 222.

CHAPITRE Ier

ÉLECTIONS MUNICIPALES.

L'ÉLECTORAT MUNICIPAL EST RÉGI PAR LA LOI DU 5 AVRIL 1884.

5 *bis*. — *a.* D'après la législation antérieure à la loi du 5 avril 1884, il existait deux sortes d'électorats : l'électorat municipal, régi par la loi du 7 juillet 1874, et l'électorat politique réglementé par la loi du 30 novembre 1875. De là la nécessité de deux listes électorales : la liste des électeurs municipaux et la liste des électeurs politiques.

— *b.* La loi du 5 avril 1884 a unifié les règles de l'électorat municipal avec celles de l'électorat politique, en sorte qu'il n'y a plus aujourd'hui qu'une seule catégorie d'électeurs et, par suite, qu'une seule liste électorale (sauf pour les élections sénatoriales) comprenant toutes les personnes énumérées sous l'article 14 de ladite loi.

— *c.* Jugé, dans ce sens, que la loi du 5 avril 1884 ayant

aboli la dualité des listes électorales et supprimé toute distinction entre les électeurs municipaux et les électeurs politiques, pour ne plus admettre qu'une catégorie d'électeurs et une liste unique, nul ne peut réclamer son inscription simultanée sur les listes de deux communes, pour y exercer, dans l'une l'électorat municipal, et dans l'autre l'électorat politique. Cass., 11 avril 1889, *Annales* 1890, p. 44.

§ 1er. *Age.*

4... Sont électeurs tous les Français âgés de vingt et un ans accomplis, et n'étant dans aucun cas d'incapacité prévu par la loi. L. 5 avril 1884, art. 14, alin. 2.

4 bis. Nous avons vu plus haut (n° **2 bis**) que, pour être électeur, il ne suffit pas d'être *Français*, et qu'il faut encore avoir la qualité de *citoyen*.

5... Doivent être inscrits comme électeurs les citoyens qui, bien que ne remplissant pas la condition d'âge lors de la formation de la liste, auront cependant accompli leur vingt et unième année avant la clôture définitive de cette liste, c'est-à-dire avant le 31 mars. L. 5 avril 1884, art. 14, alin. 4.

6... Les conditions d'âge et de nationalité requises pour l'électorat sont régulièrement établies par la production, soit de l'acte de mariage du requérant (Cass., 30 mars 1863, *J. P.* 1863, 1179)...soit de son contrat de mariage (Cass., 23 mars 1863, *J. P.* 1863, 1179)... soit de son livret d'ouvrier (Cass., 16, 18 et 30 mars 1863, *J. P.* 1863, 1179 ; Cass., 15 mars 1870, *J. P.* 1870, 784 ; *Sic* Hérold, *Dr. élector.*, n° 162), encore bien que ce livret n'ait été délivré que sur un passeport qui a été rendu (Cass., 13 juin 1864, *J. P.* 1864, 1279)... soit d'une décision du juge de paix ordonnant l'inscription du fils du réclamant sur la liste électorale, comme ayant justifié de sa qualité de Français par un certificat de libération du service militaire (Cass., 24 mars 1863, *J. P.* 1863, 1179), soit de son inscription sur la liste électorale de l'année précédente. Cass., 24 mars 1863, précité.

6 bis. Le tiers électeur qui demande l'inscription d'un individu sur une liste électorale doit produire, soit devant la commission municipale, soit devant le juge de paix, entre autres pièces, les pièces justificatives de l'âge de cet individu. La production de ces pièces ne saurait être faite utilement pour la première fois devant la Cour de cassation. Cass., 9 avril 1889, *Annales* 1891, p. 160.

6 *ter*. Celui qui, après avoir été inscrit sur la liste électorale d'une commune, demande son inscription sur la liste électorale d'une autre commune, n'a pas besoin de produire son acte de naissance pour justifier qu'il a l'âge requis pour exercer ses droits électoraux. Cass., 28 mai 1889, *Annales* 1891, p. 160.

6 *quater*. La loi du 5 avril 1884 prévoit, sans les spécifier, les cas d'incapacité électorale, et elle se réfère tacitement au décret du 2 février 1852 qui énumère les causes de cette incapacité. — V. *infra*, n° 82.

§ 2.

N. B. — La matière de ce paragraphe étant devenue sans objet par suite des modifications qu'a apportées à la loi du 7 juillet 1874 celle du 5 avril 1884, il convient d'en remplacer la rubrique primitive par la suivante :

*Des personnes ayant, dans la commune, leur domicile réel
ou une résidence de six mois.*

7. — *a*. La liste électorale comprend : tous les électeurs qui ont leur *domicile réel* dans la commune, ou y *habitent* depuis six mois au moins. L. 5 avril 1884, art. 14, alin. 2, 1°.

— *b*. Doivent également être inscrits les citoyens qui, ne remplissant pas les conditions de résidence ci-dessus indiquées lors de la formation des listes, les auront remplies avant la clôture définitive, c'est-à-dire avant le 31 mars. *Ibid.*, art 14, alin. 4.

Ainsi, le citoyen dont la résidence dans une commune a commencé le 1ᵉʳ octobre, a droit d'y être inscrit sur la liste électorale de l'année suivante, ses six mois de résidence devant être complets le 31 mars de ladite année avant minuit. Cass., 8 avril 1886, *G. P.* 1886, II, 110.

— *c*. Avant la loi du 5 avril 1884, l'électorat était attaché à la résidence, et non au domicile ; actuellement, pour être électeur, il suffit de remplir l'une ou l'autre de ces deux conditions de résidence ou de domicile. Cass., 16 avril 1885, *G. P.* 1885, I, 634, 665 ; 16 févr. 1887, *G. P.* 1887, I, 332 ; Cass., 25 mars 1891,

G. P. 1891, I, 492. — Ainsi tout citoyen peut réclamer son inscription sur les listes électorales en invoquant, soit son domicile réel, soit sa résidence de six mois (Cass., 30 avril 1885, *Annales* 1886, p. 49; Cass., 31 mars 1886, Sirey 1886, I, 429; Cass., 22 mars 1888, Sirey 1888, I, 335), sans que, dans aucun cas, on puisse exiger de lui la réunion de ces deux conditions. Cass., 28 mars 1888, *J. P.* 1889, I, 174.

— *d.* C'est ainsi que, sous la législation actuelle, le domicile réel, légalement constaté, crée le droit électoral municipal ou politique, indépendamment de toute durée d'habitation ou de résidence. Cass., 8 avril 1886, et Just. de paix Rieux, 31 mai 1886, *Annales* 1886, p. 326; Cass., 28 mars 1889, *Annales* 1891, p. 12. — Cette règle est absolue, et l'on ne saurait en restreindre l'application aux seuls individus qui, ayant leur domicile réel dans une commune, ne l'ont quitté depuis un temps plus ou moins long qu'à la suite de circonstances particulières. Cass., 31 mars 1886, Sirey 1886, I, 429; Trib. paix Sens, 22 févr. 1889, *G. P.* 1889, I, 629.

— *e.* En conséquence, le citoyen qui a légalement son domicile réel dans une commune, a le droit de réclamer son inscription sur la liste électorale de cette commune, quand bien même il habiterait dans une autre. Cass., 16 avril 1885, *G. P.* 1885, I, 634; Just. de paix Songeons, 24 févr. 1888, *Bulletin des décisions* 1888, p. 227. — Il ne serait déchu de ce droit que s'il était prouvé qu'il a entendu abandonner son domicile originaire et le transférer ailleurs; et cette preuve pourrait seulement résulter, soit d'une déclaration expresse faite par l'électeur, tant à la municipalité de ce domicile qu'à celle du lieu où il est supposé avoir transféré sa résidence, soit du double fait d'une habitation réelle de l'électeur dans un autre lieu et de l'intention de celui-ci d'y fixer son établissement. Cass., 7 juill. 1885, *G. P.* 1885, II, 370; Cass., 20 mai 1886, *G. P.* 1886, II, 109; Just. de paix Songeons, 24 fév. 1888, précité.

— *f.* Jugé dans le même sens et dans des termes généraux que le fait du changement de domicile peut être établi, non seulement par une déclaration expresse et régulière, mais encore par toute preuve équivalente résultant des circonstances. Cass., 8 avril 1886, et Just. de paix Rieux, 31 mai 1886, *Annales* 1886, p. 326.

— *g.* Il appartient, au surplus, au juge de paix, d'apprécier souverainement, d'après les circonstances de fait de la cause, si le réclamant a conservé ou non le domicile d'origine qu'il invoque à l'appui de sa demande d'inscription. Cass., 16 avril 1885, *G. P.* 1885, I, 665.

— *h.* Toujours en vertu du même principe, l'individu qui, à l'appui de sa demande d'inscription sur la liste électorale d'une commune, invoque, d'une part, qu'il y a fixé son principal établissement et, par suite, acquis un domicile réel, et, d'autre part, qu'il y a, au surplus, une résidence de six mois, ne saurait être débouté de sa demande par le seul motif que cette résidence n'a pas duré six mois, sans que le jugement s'explique sur les circonstances dans lesquelles cet individu aurait établi son domicile réel dans la commune. Cass., 10 avril 1888, *Annales* 1889, p. 226.

— *i.* Dans le même sens il a été décidé que le juge de paix ne peut ordonner la radiation d'un domestique sur une liste électorale par le seul motif que celui-ci, comme son maître, n'habite la commune qu'accidentellement et moins de six mois chaque année, sans s'expliquer, d'autre part, sur le point de savoir si le maître et, par suite, son domestique, n'a pas un domicile dans cette commune. Cass., 30 avril 1885, *Annales* 1886, p. 49.

— *j.* Réciproquement, l'exercice des droits électoraux dans une commune n'est pas attaché uniquement à l'existence du domicile réel dans cette commune ; il l'est aussi au fait d'une résidence réelle et effective de l'électeur. Cass., 6 avril 1886, Sirey 1886, I, 429 ; Cass., 28 mars 1888, *J. P.* 1889, I, 174.

— *k.* En conséquence, tout citoyen devenu majeur avant l'époque de la clôture des listes a le droit d'être inscrit sur celles de la commune où il justifie, à cette époque, de six mois d'une semblable résidence, en y comprenant le temps pendant lequel il a habité cette commune avant sa majorité, alors même que son père résidait ailleurs. Cass., 6 avril 1886, précité. — Cette solution s'applique notamment aux élèves d'un petit séminaire. *Ibid.*

— *l.* Jugé, dans le même sens, sous l'empire de la loi du 7 juillet 1874, que le fait pour un mineur de n'avoir, au point de vue civil, d'autre domicile que celui de son père ou tuteur, ne fait point obstacle au caractère utile, au point de vue électoral, de la résidence réelle et effective qu'il a eue pendant sa minorité et durant les six mois qui précèdent la clôture des listes dans une commune autre que celle de ce domicile légal. Cass., 2 avril 1884, *Annales* 1886, p. 147.

— *m*. Ainsi encore, le citoyen qui a la résidence de six mois dans une commune est fondé à réclamer son inscription sur les listes électorales de cette commune, sans qu'on puisse lui opposer qu'« il n'a pas manifesté l'intention de s'y fixer par une déclaration expresse, faite tant à la municipalité du lieu qu'il a quitté, qu'à celle du lieu où il a transféré son domicile, et qu'à défaut de déclaration expresse, la preuve de l'intention devait dépendre des circonstances, conformément aux articles 103, 104 et 105 du Code civil ». Cass., 28 mars 1888, *J. P.* 1889, I, 174.

— *n*. En faisant du *domicile réel* l'une des conditions de l'électorat, la loi du 5 avril 1884 a entendu se référer aux règles du Code civil sur la manière dont s'acquiert et se conserve le domicile. C'est la doctrine qui résulte d'un arrêt de la Cour de cassation du 18 décembre 1871 (Sirey 1871, I, 244), rendu sous l'empire de la loi du 14 avril 1871, laquelle admettait, de même que celle de 1884, le domicile réel comme condition du droit à l'inscription.

— *o*. Jugé, sur l'application de la loi du 5 avril 1884 : 1° que le *domicile réel*, opposé à la *résidence*, est le domicile d'origine, lorsque rien n'établit que l'électeur ait eu l'intention de le changer ; 2° que les mots *domicile réel* sont, de même qu'en droit civil, employés en matière électorale, par opposition à ceux de *domicile élu ;* qu'ils n'impliquent pas nécessairement l'existence d'une propriété matérielle, et ne sont pas, par conséquent, exclusifs du domicile d'origine, caractérisé par le seul rapport juridique de la personne et du lieu où elle est née. Cass., 16 avril 1885 (2 arrêts), Sirey 1886, I, 131. Comp. sur le premier point, Cass., 8 avril 1888, et Just. de paix Rieux, 31 mai 1886, *Annales* 1886, p. 326.

— *p*. Ainsi, tout citoyen a droit à l'inscription sur la liste électorale de la commune où il a son domicile d'origine, tant qu'il n'a pas manifesté l'intention de l'abandonner, et, à plus forte raison, quand il a manifesté celle de le conserver. Cass., 16 avril 1885 (2 arrêts), *G. P.* 1885, I, 634-665 ; Cass., 7 juill. 1885, *G. P.* 1885, II, 370 ; Cass., 20 mai 1886, *G. P.* 1886, II, 109. — Et, au surplus, l'électeur doit être maintenu sur cette liste, sans qu'il ait besoin de réitérer sa volonté. Just. de paix Ham, 12 juill. 1884, *G. P.* 1884, II, 243.

— *q.* Il en résulte que le fait de l'inscription d'un instituteur sur la liste de la commune où il remplit actuellement ses fonctions ne met pas obstacle à son maintien sur la liste de la commune où il a son domicile d'origine, et où il déclare vouloir continuer d'exercer ses droits électoraux. Cass., 20 mai 1886, *G. P.* 1886, II, 109.

— *r...* Que le droit du fonctionnaire public à réclamer son inscription sur la liste de la commune où il exerce ses fonctions n'est pas exclusif pour lui de la faculté, qui appartient à tout citoyen, de se faire inscrire sur la liste de la commune où existe son domicile d'origine. Arg. motifs, Cass., 16 avril 1885, *G. P.* 1885, I, 664. — V., au surplus, en ce qui concerne les militaires, *infra*, § 8, n° 61, *d, e, g, h, i.*

— *s.* Le citoyen qui a son domicile réel dans une commune et une résidence de six mois dans une autre commune, a, au point de vue de l'inscription électorale, le choix entre l'une ou l'autre de ces communes ; et, spécialement, il peut demander à être inscrit sur la liste de la commune où il a son domicile d'origine, alors que rien n'établit qu'il ait acquis un nouveau domicile dans une autre commune, où il n'a, au contraire, qu'une simple résidence. Cass., 16 avril 1885, *G. P.* 1885, I, 634.

— *t.* Il avait été jugé, sous l'empire de la loi du 5 avril 1884 et dans la période transitoire de l'ancienne législation à la nouvelle, que le citoyen qui avait cessé de résider, lors de la revision de la liste de 1885, dans la commune où il était antérieurement inscrit à la fois en qualité d'électeur politique et d'électeur municipal, était fondé à réclamer le maintien de son inscription sur la liste électorale, municipale et politique, désormais unifiée, de cette dernière commune, jusqu'à ce qu'il ait pu acquérir dans une autre commune la résidence de six mois nécessaire pour s'y faire porter comme électeur. Cass., 1er avril 1885, *G. P.* 1885, I, 574.

— *u.* Le jeune homme, majeur, qui a quitté la commune où il avait son domicile d'origine, pour aller faire ses études dans une école ou une Faculté située dans une autre ville, ne doit pas être réputé, au moins pendant le temps de ses études et sauf un concours de circonstances impliquant son intention contraire, avoir abandonné ce domicile d'origine, alors surtout qu'il y fait de temps en temps des apparitions passagères ; en conséquence, il a droit de réclamer son inscription sur la liste électorale de la commune où il a ce domicile. Cass., 4 avril 1883, sol. impl., *G. P.* 1883, II, 33, 1re partie ; Just. de paix Carcassonne, 23 mai 1883, *France. judic.* 1883, p. 716 ; Just. de paix Baignes, 20 sept. 1883, *G. P.* 1883, II, 98, 4e partie. — V. cependant, Just. de paix Brossac, 19 mars 1884, *G. P.* 1884 , II, 171.

— *v.* L'enfant naturel non reconnu et mineur non émancipé, s'il n'a pas de tuteur et s'il n'a pas été recueilli dans un hospice, ne saurait avoir d'autre domicile que celui de la personne qui s'est chargée de le nourrir et de l'élever. Duranton, t. I, no 368 ; Demolombe, t. I, no 361 ; Laurent, *Princ. de dr. civ. franç.*, t. II, no 88 ; Mersier, *Actes de l'état civil*, no 138. — Par suite, il a droit d'être inscrit sur la liste électorale de la commune où cette personne est domiciliée et où il a résidé auprès d'elle depuis de longues années, et non sur celle d'une autre commune où il n'a qu'un établissement passager. Cass., 9 mai 1889, *J. P.* 1889, I, 1068.

— *w.* Les élèves majeurs d'un séminaire, quel qu'il soit, grand ou petit, qui ont résidé dans cet établissement depuis plus de six mois, ont le droit de réclamer leur inscription sur la liste électorale de la commune où le séminaire est situé, encore bien qu'ayant quitté le séminaire pendant le temps des vacances, ils n'y soient rentrés que moins de six mois avant la clôture des listes (Just. de paix Anse, 18 fév. 1860, et Cass., 23 avril 1860, Sirey 1860, I, 1010, *J. P.* 1861, 299),... sans qu'il y ait à considérer, en un mot, si les six mois de résidence sont antérieurs ou postérieurs aux vacances, ou s'ils ont été interrompus par le temps desdites vacances. Cass., 7 mars 1864, Sirey 1864, I, 518.

— *x.* Mais si le séminariste fonde sa demande d'inscription non plus sur une résidence de six mois mais sur le domicile réel qu'il aurait dans la commune où est situé le séminaire, la solution de la question varie suivant qu'il appartient à un petit ou à un grand séminaire. Dans la première hypothèse, sa qualité d'élève d'un établissement d'enseignement secondaire (et le petit séminaire en est un) est insuffisante à faire présumer légalement son intention de fixer son domicile dans la commune où cet établissement est situé ; donc il n'a pas droit à l'inscription dans ladite commune. Cass., 2 avril 1884, *Annales* 1886, p. 147 ; Cass., 6 avril 1868, Sirey 1886, I, 429 ; Cass., 28 mars 1889, *Annales* 1889, p. 359.

Dans le second cas, au contraire, en qualité d'élève d'un grand séminaire, il doit être présumé, jusqu'à preuve contraire, avoir fixé son principal établissement, c'est-à-dire son domicile, dans la maison où il est dans l'obligation de demeurer pour se préparer à la prêtrise ; donc il a droit d'être inscrit comme électeur dans la commune où est situé le grand séminaire. Cass., 15 mai 1872, Sirey 1872, I, 307 ; Cass., 30 avril 1888, *Annales* 1889, p. 359.

— *y.* L'étranger admis à établir son domicile en France, et ensuite naturalisé par décret, est réputé avoir son domicile d'origine au lieu de sa résidence au moment de la naturalisation : en conséquence, c'est au lieu de cette résidence qu'il doit être inscrit sur la liste électorale, si toutefois il y habite encore à l'époque de la revision des listes. Cass., 23 mai 1889, D., *P.* 1889, I, 296.

— *z.* Les vieillards recueillis dans les asiles et maisons de retraite, notamment dans les établissements tenus par les Petites Sœurs des pauvres, peuvent être inscrits sur la liste électorale des communes où ces établissements sont situés, à la condition qu'ils y justifient de six mois de résidence. Just. de paix Agen, 22 févr. 1886, *Rec. d'Agen*, 1886, 48.

— *a b.* Le caractère juridique du principal établissement et du domicile réel, qui en est la conséquence, est indépendant du plus ou moins de précarité de cet établissement, alors surtout que celui qui le possède n'en a pas d'autre ailleurs. Cass., 20 juin 1888, *Annales* 1889, p. 226. — Par suite, manque de base légale le jugement du juge de paix qui, pour refuser l'inscription électorale à un instituteur libre qui prétendait avoir fixé son principal établissement et, comme conséquence, son domicile réel dans la commune où il avait régulièrement ouvert une école, se fonde exclusivement, en dehors de toutes autres circonstances de fait, sur ce que l'établissement revendiqué par le demandeur dans cette commune aurait un caractère précaire, en raison de ce que l'état de dépendance où celui-ci est placé vis-à-vis d'un tiers, qui lui paye ses salaires et est maître de le congédier à son gré, ne serait pas de nature à lui assurer la situation stable et indépendante propre à constituer légalement le principal établissement et à attribuer le domicile réel. *Ibid.*

— *a c.* Un citoyen ayant le droit d'être inscrit sur la liste électorale de la commune où il a son domicile réel, quand même ce domicile n'y serait pas établi depuis six mois, le domestique majeur, attaché au service de ce citoyen et demeurant avec lui, qui a de droit le même domicile que son maître (art. 109 du C. civ.), peut réclamer son inscription sur la liste de la commune où celui-ci a son domicile. Par suite, le juge de paix ne peut pas refuser cette inscription au domestique, par le motif que ce dernier n'a pas six mois de domicile dans la commune. Cass., 30 avril 1885, *Annales* 1886, p. 49; Cass., 13 mai 1885, Sirey 1885, I, 502; Cass., 22 mars 1888, *J. P.* 1888, I, 800.

— *a d.* Mais si les majeurs qui servent ou travaillent habituellement chez autrui ont le même domicile que la personne qu'ils servent, c'est à la condition qu'ils demeurent avec cette personne dans la même maison. Cass., 28 mars 1889, *Annales* 1890, p. 51. — En conséquence, le domestique qui a une habitation distincte dans une commune autre que celle qu'habite son maître, ne peut être inscrit sur la liste électorale de la commune où se trouve le domicile de ce dernier. *Ibid.* — Un individu qui a établi son exploitation agricole dans une commune, comme métayer, y a son domicile réel. Cass., 28 mars 1889, *Annales* 1891, p. 12.

— *a e.* Le juge de paix a un pouvoir souverain pour apprécier la foi due aux pièces et certificats produits pour établir le domicile électoral, alors que ces documents ne constituent pas une preuve légale de ce domicile. Cass., 10, 16, 24, 25 et 30 mars 1863, *J. P.* 1863, 1180, n° 13. — Il en est ainsi notamment des quittances de loyer (Cass., 24 et 25 mars 1863, *J. P. Ibid.*, n° 14),... du certificat délivré par un parent de l'électeur et attestant qu'ils habitent en commun le même appartement depuis un certain temps (Cass., 10 mars 1863, *J. P. Ibid.*, n° 16),... du certificat par lequel le propriétaire d'une maison atteste que le réclamant est employé chez un de ses locataires (Cass., 10 mars 1863, *J. P. Ibid.*, n° 15).

— *a f.* Mais il appartient à la Cour de cassation d'apprécier si la qualité ou les pouvoirs de ceux dont émanent ces pièces et certificats sont ou non justifiés ; il y a là une question de droit et non une question de pur fait dont le juge de paix est appréciateur souverain. Cass., 10 mars 1863, *J. P.* 1863, 1179, n° 17.

— *a g.* Jugé spécialement que la preuve du domicile réel, qui donne droit à l'inscription électorale, ne saurait résulter, au profit de l'électeur contesté, de sa seule qualité de conseiller municipal de la commune. Cass., 21 avril 1887, *G. P.* 1887, II, suppl. 120.

— *a h.* La résidence dont la loi du 7 juillet 1874 et, après elle, celle du 5 avril 1884 ont fait une condition de l'électorat, doit s'entendre du fait matériel de l'habitation, quelles que soient les circonstances de cette habitation. Il importe peu qu'elle ne soit pas continuelle, et si les interruptions ne sont qu'accidentelles, l'habitation n'en est pas moins réelle et effective. Cass., 11 et 17 nov. 1874, *Annales* 1875, p. 166.

— *a i.* C'est ainsi que le fait par un ouvrier de travailler, vivre et loger chez son patron depuis plus de six mois, dans une section de commune, constitue la résidence réelle et effective exigée par la loi pour l'exercice des droits électoraux ; et, par suite, cet ouvrier peut réclamer son inscription sur la liste de cette section, bien qu'il ait voté jusque-là dans une autre section où résidait son père, et que sa résidence actuelle ne soit que temporaire. Cass., 16 avril 1885, *J. P.* 1886, I, 283.

— *a j.* La résidence ne peut conférer l'électorat que dans une seule commune. Cass., 1er juin 1882, *J. P.* 1882, I, 1052.

— *a k.* La question de savoir si un citoyen a une résidence de six mois est une question purement de fait, abandonnée, comme telle, à l'appréciation souveraine du juge de paix. Cass., 8 août 1877, *J. P.* 1880, 754 ; Cass., 6 mai 1878, *J. P.* 1880, 893 ; Cass., 29 mai 1878, *J. P.* 1880, 891 ; Cass., 13 mai 1885, *J. P.*, 1885, I, 1187 ; Cass., 11 août 1885, *J. P.* 1887, I, 162.

— *a l.* Mais si les juges du fait ont un pouvoir souverain pour apprécier les questions d'habitation réelle, c'est à la condition que cette appréciation ne contienne pas une interprétation illégale des éléments qui constituent la résidence ; autrement elle ne saurait échapper à la censure de la Cour de cassation. Cass., 9 mai et 27 juin 1877, Sirey 1877, I, 378 ; Cass., 11 août 1885, *J. P.* 1887, I, 162.

— *a m.* Ainsi, le juge de paix ne peut se baser, pour ordonner l'inscription de cantonniers sur la liste électorale d'une commune, sur la *seule* circonstance que ceux-ci ont été employés depuis un certain temps à la surveillance des travaux de construction d'un pont situé sur le territoire et à 800 mètres du chef-lieu de cette commune, ce qui constituerait pour eux le fait d'une résidence continue dans ladite commune. En effet, des actes de surveillance, isolés de tous autres éléments d'appréciation, n'impliquent point *nécessairement* la résidence de ceux qui les ont exercés dans la commune où ils se sont produits. Cass., 11 août 1885, *J. P.* 1887, I, 162. — V., au surplus, *infra*, n° 57 *bis*, *a*.

— *a n.* Le fait et la durée de la résidence nécessaire pour donner droit à l'inscription sur la liste électorale peuvent être établis soit par la preuve testimoniale (Cass., 16 févr. 1887, *G. P.* 1887, I, 332),... ou par des certificats dont le juge de paix a d'ailleurs le pouvoir d'apprécier souverainement la valeur. Cass., 14 mars 1864, *J. P.* 1864, 1279, n° 3. — V., au surplus, *supra*, n° 7, *a e*, *a k*, *a l*.

— *a o.* Le citoyen inscrit sur la liste électorale d'une commune, seulement en vertu du droit résultant de sa résidence, perd son droit à l'inscription dès qu'il a cessé de résider dans cette commune ; et le juge de paix est souverain appréciateur des circonstances de fait d'où résulte cette cessation de résidence. Cass., 29 mars 1881, *J. P.* 1882, I, 175.

— *a p.* Autrefois, sous l'empire de la loi du 27 juillet 1874 (art. 5, § 4), l'inscription électorale d'un citoyen, fondée sur le seul fait de sa résidence, ne pouvait avoir lieu qu'à la condition qu'il en ait fait la demande personnellement. Il n'en est plus de même aujourd'hui, la loi du 5 avril 1884 (art. 14, § 3, 1°) n'exigeant pas cette condition d'une demande de l'électeur. Il en résulte que tout citoyen doit être inscrit d'office dans la commune où il a une résidence d'au moins six mois. — En tout cas, s'il réclame son inscription, il n'est plus tenu, comme la loi de 1874 lui en faisait une obligation, de joindre à sa demande l'indication du lieu et de la date de sa naissance. Cass., 8 avril 1886, *G. P.* 1886, II, 213.

— *a q.* Si une commune est divisée en plusieurs sections pour l'exercice du droit électoral, chaque section doit être considérée, au point de vue de l'inscription et de l'électorat, comme formant une commune distincte. Il avait été jugé ainsi, sous l'empire de la loi du 7 juillet 1874. Cass., 14 mai 1884,

Sirey 1884, I, 293. — V. aussi, Cass., 2 mai 1883, Sirey 1884, I,
84 ; Cass., 8 avril 1884, Sirey, 1885 I, 84. — Aujourd'hui, sous
la nouvelle législation, il existe les mêmes raisons de décider.
C'est ainsi qu'il a été jugé que, « lorsqu'une commune est divisée en sections électorales, la liste de chaque section ne doit
comprendre que les électeurs qui y ont leur domicile ou leur
résidence, ou qui sont inscrits sur un des rôles des contributions directes à raison d'immeubles situés dans ladite section».
Cass., 3 juin 1891 ; L. 23 juill. 1891.

§ 3. *Des contribuables inscrits au rôle des contributions.*

15. La liste électorale comprend... 2° ceux qui auront été
inscrits au rôle d'une des quatre contributions directes ou au
rôle des prestations en nature, et, s'ils ne résident pas dans la
commune, auront déclaré vouloir y exercer leurs droits électoraux. L. 5 avril 1884, art. 14, alin. 3, 2°.

16. Seront également inscrits les membres de la famille des
mêmes électeurs compris dans la cote de la prestation en nature, alors même qu'ils n'y sont pas personnellement portés,
et les habitants qui, en raison de leur âge ou de leur santé,
auront cessé d'être soumis à cet impôt. *Ibid.*

17.... Cette décision (Cass., 6 avril 1881, *J. P.* 1883, I, 653),
bien que rendue sous l'empire de la loi du 7 juillet 1874, n'a
rien perdu de sa valeur depuis la nouvelle législation de 1884,
et la solution qu'elle renferme doit toujours être suivie.

17 *bis*. — *a.* Sous la loi de 1874, l'inscription au rôle des
contributions ne conférait l'électorat qu'autant qu'elle existait
depuis un an. D'après la législation actuelle, elle est affranchie,
au point de vue de son efficacité, de toute condition de durée ;
il suffit qu'elle existe au moment de la formation de la liste,
pour conférer au contribuable le droit d'y être porté comme
électeur.—V. Cass., 5 mai 1887, *Annales* 1888, p. 18, 3° esp.

— *b.* N'est pas applicable aux conditions d'inscription sur le
rôle des contributions, et doit être, au contraire, expressément
limitée aux conditions d'âge et de résidence, la disposition de
l'article 14 (§ 4) de la loi du 5 avril 1884, qui prescrit l'inscription sur la liste électorale des citoyens qui, bien que ne remplissant pas les conditions requises au moment de la confection
de la liste, doivent cependant les remplir avant la clôture

définitive. Cass., 15 avril 1886, *G. P.* 1886, II, suppl. 33.

18 *bis*. — *a.* L'article 14 (alin. 3, 2°) de la loi du 5 avril 1884 doit être interprété en ce sens qu'il n'oblige les citoyens inscrits au rôle des contributions directes ou à celui de la prestation en nature à faire une *demande* d'inscription sur la liste électorale, qu'autant qu'ils ne résident pas dans la commune où ils figurent sur ce rôle. Ainsi donc, s'ils réunissent les deux conditions d'inscription au rôle et de résidence, ils peuvent être inscrits *d'office* sur la liste. — Il avait été jugé ainsi sous l'empire de la loi de 1874. Cass., 9 oct. 1874, Sirey 1875, I, 36; Cass., 24 mai 1881, *J. P.* 1883, I, 651. Et il existe aujourd'hui les mêmes raisons de décider, la loi du 5 avril 1884 ayant reproduit, sur ce point, les dispositions de l'article 5, § 2, de la loi de 1874.

— *b.* En sens inverse, l'individu porté au rôle des contributions directes d'une commune ou bien d'une section de commune, mais qui n'y a pas sa résidence, ne peut être inscrit que sur sa demande sur la liste électorale de cette commune. Cass., 14 mai 1882, Sirey 1884, I, 293 ; Cass., 5 mai 1887, *Annales* 1888, p. 18 (1re esp.) ; Cass., 22 mars 1888, *J. P.* 1888, I, 800. — Et cette demande n'est soumise à aucune forme particulière. Cass., 9 octobre 1874, *Annales* 1875, p. 165.

— *c.* De ce qui précède, il résulte qu'un tiers électeur n'a pas le droit d'intervenir pour faire ordonner une inscription que le contribuable non résidant ne demande pas, et, par suite, pour interjeter appel du jugement du juge de paix qui a refusé cette inscription. Cass., 22 mars 1888, précité. — Le tiers électeur qui réclame l'inscription sur la liste électorale d'une commune d'un citoyen non domicilié dans la commune et déjà inscrit sur la liste électorale d'une autre commune, en se fondant sur ce que ce citoyen est contribuable porté aux rôles de la commune, doit justifier : 1° d'une demande personnelle du citoyen dont il réclame ainsi l'inscription ; 2° de la radiation de son nom de la liste électorale du lieu de son domicile. Cass. civ., 28 mars 1889, *Annales* 1891, p. 12.

19-20-21. Ces articles, qui se réfèrent au droit que confère, au point de vue de l'électorat, le fait de la naissance dans la commune, sont désormais sans objet.

21 *bis*. Le droit à l'inscription sur la liste électorale est attaché par la loi, non au payement de l'impôt par le contribuable lui-même, ni à la propriété foncière, mais à l'inscription personnelle du contribuable sur les rôles de la commune. Cass., 17 avril 1878, *Annales*, 1878, p. 390 ; Cass., 26 mars 1877, 7 mai 1877, *Annales* 1878, p. 21 ; Cass., 11 avril 1881, Sirey 1883, I, 132 ; Cass., 17 avril 1883, *J. P.* 1883, I, 953 ; Cass., 30 avril 1885, *J. P.* 1886, I, 654.

22. — *a.* Il en résulte que le droit à l'électorat n'appartient pas à l'individu qui, sans être porté à l'un des rôles des contributions de la commune, serait effectivement propriétaire d'immeubles sis dans cette commune et en payerait les impôts. Cass., 8 nov. 1874, *Annales* 1875, p. 194.

— *b...* Que l'individu qui ne figure pas nominalement sur les rôles des contributions d'une commune, ne peut pas se prévaloir de l'inscription qui y est faite soit au nom de sa femme ou de son père (Cass., 7 mai 1877, *Annales* 1878, p. 21 ; Cass., 19 août 1884, *G.P.* 1884, II, 659), soit au nom de son auteur décédé, par exemple, sous la mention : «X..., les héritiers.» Cass., 11 avril 1881, Sirey 1883, I, 132. — Mais il suffit, au cas de propriété indivise, que le réclamant soit compris dans une désignation abrégée, établie conformément aux instructions administratives, et qui se réfère virtuellement à la feuille des mutations où sont mentionnés tous les noms des propriétaires indivis. Cass., 16 avril 1888 et 1er juillet 1889, *Annales* 1891, p. 166.

— *c.* Que l'individu porté au rôle de la contribution foncière ne peut être rayé de la liste électorale sous le prétexte qu'ayant aliéné l'immeuble à raison duquel il est imposé, s'il continue à figurer sur ce rôle, c'est parce que la mutation de propriété n'a pas été opérée, tandis qu'en réalité c'est l'acquéreur qui paye l'impôt. Cass., 14 mai 1877, *Annales* 1878, p. 21.

— *d...* Et que, réciproquement, l'acquéreur de l'immeuble imposé n'est point recevable à réclamer son inscription sur la liste électorale, en invoquant l'inscription du précédent propriétaire, son vendeur, au rôle de la contribution foncière. Cass., 26 mars 1877, *Annales* 1878, p. 53, Sirey 1877, I, 223.

— *e.* Le juge de paix a un pouvoir souverain pour constater qu'un citoyen est porté au rôle de l'une des quatre contributions directes dans la commune où il demande à être inscrit comme électeur. Cass., 11 août 1885, *J. P.* 1887, I, 162.

23... La solution devrait être la même sous l'empire de la loi du 5 avril 1884, avec cette différence, toutefois, que l'inscription au rôle n'a plus besoin de remonter à une année. — Il en résulte que le juge de paix ne peut refuser l'inscription sur la liste électorale d'une commune à un citoyen qui justifie de son inscription au rôle des contributions dans cette commune. Cass., 8 avril 1886, *G. P.* 1886, II, 178.

23 *bis.* — *a.* Et le juge de paix n'a pas à vérifier la régularité et le bien fondé de l'inscription au rôle des contributions, sur laquelle l'électeur base sa réclamation. Cass., 8 avril 1886, précité.

24... V. n° 18 ci-dessus.

25... V. n° 21 *bis* ci-dessus.

26-27... V. *supra.* n°ˢ 22, *b, c.*

27 *bis.* — *a.* L'impôt ne confère l'électorat que dans la commune ou section de commune où il a son assiette. Cass., 23 mars 1885, *Annales* 1886, p. 47; Cass., 30 avril 1885, *J. P.* 1886, I, 654; Cass., 3 août 1886, Sirey 1887, I, 240; Cass., 5 mai 1887 (3 arrêts), *Annales* 1888, p. 18 (1ʳᵉ et 3ᵉ esp.), J. P. 1887, I, 1060.

— *b.* Ainsi, la cote personnelle et mobilière qui a son assiette dans l'habitation, de même que l'impôt des prestations en nature qui, à la différence des contributions directes, n'a spécialement son assiette sur aucun point déterminé de la commune, ne saurait autoriser ceux qui y sont assujettis à réclamer leur inscription sur une liste autre que celle de la section communale où est située leur habitation et où ils résident. Cass., 23 mars 1885, 3 août 1886 et 5 mai 1887, précités.

— *c.* De même, lorsque c'est seulement de l'inscription au rôle de la contribution directe que résulte le droit à l'électorat, ce droit ne peut être exercé que dans la commune ou section de commune où est situé l'immeuble imposé. D'où cette conséquence que le juge de paix n'a pas le droit de baser son jugement qui ordonne l'inscription de l'électeur dans une certaine section, sur ce que « il lui était impossible d'établir dans quelle section est situé son immeuble, et que, dès lors, il y avait lieu de l'inscrire dans la section voisine de sa résidence ». Cass., 30 avril 1885, *J. P.* 1886, I, 654. Comp. Cass., 5 mai 1887, *Annales* 1888, p. 18 (1ʳᵉ esp.).

— *d.* L'électeur qui a sa résidence dans une commune ou section de commune peut demander à être porté sur la liste électorale d'une autre commune ou section, où sont situés des immeubles dont il est propriétaire et pour lesquels il est inscrit sur les rôles des contributions directes. Cass., 16 avril 1885, Sirey 1886, I, 131 ; Cass., 30 avril 1885, Sirey 1886, I, 277 ; Cass., 20 mai 1886, *J. P.* 1886, I, 923 ; Cass., 5 mai 1887, *Annales* 1888, p. 18 (1ʳᵒ esp.).

— *e.* De même il a droit de demander son inscription dans la section où est situé l'immeuble dans lequel il exerce l'industrie à raison de laquelle il est inscrit, dans cette section, au rôle des patentes, encore bien qu'il ait sa résidence dans une autre section. Cass., 5 mai 1887, *Annales* 1888, p. 18 (2ᵉ esp.).

— *f.* Mais, dans l'un et l'autre cas, son inscription sur la liste de la commune ou section où il ne réside pas, ne peut avoir lieu que sur la demande qu'il en a personnellement faite. Cass., 14 mai 1884, *G. P.* 1884, II, 374.

— *g.* Et, dans ce cas, la demande de l'électeur est suffisamment justifiée par la production d'un certificat du percepteur constatant qu'il est inscrit au rôle des contributions directes dans la commune où il réclame son inscription électorale. Cass., 30 avril 1885, précité.

— *h.* L'électeur déjà inscrit dans une commune où il a sa résidence et où il est contribuable, n'en peut pas moins réclamer son inscription électorale dans une autre commune où il ne réside pas, mais où il est porté au rôle des contributions directes, pourvu qu'il ait réclamé dans le délai légal, d'une part, sa radiation, et, de l'autre, son inscription. Cass., 12 mai 1880, *J. P.* 1882, I, 1185 ; Cass., 16 avril 1885, *Annales* 1886, p. 50.

— *i.* L'électeur, non seulement porté au rôle des contributions directes, mais encore inscrit à sa demande sur la liste électorale d'une commune, ne peut être radié sous prétexte qu'il a cessé de résider dans cette commune. Cass., 27 avril 1880, *J. P.* 1882, I, 1051.

— *j.* Jugé dans le même sens que l'électeur n'a pas besoin d'une demande pour être maintenu sur la liste électorale où il a été inscrit comme contribuable, alors même qu'il aurait cessé de résider dans la commune. Cass., 26 avril et 4 mai 1880, Sirey 1881, I, 376.

28 *bis.* L'article 14 de la loi du 5 avril 1884 parle simplement de l'inscription au rôle, sans en déterminer le taux ; en sorte que le fait matériel de cette inscription, quelle que soit d'ailleurs la somme pour laquelle on y est porté, suffit à conférer l'électorat. *Contra*, Just. de paix Lodève, 8 mars 1889, *G. P.* 1889, I, 704.

29-30... V. *supra*, n° 22 *b*, *in fine*.

31... *Adde :* dans le même sens, Just. de paix Clelles, 20 févr. 1884, *G. P.* 1884, II, 168.

31 *bis*. Par suite, le domestique attaché à la personne d'un maître non domicilié dans la commune n'est pas recevable à réclamer son inscription sur la liste électorale de ladite commune, alors d'ailleurs que ledit domestique n'y figure pas aux rôles, ni comme contribuable, ni comme prestataire. Cass., 20 mai 1886, *G. P.* 1886, II, 109.

§ 4. *Numéros 32-34.*

Ce paragraphe est aujourd'hui sans objet.

§ 5. *Numéros 35-44.*

La résidence, qui continue à être l'une des conditions de l'électorat, n'est plus assujettie, aux termes de la loi du 5 avril 1884, qu'à une durée de six mois, et non plus de deux ans, comme sous la loi du 7 juillet 1874. — Voir, sur les principes généraux, le paragraphe 2 ci-dessus.

§ 6. *Des Alsaciens-Lorrains.*

45. La liste électorale comprend : ... 3° ceux qui, en vertu de l'article 2 du traité du 10 mai 1871, ont opté pour la nationalité française et déclaré faire leur résidence dans la commune, conformément à la loi du 19 juin 1871. L. 5 avril 1884, art. 14, alin. 3, 3°.

45 *bis*. Cette disposition est textuellement reproduite de la loi du 7 juillet 1874.

46... Décision toujours exacte. *Adde :* dans le même sens M. Greffier, *De la formation et de la revision des listes électorales*, 2° édit., n°ˢ 62 et 63.

§ 7. *Des ministres des cultes et des fonctionnaires publics.*

47. La liste électorale comprend enfin... 4° ceux qui sont assujettis à une résidence obligatoire dans la commune en qualité, soit de ministres des cultes reconnus par l'État, soit de fonctionnaires publics. L. 5 avril 1884, art. 14, alin. 3, 4°.

47 *bis.* Cette disposition est la reproduction textuelle de l'article 5, § 6, de la loi du 7 juillet 1874.

50 *bis.* Jugé que l'inscription des fonctionnaires publics sur la liste électorale de la commune où leurs fonctions leur assignent une résidence obligatoire est indépendante de toute condition de résidence effective et préalable ou de payement d'impôt. Just. de paix Clelles, 20 févr. 1884, *G. P.* 1884, II, 168.

51 *bis.* — *a.* Jugé dans le même sens, depuis la loi du 5 avril 1884, que le fonctionnaire public, bien qu'assujetti à une résidence obligatoire dans la commune où il exerce ses fonctions, a néanmoins le droit, qui appartient à tout citoyen, de se faire porter, à titre de contribuable, sur la liste électorale d'une autre commune que celle de sa résidence ou de son domicile légal (Cass., 16 avril 1885, *J. P.* 1885, I, 1085), à la condition toutefois de justifier qu'il n'est point inscrit sur la liste de la commune où il exerce ses fonctions. Cass., 21 avril 1887, *G. P.* 1887, I, 649. — Ainsi décidé spécialement à l'égard d'un individu commissionné comme porteur de contraintes auprès d'un percepteur. *Ibid.*

— *b.* Ainsi encore le fait de l'inscription d'un instituteur communal sur la liste de la commune où il remplit actuellement ses fonctions ne met pas obstacle à son maintien sur la liste de la commune où il a son domicile d'origine et où il déclare vouloir continuer d'exercer ses droits électoraux. Cass., 20 mai 1886, *G. P.* 1886, II, 109.

— *c.* La règle posée par l'article 2 de la loi du 7 juillet 1874 (non abrogé par la loi du 5 avril 1884), à savoir qu'aucune réclamation ne peut plus être admise après le délai de vingt jours à partir de la publication de la liste électorale, ne souffre pas exception en ce qui concerne soit les fonctionnaires publics assujettis à la résidence dans la commune (Cass., 13 mai 1885, *J. P.* 1886, I, 656; Cass., 25 mai 1887, *J. P.* 1887, I, 784), ... soit les personnes qui, ne remplissant pas au moment de la publication de la liste les conditions d'âge ou de résidence requises pour l'électorat, ont néanmoins droit à l'inscription, si elles doivent les remplir avant le 31 mars suivant (Cass., 25 mai 1887, *G. P.* 1887, II, 221). — En conséquence, le fonctionnaire public, et particulièrement l'instituteur communal, nommé et installé dans la commune plus de vingt jours après la publication de la liste n'est pas recevable à demander son inscription sur cette liste entre la date de son installation et celle du 31 mars suivant, en se fondant sur l'article 14 de la loi du 5 avril 1884. Cass., 13 mai 1885 et 25 mai 1887, précités.

— *d.* Le fonctionnaire public n'a pas besoin de requérir son inscription sur la liste électorale de la commune où il exerce ses fonctions : il doit y être inscrit d'office. Cass., 26 avril 1880, *J. P.* 1882, I, 947.

52 *bis.* Si les greffiers et les huissiers audienciers (spécialement ceux d'une justice de paix) sont tenus, les premiers comme fonctionnaires publics, et les seconds en qualité d'officiers ministériels, de résider dans la ville où est établi le tribunal auquel ils sont attachés, aucune disposition de loi ne les oblige, au cas de sectionnement d'une ville en plusieurs cantons, à résider spécialement dans un de ces cantons. En conséquence, ils peuvent requérir leur inscription sur la liste électorale de la section où est le siège du tribunal, bien qu'ils n'y aient pas leur résidence. Cass., 23 mars 1885, *Annales* 1886, p. 47, *J. P.* 1885, I, 1084.

53 *bis.* Le prêtre desservant d'une paroisse a le droit de réclamer son inscription sur la liste électorale de la commune où il exerce son ministère, comme y étant assujetti à une résidence obligatoire. Cass., 5 mai 1887, *G. P.* 1887, II, 297.

54... *Adde* : Actuellement et en vertu de la loi du 27 juillet 1872 qui est toujours en vigueur, les gendarmes sont encore assimilés aux militaires et, comme tels, frappés de l'incapacité de voter pendant le temps de leur présence au corps. — V. *infra*, § 8, n° 61, *h, i.*

55... *Adde :* En ce qui concerne les employés *assermentés* d'une compagnie de chemin de fer, la jurisprudence de la Cour de cassation a persévéré dans la doctrine suivant laquelle ils doivent, au point de vue de l'électorat, être considérés comme des fonctionnaires publics, et, par suite, être inscrits sur la liste électorale de la commune où ils exercent leurs fonctions, sans être assujettis à aucune condition de résidence. Cass., 27 avril 1880, Sirey 1882, I, 379. — Et il en est ainsi, bien qu'ils ne soient pas rétribués par l'État. Trib. paix Clelles, 20 janv. 1884, *G. P.* 1884, II, 168.

55 *bis* — *a.* Spécialement, un sous-chef de section sur une ligne de chemin de fer en construction, *assermenté et ayant pouvoir de verbaliser*, étant, en cette qualité, investi d'un caractère public et chargé d'un service permanent d'utilité publique, doit être considéré comme un fonctionnaire public, assujetti à une résidence fixe dans la commune où se trouvent les bureaux de la section à laquelle il est attaché et qu'il ne peut quitter sans une autorisation de l'administration supérieure de la compagnie ; dès lors, il a droit à l'inscription, sans condition de résidence, sur la liste électorale de cette dernière commune. Cass., 27 avril 1880 (deux arrêts), *J. P.* 1882, I, 947. *Sic* M. Greffier, *De la formation et de la revision des listes électorales*, 2º édit., nᵒˢ 76 et suivants.

— *b.* Au contraire, les agents et employés *non assermentés* des compagnies de chemins de fer ne sont point assimilés aux fonctionnaires publics, et, par suite, ils sont soumis au droit commun, comme de simples citoyens. Cass., 21 avril 1879, Sirey 1880, I, 36, et 4 mai 1880, *J. P.* 1882, I, 947 ; Cass., 26 avril 1880, Sirey 1882, I, 379 ; Cass., 7 mai 1883, *J. P.* 1885, I, 172.

— *c.* Un chef de section auxiliaire dans le cadre des travaux de l'État, attaché en cette qualité au bureau de l'ingénieur, étant assujetti à une résidence obligatoire, doit être assimilé à un fonctionnaire public et, par suite, dispensé de toute condition de durée de résidence. Cass., 26 avril 1880, *J. P.* 1882, I, 947. *Sic* M. Greffier, *op. et loc. cit.*

57... *Adde :* Les huissiers, qui sont des officiers ministériels et non des fonctionnaires publics. Cass., 17 avril et 6 mai 1878, Sirey 1878, I, 471.

57 *bis* — *a.* Le cantonnier commissionné pour l'entretien d'un chemin d'intérêt commun desservant plusieurs communes ne peut être considéré comme assujetti à une résidence obligatoire dans l'une spéciale de ces communes ; par suite, il n'a droit à l'inscription sur la liste électorale d'une de ces communes que s'il se trouve dans les conditions de résidence exigées par la loi de tout citoyen en général. Cass., 20 août 1879, Sirey 1880, I, 317 ; Cass., 2 mai 1883 *J. P.*, 1884, I, 173. — V., au surplus, *supra*, nᵒ 7, *a, m.*

— *b.* N'est pas applicable aux professeurs, même titulaires, de l'enseignement supérieur, spécialement à un professeur d'une faculté de droit, l'article 107 du Code civil, aux termes duquel « l'acceptation de fonctions conférées à vie emporte translation immédiate du domicile du fonctionnaire dans le lieu où il doit exercer ses fonctions ». Il en résulte qu'un tiers électeur est sans droit pour demander la radiation d'un professeur d'une faculté de droit de la liste électorale de la commune où il a son domicile d'origine, alors surtout que son inscription, dans la ville où siège la faculté, a été faite d'office et sans sa participation. Cass., 13 mai 1885, *Annales* 1886, p. 51. — *Contra*, Rendu, *Code universit.*, p. 46.

§ 8. *Du service militaire.*

59. L'absence de la commune résultant du service militaire ne porte aucune atteinte aux règles ci-dessus édictées pour l'inscription sur les listes électorales. L. 5 avril 1884, art. 14, alin. 5.

Cette disposition est la reproduction textuelle du dernier alinéa de l'article 5 de la loi du 7 juillet 1874.

61. — *a.* La loi du 5 avril 1884 n'a rien changé, au point de vue électoral, à la situation des militaires, telle qu'elle était réglée par la législation antérieure ; ils ne sont pas privés de la capacité électorale, puisqu'ils doivent être inscrits sur la liste de la commune où se trouve leur domicile de recrutement ; mais l'exercice du droit de vote est suspendu pour eux tant qu'ils sont présents au corps. Circul. min. de l'intér., 10 avril 1884, § 7.

— *b.* Déjà, l'article 5 de la loi du 27 juillet 1872 les écartait des urnes. L'article 2 de la loi du 30 novembre 1875 dispose à à son tour que « les militaires et assimilés de tous grades et de toutes armes des armées de terre et de mer ne prennent part à aucun vote quand ils sont présents à leur corps, à leur poste ou dans l'exercice de leurs fonctions ». Toutefois, « ceux qui, au moment de l'élection, se trouvent en résidence libre, en non-activité ou en possession d'un congé régulier, peuvent voter dans la commune sur la liste de laquelle ils sont régulièrement inscrits. Cette dernière disposition s'applique également aux officiers et assimilés qui sont en disponibilité ou dans le cadre de réserve ». *Ibid.*

— *c.* Par militaires en congé on doit entendre les militaires qui sont pourvus d'une autorisation régulière d'absence de plus de trente jours. Les autorisations d'absence de cette durée présentent seules, en effet, aux termes du décret du 27 novembre 1868, art. 2, les conditions d'un congé. Circul. min. de la guerre, 24 février 1876 ; *ibid.*

— *d.* Le décret du 2 février 1852 (art. 14) porte que les militaires en activité de service et les hommes retenus pour le service des ports ou de la flotte, en vertu de leur immatriculation sur les rôles de l'inscription maritime, seront portés sur les listes électorales des communes où ils étaient domiciliés avant leur départ. — D'un autre côté, l'article 14 de la loi du 5 avril 1884 dispose, reproduisant en cela l'article 5, § 6, *in fine*, de la loi du 7 juillet 1874, que l'absence de la commune résultant du service militaire ne portera aucune atteinte aux règles édictées pour l'inscription sur les listes électorales. Ces deux dernières lois ne visent, il est vrai, que le *service militaire ;* mais cette dernière expression doit, selon nous, être interprétée dans un sens large et considérée comme se référant aux termes du décret de 1852, c'est-à-dire comme s'appliquant indistinctement au *service des armées de terre* ou *de mer.*

De la combinaison et de l'interprétation de ces textes, il résulte que le marin inscrit sur la matricule des gens de mer a sa résidence de droit dans la commune où il est né et où il a satisfait à la loi du recrutement, — que c'est donc dans cette commune qu'il doit être inscrit comme électeur, à moins qu'il n'ait perdu ce droit en allant, depuis sa libération du service, établir sa résidence dans une autre commune. Cass., 6 mai 1884, *J. P.* 1885, I, 50. — Et l'on ne peut lui refuser ce droit sous le prétexte qu'il est inadmissible que, depuis treize ans qu'il a quitté sa commune, il ait été constamment en navigation et qu'il n'ait pas passé une partie de ce temps sur terre. Cass., 6 mai 1884, précité.

— *e.* Jugé, d'après le même principe, par application de l'article 14, alin. 5, de la loi du 5 avril 1885 et de l'article 14 du décret du 2 février 1852, que les militaires et les hommes retenus pour le service des ports et de la flotte doivent être portés sur la liste des communes où ils avaient leur domicile réel avant leur départ, et qu'ils ne sauraient en être rayés, après leur libération du service, sous prétexte qu'ils n'y ont plus actuellement une résidence de six mois et qu'avant leur entrée au service ils n'y avaient déjà plus leur résidence, alors que le jugement qui leur refuse l'inscription ne s'explique pas sur le point de savoir si, à défaut de la résidence, il n'y avait pas le domicile réel ou d'origine. Cass., 11 août 1885, *G. P.* 1885, II, 312. — V. par anal. Cass., 30 avril 1885, *Annales* 1886, p. 49.

— *f.* Mais, si l'absence pour le service ne porte aucune atteinte aux droits de l'électeur, le soldat sous les drapaux ne peut être inscrit sur la liste électorale d'une commune que tout autant qu'au moment de son départ pour l'armée il avait, dans cette commune, soit son domicile réel, soit une résidence qui, sans cette absence, aurait atteint, avant la clôture des listes, une durée de six mois. Cass., 3 août 1886, *G. P.* 1886, II, 419; *J. P.* 1887, I, 304.

— *g.* La règle d'après laquelle le militaire doit être considéré, au point de vue de l'inscription électorale, comme domicilié de droit dans la commune qu'il habitait avant son départ, est fondée sur une simple présomption, qui doit céder devant cette circonstance de fait qu'il a réellement transporté sa résidence dans une autre localité. — Jugé, dans ce sens, qu'un marin classé qui, depuis son retour, a quitté, en se conformant aux lois et règlements de la matière, la commune qu'il habitait avant son départ et a transporté et établi depuis six mois sa résidence dans une autre commune, a le droit de réclamer son inscription sur la liste électorale de cette dernière commune. Cass., 22 mars 1888, *G. P.* 1888, I. 863.

— *h.* Les gendarmes, depuis la loi du 27 juillet 1872, ont cessé d'être assimilés, au point de vue de l'électorat, aux fonctionnaires publics (V. *supra*, § 7, n° 54); ils ont été rangés, sous ce rapport, dans la catégorie des militaires, et, par suite, ils demeurent frappés de l'incapacité de voter pendant le temps de leur présence au corps. Circul. min. de l'intér., 10 avril 1884, § 7. — Tant qu'ils sont présents sous les drapeaux, ils sont censés, comme tout militaire en général, résider dans la commune où ils sont nés et où ils ont satisfait à la loi du recrutement, et, bien qu'ils n'y résident pas effectivement, il y jouissent, en droit, de l'électorat, dont l'exercice est seulement suspendu, en fait, pendant le temps de leur service au corps. Donc, au moment où ils quittent le service, ils ont droit de réclamer leur inscription sur les listes de cette dernière commune. Cass., 13 août 1881, Sirey 1882, I, 379.

— *i.* D'autre part, il suffit, au militaire ou gendarme retraité, pour être inscrit sur les listes électorales d'une commune autre que celle de son lieu d'origine, de justifier d'une résidence réelle et effective de six mois dans cette commune, alors même qu'elle aurait commencé pendant la durée de son service militaire, pourvu qu'elle y soit continuée sans interruption depuis sa libération du service. Cass., 26 nov. 1883, *J. P.* 1884, I, 1073.

§ 9. *Autres cas. — Additions et retranchements postérieurs à la clôture des listes. — Pénalités applicables.*

61... V. *supra*, § 1ᵉʳ, nº 5, et § 2, nº 7, *b.*

62 *bis.* — *a.* La disposition de l'article 8 du décret réglementaire du 2 février 1852, qui autorise à ajouter à la liste, après sa clôture, les électeurs porteurs d'une décision du juge de paix, a été quelquefois interprétée en ce sens, que les juges de paix pouvaient, après le 31 mars, être saisis, soit de demandes directes en inscription, soit d'appels contre des décisions des commissions chargées de la revision des listes. Il y a là un double excès de pouvoirs : d'une part, les juges de paix ne sont jamais, en matière d'inscription sur les listes électorales, juges du premier degré, et ne peuvent connaître que des demandes portées en première instance devant les commissions électorales ; d'autre part, ils ne peuvent statuer que sur les appels formulés au cours de la revision annuelle, dans les délais spécifiés à la loi du 7 juillet 1874 (art. 4), c'est-à-dire dans les cinq jours de la notification des décisions des commissions électorales. — Circul. min. de l'intér., 10 avril 1884, § 2.

— *b.* En conséquence, les seules décisions judiciaires qui peuvent modifier les listes électorales closes le 31 mars de chaque année sont celles qu'ont rendues, postérieurement à cette date, les juges de paix ou la Cour de cassation, mais sur des demandes en inscription ou en radiation formées devant les commissaires dans les délais légaux. *Ibid.*

— *c.* D'un autre côté, les seuls retranchements qui peuvent être opérés sur les listes, après leur clôture, sont ceux qui résultent soit de décès, soit de condamnations judiciaires entraînant la privation des droits électoraux (sans qu'il y ait lieu de distinguer entre les condamnations antérieures ou postérieures à la clôture des listes), soit de décisions des juges de paix ou de la Cour de cassation, rendues sur les réclamations formées dans les délais de la loi. *Ibid.*

62 *ter*. — *a.* La loi du 5 avril 1884 déclare, en outre, applicables aux élections municipales les dispositions concernant l'affichage, la libre distribution des bulletins, circulaires et professions de foi, les réunions publiques électorales, la communication des listes d'émargement, les pénalités et poursuites en matière législative.

— *b.* Parmi les dispositions législatives, relatives à l'affichage électoral, dont l'infraction constitue une contravention passible de peines de simple police, nous pouvons citer notamment la loi du 28 avril 1816 (art. 65 et 69, § 3), la loi du 8 juillet 1852 (art. 30), le décret du 25 août 1852 (art. 1 et 8), la loi du 11 mai 1868 (art. 3, § 3), et la loi du 29 juillet 1881 sur la liberté de la presse (art. 2, 15, 17). — V. notre *Dictionnaire général*, t. I, v° AFFICHES, et notre observation à la suite d'un jugement du Tribunal de simple police d'Hesdin, du 6 septembre 1889 (*Bulletin des décisions*, 1889, p. 281), où l'état de la législation actuelle sur certaines questions relatives à la matière se trouve exposé.

— *c.* Sur le colportage (distributions de circulaires, etc.), voir la loi du 29 juillet 1881 (art. 18, 22 et 64) qui réglemente la matière.

— *d.* Les réunions publiques électorales sont aujourd'hui régies par la loi du 30 juin 1881, dont les articles 10 et 11 portent que « toute infraction aux dispositions de ladite loi sera punie des peines de simple police, sans préjudice des poursuites pour crimes et délits qui pourraient être commis dans les réunions » ; et que « l'article 463 du Code pénal est applicable aux contraventions prévues par la même loi... »

— *e.* La communication à tout électeur requérant des listes d'émargement est prescrite par la loi du 30 novembre 1875 (art. 5, § 3).

— *f.* Quant aux pénalités et poursuites en matière législative, visées par la loi du 5 avril 1884, ce sont celles édictées et prononcées par le décret du 2 février 1852, tit. IV, et par l'article 3 de la loi du 30 novembre 1875, § 4, qui se réfère à l'article 19 de la loi du 2 août 1875 sur les élections sénatoriales, non abrogé par la loi du 9 décembre 1884. — Mais comme toutes ces pénalités se réfèrent à des peines correctionnelles, et que, par suite, la juridiction du juge de paix reste étrangère à la matière, nous n'entrerons pas ici dans de plus amples détails.

— *g*. Notons cependant, à ce sujet, que si la loi du 28 pluviôse an VIII, en modifiant les attributions des secrétaires de mairie, leur a enlevé, à un point de vue général, le titre de fonctionnaires publics, ils ont néanmoins conservé le caractère d'agents de l'autorité municipale, dans le sens de l'article 3, § 3, de la loi du 30 novembre 1875, qui interdit aux agents de l'autorité publique ou municipale de distribuer des bulletins de vote. En conséquence, le fait par un secrétaire de mairie de s'être livré à cette dernière opération, tombe sous l'application des peines prononcées par l'article 22 de la loi du 30 novembre 1875. Toulouse, 31 oct. 1888, Sirey 1889, II, 15 ; Cass., 25 janv. 1889, *J. P.* 1889, I, 306.

62 *quater*. Sont également applicables aux élections municipales les dispositions des paragraphes 3 et 4 de l'article 3 de la loi organique du 30 novembre 1875 sur les élections des députés (distribution de bulletins de vote, professions de foi et circulaires des candidats par un agent de l'autorité publique ou municipale, et tentative de corruption électorale). L. 5 avril 1884, art. 14, dernier alinéa.

Ces dispositions (dont la dernière se confond avec celle déjà rappelée sous le numéro 62 *ter*, *f*, étant sanctionnées par des peines correctionnelles (L. 30 nov. 1875, art. 22, et L. 2 août 1875, art. 19), la matière en échappe à la juridiction du juge de paix ; aussi n'en parlons-nous ici que pour ordre.

CHAPITRE II.

ÉLECTIONS DÉPARTEMENTALES.

§ 1er. *Conseil d'arrondissement et conseil général.*

65... Aucune disposition législative n'étant venue modifier l'article 5 de la loi du 10 août 1871, ni l'article 3 de la loi du 30 juillet 1874, c'est toujours sur les listes dressées pour les élections municipales que doivent se faire les élections du conseil d'arrondissement et du conseil général. Or, comme c'est la loi du 5 avril 1884 (art. 14) qui régit actuellement l'électorat municipal, cette même loi se trouve être en même temps applicable aux conditions de l'électorat départemental.

63 *bis.* Il avait été décidé, avant la loi de 1884, que l'élection au conseil général faite sur la liste politique, et non sur la liste municipale, devait être annulée. Cons. d'État, 14 mars 1884, *G. P.* 1884, II, suppl. 163.

ÉLECTIONS POLITIQUES.

§ 2. *Chambre des députés. Conditions pour être inscrit sur les listes électorales.*

64. L'électorat politique proprement dit, c'est-à-dire celui qui se rapporte spécialement à l'élection des députés, est régi par la loi du 30 novembre 1875, successivement modifiée, quant au mode de votation, par la loi du 16 juin 1885, qui a substitué le scrutin de liste au scrutin uninominal ou d'arrondissement, et par celle du 13 février 1889, qui a rétabli le scrutin uninominal.

64 *bis.* La loi du 30 novembre 1875 porte que les députés seront nommés par les électeurs inscrits : 1° sur les listes dressées en exécution de la loi du 7 juillet 1874 ; 2° et sur la liste *complémentaire* comprenant ceux qui résident dans la commune depuis six mois.

Or, d'une part, la loi municipale du 7 juillet 1874, à laquelle renvoie expressément celle de 1876, a été depuis abrogée et remplacée, en ce qui concerne les conditions de l'électorat, par la loi du 5 avril 1884 (art. 14) ; et, d'autre part, la résidence de six mois, à laquelle la loi de 1875 attache le droit à l'inscription sur la liste complémentaire, est devenue l'une des conditions normales de l'électorat municipal, aux termes de l'article 14 de la loi du 5 avril 1884.

Il en résulte que les règles de l'électorat politique se confondent et s'identifient aujourd'hui avec celles de l'électorat municipal ; en sorte qu'il n'y a plus actuellement qu'un seul électorat, à la fois politique et municipal, et qu'une seule liste électorale, comprenant toutes les personnes énumérées sous l'article 14 de la loi du 5 avril 1884. Circul. min. de l'int., 10 avril 1884, § 2. — V. *supra*, n° 3 *bis a, b, c.*

65. (Aujourd'hui sans objet.)

66, 67... V. au surplus, sur ces différentes questions, *supra*, ch. I, § 8, n° 61, 1°, 2°, **3°**, 8°, 9°.

68. (Aujourd'hui sans intérêt.)

§ 3 et 4. *Numéros 69 à 73.*

Ces deux paragraphes sont devenus sans objet, par suite de l'unification de l'électorat politique avec l'électorat municipal. V. *supra*, n° 64 *bis.*

ÉLECTIONS SÉNATORIALES.

73 *bis.* Les élections sénatoriales sont régies par la loi du 2 août 1875 et celle du 9 décembre 1884. Comme l'application de ces deux lois n'intéresse en rien la juridiction du juge de paix, nous nous bornerons à les mentionner ici pour ordre.

CHAPITRE III.

§ 1er. *Suspension du droit de vote.*

74-75. — V. au surplus, *supra*, n° 61, 1°, 2°, 3°, 8°.

77. *Adde :* Cass., 17 et 29 avril 1878, Sirey 1878, I, 426; Cass., 29 mars 1881, *J. P.* 1882, I, 175.

§ 2. *Des personnes auxquelles la loi refuse les droits électoraux, ou des incapacités..*

82... *Adde :* La loi municipale du 5 avril 1884, pas plus que la loi organique sur l'élection des députés du 30 novembre 1875, ne fait mention des causes d'incapacité; il faut en conclure que l'une et l'autre de ces lois se sont tacitement référées au décret organique pour l'élection des députés du 2 février 1852, dont les articles 15 et 16, partiellement modifiés par la loi du 24 janvier 1889, réglementent la matière des incapacités.

82 *bis — a.* Cette dernière loi du 24 janvier 1889 modifie comme il suit l'article 15, §§ 4 et 14, et l'article 16 du décret du 2 février 1852 :

« *Art.* 15, § 4. — Ceux qui ont été condamnés à trois mois de prison par application de l'article 423 du Code pénal et de l'article 1er de la loi du 27 mars 1851.

« *Art.* 15, § 14. — Les individus condamnés à l'emprisonnement par application de l'article 2 de la loi du 27 mars 1851.

« *Art. 16.* — Les condamnés à plus d'un mois d'emprisonnement pour rébellion, outrages et violences envers les dépositaires de l'autorité ou de la force publique ; pour outrages publics envers un juré à raison de ses fonctions, ou envers un témoin à raison de sa déposition ; pour délits prévus par la loi sur les attroupements, la loi sur les clubs et l'article 1er de la loi du 27 mars 1851, et pour infraction à la loi sur le colportage, ne pourront pas être inscrits sur la liste électorale pendant cinq ans à dater de l'expiration de leur peine. »

— *b.* Parmi les lois et dispositions législatives, dont l'infraction suivie d'une condamnation, emporte, d'après le décret du 2 février 1852, déchéance du droit à l'inscription sur les listes électorales, quelques-unes ont été modifiées ou abrogées.

On peut citer notamment : *l'article 463 du Code pénal* (art. 15, § 3, dudit décret de 1862), lequel a été modifié par la loi du 13 mai 1863, par le décret du 27 novembre 1870 et par la loi du 26 octobre 1888, et dont l'application a été réservée par la loi du 14 août 1889 (art. 6) ; — *l'article 318 du Code pénal* (*Ibid.*, § 4), qui a été abrogé par la loi du 5 mai 1855, laquelle a déclaré applicables aux boissons les dispositions de la loi du 27 mars 1851 ; — *l'article 423 du Code pénal* (*Ibid.*, § 4, modifié par la loi du 24 janv. 1889), dont la rédaction a été changée par la loi du 13 mai 1863, et auquel se réfèrent les lois du 28 juillet 1824, 27 mars 1851, 5 mai 1855, 27 juillet 1867 ; — *l'article 330 du Code pénal* (*Ibid.*, § 5), qui est modifié par la loi du 13 mai 1863 ; — *l'article 8 de la loi du 17 mai* 1819(*Ibid.*, § 6), laquelle est abrogée par l'article 68 de la loi du 29 juillet 1881 sur la liberté de la presse ; — *l'article 443 du Code pénal* (*Ibid.*, § 10), modifié par la loi du 13 mai 1863 ; — *les articles 38, 41, 43 et 45 de la loi du 21 mars 1832 sur le recrutement de l'armée* (*Ibid.*, § 13), laquelle a été abrogée par la loi du 27 juillet 1872, abrogée elle-même par celle du 15 juillet 1889 ; — *la législation des faillites* (*Ibid.*, § 17), qui a été modifiée par la loi du 4 mars 1889 sur la liquidation judiciaire ; — enfin la législation sur le *colportage* (art. 16), qui a actuellement son siège dans les articles 18-22 de la loi du 29 juillet 1881.

83... (alin. 1er). — V. au sujet d'une condamnation pour tentative d'un délit prévu par l'article 15 du décret du 2 février 1882, *infra*, n° 83 *quater*, *e*.

83 *bis.* Si l'incapacité électorale résultant de l'article 15 du décret du 2 février 1852 est de droit étroit, et si, par conséquent, elle ne saurait être étendue et appliquée, par analogie, notamment dans les cas prévus par le paragraphe 5 dudit article, à des actes qui ne seraient pas qualifiés, par la loi pénale ordinaire, de vol, d'escroquerie ou d'abus de confiance (Cass., 5 mai 1885, *Annales* 1886, p. 195 ; Cass., 21 avril 1887, *Annales* 1887, p. 232, *Sic* Hérold, *Droit électoral*, n° 64 ; M. Bavelier, *Dictionnaire de droit électoral*, v° INCAPACITÉ, p. 362, n° 6), — il n'en est pas moins constant qu'elle s'applique à tous les faits et actes qui rentrent dans la définition légale de ces délits. Cass., 5 mai 1885 et 21 avril 1887, précités.

83 *ter.* Par application de ce principe, il a été jugé :

— *a.* Que l'article 15, § 5, du décret du 2 février 1852, qui prive les condamnés à l'emprisonnement pour vol, quelle que soit la durée de cette peine prononcée contre eux, du droit d'être inscrits sur la liste électorale, s'applique à l'individu condamné à l'emprisonnement pour *filouterie*, ce dernier délit étant une variété du vol, compris comme le vol dans l'article 401 du Code pénal et puni des peines édictées par le même article. Cass., 21 avril 1887, *Annales* 1888, p. 83 ;

— *b...* Que le même texte, qui prive de l'électorat les condamnés pour abus de confiance, se réfère ainsi à l'ensemble des articles compris dans la section II, § 2, du chapitre II du Code pénal, art. 406 à 409, lesquels sont réunis sous la rubrique générale « abus de confiance » et punissent des délits qui tous rentrent dans cette qualification, comme, par exemple, *l'abus du blanc-seing*, lequel n'est, en définitive, qu'une variété de l'abus de confiance. Cass., 28 mars 1883, *Annales* 1889, p. 368, *J. P.* 1889, I, 932 ;

— *c...* Que l'incapacité électorale édictée par l'article 15, § 5, du décret de 1852, doit s'appliquer, sans distinction d'aucune sorte, à tous les condamnés à une peine d'emprisonnement pour vol, quelles que soient les circonstances extrinsèques du délit, quelles que soient la durée de la peine et la *juridiction* qui l'a prononcée (Réquisit. de M. Baudouin, procureur général près la Cour de cassation, sous l'arrêt ci-après); en sorte que le militaire, condamné par un conseil de guerre à un an d'emprisonnement pour vol simple, encourt la déchéance prononcée par ledit article 15, § 5. Cass., 5 mai 1885, *Annales* 1886, p. 195 ;

— *d...* Que l'article 15 de la loi du 24 juillet sur les sociétés, par cela qu'il vise l'article 405 du Code pénal prononçant la peine applicable à l'escroquerie, n'entend pas qualifier d'escroquerie les infractions qu'il prévoit, mais simplement leur appliquer les peines qui frappent ce dernier délit ; en sorte que l'individu condamné pour infraction à la loi du 24 juillet 1867 ne se trouve pas dans le cas d'exclusion prévu par l'article 15, § 5, du décret du 2 février 1852. Just. de paix 15° arrond. de Paris, 21 févr. 1889, *G. P.* 1889, I, 703.

85 *quater.* — *a.* Mais l'article 15, § 5, du décret du 2 février 1852 ne s'applique pas à l'individu condamné à l'emprisonnement pour *filouterie d'aliments*, laquelle ne constitue légalement ni un vol, ni une escroquerie, ni un abus de confiance. — V. rapport de M. Greffier, conseiller à la Cour de cassation, sous Cass., 21 avril 1887, *Annales* 1888, p. 83 (sous l'observation), *J. P.* 1888, I, 301, Sirey 1888, I, 132. V., sur le principe, deux arrêts de la Cour de cassation rendus en matière de relégation. Cass., 5 juin et 9 juill. 1886, Sirey 1886, I, 395.

— *b.* Plus spécialement, il a été jugé dans le même sens, que l'incapacité découlant de l'article 15, § 5, du décret de 1852, ne s'applique pas à l'individu condamné par un conseil de guerre pour avoir pris, par fraude et sans payer, à boire et à manger chez l'habitant. Cass., 21 avril 1887, *Annales* 1887, p. 232.—Dans l'espèce, il ne s'agissait pas, il est vrai, d'un délit de filouterie d'aliments proprement dits, puisqu'il n'avait pas été commis au préjudice d'un restaurateur dans les termes de l'article 401, § dernier, du Code pénal. L. 26 juill. 1873.

— *c.* De même l'incapacité électorale, qui résulte d'une condamnation pour vol ou abus de confiance, ne s'étend pas aux condamnations pour détournement d'objets saisis. Bastia, 24 déc. 1871, Sirey 1872, II, 45.

— *d.* Les lois politiques, et spécialement celles qui régissent l'électorat, ont un effet rétroactif. Cass., 22 mars 1876, Sirey 1876, I, 222 ; Cass., 28 oct. 1885, Sirey 1886, II, 377. — Il en résulte que l'incapacité électorale prononcée par le décret du 2 février 1852 frappe les individus dont les condamnations sont antérieures à ce décret. *Ibid.* et Cass., 21 avril 1887 (sol. impl.), *Annales* 1888, p. 83, Sirey 1888, I, 132.

— *e*. Les condamnations pour tentative de l'un des délits prévus par l'article 15 du décret du 2 février 1852 entraînent la même incapacité que les condamnations pour ces délits eux-mêmes, dans tous les cas où la loi pénale assimile, au point de vue du caractère délictueux et de la répression, la tentative de l'infraction à l'infraction elle-même. — Jugé, en conséquence, que la condamnation pour tentative d'escroquerie emporte, comme la condamnation pour escroquerie, l'exclusion de la liste électorale. Cass., 25 juin 1881, Sirey 1882, I, 94.

— *f*. Jugé encore, dans le même ordre d'idées, que l'incapacité électorale résultant de la condamnation pour abus de confiance s'applique à une condamnation pour complicité par recel du même délit. Cass., 5 avril 1869, Sirey 1869, I, 275.

— *g*. Jugé, de même, que l'incapacité prononcée par la loi contre les individus condamnés à l'emprisonnement pour vol doit s'appliquer aux complices comme à l'auteur principal. Cass., 30 avril 1885, *J. P.* 1886, I, 284.

84 *bis*. — *a*. Les délits relatifs à l'exercice des droits civiques, au nombre desquels il faut comprendre les délits de fraude en matière électorale, ont le caractère de délits politiques et, par suite, ils sont compris dans la loi du 11 juillet 1880 portant amnistie des délits politiques. En conséquence, doivent être portés sur les listes électorales les individus condamnés pour des délits de fraude électorale commis jusqu'au 6 juillet 1880. Cass., 11 avril 1881, *J. P.* 1883, I, 303. — V. M. Greffier, *Code électoral*, n° 25. Voir, sur les autres conséquences de la loi d'amnistie du 11 juillet 1880, *infra*, n° 100 *bis*, *b*.

— *b*. L'électeur, condamné pour délit de fraude électorale à un emprisonnement de moins de trois mois (spécialement de huit jours), ne saurait être privé de ses droits électoraux sous prétexte que l'arrêt qui l'avait condamné à cette peine avait probablement prononcé, en outre, contre lui, l'interdiction des droits civiques. Cass., 11 avril 1881, *J. P.* 1883, I, 301. — V. M. Greffier, *op. cit.*, n° 25.

85... V., sur la condamnation pour abus de confiance et pour complicité de ce dernier délit et de celui de vol, *supra*, n°ˢ 83 *bis*, *ter b* et *quater e*, *f*, *g*. — (Alin. 2). La nouvelle loi du 15 juillet 1889 sur le recrutement de l'armée a maintenu, dans ses articles 69, 70 et 71, les dispositions des ar-

ticles 38, 41 et 43 de l'ancienne loi du 21 mars 1832, dont l'infraction entraîne l'incapacité électorale. Elle n'a pas reproduit
les pénalités édictées par l'article 43 de cette dernière loi
contre le délit de substitution ou de remplacement illégal ou
frauduleux; mais, d'un autre côté, elle crée (art. 73, § 2) une
nouvelle cause d'incapacité électorale, qu'elle fait résider dans
toute *condamnation pour insoumission ou désertion en temps de
guerre*.

86 *bis*. — *a*. L'incapacité électorale, établie par le paragraphe 17 de l'article 15 du décret du 2 février 1852, résulte de
l'état de faillite d'un commerçant, du moment que cet état a
été reconnu par une juridiction compétente. Cass., 8 juill. 1885,
Annales 1886, p. 53, *J. P.* 1886, I, 286. — Or, le tribunal de
commerce n'est pas seul compétent pour prononcer la faillite
d'un commerçant; le tribunal correctionnel, saisi d'une poursuite en banqueroute simple, a qualité pour rechercher et constater la qualité de commerçant de la personne poursuivie et
la cessation de ses payements, c'est-à-dire son état de faillite.
Cass., 10 août 1878, Sirey 1879, I, 481; Cass., 23 déc. 1880,
Sirey 1882, I, 435; Cass., 8 juill. 1885, précité. — Donc, est
frappé d'incapacité électorale l'individu condamné par un tribunal correctionnel pour délit de banqueroute simple, cette
condamnation impliquant nécessairement la constatation de
l'état de faillite de cet individu. Cass., 8 juill. 1885, précité.

— *b*. Le commerçant déclaré en état de liquidation judiciaire, dans les termes de la loi du 4 mars 1889, perd le droit
d'éligibilité à toutes fonctions électives (art. 21), mais non pas
l'électorat, c'est-à-dire le droit de vote. Il doit donc, lorsqu'il
est domicilié ou contribuable dans une commune, obtenir son
inscription sur la liste électorale de cette commune. Cass.,
7 avril 1891, *Annales* 1891, p. 327. — V. *infra*, n° 257, 8°.

87 *bis*. La loi du 24 janvier 1889, portant modification de
l'article 15, §4, du décret organique du 2 février 1852, a supprimé la déchéance résultant, au point de vue électoral, d'une
condamnation prononcée par application de l'article 318 du
Code pénal, visant la vente ou le débit de boissons falsifiées.
Ce dernier article ayant été abrogé par la loi du 6 mai 1855.—
V. *infra*, n° 93 *ter*.

89... V. *infra*, n° 91 *bis*.

91 *bis*. Ainsi, un décret, non motivé, qui se borne à pour-

voir au remplacement d'un officier ministériel révoqué (spécialement d'un défenseur en Algérie), ne présente pas le caractère d'une décision judiciaire prononçant la peine de la
destitution pour fait disciplinaire, dans les termes de l'article 15, § 8, du décret du 2 février 1852, et, par suite, n'entraîne pas l'incapacité électorale. Cass., 9 mai 1882, *J. P.* 1883,
I, 1182. — Voir aussi Cass., 19 avril 1880, Sirey 1881, I, 272.
Mais le décret qui, pris conformément à l'article 103 du décret
du 30 mars 1808, destitue un avoué à la suite d'une décision
judiciaire rendue contre ce dernier en matière disciplinaire,
entraîne pour cet avoué l'incapacité électorale établie par le
paragraphe 8 de l'article 15 du décret du 2 février 1852. Cass.,
38 juin 1890, *Annales* 1891, p. 221.

93... (dernier alinéa). Sur la déchéance résultant d'une condamnation à l'emprisonnement par application de l'article 1ᵉʳ
de la loi du 27 mars 1851, V. *infra*, n° 93 *ter*.

93 bis. — *a.* Les incapacités électorales que la loi elle-même
attache à certaines condamnations judiciaires frappent de
plein droit le condamné, encore bien que le jugement de condamnation n'ait pas expressément prononcé l'incapacité. Cass.,
30 avril 1870, Sirey 1870, I, 311 ; Cass., 8 juill. 1885 (sol. impl.),
Annales 1886, p. 53, Sirey 1886, I, 133.

— *b.* Ainsi, l'incapacité résultant d'une condamnation pour
outrage aux bonnes mœurs est de droit et n'a pas, par conséquent, besoin d'être prononcée par le tribunal. Cass., 28 mars
1889, *J. P.* 1889, I, 931. — V. sur les effets de l'amnistie, *infra*,
n° 100 *bis*, *a*, *b*. — Et elle résulte de toute condamnation in-
fligée pour un tel délit, quelle que soit la date de la loi qui est
appliquée, aucune loi postérieure n'ayant abrogé la disposition
de l'article 15, § 6, du décret organique du 2 février 1852, qui
prive du droit à l'inscription tout individu condamné pour
outrage aux bonnes mœurs. *Ibid.*

— *c.* C'est ainsi que la déchéance est encourue par suite
d'une condamnation à l'amende pour outrage aux bonnes
mœurs, à raison de la publication ou de la vente d'un écrit
obscène, dans les termes de la loi du 2 août 1882. Cass., 18 avril
1888, *Annales* 1888, p. 321, Sirey 1888. 1, 173. *Contra*, M. Bar-
bier, *Cod. expliq. de la presse*, t. Iᵉʳ, n° 336.

93 ter. La loi du 24 janvier 1889 (V. *supra*, n° 82) prononce
l'incapacité perpétuelle contre tout individu condamné soit à

trois mois de prison par application de l'article 1er de la loi du 27 mars 1851, soit à l'emprisonnement, quelle qu'en soit la durée, par application de l'article 2 de cette dernière loi ; et elle édicte l'incapacité temporaire de cinq années contre tout individu condamné à plus d'un mois (mais moins de trois mois) de prison, en vertu de l'article 1er de la loi du 27 mars 1851. — Par suite, les individus condamnés à un mois ou à moins d'un mois de prison par application de l'article 1er de la loi du 27 mars 1851, ne sont frappés d'aucune interdiction de leurs droits électoraux.

La même loi de janvier 1889 supprime l'incapacité résultant d'une condamnation prononcée en vertu de l'article 318 du Code pénal, ce dernier article ayant été abrogé par la loi du 5 mai 1855, laquelle a déclaré applicables aux boissons les dispositions de la loi du 27 mars 1851.

95 *bis.* Décidé aussi qu'une condamnation à l'emprisonnement pour bris de clôtures n'entraîne pas l'incapacité électorale. Cons. d'État, 20 nov. 1885, *Rec. Leb.* 1885, 857.

99 *bis.* Le jugement par lequel le tribunal d'un pays étranger (devenu depuis français par l'annexion), après avoir reconnu et déclaré un individu coupable d'un délit de vol entraînant la peine d'emprisonnement d'après la législation de ce pays, a ordonné son élargissement par ce motif, admis par ladite législation, qu'il avait été suffisamment puni par la détention préventive qu'il avait soufferte, produit tous les effets d'une véritable condamnation à l'emprisonnement, et produit l'incapacité électorale. Cass., 30 avril 1885, *J. P.* 1886, I, 284. — V. sur les effets d'une condamnation prononcée par le tribunal d'un pays étranger depuis devenu français, *infra*, n° 101 *bis, d.*

100 *bis.* — *a.* Parmi les dernières lois d'amnistie, on peut citer notamment : 1° celle du 11 juillet 1880, qui s'applique à tous les délits de presse, commis jusqu'à la date du 6 juillet 1880 ; 2° la loi du 29 juillet 1881 sur la presse, dont l'article 70 accorde amnistie pour tous les crimes et délits commis par la voie de la presse ou autres moyens de publication... jusqu'au 21 juillet 1881 (L. complément. du 29 juill. 1881),... sauf l'outrage aux bonnes mœurs.

— *b.* Jugé que la loi du 11 juillet 1880, accordant amnistie pour tous les délits de presse commis jusqu'au 6 juillet 1880, comprend, dans la généralité de ses termes, tous les délits prévus par les lois spéciales sur la presse, notamment par la loi du 17 mai 1819, que ces délits aient été commis par la voie de la presse ou par tout autre mode de publication. Cass., 5 juin 1883, *J. P.* 1884, I, 172. — En conséquence, l'individu condamné antérieurement au 7 juillet 1880 pour outrage public à la morale publique et aux bonnes mœurs, par application des articles 1ᵉʳ et 8 de la loi du 17 mai 1819, bénéficie de l'amnistie prononcée par la loi du 11 juillet 1880 et a droit à l'inscription sur les listes électorales.

101... (alin. 1ᵉʳ) *Adde* dans le même sens : Cass., 4 août 1886, *G. P.* 1886, II, 376.

101 *bis.* — *a.* Jugé, dans le même sens, que les incapacités civiques résultant d'une condamnation judiciaire ne sont pas éteintes par la grâce même totale, et qu'elles ne peuvent cesser que par une amnistie ou une réhabilitation. Cass., 4 août 1886, *J. P.* 1887, I, 59. — V. en outre, spécialement quant aux effets de l'amnistie, Cass., 5 juin 1883, Sirey 1884, I, 83.

— *b.* La prescription de la peine n'éteint pas non plus l'incapacité électorale. Cass., 30 mars 1863, Sirey 1863, I, 558.

— *c.* L'incapacité électorale que la loi attache de plein droit au seul fait de la condamnation prononcée à raison de certains crimes ou délits ne saurait se prescrire par une inscription plus ou moins prolongée sur les listes électorales. Cass., 30 avril 1885, *J. P.* 1886, I, 284.

— *d.* S'il est de règle que les condamnations pénales, prononcées par les tribunaux étrangers, sont sans application en France, ce principe reçoit exception au cas où le pays dans lequel la sentence a été rendue vient à être annexé au territoire de la France. Cass., 30 avril 1885, *J. P.* 1886, I, 284. — En conséquence, la condamnation à l'emprisonnement pour vol, prononcée par un tribunal de la Savoie, avant l'annexion de ce pays à la France, entraîne pour le condamné l'incapacité électorale en France. *Ibid*.

— *e.* Sur le casier judiciaire spécial aux condamnations entraînant l'incapacité électorale, voir *infra*, n° 113 *ter*, *b*.

CHAPITRE IV.

§ 1er. *Des listes électorales, de leur formation par la commission administrative et des réclamations dont elles sont l'objet.*

105... *Adde :* Et le jour même du dépôt au secrétariat de la mairie de la liste électorale, ou plutôt du tableau contenant les retranchements à cette liste, avis doit en être donné par voie d'affichage aux lieux accoutumés (art. 2 du décret du 2 févr. 1852, visé par la loi du 7 juill. 1874). — Mais la liste de retranchement n'a pas besoin d'être affichée elle-même. Trib. Corbeil, 3 mai 1888, *Annales* 1889, p. 315; Cons. d'État, 23 janv. 1885, D., *P.* 1885, V, 178. — Par suite, le maire, qui a fait ou laissé afficher ce tableau de retranchement, outrepasse ses pouvoirs, et alors qu'un électeur a été rayé de la liste élec- torale sans cause légitime, cet affichage du tableau constitue de la part du maire une faute personnelle dont il doit répara- tion audit électeur, encore bien que l'affiche ne mentionne pas le motif de la radiation opérée. *Ibid.*

105 *bis*. — *a.* Jugé que la demande d'inscription doit, à peine de non-recevabilité, être formée dans le délai de vingt jours à partir de la publication des listes, conformément à l'article 2 de la loi du 7 juillet 1874, laquelle n'a pas été abro- gée en cette partie par celle du 5 avril 1884. Cass., 30 avril 1885, *J. P.* 1886, I, 654. — V. cependant *infra*, n° 173 *bis*, *c*.

— *b.* En conséquence, la demande d'inscription formée après le vingtième jour qui suit la publication des listes est tardive et irrecevable. Cass., 4 mai 1880, Sirey 1881, I, 326.

— *c.* Mais elle peut être utilement faite le vingtième jour jusqu'à minuit. — V. M. Greffier, *Format. et revis. ann. des listes élector.*, n° 153, *in fine*.

— *d.* Lorsque ce vingtième et dernier jour du délai, la mairie est restée fermée de midi à deux heures du soir et de quatre heures à sept heures, l'électeur qui s'est présenté pen- dant la fermeture des bureaux (spécialement à six heures moins le quart du soir) pour former sa réclamation doit être considéré comme ayant été dans l'impossibilité de le faire ; et, dès lors, l'absence de décision de la commission munici- pale équivaut au rejet de sa demande, et ne fait pas obstacle à ce qu'il se pourvoie devant le juge de paix. Cass., 7 mai 1883 (quatre arrêts), *J. P.* 1884, I, 172. — V. sur l'application du même principe, *infra*, n° 173 *bis*, *b*.

Et il en serait ainsi quand même la mairie aurait été réouverte de sept heures du soir à minuit, si cette circonstance n'a pas utilement été portée à la connaissance des réclamants. *Ibid.*

— *e.* Le fait par le maire d'avoir tenu la mairie fermée à plusieurs reprises pendant le dernier jour du délai accordé pour le dépôt des réclamations contre la liste électorale, ne constitue pas un acte administratif dont il n'appartienne pas au juge de paix de connaître. *Ibid.*

— *f.* Mais, lorsque le maire a donné avis aux électeurs que les décisions de la commission municipale leur seraient seulement communiquées à de certains jours et heures déterminés, l'électeur qui n'a pas voulu se soumettre à cette réglementation n'est plus fondé à attaquer les décisions de la commission municipale après le délai fixé pour la clôture des listes, c'est-à-dire après les vingt jours qui suivent l'époque où elles ont été rendues publiques. Cass., 27 juill. 1887, D., *P.* 1888, I, 341. — V. *infra*, n° 173 *bis*, *b*, *d*.

— *g.* Les tableaux rectificatifs de la liste annuelle électorale, dressés dans chaque commune, en exécution des articles 1er de la loi du 7 juillet 1874, et 4 du décret du 2 février 1852, sont nuls si le délégué de l'administration n'a pas concouru à leur établissement (Cons. préfect. Gironde, 10 mars 1886, *Rec. de Bordeaux* 1886, III, 35),... ou s'ils ne sont pas signés de ce délégué. Cons. préfect. Gironde, 10 mars 1887, *Rec. de Bordeaux* 1887, 36.

— *h.* — V. sur le droit des tiers électeurs de réclamer l'inscription d'un citoyen omis sur la liste, *supra*, n° 114 *bis*, *b*.

— *i.* Une demande d'inscription sur la liste électorale peut être valablement formée avant la période de réclamation fixée par le décret réglementaire du 2 février 1852 et l'article 2 de la loi du 7 juillet 1874. Cass., 22 mai 1883, *Annales* 1886, p. 194.

106.... Il y a lieu de remarquer que la durée de la résidence exigée par la loi du 5 avril 1884 n'est plus actuellement que de six mois. — V. sur les droits du tiers électeur, en matière de réclamation tendant à l'inscription d'un citoyen, *infra*, n° 114 *bis*, *b* et 124 *bis*, *d*, *g*.

111 *bis.* — *a.* L'omission de l'avertissement prescrit par l'article 4 de la loi du 7 juillet 1874, en cas de radiation d'office, n'emporte pas la nullité de la décision de la commission administrative ; mais elle laisse subsister pour l'électeur rayé le droit de se pourvoir devant la commission municipale pour obtenir que les motifs de sa radiation lui soient connus et qu'il soit mis à même de les contrôler et de les combattre. Cass., 27 juill. 1887, *Annales* 1888, p. 155, *J. P.* 1888, I, 639.

— *b.* Le tiers électeur qui réclame contre la radiation d'office d'un électeur opérée par la commission administrative, est sans droit et sans qualité pour se plaindre que l'avertissement prescrit par l'article 4 de la loi du 7 juillet 1874 n'ait pas été donné par le maire à l'électeur rayé (Cass., 20 mai 1885, *J. P.* 1886, I, 753)... et cela, quand bien même ce dernier serait intervenu en instance d'appel. *Ibid.*

— *c.* Quand la commission administrative a prononcé la radiation de divers électeurs sans donner à ceux-ci l'avertissement prescrit par l'article 4 de la loi du 7 juillet 1874, un tiers électeur peut, en vertu du principe de la permanence des listes électorales, demander le rétablissement sur la liste des noms des électeurs rayés, sans avoir d'autre preuve à faire, à l'appui de sa demande, que celle de l'inscription antérieure des électeurs dont s'agit. Cass., 27 juill. 1887, *Annales* 1888, p. 155.

115 *bis.* De plus, la commission administrative peut rayer d'office sur la liste électorale les noms des individus qu'elle reconnaît y avoir été indûment inscrits. Cass., 16 avril 1885 (motifs), *J. P.* 1876, I, 61.

Il n'en est pas de même des commissions municipales, lesquelles n'ont le droit d'opérer d'office aucune radiation sur la liste. — V. *infra*, n° 115 *bis.*

— *a.* La jouissance des droits civils et politiques doit toujours se présumer. En conséquence, le citoyen qui réclame son inscription sur la liste électorale n'est pas tenu de justifier, par la production de l'extrait de son casier judiciaire, qu'il jouit de ses droits civils et politiques. Cass., 8 avril 1884, *Annales* 1886, p. 148. — V. *supra*, n° 2 *bis*, *d*, *e.* Par analogie, en matière d'élections consulaires, *infra*, n°ˢ 252, 253, 259.

— *b.* Du reste, le maire aura toujours un moyen facile de se renseigner sur la capacité électorale de chaque électeur en se

reportant à l'espèce de casier judiciaire dont les circulaires
ministérielles ont prescrit l'établissement en ce qui concerne
les condamnations qui entraînent la déchéance des droits électoraux. — Les greffiers des tribunaux correctionnels et des
cours d'assises, ainsi que les commissaires du gouvernement
près les conseils de guerre, sont tenus de dresser le bulletin
de toutes les condamnations auxquelles la loi a attaché
la déchéance de l'électorat, et de le faire parvenir au sous-préfet de l'arrondissement où est située la commune du lieu de
naissance de l'individu condamné. Les greffiers des tribunaux
maritimes de Brest et de Toulon doivent également faire le
relevé des condamnations de même nature prononcées par les
conseils de guerre à bord et les conseils de justice ; et, quant
aux condamnations émanant des autres juridictions maritimes
permanentes, le bulletin en est dressé par le parquet de ces
juridictions. Le sous-préfet, une fois en possession du bulletin,
en avise le maire des communes où est né chaque individu
condamné, puis il réunit et coordonne en un casier spécial
tous les bulletins et relevés qui lui sont parvenus. C'est à ce
bulletin, dont il a le droit de demander copie, que le maire
peut recourir, toutes les fois qu'il le juge utile ; et à cet effet,
il doit s'adresser au sous-préfet du lieu de naissance de l'individu, si ce lieu est situé dans son propre département, sinon
au préfet du département dont cet individu est originaire. —
V. MM. Greffier, *Code élector.*, n° 38, et Bavelier, *Dictionn. de
dr. élector.*, 2ᵉ édit., vᵒ INCAPACITÉ, nᵒˢ 45 et suivants.

— *c.* La juridiction administrative n'est pas compétente pour
connaître des réclamations formées contre la confection ou la
revision des listes électorales. Cons. d'État, 5 mars 1886, *Rec.
Leb.* 1886, 213 ; Cons. d'État, 16 avril 1886, *Ibid.*, 1886, 359.
— Cette compétence est exclusivement réservée, au premier
degré de juridiction, à la commission municipale instituée par
l'article 2 de la loi du 7 juillet 1874, et, au deuxième degré, au
tribunal du juge de paix, statuant comme juge d'appel.

— *d.* D'autre part, l'électeur qui a à se plaindre des opérations de la commission instituée par l'article 1ᵉʳ de la loi du
7 juillet 1874, ne peut que se pourvoir par voie de réclamation
devant la seconde commission instituée par l'article 2 de la
même loi, et non directement, par voie d'appel, devant le juge de
paix. Just. de paix Marseille, 17 mars 1888, *Rec. d'Aix*, 1888, 339.

§ 2. *Des réclamations devant la commission municipale.*

114 *bis*. — *a*. La commission municipale, instituée pour statuer, comme premier degré de juridiction, sur les réclamations relatives aux inscriptions sur la liste électorale, n'a de juridiction et ne peut, par conséquent, délibérer valablement que si les cinq membres désignés par la loi pour la composer sont présents et concourent à la délibération. Cass., 2 mai 1883, *G. P.* 1883, II, 16, 1re partie ; Cass., 11 avril 1888, *G. P.* 1888, II, 261. — Par suite, la décision prise par la commission municipale irrégulièrement composée est nulle, et cette nullité entraîne celle de la sentence du juge de paix qui, ayant purement et simplement confirmé sur appel une semblable décision, s'en est ainsi approprié le vice. Cass., 11 avril 1888, précité. — V. *infra*, n° 182 *bis*, *b*. — En matière électorale, l'omission de statuer de la part de la juridiction du premier degré équivaut à une décision de rejet. Le juge de paix saisi en temps utile de la réclamation de l'électeur victime de cette omission ne peut donc se déclarer incompétent alors qu'il ne méconnaît pas que le demandeur ait formé sa demande devant la commission municipale. Cass., 25 avril 1892, *Annales* 1891, p. 331.

— *b*. Tout électeur inscrit sur l'une des listes de la circonscription peut demander l'inscription d'un citoyen omis, toutes les fois qu'elle peut avoir lieu d'office. Cass., 22 mai 1883, *Annales* 1886, p. 193. — V. *infra*, n° 124 *sexies*.

115 *bis*. La commission municipale, étant investie d'un pouvoir de juridiction, ne peut que statuer sur les demandes de radiation dont elle est saisie par une personne dûment qualifiée ; et, par conséquent, elle ne peut rayer d'office aucun électeur inscrit sur les listes électorales. Cass., 16 avril 1885, *J. P.* 1886, I, 61.

Mais la commission administrative a le droit de rayer d'office sur la liste électorale les noms des individus qu'elle reconnaît y avoir été indûment inscrits. *Ibid.* (motifs).

116... V. dans le même sens, *infra*, n° 173 *bis*, *a*, *b*, *c*.

117 *bis*. — *a*. A défaut de notification de la décision de la commission municipale à l'électeur qui a fait la réclamation et auquel l'inscription est refusée, le délai d'appel ne court pas contre lui. Cass., 4 janv. 1882, Sirey 1883, I, 182 ; Cass., 21 juill. 1886, Sirey 1887, I, 134.

V. *infra*, n°ˢ 124 *bis*, *b*, et 128 *bis*, *b*, *c*.

— *b*. Dans le cas où c'est un tiers électeur qui a fait la réclamation, la notification doit être faite à ce tiers électeur lui-même, et elle ne saurait être valablement suppléée par celle qui serait adressée à l'individu dont l'inscription était réclamée. Cass., 21 juill. 1886, précité. — Et il en est ainsi surtout, alors que celui-ci n'a point fait lui-même de réclamation, et n'a point été partie devant la commission municipale. *Ibid.*

119... V. *infra*, n° 190 *bis*.

120... *Adde :* Sur le principe que l'autorité de la chose jugée s'applique aux décisions des commissions municipales en matière d'élections. — V. Cass., 30 avril 1875, Sirey 1875, I, 277 ; Nîmes, 27 mars 1876, Sirey 1877, II, 73 ; Just. de paix Hirson, 14 févr. 1889, *Bulletin des décisions* 1889, p. 248. — *Sic* MM. Bavelier, *Dictionnaire de droit électoral*, v° COMMISSION MUNICIPALE, n°ˢ 26 et suiv. ; Greffier, *Code électoral*, n° 125.

121 *bis*. La commission municipale, saisie par plusieurs tiers électeurs d'une demande collective en radiation de plusieurs électeurs inscrits, peut statuer sur le tout par une seule décision, alors d'ailleurs que chacun des défendeurs y est exactement indiqué par ses noms et prénoms, et que les motifs de la décision sont les mêmes pour tous. Cass., 8 juillet 1885, *J. P.* 1887, I, 162.

122 *bis*. — *a*. L'obligation pour les tribunaux de garder la minute de leurs décisions est une règle générale qui s'applique nécessairement aux décisions que rendent, en matière électorale, les commissions municipales. Cass., 16 mai 1881, *J. P.* 1883, I, 652.

— *b*. Le juge de paix ne saurait suppléer, par des renseignements pris auprès de l'un des membres de la commission municipale, à l'absence de la minute de la décision verbale rendue par cette commission ; et, en pareil cas, il doit déclarer nulle la décision qui lui est déférée, évoquer et statuer au fond. *Ibid.* — Sur le pouvoir d'évocation du juge de paix, voir *infra*, n° 144 *bis*, *a*, et 182 *bis*, *b*.

§ 3. *Appel devant le juge de paix. Forme de l'appel. Délai.*
Compétence. Questions préjudicielles.

124 *bis*. — *a*. Tout tiers électeur a droit, aux termes de
l'article 19 du décret du 2 février 1852, de réclamer contre
les inscriptions ou les radiations sur la liste électorale qui lui
semblent faites indûment, et, par suite, d'interjeter appel
devant le juge de paix des décisions de la commission municipale qui modifient les listes (Cass., 7 déc. 1880, Sirey 1881,
I, 374 ; Cass., 11 mai 1881, Sirey 1883, I, 476 ; Cass., 3 juin
1885, *J. P.* 1886, I, 755),... et cela, quand bien même il n'aurait pas été partie en première instance. Just. de paix Agen,
22 févr. 1886, *Rec. d'Agen* 1886, 48.

— *b*. Et l'exercice de ce droit d'appel a pour point de départ
les décisions elles-mêmes, et pour délai le laps de temps accordé à tout électeur inscrit pour agir en vertu de son droit
de contrôle des listes, dont l'appel n'est qu'un des modes
d'exercice. Cass., 7 déc. 1880, précité ; Cass., 12 avril 1881,
Sirey 1881, I, 371 ; Cass., 11 mai 1881, précité. — En conséquence, le tiers électeur a, pour interjeter cet appel, le délai
de vingt jours à partir de la prononciation de la décision. Cass.,
11 mai 1881 et 3 juin 1885, précités. — Nulle disposition de la
loi n'autorise à compter, dans le calcul de ce délai, le jour où
la décision attaquée est intervenue. Cass., 23 mai 1889, *Annales*
1891, p. 17. — Mais ce droit d'appel peut, à raison des entraves qu'il a subies, par suite du refus du maire de commu-
niquer au tiers électeur les décisions de la commission municipale, s'exercer exceptionnellement, même après la clôture
des listes, pendant les vingt jours qui suivent l'époque où
elles ont été rendues publiques. Cass., 12 avril 1881, précité ;
Cass., 30 juin 1885, *J. P.* 1886, I, 755 ; Just. de paix Bagnères-
de-Bigorre, *Bulletin des décisions* 1889, p. 191. — V. *infra*,
n° 173 *bis*, *b*, *c*, *d*, et *supra*, n° 117 *bis*, *a*.

— *c*. Le tiers électeur, qui réclame l'inscription d'un citoyen
sur la liste, exerce un droit qui lui est personnel et n'a à justifier d'aucun mandat de ce dernier. Cass., 16 avril 1885,
Annales 1886, p. 290.

— *d*. Mais l'inscription sur la liste électorale d'une commune d'un électeur qui est porté sur cette commune au rôle

des contributions directes, mais qui n'y a pas sa résidence, ne pouvant être faite que sur sa demande, un tiers électeur n'a pas le droit d'intervenir pour faire ordonner une inscription que le contribuable non résidant dans la commune ne demande pas et, par suite, pour interjeter appel devant le juge de paix de la décision de la commission municipale qui a refusé cette inscription. Cass., 22 mars 1888, *J. P.* 1888, I, 800.

— *e.* L'appel relevé par un tiers électeur, dans le délai légal, contre une décision de la commission municipale, est recevable, alors même que l'appel formé contre cette même décision par la partie intéressée elle-même aurait été déclaré irrecevable, comme tardif, par un précédent jugement ayant autorité de chose jugée, — mais à la condition, toutefois, que ce jugement ait déclaré ne rien préjuger au fond. Cass., 21 août 1882, *J. P.* 1883, I, 1056.

— *f.* Bien plus, si un tiers électeur, qui a été partie à la décision de la commission municipale rendue sur sa réclamation et qui en a reçu la notification, a omis de se pourvoir par appel dans les cinq jours de cette notification, son inaction ne peut porter atteinte au droit des autres tiers électeurs, qui trouvent dans cette qualité même le droit de saisir le juge compétent de leurs réclamations, tant que n'est pas expiré le délai de vingt jours à partir de la prononciation de ladite décision de la commission municipale. Cass., 28 mars 1889, *G. P.* 1889, II, 265.

— *g.* Tout électeur inscrit sur l'une des listes de la circonscription peut demander l'inscription d'un citoyen omis, toutes les fois qu'elle peut avoir lieu d'office. Par suite, viole la loi, le juge de paix qui repousse cette demande sans établir que celui dont l'inscription était requise était dans le cas où la loi exige une demande formelle du citoyen qui veut être inscrit. Cass., 22 mai 1883, *Annales* 1886, p. 193.

125... Et il en est ainsi, au point de vue de l'irrecevabilité de l'acte d'appel, soit que la lettre missive ait été adressée au juge de paix lui-même (Cass., 8 mai 1877, *Annales* 1877, p. 343), soit qu'elle ait été adressée au greffier. Cass., 12 mai 1880, Sirey 1882, I, 381.

126 *bis.* Mais si une lettre missive adressée directement au juge de paix ne le saisit pas régulièrement de l'appel, il en est autrement quand il est prouvé que cette lettre a été préalablement déposée au greffe de la justice de paix par l'appelant, transmise au juge par son greffier, que la date de la réception a été constatée, et que la lettre, rédigée dans les formes légales d'une requête, indique les noms des parties, la date des décisions attaquées et les moyens proposés par les appelants. Cass., 12 août 1885, *J. P.* 1886, I, 528. — V. *infra*, n° 147 *bis*.

127... V. le numéro 126 *bis*, *supra*, et les numéros 139 *bis* et 147 *bis*, *infra*.

127 *bis*. Quoi qu'il en soit, si les jugements rendus en matière électorale sont dispensés des formes de procédure, ils ne sont cependant pas affranchis des formalités et conditions considérées comme substantielles. Cass., 6 nov. 1888, *Annales* 1889, p. 367. *Sic* MM. Bavelier, *Dictionn. de dr. élect.*, v° Juge de paix, n° 24, p. 442 ; Greffier, *Code élect.*, n° 167. — V. sur l'application de ce principe, *supra*, n° 126 *bis*, et *infra*, n°° 139 *bis*, 147 *bis* et 151 *bis*, *a*.

128 *bis*. — *a*. N'est pas recevable l'appel interjeté par la partie plus de cinq jours après la notification de la décision municipale. Cass., 29 mars 1881, *J. P.* 1883, I, 302. *Sic* M. Greffier, *Code élect.*, n° 141 *bis*.

— *b*. A défaut de notification de la décision de la commission municipale qui refuse l'inscription d'un électeur sur la liste, le droit d'appel s'exerce sans limitation de délai. — V. *supra*, n° 117 *bis*, *a*.

— *c*. Mais les solutions qui précèdent ne s'appliquent qu'à la *partie* elle-même ayant figuré à la décision de la commission municipale, mais non au *tiers électeur*, lequel a toujours et n'a jamais qu'un délai de vingt jours à partir de la prononciation de la décision pour interjeter appel. —V. *supra*, n° 124 *bis*, *b*. *Contra*, M. Greffier, *op. cit.*, n° 142.

129... (alin. 3 et 4). — V. *supra*, n°° 117 *bis*, *a*, *b*, et 128 *bis*, *a*, *b*, *c*... (Alin. 5.) — V. *infra*, n° 173 *bis*, *b*, *d*, dans le même sens.

130... La jurisprudence décide aujourd'hui que le délai imparti au tiers électeur, qui n'a pas été partie devant la commission, pour interjeter appel de la décision de cette commission, est de vingt (et non pas de dix) jours à partir de la prononciation de cette décision. — V. *supra*, n° 124 *bis*, *b*, alin. 2 ; et, en cas d'entraves apportées par le maire à l'exercice de son droit d'appel, *ibid.*, alin. 3, et *infra*, n° 173 *bis*, *c*.

— En effet, ce délai n'est point réglé par les dispositions de l'article 21 du décret du 2 février 1852, exclusivement relatives à l'appel formé par les *parties intéressées*, mais par celles de l'article 1ᵉʳ du décret du 13 janvier 1866, qui accorde le délai de vingt jours à tout électeur pour agir en vertu de son droit de contrôle. Cass., 1ᵉʳ déc. 1874, *Annales* 1875, p. 334.

134. — *a* (alin. 1ᵉʳ). *Adde :* Cass., 16 avril 1885, *Annales* 1886, p. 291 ; Cass., 27 juill. 1887, *Annales* 1889, p. 118, *D., P.* 1888, I, 341.

— *b* (alin. 2). *Adde :* Jugé, de même, que la partie qui a comparu en personne ou par mandataire devant le juge de paix est non recevable à se plaindre de ce que l'avertissement prescrit par l'article 22 du décret du 2 février 1852 ne lui aurait pas été donné par le juge de paix. Cass., 3 août 1886, Sirey 1887, I, 230.

— *c*. Mais serait nulle, la décision du juge de paix rendue en matière électorale, sans que l'avertissement exigé par l'article 22 du décret du 2 février 1852 ait été préalablement donné à la partie intéressée, spécialement au tiers électeur qui avait poursuivi devant la commission municipale la radiation d'un électeur inscrit, et alors d'ailleurs que cette partie n'a pas comparu dans l'instance et n'a point été entendue. Cass., 22 juin 1880, Sirey 1881, I, 427 ; Cass., 8 juin 1880, Sirey 1882, I, 429 ; Cass., 16 avril 1885, Sirey 1886, I, 38 ; Cass., 22 mars 1888, *J. P.* 1888, I, 930. — En effet, l'avertissement de comparaître prescrit par l'article 22 du décret organique du 2 février 1852 constitue une formalité substantielle, dont l'omission emporte nullité de la sentence du juge de paix. Cass., 10 avril 1888, *G. P.* 1888, II, 287.

— *d*. Toutefois cette nullité ne donne pas à la partie, à l'égard de laquelle l'omission a été commise, le droit de faire opposition au jugement qui en est entaché, mais seulement celui de se pourvoir par la voie du recours en cassation. Cass., 10 avril 1888 (2ᵉ esp.), *loc. cit.* — Et l'opposition doit, en pareil cas, être déclarée, même d'office, irrecevable. *Ibid.* — V. encore Cass., 22 juin 1880, Sirey 1881, I, 127 ; M. Greffier, *Format. et revis. des listes élector.*, n° 171.

135, 136, 137... — V. *supra*, n° 134, *c, d*.

138 *bis*. — *a*. Est insuffisamment motivé le jugement du juge de paix qui ordonne la radiation d'un électeur de la liste électorale, par ce seul motif « que celui-ci ne réunit aucune des conditions voulues pour être électeur dans la commune », et sans expliquer en quoi les conditions légales du droit à l'électorat font défaut à cet électeur. Cass., 30 avril 1885, *J. P.* 1886, I, 654.

— *b.* Cependant il a été jugé par la Cour de cassation (8 mai 1877, Sirey 1877, I, 319) que la sentence du juge de paix, repoussant une demande d'inscription, est suffisamment motivée, en ce qu'elle déclare que le réclamant ne remplit aucune des conditions voulues par la loi. — Mais il y a lieu d'observer que, dans l'espèce de ce dernier arrêt, l'insuffisance ou, du moins, le manque de précision des motifs de la sentence était imputable à la faute du réclamant qui n'avait pas spécifié sur quel fondement il appuyait son droit à l'électorat. Dans l'espèce de l'arrêt du 30 avril 1885 précité, au contraire, l'électeur réclamait, non plus une inscription, mais une radiation, qui suppose nécessairement la préexistence d'une inscription et en fait, par là même, présumer le bien fondé. La différence des espèces suffit à justifier celle des solutions.

139 *bis.* Jugé dans le même sens que, si les jugements rendus en matière électorale sont dispensés des formes de procédure, ils ne sont néanmoins pas affranchis des conditions considérées comme substantielles par la loi. Cass., 6 nov. 1888, *Annales* 1889, p. 367.—V. *supra*, n° 127 *bis.*—C'est ainsi que la rédaction de ces jugements doit, à peine de nullité, contenir les conclusions prises par les parties et l'exposé sommaire des points de fait et de droit. *Ibid.* — Par suite, est nul le jugement qui ne mentionne ni la décision frappée d'appel, ni même la juridiction dont émanait cette décision. *Ibid.*—Comp. *infra*, n° 147 *bis.*

141 *bis.* Et la publicité d'une décision du juge de paix, en matière électorale, résulte de la mention que le jugement a été rendu en audience publique. Cass., 27 juill. 1887, *Annales* 1889, p. 118.

144 *bis.* — *a.* Ainsi, le juge de paix, saisi d'un appel contre une décision de la commission municipale ne peut se refuser de tenir compte de la production d'un certificat et généralement de toutes pièces justificatives du droit de l'électeur appelant, sous prétexte, que cette production n'aurait pas été faite devant la commission municipale; ce faisant, il méconnaî-

trait l'effet dévolutif de l'appel et l'étendue de ses attributions.
Cass., 30 avril 1885, Sirey 1886, I, 132 ; Cass., 1er juin 1886,
J. P. 1886, I, 1040. — V. *supra*, n° **122** *bis*, *b* et *infra*, n° **182**
bis, *a*.

— *b*. Jugé de même à l'égard de la production d'un acte
de naissance destiné à justifier de l'identité de l'appelant.
Cass., 23 nov. 1874, Sirey 1875, I, 276.

— *c*. Jugé, par suite, que, quand bien même l'électeur appelant n'aurait pas produit toutes les justifications nécessaires
de son droit devant le premier degré de juridiction, il serait
encore temps pour lui de les produire devant le juge de paix
saisi de l'appel (Cass., 1er juin 1886, précité) ; et que le juge
de paix ne peut rejeter, comme tardive, l'offre, faite pour la
première fois devant lui, que les électeurs dont l'inscription
est demandée réunissent les conditions requises pour l'électorat. *Ibid.*

— *d*. Dans le même ordre d'idées, si, en appel, devant le juge
de paix, l'électeur réclamant est irrecevable à former une
demande nouvelle, non soumise à la juridiction du premier
degré de la commission municipale, rien ne l'empêche de
proposer un *moyen nouveau* à l'appui de sa demande originaire. Cass., 9 avril 1888, *Annales* 1889, p. 13 (2° esp.). —
Et ne constitue qu'un moyen nouveau le fait par un citoyen,
qui a inutilement demandé devant la commission municipale
son inscription sur la liste d'une section de commune, comme
y habitant avec son père, lequel est inscrit sur cette liste, de
la demander en appel, comme fils de famille compris numéri-
quement dans la cote des prestations en nature de son père.
Ibid.

147 *bis*. En matière d'appel électoral, il suffit, pour qu'il y
ait débat et jugement contradictoire, que les parties aient
transmis au juge de paix, même par la voie de la poste, leurs
conclusions écrites et leurs moyens de défense, et que ce magistrat en ait été ainsi réellement saisi, encore bien que lesdites
parties n'aient point comparu à l'audience, ni en personne, ni
par mandataire. Cass., 30 avril 1877, Sirey 1877, I, 426 ; Cass.,
18 nov. 1884, *J. P.* 1886, I, 528. — V. *supra*, n° **126** *bis* et
n° **139** *bis*.

149... *Adde* dans le même sens : Cass., 30 avril 1885, *J. P.*
1886, I, 284.

151... (alin. 1er). *Adde :* dans le sens de l'admissibilité de la preuve testimoniale en matière électorale, Cass., 16 avril 1885, *Annales* 1886, p. 291.

151 bis. — *a.* La prestation, par les témoins entendus dans une enquête, du serment de dire la vérité étant une formalité substantielle de la validité du témoignage, il doit en être fait mention, à défaut de procès-verbal d'enquête, dans le jugement même. Il en est ainsi spécialement en matière électorale, et la dispense des formes de procédure insérée dans l'article 22 du décret organique du 2 février 1852 ne s'applique pas au serment des témoins. Cass., 23 mai 1889, *Annales* 1889, p. 268. — Par suite, manque de base légale et est entachée de nullité la décision du juge de paix, en matière d'élections, qui, se fondant uniquement sur les résultats d'une enquête à laquelle il a été procédé au cours de l'audience même où a été rendu le jugement et sans qu'il en ait été dressé procès-verbal, ne constate pas que les témoins entendus aient prêté le serment prescrit par la loi. *Ibid.* — Sur le principe, voir *supra*, n° 127 *bis*.

— *b.* En matière électorale, pas plus qu'en toute autre matière, le juge de paix n'est tenu d'ordonner une preuve par témoins, s'il la juge inutile. Cass., 8 juill. 1885 et 11 août 1885, *J. P.* 1887, I, 162. — Sur le principe, voir Cass., 20 janv. 1885, Sirey 1885, I, 108.

151 quater. Si, en matière électorale, devant le juge de paix, l'aveu est admissible comme en toute autre matière, son admission est soumise aux dispositions combinées des articles 352 du Code de procédure civile et 1998 du Code civil, d'après lesquelles aucun aveu ne peut être fait en justice par le représentant d'une partie sans un pouvoir spécial. Cass., 9 avril 1888, *Annales* 1889, p. 12.

153... *Adde :* Cass., 5 mai 1879, Sirey 1880, I, 317 ; Cass., 4 mai et 8 juin 1880, Sirey 1881, I, 128 ; Cass., 21 déc. 1881, Sirey 1882, I, 429 ; Cass., 22 mai 1883, *J. P.* 1885, I, 50. *Sic* M. Greffier, *De la format. et de la revis. ann. des listes élector.*, n° 171. — Ainsi l'électeur qui, ayant comparu à l'audience du juge de paix où il a conclu à une mesure d'instruction et ayant été débouté de ses conclusions par un jugement préparatoire, a déclaré faire défaut au fond, est recevable à former l'opposition contre le jugement rendu sur le fond. Cass., 22 mai 1883, précité.

157 *bis*. — *a*. Si le membre d'une commission municipale a pris part, comme délégué de l'administration, aux opérations de cette commission, ne peut, en cette qualité, interjeter appel contre les décisions auxquelles il a participé, ni se pourvoir en cassation contre les jugements rendus par les juges de paix sur ces décisions (Cass., 7 déc. 1880, Sirey 1881, I, 374. *Sic* M. Greffier, *Cod. élector.*, n° 186), — il n'en est pas moins recevable à contester, comme électeur inscrit, les décisions auxquelles il n'a pas concouru. Cass., 24 mai 1881, Sirey 1882, I, 327.

— *b*. Spécialement, le délégué du préfet, qui n'a pas pris part à la décision de la commission municipale qui a statué sur ses réclamations, est recevable à relever appel de cette décision, comme électeur inscrit. Cass., 13 mai 1885, *J. P.* 1885, I, 1187.

— *c*. Le maire qui a pris part en cette qualité à la décision de la commission municipale ne peut figurer en cette même qualité dans l'instance portée en appel devant le juge de paix. Sa présence dans l'instance entraîne la nullité de la décision rendue. Cass., 26 avril 1892, *Annales* 1891, p. 363.

159... V. ci-après, n° 162.

162. — *a*. (alin. 1er). *Adde :* En principe, le juge de paix doit surseoir à statuer et renvoyer les parties à se pourvoir devant le juge compétent, toutes les fois qu'il est saisi d'une question d'état préjudicielle présentant les apparences d'une contestation *sérieuse*, et qu'il n'est pas mis à même de statuer par l'évidence du fait et du droit. Cass., 10 mai 1881, Sirey 1882, I, 327 ; Cass., 25 oct. 1887, *Annales* 1888, p. 154 ; Cass., 28 mars et 1er mai 1889, *Annales* 1889, p. 363 et 365, Sirey 1889, I, 335. *Sic* M. Greffier, *De la format. et de la revis. ann. des listes élect.*, n° 163. — Il en est ainsi encore lorsque les articulations de la partie qui demande la radiation d'un électeur inscrit sont de nature à jeter un doute sérieux sur la nationalité de cet électeur. Cass., 21 avril 1887, Sirey 1887, I, 325.

— *b*... **(alin. 2).** *Adde :* Jugé, dans le même sens, que le juge de paix doit surseoir, lorsque la contestation relative à l'inscription d'un citoyen français sur la liste électorale d'une commune soulève des questions de nationalité qui ne peuvent être résolues que par une interprétation des dispositions de l'article 6 du traité intervenu le 20 mars 1860 entre la France et la Sardaigne, dans ses rapports avec l'article 2 du décret du

30 juin 1869 et avec l'article 9 du Code civil ; cette interprétation ayant donné lieu à des solutions diverses de questions d'une difficulté réelle. Cass., 28 mars 1889, *Annales* 1889, p. 363 (2ᵉ esp.).

— *c*. Ainsi encore il y a question préjudicielle sérieuse, motivant le sursis, lorsque, d'une part, le réclamant affirme, sans que cela soit contesté, qu'il est né en France d'un père qui y est né lui-même, qui avait été militaire au service de la France, puis préposé des douanes françaises ou gratifié d'une pension militaire à raison de ses longs services ; — et lorsque, d'autre part, un tiers électeur invoque les termes d'une dépêche d'un sous-préfet portant que le demandeur a été rayé des listes du recensement militaire. Cass., 25 oct. 1887, *Annales* 1888, p. 154.

— *d*. De même, le juge de paix doit surseoir à statuer lorsque l'appel, porté devant lui par un tiers électeur, de la décision de la commission municipale, présente à juger la question de savoir si un individu, né sur un territoire français depuis annexé à l'Allemagne, a ou non perdu la qualité de Français et a le droit, par conséquent, d'être inscrit sur les listes électorales, faute par lui de justifier de sa déclaration d'option pour la nationalité française. Cass., 19 avril 1880, *J. P.* 1881, I, 640.

— *e*. V. aussi, sur l'obligation pour le juge de paix de surseoir en cas de poursuite criminelle, *infra*, n° 189.

— *f*. Mais lorsque, à l'appui de sa demande d'inscription sur une liste électorale, le demandeur allègue qu'il est Français et produit des assertions de nature à justifier immédiatement cette allégation, le juge de paix ne peut surseoir à statuer en déclarant qu'il existe un doute sérieux sur la nationalité de ce demandeur sans s'expliquer sur le mérite desdites assertions et mettre ainsi la Cour de cassation à même de reconnaître si le sursis a été légalement ou à tort prononcé. Cass., 8 avril 1891, *Annales* 1891, p. 363.

166... *Adde :* De même, le juge de paix n'est pas tenu de surseoir, lorsque la question portée devant lui soulève un point de droit non douteux ni contestable, comme, par exemple, celui de l'abrogation d'un texte de loi par désuétude. Cass., 28 mars et 1ᵉʳ mai 1889, *Annales* 1889, p. 365 et 366, Sirey 1889, I, 335. — Il est bien certain, en effet, que les lois ne sont point abrogées par désuétude ou non-usage. Paris, 1ᵉʳ mai 1848, Sirey 1849, II, 110. — V. aussi, en matière de contestation sur une question d'état relative au nom patronymique de l'électeur, *infra*, n° 238, *b*.

166 *bis*. Au cas où l'inscription est demandée sur la liste de telle ou telle section d'une commune, si aucune contestation n'est élevée devant le juge de paix sur la limite administrativement fixée de chaque section, ce magistrat a le droit de décider, par appréciation souveraine, dans laquelle de ces sections est situé l'immeuble d'un électeur. Cass., 20 juin 1882, *J. P.* 1883, I, 782. — Mais si, au contraire, le litige soulève une question d'interprétation de l'arrêté de sectionnement, le juge de paix devra surseoir à statuer jusqu'à l'interprétation et l'application par l'autorité administrative des décisions déterminant le sectionnement. Cass., 4 et 26 mai 1880, Sirey 1881, I, 373.

167 *bis*. — *a*. Dans le cas où la commission administrative a rayé d'office un électeur comme étant étranger, et où la commission municipale, saisie par la réclamation de celui-ci, a maintenu cette radiation, la décision de la commission municipale met l'électeur rayé en demeure de saisir la juridiction compétente, et c'est à lui qu'incombe la charge de fournir la preuve de son droit au rétablissement de son inscription. Par suite, le juge de paix, sur l'appel de cette décision, ne peut surseoir à statuer et mettre à la charge d'un tiers électeur intervenant, et se bornant à demander le maintien par le même motif de la décision frappée d'appel, le soin de se pourvoir devant l'autorité compétente pour faire trancher la question préjudicielle de nationalité ; et, dès lors, ce magistrat ne peut ensuite ordonner la réintégration sur la liste de l'électeur rayé, par le motif que le tiers électeur n'a pas justifié avoir fait les diligences nécessaires pour faire constater la nationalité de l'électeur rayé. Cass., 4 mai 1881, *J. P.* 1883, I, 952. *Sic* M. Bavelier, *Dictionn. des droits élect.*, v° LISTE ÉLECTORALE, n° 77, p. 495 et 496 ; et M. Greffier, *Code électoral*, n°s 88 et 88 *bis*.

— *b*. Cependant, en ce qui concerne l'obligation pour l'électeur rayé de faire la preuve de son droit au rétablissement de l'inscription, la Cour de cassation, revenant sur ce que la doctrine du précédent arrêt lui a paru avoir de trop absolu, en a réduit l'application au cas où la radiation de l'électeur résulte d'une décision régulière et portée à sa connaissance. En sorte qu'en l'absence ou à défaut de notification de cette décision régulière, l'électeur a le droit de demeurer inscrit sur la liste, sans être astreint à aucune preuve. Cass. 27 juill. 1887, *Annales* 1888, p. 155. — V., au surplus, *infra*, n° 235 *bis*, *a*, *d*.

169... V. *supra*, n° 7, *g*, *a e*, *a f*, *a k*, *a l*, *a n*.

173 *bis*. — *a*. Et plus généralement, le juge de paix, n'exerçant, en matière électorale, qu'une juridiction d'appel, c'est-à-dire du second degré, est sans pouvoir pour connaître des demandes en inscription ou en radiation sur les listes électorales, lorsqu'elles n'ont pas été soumises en première instance à la commission municipale, qui constitue le premier degré de juridiction. Cass., 7 déc. 1881, Sirey 1882, I, 430; Cass., 20 mai et 7 juill. 1885, Sirey 1886, I, 317; Cass., 28 mars 1888, *J. P.* 1889, I, 174.

— *b*. Néanmoins, le refus ou l'omission, soit par le maire de transmettre à la commission électorale une réclamation même verbalement formée, soit par la commission de statuer sur une réclamation portée devant elle, équivaut à un rejet de la demande; en sorte que l'électeur qui n'a pu obtenir une décision est recevable à se pourvoir devant le juge de paix, lequel devient alors compétent pour connaître du litige comme s'il avait été jugé par la commission. Cass., 23 mai 1881, Sirey 1882, I, 327; Cass., 19 mai 1884, Sirey 1884, I, 342; Cass., 30 juin 1885, Sirey 1886, I, 318; Cass., 7 déc. 1887, *Annales* 1888, p. 362, *J. P.* 1889, I, 49 (V. *supra*, n° 105 *bis*, *d*, sur l'application du même principe); Cass., 25 avril 1892, *Annales* 1892, p. 331. — Et, en pareil cas, le juge de paix ne peut se déclarer incompétent, sans s'expliquer sur les faits articulés par l'électeur et sans statuer sur l'offre que fait ce dernier de prouver qu'il a été mis dans l'impossibilité de faire valoir ses droits devant la commission municipale, qui, adoptant, en ce qui le concernait, la décision de la commission administrative, a par là même implicitement maintenu son exclusion de la liste. Cass., 7 déc. 1887, précité.

— *c*. Dans ce cas encore, le droit d'appel peut, à raison des entraves qu'il a subies, s'exercer exceptionnellement, même après la clôture des listes, pendant les vingt jours qui suivent l'époque où elles ont été rendues publiques. Cass., 12 avril 1881, Sirey 1881, I, 371; Cass., 30 juin 1885, *J. P.* 1886, I, 755; Cass., 27 juill. 1887, *Annales* 1889, p. 118. — V. *supra*, n° 124 *bis*, *a*, *b*.

— *d.* Jugé, dans le même sens, que le droit qui appartient à tout électeur d'appeler devant le juge de paix des décisions de la commission municipale ne saurait être paralysé par le refus illégal d'un maire de lui donner communication de celle de ces décisions qui le concerne personnellement et qui aurait dû lui être notifiée aux termes de la loi ; — que, dans ce cas, le juge de paix, statuant sur l'appel de cet électeur, ainsi spécifié dans son objet, a le pouvoir d'autoriser et, au besoin, d'ordonner la délivrance de la copie de cette décision, et même l'apport du registre des décisions de la commission municipale, quand l'une ou l'autre de ces mesures est nécessaire pour la solution de la contestation électorale qui lui est soumise ; mais qu'en tout cas ce magistrat ne peut déclarer l'appel irrecevable, sous prétexte qu'il ne peut y être statué sans la production de la décision attaquée. Cass., 12 avril 1881, Sirey 1881, I, 371 ; Cass., 21 avril 1887, *Annales* 1888, p. 362, Sirey 1887, I, 326. — V. *supra*, n° 105 *bis*, *d*, et *infra*, n° 188.

— *e.* Mais il n'en serait pas de même, et l'électeur ne pourrait pas saisir *de plano* le juge de paix de sa réclamation, s'il se bornait, pour prétendre qu'il a été mis dans l'impossibilité de saisir en temps utile la commission municipale, à arguer du défaut d'envoi au préfet, dans le délai légal, du tableau des retranchements opérés par cette commission, du dépôt irrégulier de ce tableau à la mairie, du défaut d'envoi par le maire de l'avertissement, prescrit par la loi, aux électeurs rayés, et enfin d'irrégularités dans les opérations de la commission administrative. Cass., 20 mai 1885, *J. P.* 1886, I, 753. — La raison de cette différence est qu'il s'agit, dans ce dernier cas, d'irrégularités et d'omissions d'ordre intérieur, qui n'apportent aucune entrave pour l'électeur à l'exercice de son droit et qui ne diminuent pas la publicité organisée par la loi. — V. *supra*, n° 105 *bis*, *f*.

— *f.* Il n'en serait pas ainsi non plus, au point de vue de la recevabilité du pourvoi en cassation, si le greffier de la justice de paix avait refusé, sur l'ordre du juge de paix, de recevoir la déclaration d'appel de l'électeur. En l'absence d'une décision du juge de paix, le pourvoi est irrecevable comme manquant de base ; en vain l'électeur prétendrait-il que le refus qui lui a été opposé dans ces circonstances par le greffier devrait équivaloir à une décision émanée du juge de paix et emportant rejet de l'appel. Cass., 19 mai 1884, *J. P.* 1884, I, 832. — V. *infra*, n° 190 *bis*.

178... V. *supra*, n° 173 *bis*, *d*.

180... Voir, au surplus, sur le pouvoir du juge de paix de prononcer la nullité d'une décision rendue par une commission municipale irrégulièrement composée, *supra*, n° 114 *bis*, *a*, et *infra*, n° 182 *bis*, *a*, *b*.

182 *bis*. — *a*. (alin. 1er). Le juge de paix ne peut retenir la cause et y statuer au fond, lorsqu'il a déclaré l'appel non-recevable. Cass., 12 août 1885, *J. P.* 1886, I, 528. — Mais sur le droit et le devoir qu'il a de statuer par évocation sur le fond du litige, dans le cas où il annule la décision de la commission municipale, voir *supra*, n° 144 *bis*, *a*.

— *b*. D'après le même principe, si la décision de la commission municipale irrégulièrement composée est nulle (V. *supra*, n° 144 *bis*, *a*), et si cette nullité, qui est d'ordre public, doit être prononcée même d'office par le juge de paix saisi de l'appel, ce magistrat peut et doit, après avoir annulé ladite décision et en vertu du droit d'évocation qui lui appartient en raison de l'effet dévolutif de l'appel, substituer sa propre décision à celle de la commission, désormais nulle et non avenue. Mais il ne saurait, sans entacher sa sentence elle-même de nullité, s'appuyer sur la décision irrégulière de la commission, soit en se l'appropriant purement et simplement par confirmation, soit même en la réformant par infirmation. Comp. Just. de paix Agen, 22 févr. 1886, *Rec. d'Agen* 1886, 48.—V. *supra*, n° 182 *bis*, *a*.

— *c*. (alin. 2). S'applique aux jugements rendus par le juge de paix en matière d'élections le principe de l'autorité de la chose jugée. Cass., 6 avril 1886, *J. P.* 1886, I, 1042. *Sic* MM. Bavelier, *Dictionn. de dr. élect.*, v° JUGE DE PAIX, n° 34 et suiv.; Greffier, *Code élector.*, n° 125.— En conséquence, quand un citoyen a été débouté de sa demande en inscription par un premier jugement, c'est à bon droit que le juge de paix repousse, par l'exception de la chose jugée, une nouvelle demande formée par le même citoyen et ayant le même objet et la même cause. Cass., 6 avril 1886, précité. —V. *infra*, n° 235 *bis*, *e*.

187... Voir encore, dans le même sens, *supra*, n° 173 *bis* et suivants.

188... *Adde* dans le même sens : Cass., 12 avril 1881, *J. P.*

1881, I, 890. Ce dernier arrêt ajoute même qu'il y a, dans une pareille demande d'infirmation, formulée en termes généraux, une irrégularité radicale qui ne peut être effacée que par des conclusions tendant à obtenir du juge l'apport des registres de la commission, afin de permettre aux appelants de donner ultérieurement à leur appel la régularité qui lui manque. *Ibid.* Et le juge ne peut, en pareil cas, ordonner cet apport. *Ibid.* — Voir, dans le cas où le juge statue sur un appel spécifié, *supra*, n° 172 *bis*, d.

189... Cass., 20 déc. 1880 (*J. P.* 1881, I, 833). — C'est l'application de la maxime : le criminel tient le civil en état, dont l'article 3 du Code d'instruction criminelle est la consécration.

189 *bis*. Est limitative l'énumération faite par l'article 378 du Code de procédure civile des causes de récusation des juges. Nîmes, 8 janv. 1880, Sirey 1880, II, 77. — Or, la parenté ou l'alliance entre le juge du premier degré et celui du second degré n'est pas inscrite dans cet article comme une cause de récusation. — Donc la parenté ou l'alliance (même au second degré) existant entre le juge de paix, qui exerce la juridiction d'appel, et le président de la commission municipale qui a rendu, comme juridiction de première instance, la décision attaquée, n'est pas une cause de récusation légale et ne saurait davantage donner ouverture à cassation. Cass., 26 avril 1884, *J. P.* 1883, I, 303.

§ 4. *Du pourvoi en cassation. Des personnes qui peuvent se pourvoir. Formalités. Dénonciation du pourvoi. Pièces à joindre.*

190 *bis*. Mais pour que le pourvoi soit possible, il est nécessaire qu'il existe une décision du juge de paix qui lui serve de base. En l'absence de cette décision, il ne saurait y avoir de pourvoi, quand même le demandeur alléguerait, pour en justifier le défaut, que le greffier de la justice de paix a refusé, sur l'ordre du juge de paix, de recevoir sa déclaration d'appel. — V. *supra*, n° 173 *bis*, f.

195... (alin. 1er). *Adde :* Cass., 3 et 30 juin 1885, *J. P.* 1886, I, 755.

195 *bis.* — a. (alin. 1er). En édictant que le pourvoi en cassation doit être dénoncé aux *défendeurs*, la loi entend par cette dernière expression toute personne qui a été partie à la décision attaquée (Cass., 12 avril 1888, *J. P.* 1888, I, 1071), c'est-à-dire, en premier lieu, à l'électeur dont la radiation ou l'inscription a été demandée, en appel, par un tiers électeur à qui elle a été refusée par le juge de paix (Cass., 22 mars 1888, *J. P.* 1888, I, 800), ensuite au tiers électeur appelant devant le juge de paix (Cass., 12 avril 1888, *J. P.* 1888, I, 1071 ; Cass., 28 mars 1889, *J. P.* 1889, I, 1096), et même à tous les tiers électeurs qui ont figuré au jugement attaqué, soit comme intimés sur l'appel, soit comme intervenants (Cass., 12 avril 1888, précité), — et même au maire ou membres de la commission municipale qui ont été (même indûment) appelants, intimés, intéressés ou intervenants en l'instance d'appel devant le juge de paix (Cass., 30 mai 1881 [2 arrêts] et 21 mai 1884, Sirey 1886, I, 479). — V., par analogie, en matière d'élections consulaires, Cass., 16 déc. 1886, Sirey 1886, I, 478, *infra*, n° 283.

— *b*. Ainsi, par exemple, pour que le pourvoi fût recevable, il ne suffirait pas qu'il ait été dénoncé seulement à l'électeur personnellement intéressé, lorsque c'est un tiers électeur qui a demandé et obtenu en appel, devant le juge de paix, l'inscription de celui-ci ; il faut encore qu'il ait été dénoncé à ce tiers électeur. Cass., 28 mars 1889, *G. P.* 1889, II, 266. — Jugé, dans ce sens, que faute de dénonciation au tiers électeur du pourvoi formé contre un jugement contradictoire dans lequel il a été partie, ce pourvoi est irrecevable. Cass., 4 févr. 1885, *Annales* 1886, p. 257.

— *c*. (alin. 1er). La dénonciation du pourvoi au défendeur est une formalité substantielle, dont l'omission entache ce pourvoi d'une irrégularité d'ordre public, qui doit être déclarée même d'office et qui le rend, par suite, irrecevable. Cass., 24 juin 1879, Sirey 1880, I, 316 ; Cass., 12 avril 1888, Sirey 1888, I, 437.

— *d*. Ainsi est irrecevable le pourvoi en cassation formé contre un jugement du juge de paix, lorsqu'il n'est pas justifié qu'il ait été dénoncé au défendeur. Cass., 3 et 30 juin 1885, *J. P.* 1886, I, 755.

— *e*. Et le demandeur ne pourrait se relever de la déchéance résultant du défaut de dénonciation du pourvoi dans le délai légal, en formant, avant la notification du jugement attaqué, un second pourvoi. Cass., 5 juill. 1882, *J. P.* 1885, I, 920.

— *f*. Est également irrecevable le pourvoi en cassation déclaré au greffe de la justice de paix, lorsque, non seulement, l'expédition de cet acte du greffe n'est pas rapportée, mais encore qu'il résulte des pièces du dossier de procédure que ledit acte n'a point été régularisé et qu'il est resté à l'état de projet. Cass., 3 juin 1885, *J. P.* 1886, I, 755.

194... *Adde :* conf. Cass., 15 avril 1886, *J. P.* 1887, I, 654.

195 *bis*. Le défaut de notification de la sentence du juge de paix n'en entraîne pas la nullité. Cass., 4 mai et 14 juin 1880, Sirey 1881, I, 37 ; Cass., 3 août 1886, *J. P.* 1887, I, 545. — Cette notification n'est prescrite que pour faire courir les délais du pourvoi en cassation, et elle n'est point nécessaire à cet effet lorsque le demandeur n'a eu aucun contradicteur, ni en première instance, ni en appel (Cass., 3 août 1886, précité) ; et, dans cette dernière hypothèse, comme dans tous les cas où il n'y a pas lieu à la notification du jugement, le délai de dix jours pour se pourvoir court du jour de la prononciation du jugement. Cass., 16 avril 1885, *Annales* 1886, p. 258 ; Cass., 23 avril 1885, Sirey 1886, I, 38 ; Cass., 7 juill. 1885, Sirey 1886, I, 318 ; Cass., 31 mars 1886, Sirey 1886, I, 430 ; Cass., 15 avril 1886, *J. P.* 1887, I, 654 ; Cass., 3 août 1886, Sirey 1887, I, 230.

196... *Adde* dans ce sens : Cass., 20 juin 1882, Sirey 1883, I, 182 ; Cass., 12 août 1885, *J. P.* 1886, I, 528.

196 *bis*. — *a*. Ainsi le tiers électeur qui n'a été partie principale ou intervenante au procès ni devant la commission municipale, ni devant le juge de paix statuant comme juge d'appel, n'a pas qualité pour se pourvoir en cassation contre le jugement de ce dernier magistrat. Cass., 5 juin 1878, Sirey 1880, I, 374 ; Cass., 20 déc. 1880, Sirey 1881, I, 373 ; Cass., 23 avril 1885, Sirey 1886, I, 79 ; Cass., 12 août 1885, Sirey 1886, I, 221 ; Cass., 28 mars 1889, *J. P.* 1889, I, 931. *Sic* M. Greffier, *De la form. et de la revis. ann. des listes élect.*, n° 186.

Il en est autrement en matière d'appel, où tout électeur inscrit peut intervenir devant le juge de paix sur l'appel des décisions de la commission municipale. Cass., 4 mai et 14 juin 1880, Sirey 1881, I, 37.

— *b*. Mais le pourvoi du tiers électeur est recevable, alors même que le jugement du juge de paix aurait omis de mentionner sa demande d'intervention et d'y statuer, si d'ailleurs cette demande d'intervention résulte des conclusions jointes aux pièces de la procédure, lesquelles ont été prises et déposées à l'audience du juge de paix et ont été transmises à la Cour de cassation par ce magistrat lui-même. Cass., 20 juin 1882, Sirey 1883, I, 182. — Et, en effet, il ne saurait dépendre de la négligence du juge de paix que le tiers électeur fût privé d'un droit qui lui appartient légalement.

200 *bis*. De même qu'ils sont sans qualité pour former un pourvoi contre la décision du juge de paix qui, sur appel, a réformé leur sentence, de même les membres de la commission municipale ne sauraient être admis à se présenter comme parties, sur le pourvoi, devant la Cour de cassation pour y défendre leur décision confirmée en appel par le juge de paix. Cass., 28 mars 1889, *J. P.* 1889, I, 931. — Dans l'un et l'autre cas, en effet, il y a les mêmes motifs de décider et de faire application de ce principe supérieur du droit, à savoir que nul ne peut être juge et partie dans la même cause.

205 *bis*. — *a*. Si la loi ne règle pas la forme du pourvoi, et s'il peut être fait par une simple requête adressée directement à la Cour de cassation, il faut au moins que cette requête soit parvenue au greffe de la Cour avant l'expiration du délai de recours, afin qu'il soit certain qu'elle n'a pu être antidatée. Cass., 16 avril 1885, *Annales* 1886, p. 258. — V. *infra*, n° 228 *bis*.

— *b*. Mais il n'est pas permis d'intervertir l'ordre fixé par la loi et de faire la dénonciation avant le dépôt de la requête, sous peine de nullité du pourvoi. Cass., 23 avril 1885, *Annales* 1886, p. 292 ; Cass., 25 avril 1892, *Annales* 1892, p. 335.

207... *Adde* dans le même sens : Cass., 16 avril 1885, *Annales* 1886, p. 257.

208... *Adde :* Cass., 21 avril 1879, Sirey 1880, I, 37 ; Cass., 14 et 19 avril 1880, Sirey 1881, I, 270.

208 *bis*. — *a*. Jugé, dans le même sens, qu'il n'appartient pas à la Cour de cassation de vérifier le mérite et la force probante de documents produits pour la première fois devant elle, et spécialement la valeur de pièces tendant à démontrer que le demandeur a son domicile réel et sa résidence dans une commune, si ces pièces n'ont point été mises sous les yeux du juge de paix. Cass., 17 avril 1878, Sirey 1880, I, 373 ; Cass., 21 avril 1879, Sirey 1880, I, 36 ; Cass., 1er mars 1886, *Annales* 1887, p. 45, *J. P.* 1887, I, 165.

— *b*. Ainsi encore est irrecevable, comme nouveau, le

moyen proposé pour la première fois devant la Cour de cassation et tiré de ce qu'un individu, comme domestique et en vertu de l'article 109 du Code civil, aurait le même domicile que son maître et aurait droit, par suite, d'être inscrit sur la même liste électorale que celui-ci. Cass., 13 mai 1885, *J. P.* 1885, I, 1187.

— *c.* De même, le moyen tiré, à l'appui du pourvoi en cassation, de ce que le dépôt du tableau rectificatif au secrétariat de la mairie n'a pas été accompagné de l'avis donné au public par affiches aux lieux accoutumés, est mélangé de fait et de droit, et, comme tel, ne peut être présenté devant la Cour de cassation, s'il n'a pas été proposé d'abord devant le juge de paix. Cass., 20 mai 1885, *J. P.* 1886, I, 753. — C'est une application de ce principe général et constant qu'un moyen mélangé de fait et de droit ne peut pas être présenté pour la première fois devant la Cour de cassation. Cass., 22 juin 1885, Sirey 1886, I, 124.

228... *Adde :* Cass., 22 mars 1888, *J. P.* 1888, I, 800. — V. *supra*, n° 195 *bis*.

228 *bis.* N'est pas recevable, non plus, le pourvoi en cassation qui a été dénoncé au défendeur avant d'avoir été régulièrement formé par le dépôt au greffe de la justice de paix de la requête contenant déclaration de ce pourvoi. Cass., 16 mai 1881, Sirey 1882, I, 328. — Et si aucune mention de la requête ne fait connaître qu'elle ait été déposée au greffe de la justice de paix ou au moins à quelle date elle l'aurait été, la dénonciation ne peut être valablement faite avant le jour où il est constaté que le pourvoi a été déposé entre les mains du greffier à la Cour de cassation. Cass., 3 janv. 1888, *Annales* 1888, p. 230, *J. P.* 1888, I, 541 ; Cass., 25 avril 1892, *Annales* 1892, p. 335. — V. *supra*, n° 205 *bis, a, b*.

230 *bis.* L'effet d'un arrêt de cassation est d'annuler, dans toutes ses dispositions, la décision judiciaire qui en a été l'objet, et de la faire considérer comme n'ayant jamais eu d'existence légale, puisque la cause et les parties sont remises au même et semblable état où elles étaient avant qu'elle fût rendue. Cass., 18 nov. 1884, *J. P.* 1886, I, 528. — Il en est ainsi même quand l'un des moyens proposés par le pourvoi a été rejeté, à moins que ce moyen n'ait été spécialement dirigé contre un chef déterminé de la décision dénoncée, et que ce chef n'ait été expressément excepté de l'annulation par le dispositif de l'arrêt. *Ibid.*

Il en résulte qu'en cas d'annulation totale, la décision cassée ne saurait acquérir dans aucune de ses parties l'autorité de la chose jugée, et que le juge de paix, saisi du litige, comme tribunal de renvoi après cassation, ne peut se refuser d'y statuer, sous prétexte que, la Cour de cassation ayant rejeté un des moyens invoqués par le pourvoi, une partie du jugement a pu subsister après la cassation et acquérir la force de la chose jugée. *Ibid.* — V., sur le principe général, dont la décision qui précède fait l'application en matière électorale, Cass., 23 janv. 1816, Sirey et *J. P.*, chr. ; Cass., 5 mars 1884, Sirey 1885, I, 222.

CHAPITRE V.

§ 1er. *Revision annuelle et clôture des listes.*
De la permanence des listes.

252 bis. — *a.* Le jugement par défaut du juge de paix, qui ordonne la radiation des noms de certains électeurs sur la liste définitivement arrêtée par le maire à la date du 31 mars précédent, n'ayant pas un caractère définitif et se trouvant dépourvu de l'autorité de la chose jugée (condition exigée par les articles 7 et 8 du décret du 2 février 1852), la production d'un semblable jugement au bureau électoral ne saurait autoriser celui-ci à empêcher ces électeurs de prendre part au vote pour lequel ils se présentent. Cass., 21 févr. 1884, *J. P.* 1887, I, 809.

— *b.* L'électeur dont le nom a été omis, par suite d'une erreur matérielle, sur la liste électorale arrêtée le 31 mars, est fondé à réclamer, dans le délai de vingt jours à partir de cette date du 31 mars, qui est celle de la clôture des listes et de leur dépôt au secrétariat de la mairie, sa réintégration par voie d'appel devant le juge de paix. Cass., 16 août 1882, *J. P.* 1884, I, 1072.

255 bis. Du principe de la permanence des listes électorales, proclamé par l'article 18 du décret organique du 2 février 1852 et consacré par la jurisprudence de la Cour de cassation (V. notamment, Cass., 19 avril 1880, Sirey 1881, I, 271) découlent les conséquences suivantes :

— *a*... Que l'électeur inscrit a un droit acquis à son inscription tant qu'une décision régulière et portée à sa connaissance n'a pas prononcé sa radiation. Cass., 27 juill. 1887, *Annales* 1888, p. 155. Comp. Cass., 16 avril 1885, Sirey 1886, I, 38. — V. *supra*, n° 167 *bis*, *b*.

— *b*... Que le citoyen inscrit sur la liste électorale d'une commune y doit être maintenu, sans avoir aucune preuve à faire pour établir devant le juge de paix son droit à l'inscription, aussi longtemps que sa radiation de la liste n'a été, ni opérée par la commission administrative, ni prononcée par la commission municipale sur une demande régulièrement portée devant elle. Cass., 16 avril 1885, *J. P.* 1886, I, 61.

— *c*... Que l'électeur qui figure déjà sur la liste électorale, où il a été inscrit sur sa demande, n'a point, pour y être maintenu, à renouveler chaque année sa demande d'inscription. Cass., 19 avril 1880, Sirey 1881, I, 271 ; Cass., 28 mai 1883, *J. P.* 1885, I, 660 ; Just. de paix Crèvecœur-le-Grand, 22 févr. 1889, *Bulletin des décisions* 1889, p. 113.

— *d*... Que lorsqu'un électeur est inscrit sur les listes électorales d'une commune, c'est à celui qui demande sa radiation qu'incombe la charge de prouver que cet électeur a cessé de remplir les conditions d'électorat exigées par la loi. Cass., 17 avril 1883, Sirey 1883, I, 375. — V. cependant, *supra*, n° 167 *bis*, *a*.

— *e*... Mais le jugement par lequel un juge de paix, réformant la décision d'une commission municipale, a ordonné, sur la demande de l'intéressé, en l'absence de tout contradicteur et de toute réclamation soulevée par un tiers électeur, qu'un électeur serait inscrit sous le nom que lui donnait son acte de naissance, ne saurait avoir, au regard d'un tiers électeur réclamant contre cette inscription, lors de la revision suivante des listes électorales, l'autorité de la chose jugée. Cass., 29 avril 1890, *Annales* 1891, p. 157.

f... Que les listes électorales, closes le 31 mars d'une année, devant servir jusqu'au 31 mars de l'année suivante pour les élections qui pourraient avoir lieu jusqu'à cette dernière époque, on ne peut considérer comme nul, pour défaut d'intérêt, le jugement du juge de paix rendu depuis l'époque où ont commencé les opérations de la revision de la liste pour l'année électorale suivante, sur une réclamation relative à la composition de la liste de l'année électorale courante. Cass., 1ᵉʳ mars 1886, *Annales* 1887, p. 45, *J. P.* 1887, I, 165.

g... Que l'électeur qui s'est absenté momentanément de la commune sur la liste de laquelle il est inscrit, et qui a été inscrit d'office sur la liste du lieu de sa résidence, peut réclamer son maintien sur celle de la commune où il était antérieurement inscrit, alors qu'il n'a pas manifesté son intention de changer de domicile. Just. de paix Bagnères-de-Bigorre, 5 avril 1889, *Bulletin des décisions* 1890, p. 24. — V. encore, *supra*, n° 111 *quarto*.

257. La loi du 7 juillet 1874 a été remplacée par la loi du 5 avril 1884, et aujourd'hui il n'existe plus qu'une seule liste servant à la fois pour les élections municipales et pour les élections politiques. — V. *supra*, n° 3 *bis, a, b*.

§ 2 (nouveau). *Du nom sous lequel l'électeur doit être inscrit sur la liste.*

258. — *a*. Tout électeur doit être inscrit sur la liste électorale sous son véritable nom patronymique, lequel est, en général, celui qui, dans son acte de naissance, est attribué à son père. Et, en effet, si l'acte de naissance ne fait pas preuve jusqu'à inscription de faux des déclarations des parties, en ce qui concerne notamment l'authenticité du nom sous lequel est porté le père de l'enfant, il établit, au moins, jusqu'à preuve contraire, le droit du demandeur à réclamer ce nom. Cass., 1ᵉʳ mai 1889, *Annales* 1889, p. 365, *J. P.* 1889, I, 799.

— *b*. Par conséquent, le juge de paix n'a pas le droit d'ordonner l'inscription d'un électeur sur les listes électorales sous un nom autre que celui qui résulte de son acte de naissance régulièrement produit, alors surtout que le réclamant n'a eu de contradicteur à aucun moment de l'instance et que, dès lors, le prétendu titre versé aux débats, dont le juge de paix a fait la base de sa sentence et de sa rectification, ne pouvait devenir un titre opposable à l'acte de naissance,... ni, par suite, constituer une contestation sérieuse sur une question d'état, devant laquelle le juge de paix aurait dû surseoir à statuer. *Ibid.* — N'est pas recevable la demande introduite devant le juge de paix par un tiers électeur qui, sans réclamer la radiation d'un électeur inscrit, se borne à critiquer le nom sous lequel cet électeur est inscrit et à requérir la modification de ce nom pourtant conforme aux mentions de l'acte de naissance de cet électeur. Cette action, tout à fait indépendante du droit électoral, ne peut être introduite que par ceux-là seuls auxquels la loi permet d'en saisir la justice. Cass., 29 avril 1890, *Annales* 1891, p. 157.

— *c*. La commission administrative peut ajouter, si elle le juge utile, le nom de la femme au nom patronymique de l'électeur, alors surtout que cette addition ne présente aucun inconvénient et ne peut faire naître, en raison de la différence des prénoms, aucune confusion entre la personne de l'électeur dont s'agit et celle d'un autre électeur portant le même nom et ayant épousé une femme du même nom. Cass., 28 mars 1889, *J. P.* 1889, I, 746. — V. cependant notre observation sous Just. de paix Coussey, 22 févr. 1889, *Bulletin des décisions* 1889, p. 92.

— *d*. Et, sur ce dernier point, la décision de la commission administrative ne peut faire l'objet d'aucune réclamation devant la commission municipale. *Ibid.* — Il ressort, en effet, des termes de l'article 19 du décret du 2 février 1852 qu'on ne peut faire de réclamations, en matière électorale, dans les formes et délais réglés par ce décret, qu'en vue de la radiation ou de l'inscription d'un individu omis ou indûment inscrit sur la liste électorale. *Ibid.*

— *e*. Le jugement par lequel un juge de paix, réformant la décision d'une commission municipale, a ordonné, sur la demande de l'intéressé, en l'absence de tout contradicteur et de toute réclamation soulevée par un tiers électeur, qu'un électeur serait inscrit sous le nom que lui donnait son acte de naissance, ne saurait avoir, au regard d'un tiers électeur réclamant contre cette inscription lors de la révision suivante des listes électorales, l'autorité de la chose jugée. Cass., 29 avril 1890, *Annales* 1892, p. 157.

§ 3 (nouveau). *Des inscriptions multiples. Inscription nouvelle. Radiation préalable. Conditions et formalités.*

238. — *f*. Un électeur ne peut demander son inscription dans une commune ou section de commune en conservant celle qu'il a déjà dans une autre commune ou dans une autre section de la même commune. Cass., 6 avril 1881, Sirey 1882, I, 324 ; Cass., 9 avril 1888, *Annales* 1889, p. 13 (deux arrêts). — V. cependant *infra*, n° 5. — *Contra*, M. Greffier, *De la format. et de la revis. ann. des list. élector.*, 3° édit., suppl., n° 26 ; et notre observation, dans le sens de cette dernière opinion, sous Cass., 9 avril 1888, *Annales* 1889, p. 13.

— *g*. Mais, pour obtenir la nouvelle inscription qu'il demande dans une autre commune ou section de commune, l'électeur n'est pas tenu de prouver que sa radiation dans la commune ou section dans laquelle il était inscrit précédemment a été préalablement opérée ; il lui suffit d'établir qu'il a, dans les délais légaux, demandé sa radiation (Cass., 6 avril 1881 et 9 avril 1888 précités. Comp. Cass., 13 avril et 26 avril 1881, *J. P.* 1882, I, 780 ; Cass., 2 mai 1883, *J. P.* 1884, I, 173 ; Cass., 9 avril 1888, *Annales* 1889, p. 13, 1re esp.), ou, tout au moins, de justifier de diligences par lui faites pour obtenir cette radiation. Cass., 23 avril 1885, *Annales* 1886, p. 50, Sirey 1886, I, 79 ; Cass., 1er juin 1886, *J. P.* 1886, I, 1040 ; Cass., 9 avril 1888, *Annales* 1889, p. 13, 2me esp. ; Just. de paix Bagnères-de-Bigorre, 3 avril 1889, *Bulletin des décisions* 1889, p. 191.

— *h*. Et il est tenu de faire cette justification, quand bien même il serait porté au rôle des contributions directes de la nouvelle commune où il demande à être inscrit. Cass., 2 mai 1883, précité.

Jugé, dans ce même sens, que l'électeur, porté sur les listes de la commune où il a son domicile et sa résidence, ne peut obtenir son inscription sur les listes d'une autre commune, en qualité de contribuable, sans justifier qu'il ait obtenu ou, tout au moins, provoqué sa radiation des listes de la première. Cass., 16 avril 1885, *Annales* 1886, p. 50 ; Cass., 22 mars 1888, *G. P.* 1888, I, 863.

— *i*. Autrefois, la Cour de cassation décidait d'une façon constante que l'électeur inscrit, qui voulait transporter son domicile électoral d'une commune ou section de commune dans une autre, devait, pour obtenir la nouvelle inscription, justifier préalablement de sa radiation sur la liste électorale de la commune ou section de commune sur laquelle il avait d'abord été inscrit. Cass., 9 oct. 1874, Sirey 1875, I, 37 ; Cass., 9 mai 1877, *J. P.* 1877, 1118 (Begon) ; Cass., 10 déc. 1877,

Sirey 1880, I, 318 ; Cass., 17 avril et 6 mai 1878, Sirey 1880, I, 373 ; Cass., 8 avril 1884, *J. P.* 1885, I, 172.

— *j.* Puis, on sent insensiblement, mais très timidement encore, percer, dans la jurisprudence de la Cour de cassation, des tendances à une doctrine moins rigoureuse, qui se manifestent par des formules hésitantes comme celles-ci : « Attendu que le jugement attaqué constate que X..., qui réside à Saint-Nazaire et y exerce depuis plusieurs années ses droits électoraux, n'a ni *obtenu* ni même *sollicité* sa radiation de la liste électorale de cette commune... » Cass., 9 mai 1877, Sirey 1877, I, 429. — «... Attendu qu'il n'a pas été *justifié de la radiation* de leurs noms (des électeurs) sur les listes de ces deux dernières communes,... qu'enfin il n'a été justifié d'aucune *demande,* ou même d'aucune *déclaration régulière,* de la part des réclamants, tendant à faire opérer leur radiation dans ces dernières communes... » Cass., 14 mai 1877 (Fourès), *J. P.* 1877, 1118. — « Attendu qu'il (l'électeur) n'a pu, dès lors, demander son inscription... sans justifier qu'il avait *obtenu* ou, tout au moins, *provoqué* sa radiation » sur l'autre commune. Cass., 1885, *Annales* 1886, p. 50.

— *k.* Enfin, entrant résolûment dans cette voie, pour faciliter autant que possible l'exercice des droits électoraux et ne pas les entraver par des obstacles de pure forme, elle a décidé qu'il suffirait à l'électeur, pour obtenir son inscription sur une nouvelle commune, de justifier qu'il avait *demandé* sa radiation sur la liste de la commune où il était précédemment inscrit. Cass., 7 déc. 1880, Sirey 1881, I, 374 ; Cass., 13 et 26 avril 1881, *J. P.* 1882, I, 780 ; Cass., 6 avril 1881, *J. P.* 1882, I, 781. — *Sic* M. Greffier, *Code électoral,* n° 100. — V. cependant l'arrêt de la Cour de cassation du 8 avril 1884, *J. P.* 1885, I, 172, qui exige de l'électeur qu'il rapporte préalablement la preuve de sa radiation dans la commune où il était précédemment inscrit.

— *l.* Depuis lors, la Cour suprême, s'associant aux idées libérales qui avaient inspiré le législateur de 1884 (L. 5 avril), a constamment persévéré et elle s'est définitivement affermie dans cette jurisprudence. — V. *supra,* n° 238, *f. Adde :* Cass., 28 mars 1889, *Annales* 1899, p. 366.

— *m.* La demande de radiation, non plus que la demande d'inscription, n'est soumise par la loi à aucune forme spéciale.

Cass., 6 avril 1881, Sirey 1882, I, 324 ; Cass., 9 avril 1888, *Annales* 1889, p. 13 (1re esp.). — Elle résulte suffisamment de la production d'un récépissé du maire, ou de lettres missives adressées à ce magistrat, ou du registre de la mairie contenant les déclarations. Cass., 6 avril 1881, précité. Et il appartient au juge de paix de constater souverainement les faits d'où résulte la preuve de la demande (*Ibid.*), et même celle de la radiation elle-même. Cass., 11 août 1885, *J. P.* 1887, I, 162.

— *n.* Et même, il n'est pas toujours indispensable que la demande en radiation soit expresse et formelle. Cass., 9 avril 1888, précité. — Spécialement, lorsqu'il s'agit d'inscription et de radiation dans deux sections d'une même commune, la demande en radiation sur la liste d'une de ces sections résulte implicitement et nécessairement de la demande d'inscription elle-même sur la liste de l'autre section, demande adressée au maire, qui représente l'autorité municipale dans les deux sections. *Ibid.*

— *o.* Lorsqu'une commune est divisée en plusieurs sections, il est de principe que chacune de ces sections doit être considérée, au point de vue des listes électorales, comme formant une commune distincte et séparée. Cass., 14 mai 1884, Sirey 1884, I, 293 ; Cass., 16 avril 1885, Sirey 1886, I, 131 ; Cass., 20 mai 1886, Sirey 1886, I, 381. Or, de ce principe découle rigoureusement cette conséquence que l'électeur qui sollicite son inscription sur une section autre que celle où il est déjà inscrit, devrait être tenu de faire sa demande d'inscription et sa demande de radiation dans les mêmes formes que tout citoyen qui entend transférer d'une commune dans une autre son domicile électoral, c'est-à-dire au moyen de deux déclarations expresses et distinctes (V. M. Greffier, *De la format. et de la revis. ann. des listes élector.*, nos 116 et suiv.), — avec cette différence, cependant, et ce tempérament, admis par la jurisprudence, que, lorsqu'il s'agit des sections d'une même commune, l'une et l'autre demande peuvent être adressées au maire de la commune, qui représente l'autorité municipale des deux sections,... et que la demande de radiation peut être valablement formée dans la demande d'inscription. Cass., 6 avril 1881, *J. P.* 1882, I, 781.

— *p.* Mais la Cour de cassation, toujours soucieuse de faciliter l'exercice du droit électoral, a décidé que la demande en radiation n'avait besoin d'être ni expresse ni formelle, et qu'on pouvait dans certaines circonstances, notamment dans le cas de sectionnement d'une commune, la considérer comme implicitement contenue dans la demande en inscription adressée au maire de ladite commune, bien qu'elle n'y fût pas exprimée. — V. *supra*, n° 238, *m*.

— *q*. Si l'électeur qui réclame son inscription sur la liste d'une nouvelle commune n'a pas produit à l'appui, devant la commission municipale, toutes les justifications des diligences par lui faites pour obtenir sa radiation sur la liste de la commune où il était précédemment inscrit, il peut encore utilement les produire devant le juge de paix saisi de l'appel. Cass., 1er juin 1886, *J. P.* 1886, I, 1040. — V. aussi Cass., 30 avril 1845, Sirey 1886, I, 132.

— *r*. Il est de principe que tout citoyen conserve, au point de vue électoral, son domicile d'origine, tant qu'il n'a pas manifesté d'une façon positive et non équivoque son intention d'acquérir un nouveau domicile. Cass., 16 avril 1885, Sirey 1886, I, 131 ; Cass., 8 juill. 1885, *J. P.* 1887, J, 162.

— *s*. Il en résulte que les citoyens inscrits sur la liste électorale de leur domicile d'origine ont le droit d'y demeurer inscrits tant qu'ils n'ont pas marqué leur intention de fixer ailleurs leur domicile et qu'ils n'ont pas cessé de figurer sur la liste électorale de la commune où ils ont ce domicile d'origine. Cass., 8 juill. 1885, précité. — V. *supra*, n° 7, *a, m, p*.

— *t*. Mais si l'électeur ne peut obtenir une première inscription sur la liste électorale d'une nouvelle commune qu'à la condition de justifier de sa radiation ou, du moins, de diligences par lui faites pour obtenir cette radiation dans la commune où il était précédemment inscrit (V. *supra*, n° 113, 2°), — il n'en est pas moins certain que l'électeur, qui est régulièrement inscrit sur la liste d'une commune, doit y être *maintenu*, nonobstant son inscription sur la liste d'une autre commune, si c'est à son insu ou sans sa participation qu'a eu lieu cette dernière inscription. Cass., 8 avril 1884, Sirey 1885, I, 84; Cass., 13 mai 1885, *Annales* 1886, p. 51. — V. aussi, Cass., 4 et 10 mai 1881, Sirey 1883, 1, 275.

— *u*. Il en résulte que la décision du juge de paix, ordonnant la radiation d'un électeur inscrit sur la liste d'une commune, par le seul motif que cet électeur est déjà inscrit sur la liste d'une autre commune, manque de base légale et qu'elle ne pourrait se justifier qu'autant qu'il y serait affirmé par le juge que la demande de l'électeur tendait à le faire inscrire pour la première fois sur la liste litigieuse et non pas à l'y maintenir. Cass., 8 avril 1884, précité.

— *v.* L'électeur, inscrit sans son consentement sur les listes électorales de deux ou plusieurs communes ne peut être rayé contre son gré sur l'une ou l'autre des listes où il a le droit d'être inscrit. Cass., 13 avril 1881, Sirey 1882, I, 324 ; Cass., 4 et 10 mai 1881, *J. P.* 1883, I, 65 ; Cass., 23 avril 1885, motifs, *G. P.* 1885, I, 693; et surtout, Cass., 28 mars 1889, *Annales* 1889, p. 366. — *Sic* M. Greffier, *Code élect.*, n° 101.

— *w.* Mais il en serait autrement, et sa radiation pourrait et devrait être opérée sur les autres communes, s'il avait exercé son droit d'option, ou simplement manifesté, d'une façon non équivoque, son choix en faveur de la liste d'une commune déterminée, par exemple, en exerçant son droit électoral dans cette commune (Cass., 10 mai 1881, *J. P.* 1883, I, 651 ; Cass., 28 mars 1889, *Annales* 1889, p. 366),... en sollicitant lui-même sa dernière inscription sur la liste électorale de ladite commune (Cass., 28 mars 1889, précité), ou en laissant opérer de son plein gré et avec son assentiment manifeste (Cass., 27 avril 1880, Sirey 1882, I, 427),... en opposant une résistance à une demande en radiation de son nom sur la liste de cette commune (Cass., 27 juill. 1881, Sirey 1882, I, 180).— Toutes ces circonstances sont, en effet, de nature à faire présumer l'intention de l'électeur d'exercer ses droits électoraux dans la commune où elles se produisent, et sa renonciation tacite aux inscriptions qui ont été faites de son nom sur la liste d'autres communes. — V. le numéro suivant.

— *x.* Par application de ces principes, il a été jugé spécialement que l'électeur qui a demandé et obtenu son inscription sur la liste électorale d'une commune et qui y a exercé son droit électoral ne peut être maintenu sur la liste d'une autre commune où il était précédemment inscrit, alors qu'il ne justifie d'aucune démarche pour obtenir sa radiation de la liste de la commune pour laquelle il avait opté. Cass., 28 mars 1889, *Annales* 1889, p. 366.

— *y.* Celui qui, après avoir été inscrit sur la liste électorale d'une commune, demande son inscription sur la liste électorale d'une autre commune, n'a pas besoin de produire son acte de naissance pour justifier qu'il a l'âge requis pour exercer ses droits électoraux. Cass., 28 mai 1889, *Annales* 1891, p. 160.

CHAPITRE VI.

ÉLECTIONS CONSULAIRES.

L'ÉLECTORAT CONSULAIRE EST RÉGI PAR LA LOI DU 8 DÉCEMBRE 1883.

§ 1er. *Conditions de l'électorat.*

239. Les membres des tribunaux de commerce sont élus : 1° par les citoyens français commerçants patentés ou associés en nom collectif depuis cinq ans au moins, capitaines au long cours et maîtres de cabotage ayant commandé des bâtiments pendant cinq ans, directeurs des compagnies françaises anonymes de finance, de commerce et d'industrie, agents de change et courtiers d'assurances maritimes, courtiers de marchandises, courtiers interprètes et conducteurs de navires, institués en vertu des articles 77, 79 et 80 du Code de commerce, les uns et les autres après cinq années d'exercice et tous, sans exception, devant être domiciliés depuis cinq ans, au moins dans le ressort du tribunal. L. 8 déc. 1883, art. 1er, § 1er.

240... 2° Sont également électeurs, dans leur ressort, les membres anciens ou en exercice des tribunaux et chambres de commerce, des chambres consultatives des arts et manufactures, les présidents anciens ou en exercice des conseils de prud'hommes. *Ibid.*, art. 1er, § 2.

241. La première condition requise pour être électeur consulaire, comme d'ailleurs pour être électeur municipal et politique, c'est la qualité de citoyen français. — V. sur ce qu'il faut entendre par citoyen français, *supra*, n° 2 *bis*, *b, c*.

242. La qualité de commerçant ne suffit pas pour conférer le droit à l'électorat consulaire ; il faut encore être inscrit à la patente. Alger, 16 juin 1886, *G. P.* 1886, II, suppl. 82.

243. Réciproquement, pour être inscrit sur les listes électorales consulaires, il ne suffit pas d'être patenté, il faut encore être commerçant, c'est-à-dire faire des actes de commerce sa profession habituelle. Cass., 5 nov. 1850, Sirey 1851, I, 519 ;

Cass., 25 août 1884, Sirey 1885, I, 79 ; Cass., 14 janv. 1885, *Annales* 1885, p. 261. — Cette interprétation de la loi du 8 décembre 1883 résulte au surplus d'une circulaire du ministre de la justice, en date du 13 février 1884, dans laquelle il est dit « que les commerçants participeront seuls aux élections ;... que l'impôt des patentes est payé par un certain nombre de citoyens non commerçants ;... que ces patentés ne pourront ni élire les juges des tribunaux de commerce, ni faire partie eux-mêmes de ces juridictions. »

244. En conséquence, ne sont électeurs consulaires, bien qu'ils soient patentés, ni les *notaires* (Cass., 25 août 1884, Sirey 1885, I, 79), ni les *huissiers* (Cass., 14 janv, 1885, *Annales* 1885, p. 261), ni les *greffiers*, notamment de justice de paix, qu'on assimile ordinairement aux magistrats dont les fonctions sont incompatibles avec celles de commerçant (Cass., 14 janv. 1885, précité ; *contra*, Besançon, 29 déc. 1875, Sirey 1878, II, 65), ni les *médecins*, lesquels exercent bien plutôt un art qu'un métier ou un commerce (Cass., 14 janv. 1885, précité ; Just. de paix Pantin, 13 nov. 1885, *G. P.* 1886, I, suppl. 68 ; *sic*, Ruben de Couder, *Dictionn. de dr. commer., industr. et marit.*, t. II, v° COMMERÇANT, n° 20, 2° ; Ripert, *Vente commerc.*, p. 77), ni les *vétérinaires* (Nancy, 15 juill. 1876, Sirey 1876, II, 289 ; Cass., 14 janv. 1885, précité).

245. Pour être inscrits sur les listes électorales consulaires, les commerçants doivent justifier qu'ils exercent le commerce, sans interruption, depuis cinq années au moins, et que, pendant le même temps, ils n'ont pas cessé d'être portés sur les matrices des patentes. Lettre du ministre de la justice à l'administrateur du territoire de Belfort.

246. De plus, ils sont tenus de remplir les conditions de résidence et d'inscription à la patente depuis cinq ans, au premier jour de la quinzaine pendant laquelle les listes doivent être dressées. Lettre du ministre de la justice au préfet des Vosges.

247. La qualité de patenté, qui est, pour le commerçant, une condition essentielle de l'électorat consulaire, ne peut résulter que de l'inscription *personnelle* du commerçant sur les rôles qui constatent régulièrement qu'il est soumis à l'impôt de la patente ; ni la propriété d'un établissement de commerce, ni le payement de l'impôt de patente auquel il est assujetti sous le nom d'un autre ne suffisent, dès lors, pour conférer au commerçant le droit à l'inscription sur la liste des électeurs consulaires. Cass., 13 déc. 1886, *J. P.* 1887, I, 300. — Ainsi le temps pendant lequel il a payé la patente, inscrite au nom d'un tiers, à laquelle est soumis l'etablissement dont il était déjà propriétaire, ne peut pas être pris en considération pour le calcul de la période de cinq années exigée pour l'électorat consulaire. *Ibid.* — Cette doctrine avait déjà été appliquée par la Cour de cassation en matière d'élections municipales. — V. *supra*, n° 22, *a, c, d*.

248. Les entreprises d'agences et bureaux d'affaires constituant des actes de commerce (C. comm., art. 632), celui qui fait sa profession habituelle de gérer les affaires d'autrui, moyennant salaire, est un commerçant. En conséquence, les agents d'affaires ont droit à l'inscription sur la liste des électeurs consulaires. Just. de paix du 1ᵉʳ arrond. de Paris, 7 nov. 1884, et Just. de paix du 15ᵉ arrond. de Paris, 13 nov. 1884, *J. P.* 1885, I, 478.

La Cour de cassation subordonne toutefois la qualité de commerçant de l'agent d'affaires et, par suite, sa capacité électorale, à cette condition, que « c'est sans aucune indication restrictive de la nature de ses opérations » qu'il exerce sa profession. Cass., 23 déc. 1884, *Annales* 1885, p. 261. — Mais à quel signe reconnaîtra-t-on l'existence de cette condition ? Et si l'arrêt veut dire que l'agent d'affaires ne sera pas réputé commerçant s'il soumet l'exercice de sa profession à des restrictions qui constituent ce qu'on est convenu d'appeler des *spécialités*, comment et d'après quelles règles déterminera-t-on la mesure dans laquelle il devra se spécialiser pour remplir la condition spécifiée par la Cour de cassation ? Ce sont autant de questions impossibles à réglementer et à résoudre d'après des données certaines. Aussi pensons-nous que la restriction apportée au principe général par la Cour suprême doit être écartée, et que l'agent d'affaires qui fait sa profession habituelle de gérer, moyennant salaire, les affaires d'autrui, doit être, sans réserve ni distinction, réputé commerçant.

249. Mais ne sont pas commerçants et n'ont pas droit, par conséquent, à l'électorat consulaire, les individus qui font leur profession habituelle de recevoir et accomplir des mandats commerciaux pour le compte d'autrui, comme, par exemple : 1° les représentants de commerce, à moins que, sous ce titre, ils ne se livrent, en fait, à des opérations de négoce pour leur propre compte, ou à des opérations de commission ; 2° les syndics salariés de faillites. Just. de paix Étain, 16 avril 1884, et Just. de paix Lille, 16 et 18 juin 1884, *G. P.* 1884, II, 58.

250. Les associés en nom collectif, les capitaines de navires, les directeurs de Compagnies anonymes, les agents de change, les courtiers, les membres anciens ou en exercice des tribunaux et chambres de commerce, des arts et manufactures, les présidents anciens et en exercice des conseils de prud'hommes — et généralement tous ceux qui excipent d'une qualité autre que celle de simple commerçant — ont droit à l'inscription, alors même qu'ils sont affranchis des droits de patente. Circul. min. de la just. du 13 févr. 1884, § 1ᵉʳ, alin. 4.

251. Mais les associés en nom collectif, qui réclament leur inscription, doivent, conformément aux principes généraux du droit, justifier de la qualité dont ils excipent, soit par la production d'un extrait de l'acte constitutif de société, soit par tout autre document probant. Cass., 13 déc. 1886, *Annales* 1887, p. 231.

En vain ils prétendraient que l'article 5 de la loi du 8 décembre 1883, en admettant à l'égard des contestations de cette nature la gratuité et la dispense de tous frais pour l'électeur, les a, par là même, exemptés de l'obligation de faire l'avance des frais de la production des pièces demandées. *Ibid.*

252. D'autre part, il est de principe que l'électeur consulaire, quel qu'il soit, qui demande son inscription, n'est tenu de justifier que de la qualité à raison de laquelle il revendique son droit électoral, et qu'il ne saurait être astreint, comme condition préalable de son inscription, à justifier qu'il n'est pas dans l'un des cas d'incapacité prévus par la loi.

253. Jugé, dans ce sens, que l'ancien membre du tribunal de commerce, qui requiert son inscription sur la liste électorale, n'a point à faire d'autres justifications que celles de sa nomination aux fonctions de judicature et de l'exercice de ces fonctions au tribunal du ressort dans lequel il sollicite cette inscription ; et que, par suite, commet un excès de pouvoirs le juge de paix qui, en pareil cas, oblige le réclamant à lui rapporter préalablement la preuve qu'il n'a été frappé d'aucune des condamnations entraînant l'incapacité électorale, et qui lui refuse l'inscription, faute par lui d'avoir fourni cette preuve. Cass., 1er déc. 1886, *Annales* 1887, p. 233.

254. N'ont droit à l'électorat consulaire que les personnes nommément désignées par la loi du 8 décembre 1883.

En conséquence, la disposition de la loi qui appelle les directeurs des compagnies françaises de finance, de commerce ou d'industrie à exercer le droit électoral consulaire ne saurait être étendue, par analogie, aux simples agents desdites compagnies, notamment au préposé d'une succursale (Cass., 26 janv. 1886, *J. P.* 1888, I, 1160),… eût-il même le titre de directeur de cette succursale. Lettre du ministre de la justice au préfet d'Indre-et-Loire.

255. Le droit à l'électorat consulaire reconnu au profit des membres anciens ou en exercice des chambres et tribunaux de commerce ne leur est concédé que dans le ressort du tribunal de commerce où ils ont été ou sont encore investis de leurs fonctions. Cass., 20 déc. 1887, *Annales* 1888, p. 366. — V. aussi Cass., 1er déc. 1886, *Annales* 1887, p. 233.

256. Les conditions de résidence imposées par la loi du 8 décembre 1883 (art. 1er, § 1) aux commerçants et autres personnes y dénommées ne sont pas exigées des anciens membres des tribunaux, chambres de commerce et consultations, ainsi que des conseils de prud'hommes. Ces électeurs doivent continuer à être portés sur la liste électorale, alors même qu'ils auraient cessé de résider dans le ressort du tribunal. Cette solution avait déjà été adoptée sous l'empire de l'article 617 du Code de commerce. Circul. min. de la just. du 13 février 1884, § 2.

§ 2. *De l'incapacité électorale.*

257. Ne peuvent prendre part à l'élection (L. 8 déc. 1883, art. 2) :

1° Les individus condamnés soit à des peines afflictives et infamantes, soit à des peines correctionnelles, pour faits qualifiés crimes par la loi ;

2° Ceux qui ont été condamnés pour vol, escroquerie, abus de confiance, soustractions commises par les dépositaires de deniers publics, attentats aux mœurs ;

3° Ceux qui ont été condamnés à l'emprisonnement pour

délit d'usure, pour infraction aux lois sur les maisons de jeu,
sur les loteries et les maisons de prêt sur gages, ou par application de l'article 1ᵉʳ de la loi du 27 mars 1851 (falsification
des denrées ou substances alimentaires, etc.), de l'article 1ᵉʳ de
la loi du 5 mai 1855 (falsification des boissons), des articles 7
et 8 de la loi du 23 juin 1857 (contrefaçon ou imitation frauduleuse de marques de fabrique, usage de marques contre-
faites ou frauduleusement imitées, etc.), et de l'article 1ᵉʳ de
la loi du 27 juillet 1867 — abrogée et remplacée par la loi du
4 février 1888 — (tromperie dans la vente des engrais ou amen-
dements, etc.) ;

4° Ceux qui ont été condamnés à l'emprisonnement par
application des lois du 17 juillet 1857, du 23 mai 1863 et du
24 juillet 1867 sur les sociétés ;

5° Les individus condamnés pour les délits prévus aux articles 400, 413, 414, 418, 419, 420, 421, 423, 433, 439, 443 du
Code pénal, et aux articles 594, 596 et 597 du Code de commerce.

[Ces délits sont, en substance, pour le Code pénal : l'extor-
sion de la signature ou de la remise d'un écrit, la destruction
d'objets saisis, etc. (art. 400) ; la violation des règlements
d'administration publique relatifs aux produits des manufactures françaises exportés à l'étranger, etc. (art. 413) ; l'emploi
de violences, voies de fait ou manœuvres pour amener ou
maintenir une cessation concertée du travail, etc. (art. 414) ;
la communication à des étrangers ou à des Français de secrets
de fabrique (art. 418) ; le fait d'avoir, par des manœuvres ou
moyens frauduleux, opéré la hausse ou la baisse du prix des
denrées ou marchandises ou des papiers et effets publics, etc.
(art. 419 et 420) ; *les paris sur la hausse ou la baisse des effets
publics* (art. 421, *abrogé par l'article 2 de la loi du* 28 *mars* 1885) ;
la tromperie sur le titre des matières d'or et d'argent, sur la
qualité d'une pierre fausse..., tromperie sur la quantité des marchandises, par usage de faux poids ou de fausses mesures, etc.
(art. 423) ; la négligence coupable ayant occasionné un retard
dans les livraisons et travaux des fournisseurs et entrepreneurs
pour le compte des armées de terre et de mer,... la fraude
sur la nature, qualité ou quantité des travaux ou de la main-
d'œuvre, etc. (art. 433) ; la destruction d'actes de l'autorité
publique, ou d'effets de commerce, de banque, etc. (art. 439) ;

la détérioration de marchandises, matières ou instruments servant à la fabrication (art. 443) ; — et pour le Code de commerce : le divertissement, détournement ou recel, par certains parents ou alliés du failli, d'effets appartenant à la faillite (art. 594) ; la malversation par un syndic de faillite dans sa gestion (art. 596) ; et concert entre le créancier et le failli ou un tiers, à l'effet d'assurer au premier un avantage particulier (art. 597).]

6° Ceux qui ont été condamnés à un emprisonnement de six jours au moins ou à une amende de plus de 1 000 francs pour infraction aux lois sur les douanes, les octrois et les contributions indirectes, et à l'article 5 de la loi du 4 juin 1889, sur le transport, par la poste, des valeurs déclarées ;

7° Les notaires, greffiers et officiers ministériels destitués en vertu de décisions judiciaires ;

[Nous avons vu *supra*, n° 244, que la jurisprudence de la Cour de cassation refuse aux notaires, greffiers et huissiers, même non destitués, le droit à l'électorat consulaire.]

8° Les faillis non réhabilités dont la faillite a été déclarée, soit par les tribunaux français, soit par des jugements rendus à l'étranger, mais exécutoires en France ;

[Il est à remarquer que le commerçant déclaré en état de liquidation judiciaire, dans les termes de la loi du 4 mars 1889, perd, il est vrai (art. 21), le droit d'éligibilité à toutes fonctions électives, mais non pas l'électorat, et notamment l'électorat consulaire. — V. Rapport de M. Laroze à la Chambre des députés, séances du 25 février 1886 et du 16 juin 1887 (*Journ. off.*, doc. parlement. de sept. 1886, p. 1116, et de nov. 1887, p. 881) ; et rapports de M. Demôle au Sénat (*Journ. off.*, doc. parlement. d'avril 1889, p. 385, et de 1889, annexe, n° 46).]

9° Et généralement tous les individus privés du droit de vote dans les élections politiques.

[Les causes d'incapacité auxquelles se réfère ce dernier paragraphe sont celles qui sont spécifiées par les articles 15 et 16 du décret organique du 2 février 1852. V. Dictionnaire général, 4° édit., v° *Élections*, ch. III, § 2, n°° 78 et suiv.]

258. En ce qui concerne la constatation de ces cas d'incapacité, les recherches nécessaires seront facilitées par l'organisation du casier spécial qui a été établi dans les sous-préfectures pour la vérification de la capacité électorale ordi-

naire. — Circul. du minist. de la just. du 13 février 1884, § 4.

259. L'électeur consulaire qui requiert son inscription n'a pas à faire la preuve qu'il ne se trouve dans aucun des cas d'incapacité électorale prévus par la loi ; c'est à celui qui s'oppose à l'inscription ou au magistrat qui la lui refuse à rapporter la preuve contraire. C'est la conséquence du principe que l'incapacité ne se présume pas. — V. *supra*, n°ˢ 252 et 253.

260. L'énumération faite par l'article 2 de la loi de 1883, des causes d'incapacité, est essentiellement limitative. Tout étant, en pareille matière, de droit strict, les incapacités prononcées par la loi ne sauraient être étendues par analogie d'un cas à un autre, et cela, alors même que les crimes ou délits relevés contre l'électeur seraient plus graves et plus sévèrement punis par la loi pénale que ceux spécialement compris dans la nomenclature dudit article 2. — Nouguier, *Élect. consulaires*, n° 68.

§ 3. *Formation, dépôt et communication des listes.*

261. Tous les ans, la liste des électeurs du ressort de chaque tribunal de commerce est dressée pour chaque commune par le maire, assisté de deux conseillers municipaux désignés par le conseil, dans la première quinzaine du mois de septembre ; elle doit comprendre tous les électeurs qui remplissent, à la date du 1ᵉʳ septembre, les conditions exigées par les articles précédents. L. 8 déc. 1883, art. 3.

262. Le maire est tenu d'envoyer la liste ainsi préparée au préfet ou au sous-préfet, qui, de son côté, doit faire déposer la liste générale au greffe du Tribunal de commerce, et la liste spéciale de chacun des cantons du ressort au greffe de chacune des justices de paix correspondantes ; l'un et l'autre dépôt devant être effectués trente jours au moins avant l'élection. — L'accomplissement de ces formalités doit être annoncé, dans le même délai, par affiches apposées à la porte de la mairie de chaque commune du ressort du tribunal. — Ces listes électorales sont communiquées sans frais à toute réquisition. *Ibid.*, art. 4.

263. L'article 4 de la loi du 8 décembre 1883 prescrit des formalités qui ont pour but d'assurer aux listes dressées toute la publicité désirable et de mettre ainsi les intéressés à même d'exercer en temps utile un recours contre les inscriptions ou omissions qu'elles renferment. Circul. min. de la just. du 13 févr. 1884, § 5.

264. C'est par un simple dépôt au greffe que les intéressés auront connaissance de la liste. La loi n'exige pas l'affichage de cette liste, comme le faisait l'article 619 du Code de commerce, *in fine*. — Les dépôts doivent comprendre non seulement les rectifications annuelles, mais la liste entière pour le greffe du Tribunal de commerce, et toute la liste cantonale pour le greffe de la justice de paix. *Ibid.*

265. La revision annuelle comprend nécessairement la radiation de tous ceux qui, inscrits précédemment, ne rentrent plus dans les conditions exigées par la loi pour exercer le droit électoral. *Ibid.*

266. L'observation des prescriptions relatives aux époques fixées par les articles 3 et 9 de la loi du 8 décembre 1883 pour la confection des listes électorales et pour l'élection elle-même, est substantielle et seule capable d'assurer la régularité des listes, en ce que ces époques sont celles auxquelles on doit se placer pour apprécier la capacité de chaque électeur; et leur inobservation doit entraîner la nullité de l'élection. Cass., 10 déc. 1884, *Annales* 1885, p. 259; Caen, 14 janv. 1885, *J. P.* 1885, I, 217.

267. Jugé, de même, que l'observation des délais édictés par l'article 4 de la loi de 1883 pour le dépôt au greffe des listes électorales et l'affichage constatant ce dépôt, constitue une formalité substantielle, dont la transgression donne ouverture à la nullité de l'élection. Toulouse, 22 janv. 1885, *J. P.* 1885, I, 209.

268. Cependant, il a été jugé, en sens contraire, que la Cour d'appel, saisie d'une action en nullité d'élections consulaires, doit repousser, comme tardif et irrecevable, le moyen tiré de ce que la confection des listes aurait été irrégulière, et de ce que la liste générale n'aurait pas été déposée au greffe du Tribunal de commerce. Grenoble, 14 août 1884, *J. P.* 1885, I, 209.

§ 4. *Réclamations. Recours devant le juge de paix. Procédure. Question d'état préjudicielle. Sursis. Dispense de timbre et enregistrement gratuit.*

269. Pendant les quinze jours qui suivent le dépôt des listes, tout commerçant patenté du ressort, et en général tout ayant droit compris dans l'article 1er, peut exercer ses réclamations, soit qu'il se plaigne d'avoir été indûment omis, soit qu'il demande la radiation d'un citoyen indûment inscrit. Ces réclamations sont portées devant le juge de paix du canton, par simple déclaration au greffe de la justice de paix du domicile de l'électeur dont la qualité est mise en question. Cette déclaration se fait sans frais et il en est donné récépissé. L. 8 déc. 1883, art. 5.

Le juge de paix statue sans opposition ni appel dans les dix jours, sans frais ni forme de procédure, et sur simple avertissement donné par les soins du juge de paix lui-même à toutes les parties intéressées. *Ibid.*

La sentence doit être, le jour même, transmise au maire de la commune de l'intéressé, lequel est tenu d'en faire audit intéressé la notification dans les vingt-quatre heures de la réception. *Ibid.*

Toutefois, si la demande portée devant le juge de paix implique la solution préjudicielle d'une question d'état, ce magistrat doit renvoyer préalablement les parties à se pourvoir devant les juges compétents, et fixer un bref délai dans lequel la partie qui aura élevé la question préjudicielle devra justifier de ses diligences. Il doit être procédé, en ce cas, conformément aux articles 855, 857 et 858 du Code de procédure civile. *Ibid.*

Les actes judiciaires auxquels l'instance devant le juge de paix donne lieu ne sont pas soumis au timbre et doivent être enregistrés gratis. *Ibid.*

270. La loi de 1883 définit, avec une précision qui ne se trouvait pas dans la loi antérieure (L. 21 déc. 1871), les voies de recours ouvertes aux intéressés contre les omissions ou les inscriptions de la liste électorale consulaire. Cette procédure présente une grande analogie avec celle prescrite par la loi du 7 juillet 1874 pour les élections ordinaires. Circul. min. de la just. du 13 févr. 1884, § 5, alin. 2.

En effet, dans l'une et l'autre matière, le rôle du juge de
paix est le même et sa juridiction s'exerce dans des conditions
semblables, l'exercice du recours ouvert aux intéressés, tiers
ou parties elles-mêmes, contre la composition des listes ou les
décisions de la commission, est organisé, de part et d'autre,
d'une façon analogue ; et les formes de procédure, à part quelques points de détail, sont réglées d'une façon à peu près
identique. Aussi la plupart des solutions et décisions de la
jurisprudence rendues en matière d'élections municipales s'ap-
pliquent-elles, par identité de motifs et analogie de situation,
à l'électorat consulaire. — V. *Dictionnaire général*, 4° édit.,
v° ELECTIONS, chap. IV, n° 102 et suiv., p. 427 et suiv.

271. La liste, une fois dressée et contrôlée, est annuelle ;
elle ne peut être modifiée avant la revision prévue pour la première quinzaine du mois de septembre suivant. Circul. min.
de la just. du 13 févr. 1884, § 5, alin. 4.

272. Lorsqu'aucune réclamation n'a été élevée dans les
quinze jours qui suivent le dépôt par le sous-préfet de la liste
générale des électeurs consulaires au greffe du tribunal de
commerce de l'arrondissement, et de la liste spéciale des électeurs du canton aux greffes de chacune des justices de paix,
ces listes deviennent définitives et doivent servir de base aux
élections, quelles que soient les irrégularités dont leur rédaction aurait pu être entachée par les modifications que le
sous-préfet aurait, sans droit, fait subir aux listes préparées
par les maires. Cass., 24 oct. 1887, *J. P.* 1888, 1, 173.

273. Les articles 5 et 6 de la loi du 8 décembre 1883 ayant
attribué au juge de paix une compétence spéciale pour statuer
sans opposition ni appel, et, sauf recours en cassation, sur
toutes les réclamations relatives à la composition de la liste
électorale consulaire, il n'appartient pas à la Cour d'appel,
saisie d'une action en nullité de l'élection, d'apprécier la régularité de l'inscription de l'électeur sur cette liste et, par suite,
de faire du résultat de cette appréciation la base de sa décision.
Cass., 25 avril 1887, *Annales* 1888, p. 48, *J. P.* 1887, I, 748 ;
Lyon, 17 juin 1887, *J. P.* 1887, I, 1004 ; Lyon, 3 janv. 1888,
G. P., 1888, II, suppl. 9.

274. Le procureur de la République est sans qualité pour
saisir le juge de paix d'une demande en radiation d'un électeur inscrit sur la liste électorale consulaire. Cass., 22 déc.

1884, *Annales* 1885, p. 260. — *Contra*, Circul. min. de la just. du 13 févr. 1884, § 5, alin. 2, *in fine*; M. Sacré, *Man. des élect. consulaires*, n° 46, p. 39.

§ 5. *Pourvoi en cassation.*

275. La décision du juge de paix pourra être déférée à la Cour de cassation, dans tous les cas, par ceux qui y auront été parties, et, en outre, dans le cas où le jugement ordonnerait l'inscription sur la liste d'une personne qui n'y figurait pas, par tout électeur inscrit sur la liste électorale. L. 8 déc. 1883, art. 6, alin. 1er.

276. Le pourvoi n'est recevable que s'il est formé dans les dix jours de la notification de la décision. Il n'est pas suspensif. Il est formé par simple requête, dénoncé aux défendeurs dans les dix jours suivants, et jugé d'urgence, sans frais ni consignation d'amende. L'intermédiaire d'un avocat à la Cour de cassation n'est pas obligatoire. *Ibid.*, alin. 2.

277. Les pièces et mémoires fournis par les parties sont transmis sans frais par le greffier de la justice de paix au greffe de la Cour de cassation. *Ibid.*, alin. 3.

278. La chambre civile de la Cour de cassation statue définitivement sur le pourvoi. *Ibid.*, alin. 4.

279. En matière électorale consulaire, pour avoir le droit de se pourvoir en cassation contre une décision du juge de paix, il faut ou être électeur inscrit sur la liste électorale ou avoir été partie au jugement attaqué; en conséquence, est irrecevable le pourvoi formé par le maire, qui n'a point été partie audit jugement, alors du moins qu'il n'apparaît pas de l'acte de pourvoi qu'il ait agi en qualité d'électeur inscrit. Cass., 25 août 1884, *J. P.* 1885, I, 165.

280. Le pourvoi en cassation contre un jugement du juge de paix, statuant en matière d'élections consulaires, devant être formé dans les dix jours de la notification de ce jugement faite par le maire, ce pourvoi n'est pas recevable, comme tardif, si la requête adressée par le demandeur à la Cour de cassation n'a été reçue et déposée au greffe de cette Cour que le onzième jour après la notification, c'est-à-dire le lendemain de l'expiration du délai. Cass., 13 déc. 1886, *Annales* 1887, p. 232; Cass., 17 févr. 1890, *Annales* 1891, p. 69. — Et il importe peu que cette requête porte une date antérieure à l'expiration du délai, du moment qu'elle y a été insérée par le demandeur lui-même (dans l'espèce, le greffier du juge de paix de qui émanait la décision attaquée), et qu'aucun document probant n'en constate la sincérité. *Ibid.* — Dans l'espèce de l'arrêt du 13 décembre 1886, la notification avait été faite le 6 novembre, le dépôt de la requête au greffe de la Cour avait été faite le 17 du même mois, et la requête portait la date du 14 de ce même mois. — L'arrêt du 17 février 1890 va plus loin, puisqu'il déclare irrecevable un pourvoi pour dépôt tardif de la requête, alors qu'elle portait une date antérieure à l'expiration du délai de dix jours et paraissait avoir été déposée au greffe de la justice de paix à la date indiquée.

281. Si le pourvoi contre un jugement du juge de paix, statuant en matière électorale consulaire, peut être formé par une requête déposée au greffe de la justice de paix et transmise par le greffier de cette juridiction au greffe de la Cour de cassation, il ne pourrait pas l'être valablement par une lettre missive adressée au juge de paix qui a rendu le jugement attaqué, aucune assimilation n'étant possible entre une pareille lettre et la requête prescrite par la loi. Cass., 7 déc. 1886, *J. P.* 1887, I, 397.

282. En matière d'élections consulaires, la dénonciation du pourvoi au défendeur est une formalité substantielle. Cass., 25 août 1884, Sirey 1885, I, 79.

283. C'est au défendeur que doit être dénoncé le pourvoi en cassation ; et, par défendeur, il faut entendre toute personne qui a été *partie* au procès porté devant le juge de paix, c'est-à-dire qui a figuré au jugement, même indûment et encore bien qu'elle n'y ait pas comparu. — Ainsi jugé en matière d'élections municipales, où les règles et les motifs de décider sont les mêmes qu'en matière électorale consulaire. Cass., 30 mai 1881 (2 arrêts) et 21 mai 1884, *J. P.* 1886, I, 1173, Sirey 1886, I, 479.

Par application de ce principe à l'électorat consulaire, il a été jugé que les membres de la commission chargée de la confection des listes électorales, qui, considérés, quoique indûment, comme parties intéressées au procès, ont été avertis par le juge de paix du jour où il statuerait sur la réclamation d'un électeur auquel l'inscription avait été refusée, et qui, par suite, ont figuré au jugement, quoiqu'ils n'y aient pas d'ailleurs comparu, sont devenus par cela même défendeurs nécessaires au pourvoi en cassation formé contre ce jugement ; et qu'en conséquence le pourvoi doit, à peine d'irrecevabilité, être dénoncé dans les délais de la loi. Cass., 16 déc. 1884, *J. P.* 1886, I, 1170.

CHAPITRE VII.

ÉLECTIONS DES DÉLÉGUÉS A LA SÉCURITÉ DES OUVRIERS MINEURS.

284. Le délégué et le délégué suppléant sont élus au scrutin de liste. L. 8 juill. 1890, art. 4. — V. *Annales* 1891, p. 38.

285. Sont électeurs dans une circonscription, les ouvriers qui y travaillent au fond, à la condition : 1° d'être Français ; 2° d'être inscrits sur la feuille de la dernière paye effectuée pour la circonscription avant l'arrêté de convocation des électeurs. Même L., art. 5.

286. Sont éligibles dans une circonscription, à la condition de savoir lire et écrire, et en outre de n'avoir jamais encouru de condamnation pour infraction aux dispositions soit de la loi du 8 juillet 1890, soit de celles du 21 avril 1810 et du décret du 3 janvier 1813, soit des articles 414 et 415 du Code pénal : 1° les électeurs désignés au numéro 285, âgés de vingt-cinq ans accomplis, travaillant au fond depuis cinq ans au moins dans la circonscription ou dans l'une des circonscriptions voisines dépendant du même exploitant, qui sont délimitées par l'arrêté préfectoral visé dans l'article 1er de la loi (V. *Supplément*, v° Mines) ; 2° les anciens ouvriers domiciliés dans les communes sous le territoire desquelles s'étend l'ensemble des circonscriptions comprises avec la circonscription en question dans l'arrêté préfectoral de délimitation, dont nous venons de parler, à la condition qu'ils soient âgés de vingt-cinq ans accomplis, qu'ils soient Français, qu'ils jouissent de leurs droits politiques, qu'ils aient travaillé au fond pendant cinq ans au moins dans les circonscriptions comprises dans l'arrêté de délimitation et qu'ils n'aient pas cessé d'y être employés depuis plus de dix ans, soit comme ouvriers du fond, soit comme délégués ou délégués suppléants ; 3° les anciens ouvriers ne seront éligibles que s'ils ne sont pas déjà délégués, non seulement pour une circonscription de la mine de l'exploitant, mais encore pour une circonscription d'une autre mine située dans ou en dehors du territoire de leur commune.

Pendant les cinq premières années qui suivront l'ouverture de l'exploitation d'une nouvelle circonscription, les électeurs justifiant de cinq ans de travail au fond dans une mine, minière ou carrière souterraine de même nature, pourront être élus. Même L. art. 6.

— *a*. Un maître mineur ne saurait être délégué à la sécurité des ouvriers mineurs. Cons. d'État, 24 mars 1891, *G. des T.*, 12 avril 1891.

— *b*. Les termes, non plus que l'esprit de la loi, ne s'opposent en rien à ce que la période de cinq ans exigée par l'article 6 de la loi du 8 juillet 1890 pour l'éligibilité soit accomplie en plusieurs fois. Cons. d'État, 14 mai 1891, *Rev. des mines*, 349, 1891 ; Cons. d'État, 20 juin 1891, *Droit*, 23 juin 1891.

— *c*. Un ouvrier ayant travaillé pendant cinq ans, en tout, non pas toujours dans la même circonscription, mais successivement dans diverses circonscriptions voisines dépendant du même exploitant, remplit les conditions d'éligibilité exigée par la loi. Cons. de préfect. du Nord, 19 décembre 1890, *Rev. des mines*, 354, 1891.

— *d*. Est éligible, à titre d'ancien ouvrier dans une circonscription, l'ouvrier qui, au moment de l'élection, n'y travaille plus, mais est employé au fond dans une circonscription dépendant d'une autre exploitation, où il n'est pas délégué. Cons. d'État, 20 juin 1891, *Rev. des mines*, 209, 1891.

— *e*. La loi exige pour l'éligibilité le domicile dans les communes sous le territoire desquelles s'étend l'ensemble des circonscriptions, et ne se contente pas d'un domicile dans l'étendue de la concession. Cons. d'État, 11 mars 1892, *Droit*, 13 mars 1892.

287. Dans les huit jours qui suivent la publication de l'arrêté préfectoral, convoquant les électeurs, la liste électorale de la circonscription, dressée par l'exploitant, est remise par lui, en trois exemplaires, au maire de chacune des communes sous lesquelles s'étend la circonscription. Le maire fait immédiatement afficher cette liste à la porte de la mairie et dresse procès-verbal de cet affichage ; il envoie les deux autres exemplaires au préfet et au juge de paix avec copie du procès-verbal d'affichage. Dans le même délai de huit jours, l'exploitant fait afficher ladite liste aux lieux habituels pour les avis donnés aux ouvriers. Même L., art. 7.

288. Si l'exploitant ne remet pas aux maires et ne fait pas afficher la liste électorale dans les délais et conditions que nous venons d'indiquer, le préfet fait dresser et afficher cette liste aux frais de l'exploitant, sans préjudice des peines qui peuvent être prononcées contre lui pour contravention à la loi nouvelle. Même L., art. 7.

289. En cas de réclamation des intéressés, le recours doit être formé cinq jours au plus après celui où l'affichage a été effectué par le maire le moins diligent, devant le juge de paix qui statue d'urgence et en dernier ressort. Même L., art. 7. — La loi n'ayant pas pris soin de déterminer comment les listes seraient rectifiées après décision du juge de paix, il y a lieu de décider que le bureau électoral doit se charger de ce soin.

289 *bis.* Une réclamation basée sur l'omission d'un ou de plusieurs ouvriers dans la liste électorale, ne peut être compétemment portée que devant le juge de paix et non devant le Conseil de préfecture. Cons. de préfect. du Nord, 5 déc. 1890, *Rev. des mines*, 358, 1891.

290. Si une circonscription s'étend sous deux ou plusieurs cantons, le juge de paix compétent est celui dont le canton comprend la mairie de la commune désignée comme le lieu du vote par l'arrêté préfectoral de convocation des électeurs. Même L., art. 7.

291. Les électeurs d'une circonscription sont convoqués par un arrêté du préfet. L'arrêté doit être publié et affiché dans les communes sous le territoire desquelles s'étend la circonscription, quinze jours au moins avant l'élection, qui doit toujours avoir lieu un dimanche. L'arrêté fixe la date de l'élection ainsi que les heures auxquelles sera ouvert et fermé le scrutin. Le vote a lieu à la mairie de la commune désignée par l'arrêté de convocation parmi celles sous le territoire desquelles s'étend la circonscription. Même L., art. 8.

292. Le bureau électoral est présidé par le maire, qui prend comme assesseurs le plus âgé et le plus jeune des électeurs présents au moment de l'ouverture du scrutin, et, à défaut d'électeurs présents, ou consentant à siéger, deux membres du conseil municipal. Même L., art. 9.

293. Chaque bulletin porte deux noms, avec l'indication de la qualité de délégué ou de délégué suppléant à chaque candidat. Même L., art. 9.

293 *bis.* Mais le fait qu'un bulletin ne porte qu'un nom est insuffisant pour entraîner son annulation. Cons. d'État, 3 juill. 1891, *Rev. des mines*, 43, 1891 ; Cons. de préf., 5 déc. 1890, *Rev. des mines*, 356, 1891.

293 *ter.* En principe, seuls les électeurs inscrits sur les listes doivent prendre part au vote. Mais, cependant, le bureau doit admettre les ouvriers non inscrits qui, après s'être pourvus devant le juge de paix contre l'omission de leur nom, ont obtenu gain de cause, et produisent, sinon la décision du juge de paix elle-même, au moins un certificat du greffier en contenant le dispositif. En revanche, le bureau doit écarter du vote les ouvriers portés sur la liste et dont la radiation aurait été ordonnée par le juge de paix. Pour que le bureau puisse prendre cette mesure, il est nécessaire que la décision du juge de paix ou un certificat semblable à celui dont nous venons de parler lui ait été produit par l'exploitant ou son représentant, ou même par un tiers électeur.

294. Nul n'est élu au premier tour de scrutin s'il n'a obtenu la majorité des suffrages exprimés et un nombre de voix au moins égal au quart du nombre des électeurs inscrits. Au deuxième tour de scrutin, la majorité relative suffit, quel que soit le nombre des votants. En cas d'égalité de suffrages, le plus âgé des candidats est élu. Si un second tour de scrutin est nécessaire, il y est procédé le dimanche suivant dans les mêmes conditions de forme et de durée. Le vote a lieu, sous peine de nullité, sous enveloppe d'un type uniforme déposé à la préfecture. Même L., art. 9.

295. Ceux qui, soit par voies de fait, violences, menaces, dons ou promesses, soit en faisant craindre à un électeur de perdre son emploi, d'être privé de son travail, ou d'exposer à un dommage sa personne, sa famille ou sa fortune, auront influencé le vote, seront punis d'un emprisonnement d'un mois à un an et d'une amende de 100 à 2000 francs. L'article 463 du Code pénal pourra être appliqué. Même L., art. 10.

296. Pourra être annulée toute élection dans laquelle les candidats élus auraient influencé le vote en promettant de s'immiscer dans des questions ou revendications étrangères à l'objet des fonctions de délégué telles qu'elles sont définies dans l'article 1er de la loi. — V. *Supplément*, v° MINES. Même L., art. 11.

296 *bis*. La seule apposition d'affiches dont les énonciations ne sont pas de nature à influencer le vote ne saurait entraîner l'annulation de l'élection. Il n'en serait pas de même si ces affiches, signées du candidat, renfermait la promesse, de la part de celui-ci, de s'immiscer dans des questions étrangères à ses fonctions. Cons. de préf. du Nord, 5 déc. 1890, *Rev. des mines*, 356, 1891 ; Cons. de préf. de la Haute-Loire, 17 déc. 1890, *Rev. des mines*, 43, 1891.

297. Après le dépouillement du scrutin, le président proclame le résultat du vote ; il dresse et transmet au préfet le procès-verbal des opérations. Les protestations doivent être consignées au procès-verbal ou être adressées, à peine de nullité, dans les trois jours qui suivent l'élection, au préfet, qui en accuse réception. Les exploitants peuvent, comme les électeurs, adresser, dans le même délai, leurs protestations au préfet. En cas de protestation ou si le préfet estime que les conditions prescrites par la loi ne sont pas remplies, le dossier est transmis au plus tard le cinquième jour après l'élection au conseil de préfecture, qui doit statuer dans les huit jours suivants. En cas d'annulation, il est procédé à l'élection dans le délai d'un mois. Même L., art. 12. — Un recours devant le Conseil d'État est ouvert contre les arrêtés du conseil de préfecture ; il peut être fait sans frais et doit être transmis par le préfet au Conseil d'État (L. 22 juill. 1889, art. 61) ; mais celui qui veut exercer ce recours doit joindre à sa requête une expédition de l'arrêté attaqué. Cons. d'Etat, 20 juin 1891, *Rev. des mines*, 212, 1891.

298. Les délégués et délégués suppléants sont élus pour trois ans ; toutefois, ils doivent continuer leurs fonctions tant qu'ils n'ont pas été remplacés. A l'expiration des trois ans, il est procédé à de nouvelles élections dans le délai d'un mois. Il est pourvu dans le mois qui suit en remplacement du délégué ou du délégué suppléant décédé ou démissionnaire, ou révoqué, ou déchu des qualités requises pour l'éligibilité. Le nouvel élu est nommé pour le temps restant à courir jusqu'au terme qui était assigné aux fonctions de celui qu'il remplace. Il doit être procédé à de nouvelles élections pour les circonscriptions créées ou modifiées dans les termes de l'article 1er. — V. *Supplément*, v° Mines. Même L., art. 13.

ÉLÈVES EN PHARMACIE. 1 *bis*. La durée du stage dans une officine est fixée à trois ans. Décret du 26 juill. 1885, *Annales* 1886, p. 109.

3. Ainsi modifié : L'inscription doit être renouvelée tous les ans au mois de juillet. *Ibid.*

4. Ainsi modifié : L'inscription de stage ne peut être acceptée que si le candidat produit : 1° un extrait d'acte de naissance constatant qu'il est âgé de seize ans ; 2° un certificat de présence délivré par le titulaire de l'officine à laquelle le stagiaire est attaché ; 3° un des diplômes de bachelier énumérés dans l'article 2 du décret susvisé pour le grade de pharmacien de 1re classe ; et pour celui de 2° classe à défaut de l'un desdits diplômes, un des deux certificats mentionnés au même article *in fine*. *Ibid.*

4 *bis*. Toute période de stage qui n'aurait pas été constatée conformément aux dispositions qui précèdent est considérée comme nulle. *Ibid.*

EMANCIPATION. 12... V. *Supplément*, v° Puissance paternelle, n° 34

EMPLOYÉS. — V. L. 27 déc. 1892, *Supplément*, v° Ouvriers.

ENCLAVE. 2 *bis*. Quand les parties sont d'accord sur l'endroit par lequel la servitude de passage doit s'exercer et qu'il n'y a de contestation entre elles que sur le chiffre de l'indemnité, l'affaire peut être portée devant le juge de paix, si le montant de l'indemnité offerte ou réclamée n'excède pas les limites de sa compétence. En ce cas, le juge doit ordonner que l'indemnité sera payée en une somme d'argent une fois versée et de n'accorder de délai que si le créancier y consent. — V. Etude de M. Boulé, *Annales* 1885, p. 148.

ENFANCE, ENFANT. — V. *Supplément*, v° Travail dans les établissements industriels.

ENGRAIS. 6. Une loi du 3 février 1888 a abrogé la loi du 27 juillet 1867 relative à la répression des fraudes dans la vente des engrais. V. *Annales* 1888, p. 73.

7. Aux termes de l'article 3 de la loi du 3 février 1888, est punie d'une amende de 11 à 15 francs inclusivement, toute personne qui, au moment de la livraison, n'a pas fait connaître à l'acheteur la provenance naturelle ou industrielle de l'engrais ou de l'amendement vendu et de sa teneur en principes fertilisants. En cas de récidive dans les trois ans, la peine de l'emprisonnement pendant cinq jours au plus peut être appliquée.

8. Les indications exigées par la loi doivent être fournies soit dans le contrat même, soit dans le double de commission délivré à l'acheteur au moment de la vente, soit dans la facture remise au moment de la livraison. *Ibid.*, art. 4.

8 *bis.* Après le paragraphe 1er de l'article 4, **M.** de Carné avait proposé un amendement ou plutôt un paragraphe additionnel conçu en ces termes : « De plus, le vendeur devra indiquer sur chaque sac ou tonneau vendus la teneur en principes fertilisants. » Mais cet amendement fut rejeté.

9. La teneur en principes fertilisants doit être exprimée par les poids d'azote, d'acide phosphorique et de potasse contenus dans 100 kilogrammes de marchandise facturée, telle qu'elle est livrée, avec indication de la nature ou de l'état de combinaison de ces corps. *Ibid.*, art. 4.

10. Lorsque la vente est faite avec stipulation du règlement du prix, d'après l'analyse à faire sur échantillon prélevé au moment de la livraison, l'indication préalable de la teneur exacte n'est pas obligatoire ; mais il doit être fait mention du prix du kilogramme de l'azote, de l'acide phosphorique et de potasse contenus dans l'engrais tel qu'il est livré et de l'état de combinaison dans lequel se trouvent ces principes fertilisants. La justification de l'accomplissement de ces prescriptions peut être fournie, s'il y a lieu, en l'absence de contrat préalable ou d'accusé de réception de l'acheteur, par la production soit du copie de lettres du vendeur, soit de son livre de factures régulièrement tenu à jour et contenant l'énoncé prescrit ci-dessus. *Ibid.*, art. 4.

11. Les dispositions des articles 3 et 4 de la loi du 3 février 1888, qui viennent d'être énumérées, ne sont pas applicables à ceux qui vendent, sous leur dénomination usuelle, des fumiers, des matières fécales, des composts, des boues de ville ou gadoues, des déchets de marché, des résidus de brasserie, des varechs et autres plantes marines pour engrais, des déchets frais d'abattoirs, de la marne, des faluns, de la tangue, des sables coquilliers, des chaux, des plâtres, des cendres ou des suies provenant des houilles ou autres combustibles. *Ibid.*, art. 5.

ENQUÊTE ADMINISTRATIVE. 25... La loi du 18 juillet 1837 a été abrogée par la loi du 6 avril 1884.

ENQUÊTE CIVILE. 9... L'augmentation se compose d'un jour par 5 myriamètres.

ENREGISTREMENT. 12... *Adde :* Les certificats, actes de notoriété et autres pièces exclusivement relatives à l'exécution de la loi du 20 juillet 1886 sur la Caisse des retraites pour la vieillesse. Art. 24 de la loi. —V. *Supplément,* v° CERTIFICAT DE PROPRIÉTÉ, n° 21, *in fine.*

16 et **17.** Supprimés et remplacés par ce qui suit : est réduit à 1 franc, le droit d'enregistrement applicable aux exploits relatifs aux procédures en matière civile devant les juges de paix, jusques et y compris les significations des jugements définitifs. Art. 6, L. 26 janv. 1892.

La loi a voulu parler là des exploits relatifs à des instances en matière civile devant les juges de paix, depuis et y compris la citation jusqu'à la signification du jugement définitif inclusivement.

18, 19, 20, 24, 25, 26, 29, 51. Supprimés et remplacés par ce qui suit :

— *a.* Sont supprimés les droits de greffe de toute nature perçus par l'administration de l'enregistrement au profit du Trésor dans les justices de paix. Art. 4, L. précitée.

— *b.* Cette disposition embrasse sans exception tous les droits de mise au rôle, d'expédition, de rédaction, fixes ou proportionnels établis par la loi du 21 ventôse an VII et les lois subséquentes. Elle s'applique dès lors, en ce qui concerne soit les minutes, soit les expéditions, non seulement aux actes et jugements relatifs à des instances ou procédures, mais encore à tous actes délivrés par les greffiers ou passés dans les greffes en dehors de toute instance ou procédure. Elle s'étend également ment aux expéditions et, en outre, aux actes qui, quoique exempts d'enregistrement, étaient assujettis au droit de rédaction sous l'empire de la législation abrogée, comme les dépôts de répertoires et les dépôts de signatures et paraphes des notaires. Instruction du directeur général de l'enregistrement. — V. *Annales,* août 1892.

— *c*. Sont affranchies de la pluralité édictée par l'article 17 de la loi du 22 frimaire an VII, dans les jugements, les dispositions indépendantes et non sujettes au droit proportionnel. Aucun droit fixe ne peut être perçu sur un jugement renfermant une ou plusieurs dispositions passibles du droit proportionnel. Art. 11, L. précitée.

— *d*. Il ne peut être perçu moins de 1 franc pour les jugements des juges de paix, les procès-verbaux de conciliation ou de non-conciliation dressés par ces magistrats. Dans aucun cas, l'ensemble des droits proportionnels ne peut être inférieur au minimum qui vient d'être indiqué. Art. 17.

— *e*. En résumé, voici ce qui résulte des articles 11 et 17 : lorsqu'un jugement de justice de paix est passible d'un droit proportionnel, il ne peut pas être perçu moins de 1 franc, quand même le calcul normal voudrait que la perception fût moindre. Toutes les fois qu'un jugement est passible d'un droit proportionnel supérieur à 1 franc, le droit fixe de 1 franc s'efface et n'est pas perçu. Au contraire, un droit fixe de 1 franc est dû sur les jugements qui ne sont frappés d'aucun droit proportionnel. De même ce droit fixe de 1 franc est dû quand même, en l'absence de droit proportionnel ordinaire, un droit proportionnel de titre serait dû.

Quant aux procès-verbaux de conciliation et de non-conciliation, ils échappent à toute espèce de droits proportionnels et ne peuvent jamais être frappés que du droit fixe de 1 franc.

— *f*. En remplacement des droits qu'elle supprime ou qu'elle réduit, la loi du 26 janvier 1892 a frappé les jugements des juges de paix d'un droit proportionnel de 1 franc pour 100 ; si la condamnation consiste en dommages-intérêts, aussi bien en matière civile qu'en matière de police, le droit proportionnel est porté à 2 pour 100. Ce droit est calculé sur le montant des condamnations ou liquidations. Les dépens et les intérêts sont exclus de ce calcul. Art. 15, § 1er et art. 16, § 4 et 6 de la loi précitée.

— *g*. Lorsque le droit proportionnel a été acquitté sur un jugement rendu par défaut, la perception sur le jugement contradictoire, qui peut intervenir, n'a lieu que sur le supplément des condamnations, collocations ou liquidations. Art. 15, § 1er.

— *h*. En ce qui concerne les jugements de débouté d'opposition en justice de paix, la loi n'ayant pas indiqué un tarif spécial, c'est le droit fixe de 1 franc qui semble devoir leur être seul appliqué.

— *i.* Les dispositions des articles 4 à 21 de la loi du 26 janvier 1892 ne sont pas applicables aux minutes, copies ou expéditions d'actes ou jugements relatifs à des procédures commencées avant le 1er juillet 1892. L'époque à laquelle la procédure est réputée commencée se détermine, pour les instances, par l'acte introductif. Les incidents des instances et procédures sont considérés comme donnant lieu, non à une procédure distincte, mais à la continuation de la procédure antérieure. Pour être admis au bénéfice des suppressions et réductions d'impôt prononcées par la loi précitée, les actes et jugements doivent rappeler la date et la nature de l'acte initial de l'instance ou de la procédure à laquelle ils se rapportent. Les surtaxes établies sont perçues toutes les fois que les actes et jugements ne renferment pas cette mention. Toutefois, la restitution peut être ordonnée dans les deux cas au profit des parties, s'il est fourni des justifications suffisantes durant les six mois de la perception. — Un règlement d'administration publique peut, à partir du 1er janvier 1893, supprimer ou modifier les obligations qui sont insérées à l'article 24 de la loi. Art. 24.

55. — *a.* Sont affranchis des droits de toute nature les avis de parents de mineurs dont l'indigence est constatée conformément à l'article 6 et au premier alinéa de l'article 8 de la loi du 10 décembre 1850. Art. 12, L. 26 janv. 1892.

— *b.* Même dispense est concédée aux actes nécessaires pour la convocation et la constitution des conseils de famille et l'homologation des délibérations prises dans ces conseils dans le cas d'indigence des mineurs. *Ibid.*

— *c.* Les personnes dont l'interdiction est demandée et les interdits sont, dans les mêmes cas, assimilés aux mineurs. *Ibid.*

— *d.* Les suppressions dont il vient d'être parlé ne touchent qu'aux droits d'enregistrement et nullement aux émoluments des officiers ministériels ou publics.

— *e.* Le mot avis de parents doit être entendu dans le sens général qu'il comporte et que le législateur lui attribue dans l'intitulé du titre X, liv. 1er, 2e part., du Code de procédure civile (art. 882 et suiv.); en d'autres termes, il est indifférent que le conseil de famille ait été appelé à émettre un simple avis, ou à prendre une délibération, à nommer, par exemple, un tuteur ou un subrogé tuteur. Instruction du directeur général de l'enregistrement. V. *Annales*, août 1892.

— *f*. La dispense d'impôt n'est accordée qu'aux avis de parents, c'est-à-dire aux actes qui constatent l'exercice d'attributions conférées par la loi aux conseils de famille. Par conséquent, si le même procès-verbal relate une délibération prise par un conseil de famille et renferme en outre une disposition dont l'objet soit étranger à la mission de cette assemblée, cette disposition reste soumise au droit commun. Ainsi, dans le cas où un procès-verbal unique constate tout à la fois l'émancipation d'un mineur par son père ou sa mère et la nomination d'un curateur à l'émancipation par le conseil de famille, cette dernière disposition émanant seule du conseil est la seule qui puisse profiter de l'exemption prononcée par l'article 12. La déclaration d'émancipation, qui constitue d'ailleurs la disposition principale du procès-verbal, demeure sujette au droit de 15 francs, et le procès-verbal lui-même, par cela seul qu'il la renferme, doit être rédigé sur papier timbré. *Ibid*.

— *g*. L'immunité concédée aux avis de parents est pareillement octroyée aux actes nécessaires à la convocation et à la constitution des conseils de famille, c'est-à-dire : 1° la requête présentée au juge de paix et l'ordonnance de ce magistrat ; 2° la citation notifiée par huissier aux personnes désignées pour constituer le conseil de famille ; 3° le procès-verbal dressé par le juge de paix pour constater, s'il y a lieu, la prorogation ou l'ajournement de l'assemblée. On ne saurait, au contraire, ranger dans cette catégorie les procurations données par les membres du conseil de famille, ni la signification prescrite par l'article 882 du Code de procédure civile. *Ibid*.

— *h*. Toute la procédure d'homologation, y compris les jugements et arrêts définitifs et leurs significations, se trouve dégrevée en première instance comme en appel. *Ibid*.

— *i*. Mais les actes relatifs aux instances engagées contre les délibérations par des membres contre l'avis desquels lesdites délibérations ont été prises (C. pr. civ., art. 883) restent soumis au droit commun. *Ibid*.

— *j*. L'alinéa final de l'article 12, qui assimile aux mineurs les personnes dont l'interdiction est demandée et les interdits, a exactement la même portée que la disposition contenue en l'alinéa précédent, et concerne les avis de parents et les actes nécessaires soit à la convocation et à la constitution des conseils de famille, soit à l'homologation de leurs délibérations, à l'exclusion de tous les autres actes de la procédure d'interdiction. *Ibid.*

— *k.* L'exonération s'applique tant aux minutes et originaux qu'aux expéditions et copies. Mais ce n'est là, pour toute la série des actes dont nous venons de parler, qu'un affranchissement de droits ; l'enregistrement gratis reste obligatoire. *Ibid.* — V. *Supplément*, v° CERTIFICAT DE PROPRIÉTÉ, n° 23 *bis.*

56 *bis.* Les huissiers et les greffiers doivent tenir, à peine d'une amende de 10 francs et de la non-admission des actes en taxe, sur registres non timbrés, cotés et paraphés par le président du tribunal civil, des répertoires à colonnes, sur lesquels ils inscrivent, jour par jour, sans blancs, ni interlignes, et par ordre de numéros, tous les actes, exploits et jugements qui sont dispensés, par la loi du 26 janvier 1892, des formalités du timbre et de l'enregistrement. — Chaque article du répertoire doit contenir : 1° son numéro ; 2° la date de l'acte ; 3° sa nature ; 4° les noms et prénoms des parties et leur domicile. Chaque acte porté sur ce répertoire doit être annoté de son numéro d'ordre. Art. 19, L. précitée.

56 *ter.* Les huissiers et les greffiers doivent, sous les mêmes sanctions, présenter ce répertoire au receveur de leur résidence, qui doit le viser et énoncer dans son visa le numéro du dernier acte inscrit. Cette présentation doit avoir lieu, pour les huissiers, les 1er, 6, 11, 16, 21 et 26, et pour les greffiers, les 1er et 16 de chaque mois. Si le jour fixé pour le visa est un jour férié, le visa doit être apposé le lendemain. Art. 20, même L.

96 *bis.* En pareil cas, l'enregistrement doit être requis, au besoin, par le ministère public. Circul., 27 oct. 1888. — V. *Annales* 1889, p. 110.

96 *ter.* L'usage en justice qui rend l'enregistrement obligatoire n'est pas subordonné au fait matériel de la remise des documents entre les mains des juges. Cet usage est suffisamment caractérisé dès que les parties ont invoqué les titres à l'appui de leurs moyens, soit en désignant expressément les actes par leur date et leurs énonciations, soit en rappelant leur contexte de manière à ne laisser aucun doute sur leur existence. *Ibid.* — *Adde* : Cass., 18 janv. 1881, 18 déc. 1882 et 29 juin 1883.

112 *bis*... V. *Supplément*, v° PROCÈS-VERBAUX, n°s 43, 52 et suivants. Les rapports des agents de police doivent être soumis à la formalité avant qu'il en soit fait usage dans un acte public ou en justice. — V. *Supplément*, EXPÉDITION, LIGNES.

ENSEIGNES. 8... L'article 3, tit. V, de la loi du 24 août 1790 a été abrogé par la loi du 6 avril 1884. Mais l'article 97 de cette loi donne aux maires tous pouvoirs pour assurer le bon ordre et la tranquillité publique.

ÉPOUX. 1. Aux termes de l'article 767 du Code civil, modifié par la loi du 9 mars 1891, lorsque le défunt ne laisse ni parents au degré successible, ni enfants naturels, les biens de la succession appartiennent en pleine propriété au conjoint non divorcé qui lui survit et contre lequel il n'existe pas de jugement de séparation de corps passé en force de chose jugée. Art. 767 C. civ., modifié par la loi du 9 mars 1891. — V. *Annales* 1891, p. 150.

2. Le conjoint survivant non divorcé, qui ne succède pas à la pleine propriété, et contre lequel n'existe pas de jugement de séparation de corps passé en force de chose jugée, a, sur la succession du prédécédé, un droit d'usufruit qui est d'un quart, si le défunt laisse un ou plusieurs enfants issus du mariage ; d'une part d'enfant légitime le moins prenant sans qu'elle puisse excéder le quart, si le défunt a des enfants nés d'un précédent mariage ; de moitié dans tous les autres cas, quels que soient le nombre et la qualité des héritiers. *Ibid.*

3. Le calcul doit être opéré sur une masse faite de tous les biens existant au décès du *de cujus*, auxquels doivent être réunis fictivement ceux dont il aurait disposé soit par acte entre-vifs, soit par acte testamentaire au profit de successibles, sans dispense de rapport. Mais l'époux survivant ne peut exercer son droit que sur les biens dont le prédécédé n'a disposé ni par acte entre-vifs, ni par acte testamentaire et sans préjudicier aux droits de réserve, ni aux droits de retour. *Ibid.*

4. Le conjoint survivant cesse d'exercer son droit dans le cas où il aurait reçu du défunt des libéralités, même faites par préciput et hors part, dont le montant atteindrait celui des droits que la loi nouvelle lui attribue, et si ce montant était inférieur, il ne pourrait réclamer que le complément de son usufruit. *Ibid.*

5. Jusqu'au partage définitif, les héritiers peuvent exiger, moyennant sûretés suffisantes, que l'usufruit de l'époux survivant soit converti en une rente viagère équivalente. S'ils sont en désaccord, la conversion est facultative pour les tribunaux. *Ibid.*

6. En cas de nouveau mariage, l'usufruit du conjoint cesse s'il existe des descendants du défunt. *Ibid.* — V. *Supplément*, v° Pension alimentaire.

ÉTRANGERS. 2. — *a.* Tout étranger qui n'est pas autorisé à établir son domicile en France, et qui se propose d'y fixer sa résidence, doit, dans un délai de quinze jours à partir de son arrivée, faire à la mairie de la commune où il veut fixer cette résidence une déclaration énonçant : 1° ses nom et prénoms et ceux de ses père et mère ; 2° sa nationalité ; 3° le lieu et la date de sa naissance ; 4° le lieu de son dernier domicile ; 5° sa profession ou ses moyens d'existence ; 6° le nom, l'âge et la nationalité de sa femme et de ses enfants mineurs, lorsqu'il est accompagné par eux. Décret du 2 oct. 1888, *Annales* 1889, p. 361, art. 1er.

— *b.* La contravention aux dispositions de l'article 1er du décret du 2 octobre 1888 n'est pas une contravention successive. Dès lors, la prescription est acquise au bout d'un an à partir de l'expiration du délai imparti à l'étranger pour faire cette déclaration. Cass., 2 juin 1892, *Annales* 1892, p. 376.

— *c.* Les déclarations sont faites, à Paris, au préfet de police, et à Lyon, au préfet du Rhône. *Ibid.*, art. 2.

— *d.* L'étranger doit produire toutes pièces justificatives à l'appui de sa déclaration. Lorsque ces pièces lui manquent, le maire, avec l'approbation du préfet, peut lui accorder un délai pour se les procurer. *Ibid.*, art. 1er.

— *e.* Un récépissé de la déclaration est délivré gratuitement à l'intéressé. *Ibid.*, art. 1er.

— *f.* En cas de changement, une nouvelle déclaration doit être faite devant le maire de la commune où l'étranger fixe sa nouvelle résidence. *Ibid.*, art. 3.

— *g.* Les infractions aux formalités édictées par le décret du 2 octobre 1888 sont punies des peines de simple police, sans préjudice du droit d'expulsion qui appartient au ministre de l'intérieur. *Ibid.*, art. 5.

EXPÉDITION. 2. Sont dispensées du timbre les expéditions délivrées par les greffiers de justice de paix en matière civile (art. 12, L. 26 janv. 1892). Le législateur a entendu parler ici de toutes les expéditions, sans qu'il y ait lieu de distinguer à cet égard entre les expéditions de jugements et celles d'actes étrangers à la juridiction contentieuse, tels que les procès-verbaux d'avis de parents, d'apposition ou de levée de scellés, etc... Les seules expéditions des greffiers des justices de paix qui soient exclues de l'immunité sont celles qui sont délivrées, en matière de simple police, avec ou sans intervention de partie civile. Instruction du directeur général de l'enregistrement. — V. *Annales*, août 1892.

4. — V. *supra, Supplément, eod. verbo*, n° 2.

5. — V. *supra, Supplément, eod. verbo*, n° 2.

26... La loi du 26 janvier 1892 a décidé qu'un règlement d'administration publique fixerait les émoluments des greffiers en ce qui concerne les expéditions délivrées par eux. — V. *Supplément*, v° ENREGISTREMENT, LIGNES.

EXPLOIT. 100... Depuis la loi du 3 mai 1862, le délai est augmenté à raison d'un jour, non plus par 3, mais par 5 myriamètres. Les fractions de moins de 4 myriamètres ne sont pas comptées ; les fractions de 4 myriamètres et au-dessus augmentent le délai d'un jour entier. Si le dernier jour du délai est un jour férié, le délai est prorogé au lendemain. Lorsque la partie assignée demeure en Corse, en Algérie, dans les Iles Britanniques, en Italie, dans le royaume des Pays-Bas ou confédérations limitrophes, le délai est d'un mois. Il est de deux mois pour ceux qui demeurent dans les autres États soit de l'Europe, soit du littoral de la Méditerranée et de celui de la mer Noire. Le délai est porté à cinq mois pour ceux qui demeurent hors d'Europe, en deçà des détroits de Malacca et de la Sonde et en deçà du cap Horn, et de huit mois pour ceux qui demeurent au delà des détroits de Malacca et de la Sonde et au delà du cap Horn. Le jour de la signification et celui de l'échéance ne sont pas comptés dans le délai général.

EXPROPRIATION. 28. *Établissement de lignes télégraphiques ou téléphoniques appartenant à l'État.* Dans le cas où il serait nécessaire d'exécuter, pour l'établissement de ces lignes, des travaux de nature à entraîner une dépossession définitive, il ne pourrait, à défaut d'entente entre l'administration et les propriétaires, être procédé que conformément aux lois des 3 mai 1841 et 27 juillet 1870. Toutefois, l'indemnité, le cas échéant, serait réglée dans la forme prévue par l'article 16 de la loi du 21 mai 1836. — V. *eod. verbo*, n°* 1 et suiv. L. 28 juill. 1885, art. 13.

EXTRAIT. 8 *bis.* Les parquets doivent adresser, tous les quinze jours, aux procureurs généraux, un état des extraits de jugements transmis par les greffiers (y compris ceux des tribunaux de simple police) aux agents chargés du recouvrement des amendes et des condamnations pécuniaires. Circul. de la chancellerie, 2 février 1883. — V. *Annales* 1883, p. 225.

9... Lorsque des condamnations solidaires sont prononcées par jugement, conformément à l'article 55 du Code pénal, et qu'il est interjeté appel par certains seulement des condamnés, le greffier doit indiquer sur les extraits, non seulement les condamnations personnelles prononcées contre les débiteurs qui ont acquiescé au jugement, mais encore les condamnations au sujet desquelles appel a été interjeté et pour lesquelles la solidarité a été prononcée ; mais ces dernières condamnations ne doivent figurer sur les extraits qu'avec la mention qu'appel a été interjeté par un ou plusieurs des condamnés. Décision ministérielle du 21 octobre 1880. — V. *Annales* 1881, p. 109.

11 *bis.* Les frais de délivrance des titres de perception (extraits de jugement et exécutoires supplémentaires) que les greffiers adressent à l'administration des finances pour le recouvrement des amendes et condamnations pécuniaires prononcées par les tribunaux de simple police, sont, sous la réserve des prescriptions de l'article 107 du Code forestier, supportés par le fonds commun et payés aux ayants droit sur mandats des préfets. Circul., 25 avril 1888, *Annales* 1888, p. 216.

FABRIQUE D'ÉGLISE. 1 *bis.* Mais en matière de référé, l'autorisation de plaider n'est pas nécessaire à une fabrique. Cons. d'État, 20 janv. 1886, *Annales* 1888, p. 263. — V. *Supplément*, v° BANC D'ÉGLISE.

FEMMES. — V. *Supplément*, v° TRAVAIL DANS LES ÉTABLISSEMENTS INDUSTRIELS.

FÊTES ET DIMANCHES. Art. 10. Une loi du 8 mars 1886 a déclaré jours fériés le lundi de Pâques et le lundi de la Pentecôte.

FILLES. — V. *Supplément*, v° Travail dans les établissements industriels.

FILLES PUBLIQUES. 13... L'article 3, tit. XI, de la loi du 24 août 1790 a été abrogé par la loi du 6 avril 1884. Mais le maire puise dans les articles 94, § 1er, et 97, § 2 et 3, le droit de prendre toutes mesures pour assurer la tranquillité publique en général et le bon ordre dans les lieux publics.

13 *bis*. Un règlement municipal sur la police des filles publiques, pris en vertu de l'article 3 du titre XI de la loi des 16-24 août 1790, conserve sa force obligatoire sous l'empire de la loi du 5 avril 1884, qui a reproduit, avant de les abroger, les dispositions de ce texte de loi. Cass., 20 mai 1887, *Annales* 1888, p. 203.

19 *bis*. L'inscription d'une femme sur les registres des filles publiques crée seulement contre elle une présomption qu'elle peut combattre par la preuve contraire ; aussi est-ce à bon droit que le juge de police la relaxe des poursuites dirigées contre elle pour avoir refusé de subir les visites sanitaires, lorsqu'il a été établi, par une enquête régulière, qu'aucun acte de prostitution ne lui est imputable. Cass., 6 déc. 1888, *Annales* 1889, p. 379.

40. V. article 13 ci-dessus. La loi du 18 juillet 1837 a été également abrogée par la loi du 6 avril 1884.

58. L'arrêté municipal qui interdit aux filles publiques d'établir leur domicile dans des maisons ouvertes au public, telles que celles qui sont à destination de cabarets, de cafés, de restaurants, de maisons garnies, contient une prohibition de nature à entraîner des condamnations permanentes et successives ; ces contraventions doivent être, chaque fois qu'elles sont de nouveau constatées, punies des peines portées par l'article 471, n° 15, et au besoin par l'article 474, même Code. Cass., 7 déc. 1887, *Annales* 1891, p. 921.

FRAIS ET DÉPENS. 6 *bis*. Il a été jugé qu'un préfet, agissant comme représentant de l'État et dans un intérêt général, ne saurait encourir, même quand il succomberait, la condamnation aux dépens. Douai, 9 juill. 1890, *G. P.* 1890, II, 305.

FRANÇAIS. Tous les numéros de 1 à 13 exclusivement,

correspondant à ce mot dans le *Dictionnaire*, sont supprimés et remplacés par les suivants :

1. Tout individu né d'un Français, en France ou à l'étranger, est Français. Art. 8 C. civ. modifié par la loi du 26 juin 1889. — V. *Annales* 1889, p. 252.

1 *bis*. L'enfant naturel, dont la filiation est établie pendant la minorité, par reconnaissance ou par jugement, suit la nationalité de celui des parents à l'égard duquel la preuve a d'abord été faite. Si elle résulte pour le père ou la mère du même acte ou du même jugement, l'enfant suit la nationalité du père. Art. 8 C. civ., modifié par la même loi. — V. *eod. verbo, infra*, n° 8.

1 *ter*. Cette nationalité que suit l'enfant mineur est nécessairement celle qui appartenait à son père ou à sa mère au jour même de la naissance, et non celle que l'auteur de la reconnaissance a pu acquérir depuis et qu'il possédait à la date même où cette reconnaissance est intervenue. Nancy, 25 mars 1890, *G. P.* 1890, I, 627.

2. Est Français tout individu né en France de parents inconnus ou dont la nationalité est inconnue. Même L., art. 8.

3. Est encore Français tout individu né en France d'un étranger, qui lui-même y est né. Même L., art. 9.

— *a*. L'individu né en France d'un étranger, qui lui-même est né sur des territoires alors rattachés à la France, mais ultérieurement séparés, doit être considéré, au point de vue de l'application de la loi du 7 février 1851, comme né en France d'un père qui lui-même y est né. Douai, 6 déc. 1890, *G.P.* 1891, I, 298. — Cet individu est donc Français s'il n'a pas, dans l'année de sa majorité, réclamé la qualité d'étranger. Et c'est donc à bon droit que le juge de paix, saisi d'une demande en radiation des listes électorales formée contre cet individu pour cause d'extranéité, repousse cette demande sans surseoir jusqu'à ce que la question d'état ait été tranchée. Cass., 22 avril 1890, *Annales* 1892, p. 124.

— *b*. Est Français l'individu né en France en 1839 d'un père belge, qui était lui-même né en 1799 dans les provinces belges, alors incorporées à la France, s'il n'a pas réclamé régulièrement la qualité d'étranger dans l'année qui a suivi sa majorité. Cass., 25 février 1890, *Annales* 1892, p. 49.

— *c*. La loi du 7 février 1851 a saisi, au moment de son

émission, tous les individus nés en France d'un étranger, qui lui-même y était né, dont l'état civil n'était pas définitivement fixé, notamment tous ceux qui, bien que majeurs, se trouvaient encore dans les délais pour faire la déclaration prévue par la loi ancienne en vue d'acquérir la nationalité française. Douai, 6 déc. 1890, *G. P.* 1891, I, 298.

— *d*. Est Français l'individu né en France de parents étrangers, dont l'un, le père ou la mère, est lui-même né en France; rien n'indique qu'il soit nécessaire que les père et mère soient l'un et l'autre nés en France, ou que ce soit le père plutôt que la mère qui remplisse cette condition. Cass., 7 déc., 1891, *Annales* 1892, p. 52. — Et l'enfant acquiert la qualité de Français, quand bien même celui de ses parents qui l'était a cessé de l'être. Paris, 2 juin 1891, *G. P.* 1891, II, 36.

— *e*. La loi du 26 juin 1889 n'a pas d'effet rétroactif; par suite, l'individu né en France d'un étranger qui, conformément à la loi du 7 février 1851, a excipé de son extranéité dans l'année qui a suivi l'époque de sa majorité, ne peut demander que, par application de l'article 8, § 3, de la loi du 26 juin 1889, il soit déclaré citoyen français, s'appuyant sur l'effet rétroactif de cette loi et sur le bénéfice d'un droit nouveau qui résulterait, pour lui, de ses dispositions. Trib. civ. Lille, 5 déc. 1889, *G. P.* 1889, II, 185.

— *f*. L'article 2 de la loi du 7 février 1851, qui portait que « l'article 9 du Code civil est applicable aux enfants de l'étranger naturalisé, quoique nés en pays étranger, s'ils étaient mineurs lors de la naturalisation » et que, « à l'égard des enfants qui étaient majeurs à cette époque, l'article 9 du Code civil leur est applicable dans l'année qui suivra celle de ladite naturalisation » entend par le mot naturalisation tout mode d'acquisition de la qualité de Français. Il était donc applicable aux enfants d'un individu qui est devenu Français, non par naturalisation proprement dite, mais par le bienfait de la loi. Trib. civ. Lille, 7 août 1890, *G. P.* 1890, II. 466.

— *g*. L'individu né en France d'un individu, qui lui-même y était né, s'il a atteint sa majorité avant la promulgation de la loi du 26 juin 1889, a conservé pendant une année entière la liberté de déterminer sa nationalité et de répudier la qualité de Français. Trib. civ. Lille, 1er mai 1890, *Annales* 1892, p. 29.

— *h.* L'individu né en France d'un étranger, qui lui-même y est né, qui n'a atteint sa majorité qu'après la promulgation de la loi du 26 juin 1889, est définitivement Français et ne peut invoquer le droit d'option résultant de la loi du 16 décembre 1874. Pau, 22 juin 1892, Trib. civ. Bordeaux, 11 juill. 1892, *G. P.* 12 nov. 1892.

4. Est Français tout individu né en France d'un étranger et qui, à l'époque de sa majorité, est domicilié en France, à moins que, dans l'année qui suit sa majorité, telle qu'elle est réglée par la loi française, il n'ait décliné la qualité de Français, et prouvé par une attestation en due forme de son gouvernement qu'il a conservé la nationalité de ses parents, laquelle demeure annexée à la déclaration; qu'il n'ait, en outre, produit, s'il y a lieu, un certificat constatant qu'il a répondu à l'appel sous les drapeaux, conformément à la loi militaire de son pays, sauf les exceptions prévues aux traités. Même L.

— *a.* La loi du 26 juin 1889 (art. 8 C. civ., § 4) n'a pas eu pour effet d'accorder immédiatement la qualité de Français aux enfants nés en France d'un étranger, mais de réserver cette qualité à l'époque où ils atteindront leur majorité, s'ils sont à ce moment domiciliés en France; jusqu'à cette majorité, ils doivent donc être traités comme étrangers. Trib. civ. Seine, 25 juill. 1889. — Jusque-là, c'est la filiation qui doit servir à déterminer la nationalité de l'enfant. Par suite, le ministre de l'intérieur peut légalement prendre un arrêté d'expulsion contre un enfant mineur se trouvant dans ces conditions. Cass., 19 déc. 1891, *G. P.* 1892, I, 100.

— *b.* Est irrecevable à réclamer la qualité de Français l'individu qui, né d'un ex-Français ayant perdu cette qualité par l'effet des traités de 1814 et né lui-même en France, n'a pas fait, devant le juge de paix du canton dans lequel il réside, les déclarations prescrites par l'article 6 du décret du 13 août 1889. Trib. civ. Lille, 5 déc. 1889, *G. P.* 1889, II, 185. — V. *infra*, n° 4 *a, quater* et suivants.

— *c.* La disposition de l'article 8, § 4, du Code civil, modifié par la loi du 26 juin 1889, n'a pas d'effet rétroactif. En conséquence, n'a pas acquis la nationalité française l'individu qui, né en France d'un étranger, y était domicilié à l'époque de sa majorité, s'il a atteint cette majorité antérieurement à la loi nouvelle. Trib. Lille, 11 juill. 1890, *G. P.* 1890, II, 199 ; Lyon, 22 mai 1890, *G. P.* 1891, I, suppl. 19 ; Lyon, 2 avril 1890, *Annales* 1891, p. 99.

— *d.* Les déclarations souscrites soit pour acquérir, soit pour répudier la qualité de Français, sont dressées en double exemplaire sur papier timbré et sont reçues par le juge de paix du canton dans lequel réside le déclarant. Elles peuvent être faites par procuration spéciale et authentique. Décret, 26 juin 1889, art. 6. — V. *Annales* 1889, p. 289.

— *e.* Le déclarant doit être assisté de deux témoins qui certifient son identité ; il doit, en outre, produire à l'appui toutes les justifications nécessaires, en y joignant son acte de naissance, et, le cas échéant, son acte de mariage et les actes de naissance de ses enfants mineurs, avec la traduction de ces actes, s'ils sont en langue étrangère. *Ibid.* — V. *Supplément,* v° NATURALISATION, n° 4 *c. in fine.*

— *f.* A l'étranger, les déclarations sont reçues par les agents diplomatiques et les consuls. *Ibid.*

— *g.* Les deux exemplaires de la déclaration et les pièces justificatives sont immédiatement adressés par le juge de paix au procureur de la République, qui les transmet sans délai au ministère de la justice. *Ibid.*, art. 7.

— *h.* La déclaration est inscrite à la chancellerie sur un registre spécial ; l'un des exemplaires est déposé dans les archives, l'autre est renvoyé à l'intéressé avec la mention de l'enregistrement. La déclaration enregistrée prend date du jour de sa réception par le juge de paix. *Ibid.*, art. 8.

— *i.* Il appartient à l'autorité judiciaire de reconnaître la validité d'une déclaration de nationalité reçue par un juge de paix et d'en proclamer l'efficacité, encore que le ministre de la justice en ait refusé l'enregistrement. Le préfet a qualité pour contredire aux contestations relatives à la validité des déclarations ; mais il ne peut encourir, alors même qu'il succombe, la condamnation aux dépens, puisqu'il agit comme représentant de l'État et dans un intérêt général. Cass., 26 oct. 1891, *Annales* 1892, p. 120 ; Douai, 9 juill. 1890, *G. P.* 1890, II, 305.

— *j.* L'enregistrement, au ministère de la justice, d'une déclaration mal fondée ne met pas obstacle à ce que l'annulation en soit prononcée par les tribunaux. Trib. civ. Bastia, 19 déc. 1890, *G. P.* 1891, I, 310.

5. La renonciation du mineur à la faculté qui lui appartient, par application des articles 8, § 4, 12 et 18 du Code civil, de décliner à sa majorité la qualité de Français, est faite en son nom par les personnes désignées dans l'article 9, § 2, du Code civil. *Ibid.*, art. 11.

6. Enfin, sont encore Français les étrangers naturalisés. Art. 8, C. civ., modifié par la loi précitée.

7. Tout individu né en France d'un étranger devient Français si, ayant été porté sur le tableau de recensement, il prend part aux opérations de recrutement sans opposer son extranéité. C. civ., art. 9 modifié par la loi du 26 juin 1889.

8. L'étrangère qui épouse un Français suit la condition de son mari. — De même deviennent Français les enfants mineurs d'un père ou d'une mère survivants qui se font naturaliser Français, à moins que, dans l'année qui suit leur majorité, ils ne déclinent cette qualité dans les conditions indiquées aux numéros 4 et suivants. Art. 12, C. civ., modifié par la loi du 26 juin 1889.

8 *bis*. Le mot naturaliser, dans l'article 12, § 3, de la loi du 26 juin 1889, qui attribue un effet collectif à l'acquisition de la qualité de Français par le chef de famille, doit s'entendre non seulement de la naturalisation conférée par décret, mais encore, de l'acquisition de la qualité de Français par le bienfait de la loi. Nancy, 25 mars 1890, *Annales* 1891, p. 332.

8 *ter*. Spécialement, est Français sous la réserve exprimée au paragraphe 3 de l'article 12 de la loi du 26 juin 1889, l'enfant naturel né en Belgique d'une femme belge, plus tard devenue Française par son mariage, qui le reconnaît après mariage, alors qu'il est encore mineur. *Ibid.*

9. Perdent la qualité de Français : 1° le Français naturalisé à l'étranger ou celui qui acquiert, sur sa demande, la nationalité étrangère par l'effet de la loi. S'il est encore soumis aux obligations du service militaire pour l'armée active, la naturalisation à l'étranger ne lui fait perdre la qualité de Français que si elle a été autorisée par le gouvernement français ; 2° le Français qui a décliné la nationalité française dans les cas prévus aux numéros 4, 8, *in fine*, et 10 ; 3° le Français qui, ayant accepté des fonctions publiques conférées par un gouvernement étranger, les conserve nonobstant l'injonction du gouvernement français de les résigner dans un délai déterminé ;

4° le Français qui, sans autorisation du gouvernement, prend du service militaire à l'étranger, sans préjudice des lois pénales contre le Français qui se soustrait aux obligations de la loi militaire. Art. 17, C. civ., modifié par la même loi.

9 *bis.* Le Français ne perd cette qualité, par la naturalisation en pays étranger, qu'autant qu'il a effectivement acquis une nationalité nouvelle et est devenu le sujet d'un autre État. Cass., 14 fév. 1890, *G. P.* 1890, II, 81.

10. Les enfants mineurs du père ou de la mère, réintégrés dans la qualité de Français, deviennent Français, à moins que, dans l'année qui suit leur majorité, ils ne déclinent cette qualité dans les conditions indiquées *supra,* nᵒˢ 4 et suivants. Art. 18, C. civ., modifié par la loi précitée.

11. La femme française, qui épouse un étranger, suit la condition de son mari, à moins que son mariage ne lui confère pas la nationalité de son mari, auquel cas elle reste Française. Art. 19, C. civ., modifié par la même loi.

12. Le Français qui, sans autorisation du gouvernement, a pris du service militaire à l'étranger, ne peut rentrer en France qu'en vertu d'une permission accordée par décret, et recouvrer la qualité de Français qu'en remplissant les conditions imposées en France à l'étranger pour obtenir la naturalisation. Art. 21, C. civ., modifié par la même loi.

12 *bis.* La Cour d'appel de Lyon, à la date du 19 novembre 1890, avait décidé que l'individu né d'un ex-Français, bien qu'expulsé, pouvait souscrire une déclaration en vue d'acquérir la nationalité française et cessait alors d'être soumis à l'arrêté d'expulsion pris antérieurement contre lui en sa qualité d'étranger. *G. P.* 1891, I, 310. — Cette théorie se trouvait également exposée et soutenue dans un arrêt de la Cour de Douai (Chambres réunies, 6 déc. 1890, *G. P.* 1891, I, 223). — D'autre part, il avait été jugé en sens contraire, à la date du 19 décembre 1890, par le Tribunal civil de Bastia, qu'en raison de l'expulsion contre lui prononcée, un individu né en France d'un père étranger ne pouvait acquérir la nationalité française au moyen d'une déclaration de nationalité souscrite en vertu de l'article 9 du Code civil (*G. P.* 1891, I, 310). — La question a été définitivement tranchée par un arrêt de la Cour de cassation du 27 octobre 1891, qui décide que le bénéfice de l'article 10 du Code civil constitue une vocation légale à la qualité de Français, qu'une mesure de police ne peut paralyser et qu'un individu en droit d'invoquer ce bénéfice ne saurait en être privé par un arrêté d'expulsion même légalement pris, sous le prétexte que, bien qu'ayant fait sa soumission de fixer son domicile en France, il serait, par suite de cet arrêté, dans l'impossibilité de l'y fixer effectivement dans l'année. *Annales* 1892, p. 120.

12 *ter*. Est Français l'individu né dans les États sardes, domicilié à Nice lors de l'annexion du comté à la France, qui n'a point demandé que la qualité de citoyen sarde lui fût maintenue, et qui a toujours continué à résider sur le territoire devenu français. Trib. civ. Nice, 16 avril 1890, *G. P.* 1890, II, 343.—V. *Supplément*, v^is NATIONALITÉ, NATURALISATION.

FRANCS-BORDS. 16. La ville, propriétaire des francs-bords d'un canal appartenant à un particulier, n'a pas le droit d'établir des ponts au-dessus de ce canal. De ce qu'elle peut invoquer la prescription relativement aux ponts qu'elle a établis depuis plus de trente ans, il ne s'ensuit pas qu'elle ait acquis par là le droit d'en jeter indéfiniment sur ledit canal. Cass., 4 déc. 1888, *Annales* 1889, p. 338.

FRANCHISE. 13 *bis*. Les juges de paix remplissant les fonctions d'officiers de police judiciaire dans les cas prévus par l'article 49 du Code d'instruction criminelle, n'ont pas droit à la franchise télégraphique au même titre que le procureur de la République, spécialement en ce qui concerne leurs communications avec les commandants de gendarmerie. Ces magistrats ne jouissent de la franchise directe qu'avec le chef du parquet de l'arrondissement ; ils doivent donc nécessairement, pour correspondre, recourir à son intermédiaire. Circul., 19 mai 1884, *Annales* 1884, p. 363.

FUNÉRAILLES. 1. La loi du 15 novembre 1887 a eu pour but de mettre fin à certains abus tendant à restreindre les enterrements civils.

C'est une loi de tolérance ; aussi à l'entête « Loi sur les enterrements civils », qu'on avait choisi lors de la première proposition, a-t-on substitué celui de « Loi sur la liberté des funérailles ».

1 *bis*. Toutes les dispositions légales relatives aux honneurs funèbres doivent être appliquées quel que soit le caractère des funérailles, civil ou religieux, art. 1.—V. *Annales* 1888, p. 5.

Ainsi, par exemple, on ne saurait refuser les honneurs militaires à une personne décorée de l'ordre de la Légion d'honneur, sous prétexte qu'elle a demandé à être enterrée civilement, ou sous prétexte, au contraire, qu'elle a demandé à être enterrée religieusement.

2. Il ne peut être établi, même par voie d'arrêté, des prescriptions particulières applicables aux funérailles en raison de leur caractère civil ou religieux. Même L., art. 2.

3. Toute personne, majeure ou mineure émancipée, en état de tester, peut régler les conditions de ses funérailles, notamment en ce qui concerne le caractère civil ou religieux à leur donner et le mode de sa sépulture. Elle peut charger une ou plusieurs personnes de veiller à l'exécution de ses dispositions. *Ibid.*, art. 3.

3 *bis*. La rédaction primitive de l'article 3 présumait la volonté du défunt d'après le culte auquel il appartenait et attribuait au mineur de seize ans le droit d'ordonner ses funérailles. Le législateur, dans la rédaction définitive, a écarté cette présomption et exclu le mineur de seize ans du bénéfice des dispositions de la loi nouvelle.

3 *ter*. M. Blatin avait proposé d'insérer dans la loi un paragraphe relatif à la faculté qu'avait le testateur d'ordonner l'incinération de son corps ; mais on jugea cette addition inutile, la faculté d'incinération se trouvant implicitement contenue dans la faculté laissée au testateur de régler « le mode de sa sépulture ». Mais il est bien entendu qu'en fait, la crémation n'est possible que si elle a été préalablement autorisée et réglementée par l'autorité administrative.

4. La volonté du défunt exprimée dans un testament ou dans une déclaration faite en forme testamentaire, soit pardevant notaire, soit sous signature privée, a la même force qu'une disposition testamentaire relative aux biens. Elle est soumise aux mêmes règles quant aux conditions de la révocation. Art. 3.

4 *bis*. Conformément aux dispositions de l'article 900 du Code civil, toutes les fois que les dispositions testamentaires relatives aux funérailles contiennent des conditions impossibles ou contraires aux lois ou aux mœurs, ces conditions doivent être réputées non écrites. Par suite, la présence de semblables conditions n'empêche pas le testament de recevoir son exécution pour le surplus, soit en ce qui concerne les funérailles, soit en ce qui concerne les biens.

4 *ter.* Le dépositaire d'un testament olographe ou mystique contenant des dispositions relatives aux funérailles, qui connaît l'existence de ces dispositions, doit-il, avant d'en assurer l'exécution, observer les formalités prescrites par l'article 1007 du Code civil? Dans le silence de la loi, il y a lieu de décider qu'à raison de l'urgence, les formalités de l'article 1007 peuvent être retardées jusqu'à ce que les mesures nécessaires pour l'exécution desdites dispositions aient pu être prises. D'ailleurs, l'article 3 soumet, il est vrai, les dispositions de ce genre aux mêmes règles que les dispositions relatives aux biens, mais seulement «quant aux conditions de la révocation».

4 *quater.* Si le testament contenant des dispositions relatives aux funérailles est trouvé au cours de l'apposition des scellés, le juge de paix ne peut, de sa propre autorité, se dispenser de le remettre au président du tribunal. Il doit seulement en donner connaissance à la personne chargée de l'exécution de la disposition, et encore si cette personne assiste à l'apposition des scellés.

5. En cas de contestation sur les conditions des funérailles, il est statué dans le jour, sur la citation de la partie la plus diligente, par le juge de paix du lieu du décès, sauf appel devant le président du tribunal civil, qui doit statuer dans les vingt-quatre heures. *Ibid.*, art. 4.

5 *bis.* La loi prévoit le cas où des contestations s'élèveraient; mais elle n'a pas pris soin de déterminer par qui peuvent être élevées ces contestations. Il est permis de penser que ce droit appartient d'abord aux héritiers du sang, alors même qu'ils ne seraient pas réservataires et que le défunt aurait institué un légataire universel. Ce dernier peut également exercer le droit dont s'agit avant l'envoi même en possession. Enfin, le conjoint a aussi le droit d'intervenir pour assurer l'exécution des dernières volontés du défunt.

5 *ter.* La partie qui saisit le juge de paix de la contestation doit, par prudence et dans la mesure du possible, mettre en cause toutes les parties auxquelles peut appartenir le droit de soulever des contestations, afin de faire statuer par un seul et même jugement sur toutes les réclamations pouvant se produire.

5 *quater*. Le jour dans lequel, aux termes de l'article 4, le juge de paix doit statuer, est celui qui part de la citation. Cette disposition n'a pas de sanction ; elle a seulement pour objet d'autoriser à citer du jour au lendemain sans permission du juge.

5 *quinquies*. Il en est de même de l'obligation pour le président du tribunal de statuer dans les vingt-quatre heures. L'appel serait recevable dans les délais ordinaires. Ce cas peut, en effet, se présenter, et la conséquence peut être la condamnation d'une des parties à supporter les frais des funérailles, sans préjudice des peines portées à l'article 5.

6. La décision est notifiée au maire, qui est chargé d'en assurer l'exécution ; le maire conserve toujours les mêmes attributions en ce qui concerne les mesures à prendre dans l'intérêt de la salubrité publique. Art. 4.

6 *bis*. Ainsi, en temps d'épidémie, ou d'une façon générale par mesure d'hygiène, le maire peut ordonner l'inhumation provisoire pure et simple et sans cérémonial d'aucune sorte, en attendant la décision de justice.

7. Lorsque la décision rendue par le juge de paix conformément à la loi du 15 novembre 1887 pour régler les funérailles du défunt a été notifiée au maire, celui-ci a le droit et le devoir d'intervenir directement et d'urgence pour assurer l'exécution de cette décision, sous peine d'encourir les pénalités prévues par ladite loi. Mais ce devoir d'intervention n'incombe à l'adjoint qu'en cas d'absence ou d'empêchement du maire. Trib. corr. Carcassonne, 9 mai 1889, *J. P.* 1889, I, 461.

8. Toute personne convaincue d'avoir donné aux funérailles un caractère contraire à la volonté du défunt ou à la décision judiciaire, bien que l'acte constatant la volonté du défunt ou la décision du juge lui ait été dûment notifié, doit être punie des peines portées aux articles 199 et 290 du Code pénal, sauf application de l'article 463, même Code, s'il y a lieu. Art. 5. — V. observations de M. Desrues sur la loi précitée, *Annales* 1888, p. 39.

9. Lorsque le défunt n'a pas pris soin de déterminer lui-même le lieu et le mode de sa sépulture, à qui revient le droit de décider ? C'est incontestablement aux parents les plus proches du défunt et à ceux qui lui tenaient de plus près par les liens de l'affection et du sang. Trib. civ. Seine, 3 juin 1890,

G. des Trib., 3 juin 1890. — Lorsqu'il s'agit des funérailles d'un enfant dont les parents sont divorcés ou tout au moins en désaccord, c'est aux tribunaux d'apprécier, suivant les circonstances, à qui, du père ou de la mère, il y a lieu d'en attribuer le soin et la direction. Trib. civ. Chartres, 27 mars 1890, journal *la Loi*, 9 mai 1890; Trib. civ. Lyon, 14 janv. 1891, *Mon. Lyon*, 30 janv. 1891. Le mari a le droit exclusif de veiller aux funérailles de sa femme, quand même elle serait décédée au cours d'une instance en séparation de corps ou de divorce. Trib. paix Paris, 17 mars 1890, *Droit*, 12 septembre 1890. — V. *Supplément*, v° Pouvoir ADMINISTRATIF ET MUNICIPAL, n° 53.

GARANTIE. 50... Depuis la loi du 3 mai 1862, ce délai doit être de trois jours, plus un jour par 5 myriamètres.

GARDES CHAMPÊTRES. 5. Les gardes champêtres doivent être âgés de vingt-cinq ans, à peine de nullité de leurs procès-verbaux. Trib. corr. Caen, 6 déc. 1882, *Annales* 1885, p. 142.

11... La loi du 24 juillet 1867 a été abrogée par la loi du 6 avril 1884. L'article 102 de cette loi rend l'institution des gardes champêtres facultative pour toutes les communes, comme elle l'était avant la loi du 20 messidor an III, sous l'empire de la loi des 28 septembre-6 octobre 1791. Dès lors, chaque commune est libre soit de n'avoir aucun garde champêtre, soit d'en avoir un ou plusieurs. — Mais plusieurs communes ne pourraient pas s'associer pour entretenir un seul garde champêtre.

La loi du 6 avril 1884 rend au maire la nomination du garde champêtre, que la loi du 18 juillet 1837 lui conférait déjà, mais qui lui avait été enlevée par le décret législatif du 25 mars 1852. Cette nomination n'est plus subordonnée, comme sous l'empire de la loi de 1837, à l'approbation du préfet; mais le garde champêtre doit être commissionné et agréé par le sous-préfet ou par le préfet dans l'arrondissement chef-lieu. Lorsque le préfet ou le sous-préfet n'a pas fait connaître son agrément dans le mois qui suit le jour où il lui a été demandé, il est censé le donner.

Les gardes champêtres doivent être assermentés. En dehors de leurs fonctions relatives à la police rurale, les gardes champêtres sont chargés non seulement de rechercher, chacun dans le territoire pour lequel il est assermenté, les contraventions aux règlements et arrêtés de police municipale, mais encore de dresser des procès-verbaux pour les constater. Circul. du minist. de l'intér., 20 mai 1884.

13 *bis.* Ainsi manque de base légale le jugement qui, pour condamner du chef de tapage injurieux et nocturne, a fait état d'un procès-verbal dressé par le garde champêtre de la commune. Cass., 13 déc. 1890, *Annales* 1891, p. 394.

16... *Adde :* Cass., 23 oct. 1885, *Annales* 1887, p. 85.

22. Ainsi modifié : Le maire a le droit de suspendre le garde champêtre pour un mois au maximum; le préfet seul a qualité pour prononcer la révocation. *Ibid.*

24. Le garde champêtre peut être chargé de faire la notification du jugement d'expropriation et des offres, et la convocation du jury, mais seulement dans les limites du territoire de la commune pour lequel il est assermenté. Cass., 9 juill. 1884, *Annales* 1886, p. 150.

GARDES PARTICULIERS. 11. Les préfets peuvent, par décision motivée, le propriétaire et le garde entendus ou dûment appelés, rapporter les arrêtés agréant les gardes particuliers. L., 12 avril 1892, art. 1ᵉʳ.

12. La demande tendant à faire agréer les gardes particuliers doit être déposée à la préfecture. Il en est donné récépissé. — Après l'expiration du délai d'un mois, le propriétaire qui n'a pas obtenu de réponse peut se pourvoir devant le ministre. Même L., art. 2.

GREFFIER. 76. 15° V. *supra, Supplément,* vᵒ ENREGISTREMENT, nᵒˢ 56 *bis* et 56 *ter.*

151... V. *supra, Supplément,* vᵒ EXPÉDITION, n° 26.

HABITANTS. 2. La loi du 18 juillet 1837 a été abrogée par celle du 6 avril 1884. En ce qui concerne les autorisations à obtenir en matière d'actions judiciaires à exercer par ou contre les communes, il faut consulter les articles 121 et suivants de la loi nouvelle.

4 et 5... V. n° 2 ci-dessus.

6 *bis.* Le particulier qui, assigné en dommages-intérêts pour avoir passé sur un sentier traversant la propriété d'un tiers, assigne lui-même ce tiers pour voir dire que ce sentier était un chemin public, n'agit que dans son intérêt privé en invoquant un droit qui n'est pas celui des habitants ou des contribuables d'une commune, mais qui appartient à tous. En conséquence, il n'exerce pas une action communale et, dès lors, il n'a pas à remplir les formalités prescrites par les articles 121 et suivants de la loi du 6 avril 1884. Cass., 24 mars 1885, *Annales* 1886, p. 196.

HEURE LÉGALE. La loi du 14 mars 1891 porte que l'heure légale, en France et en Algérie, est l'heure temps moyen de Paris. Cette heure légale s'applique obligatoirement à tous les actes de la vie publique et administrative, et même à ceux de la vie privée dans lesquels intervient un officier public ou ministériel. Un amendement présenté au Sénat portait que le rédacteur de tout acte authentique ferait suivre la mention de l'heure de ces mots : *heure légale*, sous peine d'amende. Cette proposition fut retirée sur l'engagement pris par le gouvernement de tenir compte de l'observation. Il convient donc que, dans tous les actes ayant un caractère authentique et dans lesquels il doit être fait mention de l'heure à laquelle ils sont dressés, ou de celle de l'événement qu'ils constatent, et dans les procès-verbaux rédigés par les diverses autorités qui ont qualité à cet effet, la mention de l'heure soit suivie des mots : *heure légale*. Cette heure doit être également constatée dans les divers actes judiciaires qui ne peuvent s'effectuer que pendant une certaine période de la journée.

Il y a lieu de tenir compte de l'heure légale, par exemple : pour l'ouverture et la clôture des scrutins électoraux, celles des séances des corps constitués, tribunaux des différents degrés, conseils généraux, conseils d'arrondissement, conseils municipaux, conseils de revision ; les heures d'ouverture et de fermeture des bureaux dans les administrations publiques ou les ateliers de travaux publics. Les arrêtés de police émanés de l'administration préfectorale ou de l'autorité municipale doivent mentionner avec soin qu'il s'agit de l'heure légale, en prescrivant ou en autorisant certains actes, tels que l'ouverture et la fermeture des débits de boissons et lieux publics. Mais cette précaution n'a d'autre but que de mettre en garde les intéressés et d'éviter les contestations qu'ils pourraient soulever en cas de contravention. Car, à défaut même de toute mention de ce genre, l'heure légale serait applicable de plein droit. Circul. du minist. de l'intér., 30 juin 1891, *Annales* 1891, p. 289.

HUISSIERS. 62... V. *supra, Supplément,* v° ENREGISTREMENT, n°ˢ 56 *bis* et 56 *ter*.

64, 67, 70. — V. *ibid.*

HYPOTHÈQUE LÉGALE. 11... V. *Supplément*, v^{is} TUTELLE, TUTEUR, SUBROGÉ TUTEUR, n° 159.

IMPRIMERIE. 1. La loi du 29 juillet 1881, sur la liberté de la presse, exige que tout imprimé ou toute reproduction destinée à être publiée, à l'exception des ouvrages dits *de ville* ou *bilboquets*, portent l'indication du nom et du domicile de l'imprimeur, à peine contre celui-ci d'une amende de 5 à 15 francs. La peine de l'emprisonnement d'un jour au moins et de cinq jours au plus peut même être prononcée, si, dans les douze mois précédents, l'imprimeur a été condamné pour contravention de même nature. Art. 1er.

2. La poursuite a lieu conformément aux dispositions du chapitre II, tit. 1er, liv. ii, du Code d'instruction criminelle. Mais la citation doit préciser et qualifier le fait incriminé et indiquer le texte de loi applicable à la poursuite, à peine de nullité de cette dernière.

3. Si le ministère public requiert une information, il est tenu, dans son réquisitoire, d'articuler et de qualifier les faits à raison desquels la poursuite est intentée, avec indication des textes dont l'application est demandée, à peine de nullité du réquisitoire et de la poursuite. Art. 48.

4. Le droit de se pourvoir en cassation appartient au prévenu, qui est dispensé de consigner l'amende et de se mettre en état. Art. 61.

5. Le pourvoi doit être formé dans les trois jours au greffe du tribunal qui a rendu la décision. Dans les vingt-quatre heures qui suivent, les pièces sont envoyées à la Cour de cassation, qui juge d'urgence dans les dix jours à partir de leur réception. Art. 62.

6. L'aggravation des peines résultant de la récidive n'est pas applicable aux infractions prévues par la loi du 29 juillet 1881. Art. 63.

7. L'article 463 du Code pénal est applicable dans tous les cas. La peine prononcée ne peut alors excéder la moitié de la peine édictée par la loi. Art. 64.

8. L'action publique et l'action civile résultant de contraventions prévues par la loi du 29 juillet 1881 se prescrivent par trois mois révolus à compter du jour où elles ont été commises ou du jour du dernier acte de poursuite, s'il en a été fait. Art. 68. — V. *Supplément*, v° AFFICHES.

INCENDIE. 1... L'article 3, tit. XI, de la loi des 16-24 août 1790 a été abrogé par la loi du 6 avril 1884. Mais aux termes des articles 94, § 1er, et 97, § 6, le législateur a confié au maire le soin de prévenir par des précautions convenables et celui de faire cesser par la distribution des secours nécessaires, les incendies.

15... La loi du 18 juillet 1837 a été aussi abrogée par la loi du 6 avril 1884. Mais l'article 95 de la loi nouvelle est emprunté à l'article 11 de la loi du 18 juillet 1837. De plus, la loi du 6 avril 1884 confère au préfet le pouvoir d'autoriser, en cas d'urgence, l'exécution immédiate des arrêtés du maire, qui présentent le caractère de règlement permanent.

50. — *a*. Le colonage partiaire constituant un véritable bail, les dispositions de l'article 1733, en cas d'incendie, lui sont applicables. Pau, 5 avril 1884, *Annales* 1886, p. 204.

— *b*. La présomption de faute des articles 1302 et 1733 milite à l'encontre du colon partiaire qui habite la métairie avec la même force qu'au regard du fermier et du locataire. Riom, 19 nov. 1884, *Annales* 1886, p. 204.

— *c*. Aux termes de la loi du 5 janvier 1883, si, dans une maison incendiée, se trouvaient plusieurs locataires, tous sont responsables de l'incendie proportionnellement à la valeur locative de la partie de l'immeuble qu'ils occupent, à moins qu'ils ne prouvent que l'incendie a commencé dans l'habitation de l'un d'eux, auquel cas celui-là seul en est tenu, ou que quelques-uns ne prouvent que l'incendie n'a pu commencer chez eux, auquel cas ceux-là n'en sont pas tenus. — En un mot, à la responsabilité solidaire de l'article 1734 du Code civil, la loi précitée a substitué une responsabilité proportionnelle à la valeur locative. — V. *Annales* 1883, p. 37.

— *d*. Les dispositions de l'ancien article 1734 du Code civil étaient en contradiction avec les principes de notre droit. En effet, la solidarité ne doit naître que de la convention. Elle est légale seulement quand il y a accord implicite des parties ou quand la loi l'attache comme peine ou comme réparation accessoire à un fait délictueux constant.

— *e*. Le projet voté par la Chambre se terminait ainsi : « Et les autres répondent du tout dans les proportions indiquées au paragraphe 1er. » Mais, à la majorité, la commission du Sénat décida que cette deuxième modification aux dispositions de l'article 1734 n'était pas d'accord avec l'esprit de la première. — V. *Supplément*, v° PRIVILÈGE.

INCOMPATIBILITÉ. 1... Ni membres des commissions municipales scolaires instituées par la loi du 28 mars 1882, à raison de l'inconvénient qu'il y aurait à les laisser statuer comme juges sur des poursuites qu'ils auraient contribué à provoquer comme membres de ces commissions. Circul. min., 14 nov. 1882. — V. *Annales* 1883, p. 145. — La loi du 5 mai 1855 et l'article 5 de la loi du 14 avril 1871 ont été abrogés par la loi du 6 avril 1884. Mais l'incompatibilité des fonctions de juge de paix, avec celles de maire, d'adjoint ou de conseiller municipal, subsiste en vertu de l'article 33 de la loi nouvelle.

INJURE. 58 *bis.* Les outrages adressés publiquement à un magistrat de l'ordre administratif ou judiciaire, ou à un agent de l'autorité dans l'exercice ou à l'occasion de l'exercice de ses fonctions, sont expressément prévus par les articles 222 et 224 du Code pénal ; et la loi du 29 juillet 1881, qui ne réprime dans ses articles 31 et 33 que les injures non qualifiées outrages par le Code pénal et dirigées par la voie de la presse ou par des discours prononcés dans des lieux ou réunions publics contre des fonctionnaires ou agents à raison de leurs fonctions ou qualités, n'a nullement abrogé par lesdits articles cette disposition de droit commun. Cass., 3 nov. 1892, *G. P.*, 28-29 nov. 1892.

78 *bis.* Lorsqu'il résulte d'un rapport de police une présomption de publicité des injures imputées au prévenu, pour que le juge de police puisse retenir la connaissance de la poursuite, il est indispensable qu'il constate dans son jugement que, contrairement à ladite présomption, les injures n'ont pas été proférées publiquement. Cass., 17 avril 1891, *Annales* 1892, p. 215.

101. Ainsi modifié : Quiconque expédie par l'administration des postes et des télégraphes une correspondance à découvert contenant une diffamation, soit envers les corps ou toutes autres personnes désignés spécialement par la loi de 1881, doit être puni d'un emprisonnement de cinq jours à six mois et d'une amende de 25 à 3 000 francs, ou de l'une de ces deux peines seulement. L. 11 juin 1887. — V. *Annales* 1887, p. 219.

101 *bis.* Si la correspondance contient une injure, cette expédition est punie d'un emprisonnement de cinq jours à deux mois et d'une amende de 16 à 300 francs ou de l'une de ces deux peines seulement. *Ibid.*

101 *ter.* Les délits prévus par la loi nouvelle sont de la compétence des tribunaux correctionnels.

101 *quater.* L'injure à un particulier contenue dans une lettre missive remise au destinataire et n'ayant reçu aucune publicité, constitue une contravention déférée par la loi du 29 juillet 1881 aux tribunaux de simple police. Cass., 12 déc. 1890, *Annales* 1891, p. 173. — V. aussi l'étude publiée sur ce sujet, *Annales* 1891, p. 44.

117 *bis.* Ne présentent pas le caractère de publicité exigé par la loi du 29 juillet 1881 pour constituer le délit de diffamation, les propos tenus dans un bureau des hypothèques sur un ton si peu élevé, qu'un seul des employés présents, indépendamment de celui auquel le prévenu s'adressait, croit avoir entendu lesdits propos, sans même pouvoir l'affirmer positivement. Cass. crim., 5 août 1882, *Annales* 1883, p. 370.

164 *bis.* Bien qu'en matière d'injures et de diffamation, la loi de 1881 impose, à peine de nullité, l'obligation de préciser et de qualifier le fait incriminé, et d'indiquer le texte de loi applicable à la poursuite, il n'y a pas lieu de déclarer nulle la citation qui ne répond pas à toutes ces prescriptions, lorsque le prévenu accepte le débat, insiste pour être jugé et ne se prévaut pas de cette irrégularité. Amiens, 1er juill. 1882, *Annales* 1883, p. 138.

165 *bis.* Les formes de la citation, telles qu'elles sont déterminées à peine de nullité dans l'article 60, § 3, de la loi du 29 juillet 1881, s'appliquent aux poursuites pour injures non publiques devant les tribunaux de simple police. Cass. crim., 7 avril 1887, *Annales* 1888, p. 378.

170 *bis.* Lorsque l'action civile résultant d'un délit prévu par la loi du 29 juillet 1881 a été introduite dans le délai de trois mois à partir du fait délictueux, tout acte de la procédure valable par lequel la partie civile interpelle son adversaire, en lui manifestant par cet acte la volonté de continuer la poursuite entamée, est un acte de poursuite interruptif de la prescription. Cass. civ., 25 juin 1888, *Annales* 1889, p. 119.

170 *ter.* L'action civile intentée pour obtenir la réparation du dommage causé par un fait délictueux est soumise à la même prescription que l'action publique, et le demandeur ne saurait, pour échapper à cette règle, modifier la nature de sa réclamation, en lui donnant une base purement civile; l'action devant être appréciée d'après sa véritable nature et non suivant la dénomination employée pour la caractériser. Bordeaux, 16 avril 1886, *Annales* 1888, p. 29.

170 *quater.* Les remises de la cause successivement intervenues de semaine en semaine, par ordre du tribunal et avec le concours et le consentement des parties, sont de véritables actes de poursuite dans le sens de l'article 65 de la loi de 1881 et interrompent la prescription. *Ibid.*

175. Ainsi modifié : Le tribunal de simple police est compétent pour connaître de l'injure. La peine est de 1 à 5 francs d'amende. Art. 471, n° 11, C. pén.

176. Autrefois, on décidait que ce tribunal ne pouvait connaître que de l'injure simple, c'est-à-dire celle qui n'est pas publique et qui ne renferme pas l'imputation d'un fait précis. Actuellement, la jurisprudence s'accorde à admettre que la diffamation non publique doit être assimilée à l'injure et punie, comme telle, des peines de simple police. En ce sens, Cass., 2 juill. 1872, 18 nov. 1886, *Annales* 1887, p. 297 ; Cass. crim., 12 mai 1887, *Annales* 1888, p. 135.

177. Depuis la loi de 1881 sur la liberté de la presse, l'injure même simple, insérée dans un journal, c'est-à-dire rendue publique par la voie de la presse, constitue un délit et échappe à la compétence du tribunal de simple police. L. 29 juill. 1881, art. 33.

197 *bis.* Le juge de paix saisi d'une demande en dommages-intérêts pour diffamation verbale peut, à titre de dommages-intérêts, ordonner la publication de son jugement par la voie de la presse et par voie d'affiches. Just. de paix Pontoise, 29 févr. 1884.

INSECTES. 1. La loi du 24 décembre 1888 sur la destruction des insectes a eu pour but de prévenir les maladies qui frappent les végétaux et la vigne en particulier, et que la science attribue à des animalcules et à des cryptogames. La loi du 26 ventôse an IV ordonnait déjà la destruction des chenilles, et l'article 471 du Code pénal, § 8, punissait les infractions à ladite loi. Dès l'an VII, le ministre de l'intérieur, François de Neufchâteau, exprimait le vœu que la loi de l'an IV fût complétée par des dispositions applicables aux autres insectes nuisibles. Depuis 1835, sous tous les gouvernements, des études avaient été faites en ce sens ; mais les événements politiques avaient jusqu'ici retardé la confection de la loi.

1 bis. Lorsqu'il se produit dans un ou plusieurs départements, ou seulement dans une ou plusieurs communes des dommages causés à l'agriculture par des insectes, des cryptogames et autres végétaux nuisibles, et lorsque ces dommages prennent un caractère envahissant ou calamiteux, les préfets sont chargés de pourvoir aux mesures nécessaires par des arrêtés pris après avis des conseils généraux. Art. 1, *Annales* 1889, p. 291.

2. Lorsqu'il s'agit de mesures urgentes et temporaires, l'avis du conseil général n'est pas indispensable. *Ibid.*, art. 1er.

3. Dans son arrêté, le préfet détermine l'époque à laquelle il doit être procédé à l'exécution des mesures, les localités dans lesquelles elles sont applicables et les modes spéciaux à employer. Dans tous les cas, cet arrêté n'est exécutoire qu'après approbation du ministère de l'agriculture, qui prend sur les procédés à employer l'avis d'une commission technique instituée par décret. *Ibid.*, même article.

4. Les propriétaires, les fermiers, les colons ou métayers, ainsi que les usufruitiers ou les usagers sont tenus d'exécuter, sur les immeubles qu'ils possèdent et cultivent ou dont ils ont la jouissance et l'usage, les mesures prescrites par l'arrêté préfectoral. Dans les bois et forêts, ces mesures ne sont applicables qu'à une lisière de 30 mètres. *Ibid.*, art. 2.

5. Il doit être donné accès aux agents sur leur réquisition, pour leur permettre d'opérer la vérification ou la destruction. *Ibid.*, même article.

6. L'État, les communes et les établissements publics et privés sont astreints aux mêmes obligations que les particuliers sur les propriétés leur appartenant. *Ibid.*, même article.

7. En cas d'inexécution dans les délais fixés, procès-verbal est dressé par le maire, l'adjoint, l'officier de gendarmerie, le commissaire de police, le garde forestier ou le garde champêtre, et le contrevenant est cité devant le juge de paix par lettre recommandée ou par le garde champêtre. Les parties peuvent comparaître volontairement et sur un simple avertissement du juge de paix. *Ibid.*, art. 3.

8. La citation ne peut être donnée à un délai moindre de vingt-quatre heures, outre un jour par 5 myriamètres de distance. *Ibid.*, art. 3.

9. Le juge peut ordonner l'exécution provisoire de son jugement nonobstant opposition ou appel sur minute et avant enregistrement. *Ibid.*, même article.

10. A défaut d'exécution dans le délai imparti par le jugement, il est procédé à l'exécution d'office des contrevenants par les soins du maire et du commissaire de police. Le recouvrement des dépenses ainsi faites est opéré par le percepteur, en vertu de mandats exécutoires délivrés par le préfet et conformément aux règles suivies en matière de contributions directes. *Ibid.*, art. 4.

11. Les contraventions aux dispositions des articles 1 et 2 de la loi du 24 décembre 1888 sont punies d'une amende de 6 à 15 francs. En cas de récidive, cette amende est doublée et un emprisonnement de cinq jours au plus peut être prononcé. Mais l'article 463 du Code pénal est applicable à ces pénalités. *Ibid.*, art. 5 et 6.

12. La loi du 24 décembre 1888 a abrogé la loi du 28 ventôse an IV, mais maintenu toutes les dispositions des lois et règlements concernant la destruction du phylloxera et du doriphora. *Ibid.*, art. 7.

13. Un arrêté préfectoral légalement pris antérieurement à la loi du 24 décembre 1888 et dans les formes prescrites par la loi du 28 ventsée an IV conserve toute sa vigueur malgré l'abrogation de cette dernière loi, à la condition toutefois que cet arrêté ne renferme pas de dispositions inconciliables avec la loi nouvelle. — V. en ce sens, Cass., crim. 28 mai 1887, *Annales* 1888, p. 201 et 203.

14. Un arrêté pris dans les conditions qui viennent d'être indiquées à l'autorité et les effets de la loi elle-même et demeure obligatoire tant qu'il n'a pas été rapporté ou modifié par d'autres arrêtés. *Ibid.*

INSTRUCTION PUBLIQUE. 5 *bis*. Les commissions municipales scolaires exercent des attributions d'ordre administratif pour l'exécution de la loi du 28 mars 1882, et il appartient au ministre de l'instruction publique de poursuivre l'annulation des décisions de ces commissions qu'il croit entachées d'excès de pouvoir. Cons. d'État, 16 mars 1883, *Annales* 1883, p. 187.

5 *ter*. La loi du 28 mars 1882 ne contenant aucune disposition qui permette la publicité des séances des commissions scolaires, la décision d'une commission qui admet la publicité de sa séance doit être annulée. *Ibid.*

5 *quater*. Une commission scolaire n'est pas légalement constituée et ne peut délibérer régulièrement et prononcer la peine de l'affichage tant que le délégué cantonal n'a pas été désigné par l'autorité académique. Cass., 3 août 1883, *Annales* 1884, p. 375.

5 *quinquies*. Les commissions scolaires ne peuvent se constituer et prendre de délibérations valables qu'autant que la majorité des membres qui les composent est réunie. Cass., 21 déc. 1883, *Annales* 1885, p. 156.

6 *bis*. L'omission de la déclaration formellement prescrite par l'article 7 a pour conséquence l'inscription d'office de l'enfant à une école publique de la commune, et par l'effet de cette inscription l'enfant est tenu de fréquenter cette école sous les sanctions prévues par la loi. Cass., 14 déc. 1883, *Annales* 1885, p. 160 ; Cass., 22 déc. 1883, *Annales* 1885, p. 165.

6 *ter*. L'inscription d'office d'un enfant en âge scolaire sur les registres d'une école publique n'est régulière et ne peut servir de base à l'application des pénalités édictées contre le manquement au devoir de fréquentation de l'école, qu'après que la personne responsable a reçu un avis individuel à l'effet de la mettre en demeure de faire la déclaration prévue et définie par l'article 7 de la loi du 28 mars 1882. La publication par voie d'affiches, dans la forme administrative, de l'époque de la rentrée des classes ne peut pas tenir lieu de cette mise en demeure individuelle. Cass. crim., 26 mai 1883, *Annales* 1883, p. 372.

9 *bis*. En accueillant une excuse uniquement fondée sur la nature de l'enseignement donné et des livres employés dans l'école, la commission s'immisce dans des questions étrangères à ses attributions et excède sa compétence. Cons. d'État, 16 mars 1883, *Annales* 1883, p. 187.

10 *bis*. Lorsque la peine de l'affichage a été prononcée dès la première infraction à défaut de comparution de la personne responsable devant la commission scolaire, le contrevenant devient, en cas de nouvelle infraction, justiciable du tribunal de simple police et passible des peines portées aux articles 479, 480 et suivants du Code pénal. Mais l'article 463 est applicable. Cass. crim., 4 août 1883, *Annales* 1884, p. 377; Trib. de Rouen, 16 juill. 1884, *Annales* 1885, p. 278. — V. *contra*, *Annales* 1883, p. 130.

11 *bis*. Lorsque la personne responsable d'un enfant en âge scolaire a déjà été condamnée en simple police pour infraction au devoir scolaire, toute nouvelle infraction de sa part peut être directement déférée au tribunal de simple police, sans une nouvelle application préalable et nécessaire des mesures de l'avertissement et de l'affichage qui a dû légalement précéder la première condamnation. Cass. crim., 21 déc. 1883.

17. La loi du 28 mars 1882 est applicable aux enfants de nationalité suisse résidant en France. Inversement, les enfants de nationalité française sont, en Suisse, traités sur le même pied que les Suisses au point de vue de l'obligation et de la gratuité de l'enseignement primaire. Décret, 13 juin 1888, *Annales* 1888, p. 253.

18. A cet égard, les personnes responsables d'un enfant de nationalité suisse sont, en France, soumises à l'exécution des lois françaises, et, en Suisse, les personnes responsables d'un enfant de nationalité française sont soumises aux mêmes lois que si l'enfant était suisse. *Ibid.*, art. 2.

19. Lorsque, par exemple, la personne responsable d'un enfant de nationalité suisse résidant en France, réside quant à elle en Suisse, l'autorité scolaire française doit signaler à l'autorité suisse les infractions relatives à l'enseignement primaire dont l'enfant s'est rendu coupable, et l'autorité du lieu de la résidence de la personne responsable est alors compétente pour sévir contre elle dans les mêmes conditions que si l'infraction avait été commise sur le territoire national. La même règle serait applicable dans le cas où la personne responsable d'un enfant de nationalité française résidant en Suisse résiderait, quant à elle, en France. *Ibid.*, art. 3.

20. En pareil cas, les rapports de l'autorité scolaire simple font foi jusqu'à preuve contraire en France, et il en est de même en Suisse des rapports de l'autorité scolaire française. *Ibid.*, art. 3.

INTERDICTION. 43 *bis.* Le tuteur de la personne judiciairement interdite peut, avec l'autorisation du conseil de famille, présenter la requête et suivre la demande en séparation
de corps. Art. 233 C. civ., modifié par la loi du 18 avril 1886.
— V. *Annales* 1886, p. 181.

IVRESSE. 44 *bis.* Peut être relaxé de la poursuite intentée
contre lui pour n'avoir pas affiché le texte de la loi du 23 janvier 1873 sur l'ivresse dans la salle principale de son établissement, le débitant qui soutient que l'administration ne lui a
remis aucun exemplaire de ladite loi, alors que le ministère
public ne fait pas la preuve contraire. Cass., 29 juin 1888,
Annales 1889, p. 167.

JUGE DE PAIX. 29... *Adde :* L. 5 avril 1884, art. 33. —
V. *Supplément,* v° INCOMPATIBILITÉ.

42... Depuis le décret du 28 janvier 1883, les crédits destinés
à faire face aux menues dépenses ne sont plus accordés à titre
d'abonnement ; ils sont soumis aux règles ordinaires de comptabilité, spécialement en ce qui touche le compte à rendre
de leur emploi. — Les chefs de juridictions doivent donc se
mettre en rapport avec l'autorité préfectorale ou ses représentants pour ce qui concerne l'exécution, le mode de justification et le payement des dépenses de cette nature.— V. *Annales* 1883, p. 109.

43. Ces dépenses figurent dans les budgets départementaux
au titre des dépenses obligatoires ; il appartient donc à l'administration d'en fixer le crédit en dernier ressort.

44. L'article 2 du décret du 28 janvier 1883 énumère comme
menues dépenses le traitement des secrétaires s'il y a lieu, le
salaire des concierges et des garçons de salle, le chauffage,
l'éclairage, les frais d'impression de règlements d'ordre et de
discipline, les frais d'abonnement au *Journal officiel* et aux
journaux de droit, aux recueils périodiques de jurisprudence
et au *Bulletin du ministère de la justice,* l'acquisition d'ouvrages de droit ou de jurisprudence, les frais de reliure, ceux
occasionnés par les solennités publiques, l'achat des fournitures de bureau, registres, papiers, plumes, encre, cire et de
tous autres menus objets nécessaires au service du tribunal.—
L'article 23 du décret du 30 janvier 1811 est abrogé.

JUSTICE DE PAIX. 3... La loi du 18 juillet 1837 a été
abrogée par celle du 6 avril 1884. Mais l'article 136 de cette

dernière loi prévoit toujours, parmi les dépenses obligatoires pour les communes chefs-lieux de canton, les frais de loyer et de réparation du local de la justice de paix, ainsi que ceux d'achat et d'entretien de son mobilier.

5... — V. *Supplément*, vᵒ JUGE DE PAIX, nᵒ 44.

8... Le prétoire d'une justice de paix, même quand il se trouve dans un local dépendant d'une mairie, doit être exclusivement réservé au service judiciaire, et il ne peut être détourné de sa destination pour être momentanément affecté à des réunions charitables, des réunions électorales, des conférences, des ventes mobilières, des concerts ou des loteries. *Décisions* 22 juin 1883, *Annales* 1883, 327.

LÉGALISATION. 5... V. *Supplément*, vᵒ CERTIFICAT DE VIE, nᵒ 2 *bis*.

22 *bis*. Les greffiers ne doivent exiger aucun émolument pour la légalisation des actes de l'état civil concernant les marins, dont les extraits sont demandés par l'administration dans l'intérêt de ses contrôles. Avis du minist. de la just., oct.-déc. 1888. — V. *Annales* 1889, p. 109.

LIEUX PUBLICS. 1 et 10. L'article 3, tit. XI, de la loi du 24 août 1790 a été abrogé par la loi du 6 avril 1884. Mais les articles 94, § 1ᵉʳ, et 97, § 3, de cette dernière loi maintiennent dans les attributions des maires la police des lieux publics.

21... V. sur cette question l'étude publiée par nous, *Annales* 1888, p. 221.

LIGNES. 2 *bis*. Les expéditions visées par l'article 6 de la loi du 21 ventôse an VII doivent contenir de douze à quatorze syllabes à la ligne, compensation faite entre les lignes. L. 26 janv. 1892, art. 13. — V. *Supplément*, vᵒ EXPÉDITION.

LIVRET. 1. L'article du *Dictionnaire*, qui porte cette rubrique, n'a plus aucun intérêt depuis la promulgation de la loi du 2 juillet 1890. Il y a donc lieu d'y substituer le suivant.

La loi du 2 juillet 1890 a abrogé la loi du 22 juin 1854, le décret du 30 avril 1855, la loi du 14 mai 1851, l'article 12 du décret du 13 février 1852 sur les obligations des travailleurs aux colonies et toutes les dispositions de lois ou décrets relatifs aux livrets d'ouvriers. L. 2 juill. 1890, art. 1ᵉʳ.

2. Le contrat de louage d'ouvrage, entre les chefs ou directeurs des établissements industriels et leurs ouvriers, est soumis aux règles du droit commun et peut être constaté dans les formes qu'il convient aux parties contractantes d'adopter. Cette nature de contrat est exempte de timbre et d'enregistrement. Même L., art. 2.

3. Toute personne qui engage ses services peut, à l'expiration du contrat, exiger de celui à qui il les a loués, sous peine de dommages-intérêts, un certificat contenant exclusivement la date de son entrée, celle de sa sortie et l'espèce de travail auquel elle a été employée. Ce certificat est exempt de timbre et d'enregistrement. Même L., art. 4.

4. Aux termes de l'article 1er de la loi précitée, il y a lieu de continuer à exécuter les dispositions de la loi du 18 mars 1806 sur les livrets d'acquit de la fabrique de Lyon, et celles de la loi du 7 mars 1850 pour le tissage et le bobinage.

5. Le même article décidait également qu'on devrait continuer à exécuter les dispositions de l'article 10 de la loi du 19 mai 1874, relatifs aux livrets des enfants et des filles mineures employés dans l'industrie, et avait rendu les dispositions dudit article 10 de la loi du 19 mai 1874 applicables aux enfants et filles mineures employés comme apprentis ou autrement. Mais la loi du 2 novembre 1892, sur le travail dans les établissements industriels, a abrogé, à partir du 1er janvier 1893, la loi du 19 mai 1874 et les règlements d'administration publique rendus en exécution de ses dispositions.

6. Aux termes de l'article 10 de la loi du 2 novembre 1892, à partir du 1er janvier 1893, le père, la mère, le tuteur ou le patron de tout enfant de l'un ou de l'autre sexe, âgé de moins de dix-huit ans, travaillant dans un établissement industriel, doit recevoir gratuitement du maire un livret sur lequel sont portés les nom et prénoms de l'enfant, la date, le lieu de sa naissance et son domicile. Si l'enfant a moins de treize ans, le livret doit mentionner qu'il est muni du certificat d'études primaires institué par la loi du 28 mars 1882. Les chefs d'industrie ou patrons doivent inscrire sur le livret la date de l'entrée dans l'atelier et celle de la sortie. Ils doivent également tenir un registre sur lequel doivent être mentionnées toutes les indications que nous venons d'énumérer. Certaines pénalités ont été édictées pour les cas de contravention à ces prescriptions. — V. sur ce point, *Supplément*, v° TRAVAIL DANS LES ÉTABLISSEMENTS INDUSTRIELS, n°s 30 et suivants.

LOGEUR. 1. La créance d'un aubergiste, pour fournitures et avances faites à un client, étant en quelque sorte fondée sur des causes ayant, à l'égard du créancier, un caractère commercial, la preuve de la convention qui a donné naissance à cette créance peut être administrée, même devant le juge civil, par tous les modes que le Tribunal de commerce autorise. Trib. Seine, 19 nov. 1892, *G. P.* 24 nov. 1892.

2. L'usage constant d'après lequel les aubergistes et logeurs n'exigent pas de leurs clients la reconnaissance écrite des fournitures et avances faites, suffit pour constituer pour l'aubergiste l'impossibilité morale de fournir une preuve écrite de sa créance. Art. 1348 C. civ. *Ibid.*

3. La prescription de six mois établie par l'article 2271 du Code civil ne peut commencer à courir tant qu'il y a compte à régler entre les parties ; en ce cas, le point de départ de la prescription ne peut être fixé avant le jour où ont eu lieu les dernières fournitures, avances ou livraisons. *Ibid.*

LOUAGE. 51 *bis.* Le locataire qui a pris l'engagement, dans le bail, de payer au bailleur à première réquisition le montant de six mois de loyers d'avance, s'il prétend s'être libéré de cette dette, doit fournir la preuve de sa libération. Si le bail n'a fixé aucune date pour l'exigibilité de ces loyers d'avance, le bailleur peut, à sa volonté, en réclamer l'exécution à l'époque qui lui conviendra pendant la durée du bail. Il peut donc ne les réclamer qu'au moment de la jouissance effective du preneur pendant la dernière période du bail. Par suite, le juge du fond peut décider, sans violer l'article 2277 du Code civil, que la prescription quinquennale n'avait pas couru en faveur du preneur antérieurement à cette période. Cass., 1er déc. 1891, *Annales* 1892, p. 161.

90 *bis.* Le locataire qui trouble par une voie de fait la jouissance d'un autre locataire n'est pas un tiers par rapport au bailleur, et le trouble apporté par l'un des locataires à la jouissance de l'autre donne à celui-ci une action contre le bailleur commun, sauf à ce dernier à mettre en cause l'auteur du trouble pour faire décider s'il a ou non excédé le droit que lui conférait le contrat. Cass., 17 juin 1890, *Annales* 1892, p. 16.

299 *bis.* Le préjudice résultant pour un fermier de l'inexécution, par son propriétaire, de travaux de réparation nécessaires à effectuer au toit de la ferme, ne peut être mis à la charge de ce propriétaire que s'il est postérieur à une mise en demeure par sommation ou autre acte équivalent d'avoir à faire ces travaux. Cass., 11 janv. 1892, *Annales* 1892, p. 272. — V. *Supplément*, vᵒ PRIVILÈGE.

LOUAGE D'OUVRAGE OU DE SERVICE. 5 *bis*. La loi du 9 juillet 1889, sur le Code rural, porte (art. 15) que la durée du louage des domestiques et des ouvriers ruraux est, sauf preuve d'une convention contraire, réglée suivant l'usage des lieux.

15... V. *Supplément*, vᵒ CONTRAT D'ENGAGEMENT DES OUVRIERS, nᵒˢ 92 et suiv. — *Supplément*, vᵒ LIVRET. — *Supplément*, vᵒ TRAVAIL DANS LES ÉTABLISSEMENTS INDUSTRIELS.

MAGISTRAT. 3. Pour les magistrats appartenant à la même compagnie, la nomination, et non la prestation de serment, donne le rang d'ancienneté, et lorsque deux ou plusieurs magistrats sont nommés dans la même compagnie par le même décret, le rang de chacun d'eux est déterminé par l'ordre des nominations. Décis. du 24 juill. 1884. — V. *Annales* 1885, p. 6.

MAIRE ET ADJOINT. 1... V. *Supplément*, vᵒ INCOMPATIBILITÉ.

3... La loi du 5 mai 1855 a été abrogée par la loi du 6 avril 1884 ; mais l'article 33 de cette dernière loi n'exclut du conseil municipal que les juges de paix titulaires, et l'article 80, qui énumère les fonctions incompatibles avec celles de maire, ne mentionne pas celles de juge de paix suppléant.

5. — V. *Supplément*, vᵒ PUISSANCE PATERNELLE, nᵒˢ 34 et 44.

12... Ainsi rectifié : La loi du 18 juillet 1837 a été abrogée par la loi du 6 avril 1884. Mais la loi nouvelle, dans son article 85, reproduit textuellement l'article 15 de la loi abrogée.

14... Aux termes de la loi du 6 avril 1884, art. 68, les délibérations des conseils municipaux règlent, sauf approbation de l'autorité supérieure : 1ᵒ les conditions des baux dont la durée dépasse dix-huit ans ; 2ᵒ les aliénations et échanges de propriétés communales : 3ᵒ les acquisitions d'immeubles, les constructions nouvelles, les reconstructions entières ou partielles, les projets, plans et devis de grosse réparation et d'entretien, quand la dépense totalisée avec les dépenses de même nature pendant l'exercice courant dépasse les limites des ressources ordinaires et extraordinaires que les communes peuvent se créer sans autorisation spéciale ; 4ᵒ les transactions ;

5° le changement d'affectation d'une propriété communale déjà affectée à un service public ; 6° la vaine pâture ; 7° le classement, le déclassement, le redressement ou le prolongement, l'élargissement, la suppression, la dénomination des rues et places publiques, la création et la suppression des promenades, squares ou jardins publics, champs de foire, de tir ou de course, l'établissement des plans d'alignement et de nivellement des voies publiques municipales, les modifications à des plans d'alignement adoptés, le tarif des droits de voirie, le tarif des droits de stationnement et de location sur les dépendances de la grande voirie et généralement les tarifs des droits divers à percevoir au profit des communes en vertu de l'article 133 de la loi du 6 avril 1884 ; 8° l'acceptation des dons et legs faits à la commune lorsqu'il y a des charges ou conditions ou lorsqu'ils donnent lieu à des réclamations des familles ; 9° le budget communal ; 10° les crédits supplémentaires ; 11° les contributions extraordinaires et les emprunts ; 12° les octrois dans certains cas ; 13° l'établissement, la suppression ou les changements des foires et marchés autres que les simples marchés d'approvisionnement. — V. *Supplément*, v° Pouvoir administratif et municipal, n° 95.

21 *bis*. La nomination, par un maire, d'un employé communal est toujours un acte administratif, et, quelles que soient les circonstances qui précèdent ou accompagnent l'acte de nomination, il ne saurait être considéré comme un contrat de louage de services appartenant au droit commun. De là cette conséquence nécessaire, que la révocation d'un employé communal a le même caractère et que l'autorité judiciaire est incompétente pour statuer sur une demande en dommages-intérêts formée par un tel employé à raison de sa révocation. Trib. civ. Nevers, 31 oct. 1892, *G. P.* 18 nov. 1892.

32. Les fonctions de maire et d'adjoint continuent, comme par le passé, à être gratuites. Elles donnent seulement droit au remboursement des frais que nécessite l'exécution des mandats spéciaux. Mais les conseils municipaux peuvent voter, sur les ressources ordinaires de la commune, des indemnités aux maires pour frais de représentation. L. 6 avril 1884, art. 74.

33. Il y a dans chaque commune un ou plusieurs adjoints élus parmi les membres du conseil municipal. Le nombre des adjoints est d'un dans les communes de 2 500 habitants et au-dessous, de deux dans celles de 2501 à 10 000. Dans les communes d'une population supérieure, il y a un adjoint de plus par chaque excédent de 25 000 habitants, sans que le nombre des adjoints puisse dépasser douze. L. 6 avril 1884, art. 73.

54. Quand un obstacle quelconque ou l'éloignement rend difficiles, dangereuses ou momentanément impossibles les communications entre le chef-lieu et une fraction de commune, un poste d'adjoint spécial peut être créé sur la demande du conseil municipal par un décret rendu en Conseil d'État. Cet adjoint, élu par le conseil, est pris parmi les conseillers, et, à défaut d'un conseiller résidant dans cette fraction de commune, ou, s'il est empêché, parmi les habitants de la fraction. Il remplit les fonctions d'officier de l'état civil et il peut être chargé de l'exécution des lois et règlements de police dans cette partie de la commune ; il n'a pas d'autres attributions. Même L., art. 75.

55. L'élection du maire et des adjoints peut être arguée de nullité dans les conditions, formes et délais prescrits pour les réclamations contre les élections du conseil municipal. Même L., art. 79.

56. Ne peuvent être maires ou adjoints, ni en exercer même temporairement les fonctions, les agents et employés des administrations financières, les trésoriers-payeurs généraux, les receveurs particuliers et les percepteurs, les agents des forêts, ceux des postes et des télégraphes ainsi que les gardes des établissements publics et des particuliers. Les agents salariés du maire ne peuvent être adjoints. Même L., art. 80.

57. Le maire peut, sous sa surveillance et sa responsabilité, déléguer par arrêté une partie de ses fonctions à un ou plusieurs de ses adjoints. Ces délégations subsistent tant qu'elles ne sont pas rapportées. Même L., art. 82.

58. Dans les cas où les intérêts des maires se trouvent en opposition avec ceux des communes, les conseillers municipaux désignent un de leurs membres pour représenter la commune en justice ou dans les contrats. Même L., art. 83.

59. En cas d'absence, de suspension, de révocation ou de tout autre empêchement, le maire est provisoirement remplacé dans la plénitude de ses fonctions par un adjoint dans l'ordre des nominations, et, à défaut d'adjoints, par un conseiller désigné par le conseil, sinon pris dans l'ordre du tableau. Même L., art. 84.

40. Les maires et adjoints peuvent être suspendus par arrêté du préfet pour un temps qui n'excédera pas un mois et qui peut être porté à trois mois par le ministre de l'intérieur. Ils ne peuvent être révoqués que par décret du Président de la République. La révocation emporte de plein droit l'inéligibilité aux fonctions de maire et à celles d'adjoint pendant une année à dater du décret de révocation, à moins qu'il ne soit procédé auparavant au renouvellement général des conseils municipaux. Même L., art. 86.

41. Les renseignements donnés de bonne foi par un maire ne sauraient entraîner une responsabilité contre lui, lors même que ces renseignements seraient erronés, s'il les a donnés en relatant simplement la notoriété et l'opinion publiques. Orléans, 5 août 1892, *G. P.* 7-8 nov. 1892.

MANUFACTURE. — V. *Supplément,* v° TRAVAIL DANS LES ÉTABLISSEMENTS INDUSTRIELS.

MARIAGE. 5... V. *Supplément,* v° PUISSANCE PATERNELLE, n° 41.

12... V. *Supplément,* v° PUISSANCE PATERNELLE, n° 34.

MINES. 15. La loi du 8 juillet 1890 a institué des délégués à la sécurité des ouvriers mineurs, pour visiter les travaux souterrains des mines, minières ou carrières, dans le but exclusif d'en examiner les conditions de sécurité pour le personnel qui y est occupé et, d'autre part, en cas d'accident, les conditions dans lesquelles cet accident se serait produit. L. 8 juill. 1890, art. 1er.

16. Il est élu un délégué et un délégué suppléant pour chaque circonscription. La circonscription, qui est déterminée par arrêté préfectoral, est un ensemble de puits, galeries et chantiers dépendant d'un même exploitant et dont la visite détaillée n'exige pas plus de six jours. *Ibid.*

17. Un arrêté du préfet, rendu sur le rapport des ingénieurs des mines, peut dispenser de délégués toute concession de mines, ou tout ensemble de concession de mines contiguës, ou tout ensemble de travaux souterrains de minières ou carrières qui, dépendant d'un même exploitant, emploierait moins de vingt-cinq ouvriers travaillant au fond. *Ibid.*

18. Le délégué doit visiter deux fois par mois tous les puits, galeries et chantiers de sa circonscription et les appareils servant à la circulation et au transport des ouvriers. Dès qu'un accident se produit, le délégué doit être avisé par l'exploitant et se rendre sur les lieux. Le délégué suppléant ne remplace le délégué qu'en cas d'empêchement motivé. Même L., art. 2.

Les délégués, dans leurs visites, doivent se soumettre à tous les règlements. Ainsi, par exemple, les délégués doivent se soumettre au règlement sur les mines qui interdit de pénétrer dans les chantiers classés comme grisouteux avec des lampes à feu nu. Trib. corr. Saint-Étienne, 7 août 1891, *Mon. Lyon*, 31 oct. 1891.

19. Les observations tant du délégué que de l'exploitant doivent être consignées sur un registre visé par les ingénieurs et les contrôleurs des mines lors de leurs visites.

20. Les visites bi-mensuelles et les visites supplémentaires sont payées aux délégués par le trésor, comme journées de travail. Même L., art. 16.

21. Tous ceux qui apportent des entraves aux visites des délégués ou contreviennent d'une façon quelconque à la loi du 8 juillet 1890 sont poursuivis en police correctionnelle conformément à la loi du 21 avril 1810. Même L., art. 17. — V. *Supplément*, v° Travail dans les établissements industriels.

9. Ainsi modifié : Lorsqu'une exploitation de mines est dans un état de vétusté ou de délabrement tel que la vie des hommes pourrait être en danger, le préfet peut, sur le rapport de l'ingénieur des mines, ordonner la fermeture des travaux. En cas de contestation, il est nommé trois experts : l'un par le préfet, le second par l'exploitant et le troisième est de droit le délégué de la circonscription ou est désigné par le juge de paix s'il n'existe pas de circonscription. L. 3 janv. 1813, art. 7, modifié par loi du 8 juillet 1890. — Aux termes de l'article 88 de la loi sur les mines, du 21 avril 1810, ce tiers expert doit être choisi parmi les hommes notables et expérimentés dans le fait des mines et de leurs travaux.

18 *bis.* L'article 5 de la loi de finances du 29 décembre 1884, relatif aux expertises sur les réclamations en matière de contributions directes ou de taxes assimilées, confère aux juges de paix, lorsqu'il y a désaccord entre l'expert de l'administration et celui du réclamant, la mission de nommer un tiers expert à la requête de la partie la plus diligente. Le tiers expert doit déposer son rapport dans un délai de quinze jours. Les juges de paix doivent donner au vice-président du conseil de préfecture avis de la nomination du tiers expert, aussitôt qu'elle a été faite. — Les juges de paix ne doivent pas choisir comme expert la personne présentée par la partie requérante. Circul. ministér., 3 juill. 1890, *Annales* 1891, p. 109. — V. *Supplément*, v° CONTRIBUTIONS DIRECTES.

19 *bis.* La demande ayant uniquement pour objet la nomination d'experts avec telle mission déterminée, par exemple, avec mission de déterminer les réparations locatives dues par le locataire sortant au propriétaire, n'est pas recevable, lorsque le demandeur n'a en même temps formulé aucune autre demande, et cette fin de non-recevoir est opposable en tout état de cause. Trib. Seine, 12 juill. 1890, *Annales* 1891, p. 175.

32 *bis.* La récusation des experts commis par le juge de paix doit être faite dans les formes prescrites par les articles 308 et suivants du Code de procédure civile; elle ne saurait résulter de protestations insérées dans une lettre. Trib. civ. Seine, 21 juin 1890, *G. des Trib.*, 4 nov. 1890.

36 *bis.* Si les expertises doivent être faites, les parties présentes ou dûment appelées, cette règle n'est point aussi rigoureuse en justice de paix que devant les tribunaux de première instance. Devant la juridiction de paix, l'irrégularité résultant de l'inobservation de cette règle, lorsque les parties n'ont pas à en souffrir, est couverte par le défaut d'intérêt à s'en prévaloir. Trib. civ. Carpentras, 28 avril 1891, *Annales* 1891, p. 284.

MINEURS. — V. *Supplément*, v° TRAVAIL DANS LES ÉTABLISSEMENTS INDUSTRIELS.

MISE AU ROLE. 5 *bis.* Les affaires abandonnées au cours de l'audience doivent figurer au rôle. Circul., 27 oct. 1888. — V. *Annales* 1889, p. 110.

MITOYENNETÉ. 47... Il a été jugé contrairement à cette opinion que le propriétaire d'un mur ne peut être contraint d'en céder la mitoyenneté au voisin qu'autant qu'il y a contiguïté parfaite entre le mur et l'héritage du voisin et que si, entre le mur et l'héritage du voisin, un espace même de 7 centimètres a été laissé par le constructeur du mur, le voisin ne peut user de la faculté que lui accorde l'article 661 du Code civil. Trib. Romorantin, 21 août 1880, *Annales* 1881, p. 179. —

Dans ce même sens, la Cour de cassation décide (17 mars 1891, *Annales* 1892, p. 165) que la mitoyenneté cesse d'exister avec ses caractères propres et les effets qui y sont attachés par l'article 675 du Code civil sur tous les points où la contiguïté de deux héritages n'existe plus. Par suite, un mur mitoyen entre deux fonds contigus, dont l'un, sujet à reculement, a été diminué d'une portion incorporée à la voie publique, cesse d'être mitoyen dans la partie où il ne sépare plus l'autre fonds que de cette voie publique.

NATIONALITÉ. 5. Les enfants mineurs nés en France d'une femme française mariée avec un étranger, peuvent, quand leur mère a recouvré la qualité de Française conformément à l'article 19 du Code civil, s'engager dans les armées de terre et de mer et se présenter aux écoles du gouvernement à l'âge fixé par les lois et règlements. Les mineurs orphelins de père et de mère, nés en France d'une femme française mariée avec un étranger, ont les mêmes droits. Lesdits mineurs ont, dans les deux cas qui viennent d'être indiqués, le droit de s'engager, de concourir pour les écoles et d'opter pour la nationalité française aux conditions et suivant les formes déterminées par la loi du 14 février 1882. L. 28 juin 1883. — V. *Annales* 1883, p. 253, et *Supplément*, v° Français.

NATURALISATION. 1. Ainsi modifié : En France, les conditions de la naturalisation sont fixées par l'article 9 du Code civil, modifié par la loi du 26 juin 1889, qui a abrogé les décrets des 6 avril 1809 et 26 août 1811, les lois des 22 mars 1849, 7 février 1851, 29 juin 1867, 16 décembre 1874, 14 février 1882, 28 juin 1883, et toutes dispositions qui lui seraient contraires. En outre, un décret a été rendu le 13 août 1889 pour l'exécution de cette loi.

2. Ainsi modifié : Tout individu né en France d'un étranger, et qui n'y est pas domicilié à l'époque de sa majorité, peut, jusqu'à l'âge de vingt-deux ans, faire sa soumission de fixer en France son domicile ; s'il l'y établit dans l'année à compter de l'acte de soumission, il peut alors réclamer la qualité de Français par une déclaration qui est enregistrée au ministère de la justice. Pour les formes de cette déclaration, voir *Supplément*, v° Français, n°s 4, *d* et suivants. Art. 9 C. civ., modifié par la loi du 26 juin 1889.

2 *bis*. La femme de l'étranger qui demande la naturalisation dans les conditions qui viennent d'être indiquées peut elle-même l'obtenir sans stage, en joignant sa demande à celle de son mari. Art. 12 C. civ., modifié par la loi du 26 juin 1889, et art. 5, Décret 13 août 1889.

2 *ter*. Si l'individu se trouvant dans le cas indiqué au numéro précédent est âgé de moins de vingt et un ans accomplis, la déclaration est faite en son nom par son père ; en cas de décès, par sa mère ; en cas de décès du père et de la mère ou de leur exclusion de la tutelle, ou dans les cas prévus par les articles 141, 142 et 143 du Code civil, par le tuteur autorisé par le conseil de famille. Art. 9 C. civ., modifié par la loi précitée.

2 *quater*. La loi du 26 juin 1889 n'a pas d'effet rétroactif ; par suite l'individu né en France d'un père né à l'étranger et qui a atteint sa majorité sous l'empire de l'ancien article 9 du Code civil, ne saurait être déclaré Français parce que, domicilié en France à sa majorité et n'ayant pas encore dépassé sa vingt-deuxième année au moment de la promulgation de la loi nouvelle, il n'aurait point décliné la qualité de Français conformément à l'article 8, § 4, du Code civil (nouvelle rédaction). Trib. civ. Lille, 6 mars 1890, *G. P.* 1890, I, 577.

2 *quinquies*. Si l'individu, se trouvant dans le cas prévu au numéro 2 *ter*, est domicilié hors de France à l'époque de sa majorité, il doit faire, auprès d'un des agents diplomatiques ou consulaires de France à l'étranger, sa soumission de fixer son domicile en France. L'acte est dressé en double exemplaire, dont l'un est remis à l'intéressé et l'autre transmis immédiatement par la voie hiérarchique au ministre de la justice. Décret 13 août 1889, art. 9. — V. *infra*, n° 4, *d*.

3. Abrogé.

4. Ainsi modifié : Les étrangers qui ont obtenu par décret l'autorisation de fixer leur domicile en France, peuvent être naturalisés après trois ans de domicile en France à dater de l'enregistrement de leur demande au ministère de la justice. Art. 8 C. civ., modifié par la loi du 26 juin 1889.

4. — *a*. L'étranger qui veut obtenir l'autorisation de fixer son domicile en France, conformément à l'article 13 du Code civil, doit adresser au ministre de la justice une demande rédigée sur papier timbré, accompagnée de son acte de naissance et de celui de son père, de la traduction de ces actes, s'ils sont en langue étrangère, ainsi que d'un extrait du casier judiciaire français. Décret 13 août 1889, art. 1er.

— *b*. L'effet de l'autorisation cesse à l'expiration de trois ans si l'étranger ne demande pas la naturalisation ou si la demande est rejetée. En cas de décès avant la naturalisation, l'autorisation et le temps de stage qui a suivi profitent à la femme et aux enfants encore mineurs au moment du décret d'autorisation.

— *c*. L'étranger qui veut obtenir sa naturalisation doit, dans tous les cas, adresser au ministère de la justice une demande sur papier timbré, en y joignant son acte de naissance, un extrait du casier judiciaire et, le cas échéant, son acte de mariage et les actes de naissance de ses enfants mineurs avec la traduction des actes s'ils sont en langue étrangère. Dans le cas où les intéressés seraient dans l'impossibilité de se procurer les actes de l'état civil dont la production est exigée, ces actes doivent être suppléés par un acte de notoriété délivré par le juge de paix dans la forme prescrite par l'article 71 du Code civil. Décret 13 août 1889, art. 2.

— *d*. Il est statué par décret sur la demande de naturalisation après une enquête sur la moralité de l'étranger. Art. 8 C. civ., modifié par la loi du 26 juin 1889.

— *e*. Les étrangers qui peuvent justifier d'une résidence non interrompue en France pendant dix ans peuvent aussi être naturalisés. Le séjour en pays étranger pour l'exercice d'une fonction conférée par le gouvernement français est assimilé à la résidence en France. Art. 8 C. civ., modifié par la loi du 26 juin 1889.

— *f*. L'étranger qui sollicite la naturalisation immédiate après une résidence non interrompue pendant dix ans doit joindre à sa demande les documents établissant qu'il réside actuellement en France et depuis dix années au moins. Décret 13 août 1889, art. 4. — V. *supra*, n° 4, *c* et *d*.

— *g*. La femme mariée à un étranger qui se fait naturaliser Français, et les enfants majeurs de cet étranger peuvent, s'ils le demandent, obtenir la qualité de Français sans condition de stage ; ils ont pour cela deux moyens : ou ils peuvent joindre leur demande de naturalisation à la demande faite par le mari, par le père ou par la mère ; ou bien ils ont à faire une déclaration semblable à celle qui est indiquée v° *Français,* n°* 4, *a quater* et suiv. Art. 12 C. civ., modifié par la loi du 26 juin 1889 et décret 13 août 1889.

— *h*. Malgré l'abrogation de la loi du 7 février 1851 par la loi du 26 juin 1889, les enfants des individus naturalisés antérieurement à la promulgation de la loi nouvelle peuvent invoquer les dispositions de la loi ancienne tant qu'ils sont dans les délais impartis par elle ; la faculté qu'elle concédait constituant un droit acquis auquel la loi du 26 juin 1889 n'a pu porter atteinte. Trib. civ. Lille, 7 août 1890, *G. P.* 1890, II, 466.

5. Ainsi modifié : Peuvent aussi être naturalisés, en observant les formalités prescrites, *supra*, n°* 4, *a* et *c*, les étrangers admis à axer leur domicile en France, après un an, s'ils ont rendu des services importants à la France, s'ils y ont apporté des talents distingués ou s'ils y ont introduit soit une industrie, soit des inventions utiles, ou s'ils ont créé, soit des établissements industriels ou autres, soit des exploitations agricoles, ou s'ils ont été attachés à un titre quelconque au service militaire dans les colonies et les protectorats français. Art. 8 C. civ., modifié par la loi précitée. — V. *supra*, n° 4, *d*.

6, 7, 8 et 9. Abrogés.

9. — *a*. L'étranger qui a épousé une Française peut aussi être naturalisé après une année de domicile autorisé (V. n°* 4, *a*, *c*, *d*). Il doit pour cela produire l'acte de naissance de sa femme et l'acte de naissance du père de celle-ci, si cet acte est nécessaire pour établir son origine française (V. n° 4, *c*, *in fine*). L. et décret précités.

— *b*. Tout individu né, en France ou à l'étranger, de parents dont l'un a perdu la qualité de Français, peut réclamer cette qualité à tout âge aux conditions fixées par l'article 9 du Code civil, modifié par la loi du 26 juin 1889 (V. *supra*, n°* 2, 2 *bis*, 2 *ter*, 2 *quater*, 4 *d*.), à moins que, domicilié en France et appelé sous les drapeaux lors de sa majorité, il n'ait revendiqué la qualité d'étranger (art. 10 C. civ. modifié par la loi précitée). Mais il doit établir quel était son domicile et celui de ses parents à l'époque de sa majorité, telle qu'elle est fixée par la loi française. Décret 13 août 1889, art. 10.

— *b bis*. L'individu né en Belgique d'un père né lui-même dans ce pays, alors qu'il était réuni à la France par suite des traités de Campo-Formio, est né en pays étranger d'un père français qui a perdu cette qualité, et, par suite, il peut, en remplissant les formalités prescrites par l'article 9 du Code civil, modifié par la loi du 26 juin 1889, recouvrer la qualité de Français. Trib. civ. Lille, 27 déc. 1888, *G. P.* 1889, I, suppl., p. 50.

— *b ter*. L'article 10 du Code civil, modifié par la loi du 26 juin 1889, s'applique sans qu'il y ait à distinguer si c'est le père ou la mère de l'enfant qui a eu la qualité de Français. Doit donc être admis au bénéfice de cet article l'enfant né d'un étranger et d'une Française qui a perdu par son mariage la qualité de Française. Cass., 7 déc. 1891, *Annales* 1892, p. 52; Paris, 2 juin 1891, *G. P.* 1891, II, 36; Douai, 16 avril 1889, *G. P.* 1889, I, 850.

— *b quater*. L'article 10 du Code civil, qui permet aux enfants nés en pays étranger d'un Français, qui a perdu cette qualité, de devenir Français en remplissant certaines formalités, ne s'applique qu'aux descendants au premier degré en ligne directe de celui qui a perdu la qualité de Français. Trib. civ. Lille, 22 mars 1888, *Journ. droit intern. privé*, 1888, 810.

— *b quinquies*. L'individu né en France d'un ex-Français n'encourt pas la déchéance édictée par l'article 10 du Code civil, *in fine*, bien qu'il ait demandé, à titre de fils d'étranger naturalisé, à ne pas être soumis aux obligations du recrutement en France, si cette manifestation de volonté a eu lieu tandis qu'il était encore mineur, surtout avant la promulgation de la loi du 26 juin 1889, modificative de l'article 10 du Code civil, qui a pour la première fois attaché une déchéance à un pareil acte; cet individu peut donc toujours réclamer la qualité de Français au moyen de la déclaration prévue par l'article précité. Cass., 26 oct. 1891, *Annales* 1892, p. 120; Douai, 9 juill. 1890, *G. P.* 1890, II, 305. — V. *Supplément*, v° FRANÇAIS, n° 4, *i*.

— *b sexto*. Le droit de réclamer la qualité de Français par une déclaration en vertu de l'article 12, § 2, existe au profit des enfants majeurs non seulement de l'étranger naturalisé par décret, mais encore de celui qui a acquis la nationalité française par une déclaration, spécialement par celle de l'article 10 du Code civil, modifié par la loi du 26 juin 1889 ; mais le droit de passer une déclaration dans ces conditions n'existe qu'au profit des enfants majeurs de l'étranger naturalisé, qu'autant qu'il sont âgés de moins de vingt-deux ans. Trib. civ. Lille, 11 juill. 1890, *G. P.* 1890, II, 199.

— *c.* Le Français qui a perdu sa qualité de Français peut la recouvrer, pourvu qu'il réside en France, en obtenant sa réintégration par décret. La qualité de Français peut être accordée par le même décret à la femme et aux enfants majeurs s'ils en font la demande ; cette demande doit être jointe à celle qui est faite par le mari, par la mère ou par le père. Art. 18 C. civ. modifié par la loi précitée. Même décret, art. 5.

— *d.* La femme française, devenue étrangère par suite de son mariage, peut, lorsque ce mariage est dissous par la mort du mari ou le divorce, recouvrer la qualité de Française avec l'autorisation du gouvernement, pourvu qu'elle réside en France ou qu'elle y rentre en déclarant qu'elle veut s'y fixer. Lorsque le mariage est dissous par la mort du mari, la qualité de Français peut être accordée par le même décret de réintégration aux enfants mineurs sur la demande de la mère, ou par décret ultérieur si la demande en est faite par le tuteur avec l'approbation du conseil de famille. Art. 19 C. civ., modifié par la loi précitée.

— *e.* Les descendants des familles proscrites lors de la révocation de l'édit de Nantes continuent à bénéficier des dispositions de la loi du 15 décembre 1890, mais à la condition d'un décret spécial pour chaque demandeur, lequel décret ne peut produire d'effet que pour l'avenir. L. 26 juin 1889, art. 4.

16. Ainsi modifié : La loi du 26 juin 1889 et le décret du 13 août suivant sont applicables à l'Algérie et aux colonies de la Martinique, de la Guadeloupe et de la Réunion. Continueront toutefois, nous dit l'article 5, même loi, de recevoir leur application le sénatus-consulte du 14 juillet 1865, et les autres dispositions spéciales à la naturalisation en Algérie et, par conséquent, le décret du 5 février 1868. — Ce décret avait pour but d'atténuer la rigueur des formalités à accomplir par les indigènes musulmans, les israélites et les étrangers pour obtenir la naturalisation en Algérie. L. 26 juin 1889, art. 2.

17. Les individus qui acquièrent la qualité de Français dans les cas prévus aux numéros 2, 2 *bis*, 2 *ter*, 2 *quater*, 9 *b, c, d,* ne peuvent s'en prévaloir que pour les droits ouverts à leur profit depuis cette époque. Art. 20 C. civ., modifié par la loi du 26 juin 1889.

18. L'étranger autorisé par décret à fixer son domicile en France y jouit de tous les droits civils. Même L.

19. L'étranger naturalisé jouit de tous les droits civils et politiques attachés à la qualité de citoyen français. Néanmoins, il n'est éligible aux assemblées législatives que dix ans après le décret de naturalisation, à moins qu'une loi spéciale n'abrège ce délai. Le délai peut être réduit à une année. Les Français qui recouvrent cette qualité après l'avoir perdue acquièrent immédiatement tous les droits civils et politiques, même l'éligibilité aux assemblées. Même L., art. 3. — V. *Supplément*, v° Français.

NOURRICES, NOURRISSONS. 7... Les juges de paix sont aussi chargés du soin de contrôler, lors de leurs tournées de vérification, les décomptes sur le vu desquels sont liquidés les émoluments des secrétaires de mairie. Circul., 12 fév. 1883.— La circulaire ministérielle du 21 juillet 1882 fixe ces émoluments (lesquels ne doivent être alloués qu'après justification ∴ l'accomplissement intégral de toutes les formalités) à 50 centimes par chaque déclaration d'envoi d'un enfant en nourrice, en sevrage ou en garde ; 1 franc par chaque enfant placé dans la commune, 25 centimes par chaque enfant sorti du service du secrétaire.

7 *bis.* L'émolument de 50 centimes attribué au secrétaire de la mairie de la commune où a été faite la déclaration des parents n'est acquis que lorsque l'enfant n'est plus en nourrice, en sevrage ou en garde, ou qu'il est parvenu à la fin de la période biennale d'observation. Circul., 19 mars 1884. — V. *Annales* 1884, p. 365.

7 *ter.* L'allocation de 1 fr. 25 donnée au secrétaire de la commune de placement doit être attribuée seulement lorsque le deuxième registre de la mairie constate le départ définitif de la nourrice et de l'enfant, le retrait ou le décès de celui-ci, ou lorsque la limite de la période biennale d'observation est atteinte. *Ibid.*

7 *quater.* Si la déclaration et le placement ont lieu dans la même commune, le secrétaire touche les mêmes émoluments, bien qu'il soit dispensé de notifications aux maires. Le travail du secrétaire comporte aussi la transmission, au médecin inspecteur de la circonscription, d'une copie de la déclaration de la nourrice ou de celle des parents, si ceux-ci habitent la même commune. Le médecin inspecteur doit aussi être informé immédiatement du changement de domicile de la nourrice, du départ ou du décès de l'enfant. *Ibid.*

11... Ce rapport, qui doit être transmis au préfet du département, doit être accompagné d'un tableau dans lequel toutes les irrégularités commises sont constatées une par une et par commune. Circul., 12 févr. 1883. — V. *Annales* 1883, p. 219.

23... Les juges de paix remplissant, soit comme juges, soit en qualité d'officiers auxiliaires de police judiciaire, des fonctions qui peuvent nécessiter leur déplacement, doivent saisir les occasions pour vérifier les registres des communes où ils sont appelés. *Ibid.*

23 *bis.* Dans les départements dont les conseils généraux ne votent pas les crédits destinés à indemniser les juges de paix des déplacements auxquels ils sont astreints, conformément à la loi du 23 décembre 1874, les juges de paix doivent s'abstenir de tout transport sur place, sauf à profiter de leur présence dans une commune où ils sont appelés par une autre cause, pour procéder à la vérification des registres des mairies. Circul., 19 févr. 1884. — V. *Annales* 1884, p. 216.

23 *ter.* Dans les départements où l'indemnité est votée, l'état des frais de déplacement peut être dressé sans difficulté. Il suffit d'énumérer les communes visitées dans un rayon de plus de 5 kilomètres, d'indiquer en regard, avec la date de la vérification, la distance qui sépare la commune du chef-lieu de canton, et de régler l'indemnité conformément au tarif des transports en matière criminelle. Ces états sont assujettis à la formalité du timbre de dimension et au droit de 10 centimes pour l'acquit lorsque la somme dépasse 10 francs, mais ces frais supplémentaires doivent être supportés par l'administration et ajoutés au mémoire en sus de l'indemnité de déplacement. Circul., 19 mars 1884.

OCTROI. 2. Ainsi modifié : L'établissement des taxes d'octroi votées par les conseils municipaux, ainsi que les règlements relatifs à leur perception sont autorisés par des décrets du Président de la République rendus en conseil d'État, après avis du conseil général ou de la commission départementale dans l'intervalle des sessions. Art. 137, L. 5 avril 1884.

11 *bis.* Les manquants constatés à la charge d'un entrepositaire, auquel aucune fraude n'est imputée, ne constituent ni délit ni contravention, mais rendent seulement exigibles les droits d'entrée y afférents. L'action en recouvrement de ces droits est purement civile, et la prescription applicable est, non celle de l'article 638 du Code d'instruction criminelle, mais celle du droit commun, Cass., 19 févr. 1889, *Annales* 1891, p. 19.

14 *bis.* L'autorité administrative est incompétente pour statuer sur les difficultés qui peuvent s'élever sur l'exécution des baux passés entre les communes et les fermiers des octrois. Elle est seulement compétente pour interpréter lesdits baux. Cons. d'État, 8 févr. 1890, *Annales* 1892, p. 44.

22 *bis.* Les registres portatifs des employés de l'octroi ne font foi jusqu'à inscription de faux qu'autant qu'ils sont cotés et paraphés par le juge de paix ; à défaut de l'accomplissement de cette formalité, ils n'ont que la valeur de simples documents à consulter. Cass., 19 févr. 1889, *Annales* 1891, p. 19.

83 *bis.* Le ministère public près le tribunal de simple police est sans qualité pour former un pourvoi en matière de contravention d'octroi ; le droit de poursuite n'appartient qu'au maire lorsque la contravention n'est punie que d'une simple peine pécuniaire. Cass., 31 janv. 1890, *Annales* 1891, p. 237.

OFFICE. 22... Mais l'office possédé par le mari au moment du mariage ne tombe pas dans la communauté d'acquêts. La plus-value survenue suit l'office même et reste propre pour le mari. Décis. min. des fin., 30 oct. 1881. — V. *Annales* 1882, p. 120.

57 *bis.* Lorsque la mère, tutrice d'un enfant mineur, propriétaire pour partie d'un office ministériel, a fait choix d'un successeur, le subrogé tuteur ne peut être autorisé par le conseil de famille à signer, au lieu et place de la tutrice, le traité de cession intervenu entre les cohéritiers du mineur et un autre titulaire. Douai, 3 août 1879, *Annales* 1881, p. 245.

83... *Adde :* Solution Régie, 15 sept. 1883. — V. *Annales* 1884, p. 365.

83 *bis.* Aux termes d'une décision de l'administration de l'enregistrement du 2 juin 1881, le jugement qui prononce la réduction de prix de cession d'un office pour cause de dépréciation imputable au cédant n'est passible que du droit de liquidation à 50 centimes par 100 francs sur la réduction opérée. En effet, une décision de ce genre est basée sur l'article 1641 du Code civil; par suite, la réduction n'a pas le caractère de dommages-intérêts, et le droit de 2 pour 100 ne saurait être exigé. — V. *Annales* 1882, p. 5.

111. Lorsque l'acte de cession d'un office a été précédé ou suivi d'une contre-lettre, le procureur général doit provoquer devant les tribunaux la destitution du titulaire. Circul., 11 mai 1884. — V. *Annales* 1884, p. 364.

154 *bis*. Le privilège du vendeur s'applique sans distinction à la totalité et à chaque partie du prix de la revente consentie par le cessionnaire. Poitiers, 4 avril 1881, *Annales* 1881, p. 398.

OUVRIERS. 10...V. *Supplément*, v° COMPÉTENCE CIVILE, n°ˢ 129 et suivants.

15... V. *Supplément*, v° LIVRET et encore v° TRAVAIL DANS LES ÉTABLISSEMENTS INDUSTRIELS.

CHAPITRE ADDITIONNEL.

De la conciliation et de l'arbitrage facultatifs en matière de différends entre patrons et ouvriers ou employés.

27. Une loi nouvelle, promulguée le 27 décembre 1892, a apporté sur les matières qui font l'objet de notre titre des innovations importantes. Cette loi, qui introduit un élément nouveau dans la compétence extrajudiciaire des juges de paix est intéressante à connaître.

28. Les patrons, ouvriers ou employés entre lesquels se produit un différend d'ordre collectif portant sur les conditions du travail, peuvent soumettre les questions qui les divisent à un comité de conciliation et, à défaut d'entente dans ce comité, à un conseil d'arbitrage. Art. 1ᵉʳ.

29. Les articles 2, 3, 4 et 5 nous donnent la marche à suivre pour arriver à la constitution du comité de conciliation. Les patrons, ouvriers ou employés doivent adresser, soit ensemble, soit séparément, en personne ou par mandataire, au juge de paix du canton ou de l'un des cantons où existe le différend, une déclaration écrite contenant : 1° les noms, qualités et domiciles des demandeurs ou de ceux qui les représentent ; 2° l'objet du différend avec l'exposé succinct des motifs allégués par la partie ; 3° les noms, qualités et domiciles des personnes auxquelles la proposition de conciliation ou d'arbitrage doit être notifiée ; 4° les noms, qualités et domiciles des délégués choisis parmi les intéressés par les demandeurs pour les assister et les représenter, sans que le nombre des personnes désignées puisse être supérieur à cinq.

30. Le juge de paix délivre récépissé de cette déclaration avec indication de la date et de l'heure du dépôt, et la notifie sans frais dans les vingt-quatre heures à la partie adverse ou à ses représentants, par lettre recommandée ou au besoin par affiches apposées aux portes de la justice de paix du canton et à celles de la mairie des communes sur le territoire desquelles s'est produit le différend.

31. Le législateur a laissé la faculté de procéder aux convocations par voie d'affiches pour le cas où, se trouvant en présence d'un grand nombre d'ouvriers, le juge se verrait dans l'impossibilité matérielle de les appeler tous par lettre. Discussion au Sénat.

32. Au reçu de la notification, et au plus tard dans les trois jours, les intéressés doivent faire parvenir leur réponse au juge de paix. Passé ce délai, leur silence est tenu pour refus. S'ils acceptent, ils désignent dans leur réponse les noms, qualités et domiciles des délégués choisis pour les assister ou les représenter, sans que le nombre des personnes désignées puisse être supérieure à cinq. Si l'éloignement ou l'absence des personnes auxquelles la proposition est notifiée, ou la nécessité de consulter des mandants, des associés ou un conseil d'administration, ne permettent pas de donner une réponse dans les trois jours, les représentants desdites personnes doivent, dans ce délai de trois jours, déclarer quel est le délai nécessaire pour donner cette réponse. Cette déclaration est transmise par le juge de paix aux demandeurs dans les vingt-quatre heures.

33. Si la proposition est acceptée, le juge de paix invite d'urgence les parties ou les délégués désignés par elle à se réunir en comité de conciliation. Les réunions ont lieu en présence du juge de paix, qui est à la disposition du comité pour diriger les débats.

34. Les délégués des ouvriers ne peuvent être choisis que dans la profession et parmi les intéressés. Quant au patron, il ne peut se faire assister ou représenter que par des personnes appartenant à son usine. Discussion devant le Sénat.

35. Le comité de conciliation n'est pas un tribunal ; c'est la réunion, la mise en présence des parties intéressées ou de leurs délégués, qui cherchent à se concilier, sous la médiation du juge de paix. La conclusion de la délibération ne peut être qu'un accord ou un refus d'accord. *Ibid.*

36. Si l'accord s'établit dans ce comité sur les conditions de la conciliation, ces conditions sont consignées dans un procès-verbal dressé par le juge de paix et signé par les parties ou leurs délégués. Art. 6, L. précitée.

37. Si l'accord ne s'établit pas, le juge de paix invite les parties à désigner soit chacune un ou plusieurs arbitres, soit un arbitre commun. Si les arbitres ne s'entendent pas sur la solution à donner au différend, ils peuvent choisir un nouvel arbitre pour les départager. Art. 7.

38. Si les arbitres n'arrivent à s'entendre ni sur la solution à donner au différend, ni pour le choix de l'arbitre départiteur, ils doivent le déclarer sur le procès-verbal, et l'arbitre est nommé par le président du tribunal civil, sur le vu du procès-verbal qui doit lui être transmis d'urgence par le juge de paix. Art. 8.

39. La décision sur le fond prise, rédigée et signée par les arbitres, est remise au juge de paix.

40. En cas de grève, à défaut d'initiative de la part des intéressés, le juge de paix invite d'office, par les moyens indiqués plus haut, c'est-à-dire par lettres recommandées ou par voie d'affiches, les patrons, ouvriers ou employés, ou leurs représentants, à lui faire connaître, dans les trois jours : 1° l'objet du différend avec l'exposé succinct des motifs allégués ; 2° leur acceptation ou refus de concourir à la conciliation et à l'arbitrage ; 3° les noms, qualités et domiciles des délégués choisis, le cas échéant, par les parties, sans que le nombre des personnes désignées de chaque côté puisse être supérieur à cinq. Le délai de trois jours peut être augmenté pour les causes et dans les conditions indiquées plus haut. N° 32, *in fine.*

41. Si la proposition est acceptée, on procède comme nous venons de l'indiquer ci-dessus, d'abord à la réunion d'un comité de conciliation et ensuite, si besoin est, à celle d'un conseil d'arbitrage. Art. 10.

42. Le législateur n'a pas fixé le moment précis de l'intervention du juge de paix, et a préféré laisser à son tact le soin de déterminer le moment favorable. Discussion devant le Sénat.

43. Les procès-verbaux et décisions en matière de conciliation et d'arbitrage doivent être conservés en minute au greffe de la justice de paix ; une expédition doit être délivrée gratuitement à chacune des parties ; une autre doit être adressée au ministre du commerce et de l'industrie par l'entremise du préfet.

44. La demande de conciliation et d'arbitrage, le refus ou l'absence de réponse de la partie adverse, la décision du comité de conciliation ou celle des arbitres, notifiés par le juge de paix au maire de chacune des communes où s'étendait le différend, sont, par chacun de ces maires, rendus publics par affichage à la place réservée aux publications officielles. L'affichage de ces décisions peut, en outre, se faire par les parties intéressées. Les affiches sont dispensées du timbre. Art. 12.

45. Les locaux nécessaires à la tenue des comités de conciliation et aux réunions des arbitres sont fournis, chauffés et éclairés par les communes où ils siègent. Les frais qui en résultent sont compris dans les dépenses obligatoires des communes. Les dépenses de comités de conciliation et d'arbitrage sont fixées par arrêté du préfet du département comme dépenses obligatoires. Art. 13.

46. Tous les actes faits en exécution de la loi nouvelle sont dispensés du timbre et enregistrés gratis. Art. 14.

47. Les arbitres et les délégués nommés en exécution de la loi précitée doivent être citoyens français. Dans les professions ou industries où les femmes sont employées, elles peuvent être désignées comme déléguées, à la condition d'appartenir à la nationalité française. Art. 15.

PACAGE. — V. *Supplément*, vᵗˢ VAINE PATURE, PARCOURS, PATURAGE, SECONDES HERBES.

PARCOURS... Ce droit a été aboli par la loi du 9 juillet 1889. — La suppression de ce droit ne donne lieu à indemnité que s'il a été acquis à titre onéreux. Le montant de l'indemnité est réglé par le conseil de préfecture, sauf renvoi devant les tribunaux ordinaires en cas de contestation sur le titre. — V. *Annales* 1889, p. 292. — *Supplément*, vᵗˢ VAINE PATURE, PATURAGE, SECONDES HERBES.

PATRON. 5. — V. Loi du 27 décembre 1892, *Supplément*, v° OUVRIERS.

PATURAGE. 4... Ainsi modifié par la loi du 4 avril 1882, art. 12 : Dans l'année à partir de la promulgation de la loi, et ensuite avant le 1er janvier de chaque année, les communes, dont les noms ont dû être inscrits au tableau annexé à un règlement d'administration publique prévu par ladite loi, sont tenues de transmettre au préfet un règlement indiquant la nature et les limites des terrains communaux soumis au pacage, les diverses espèces de bestiaux et le nombre des têtes à y introduire, l'époque du commencement et de la fin du pâturage, ainsi que les autres conditions relatives à son exercice.

5. Si, dans le délai fixé, les communes n'ont pas satisfait à l'obligation à elles imposée, il est pourvu d'office, par le préfet, après avis d'une commission spéciale (secrétaire général ou sous-préfet, président ; conseiller général, doyen des conseillers d'arrondissement du canton, délégué du conseil municipal de la commune, agent forestier). De même au cas où les communes refusent de modifier leur règlement conformément aux observations administratives. Art. 13, même L.

6. Les règlements mentionnés à l'article 13 sont rendus exécutoires par le préfet, si dans le mois qui suit l'accusé de réception de la délibération du conseil municipal ils n'ont donné lieu à aucune contestation. Art. 14, même L.

7. Les contraventions aux règlements de pâturage intervenues dans les conditions qui viennent d'être expliquées, sont constatées et poursuivies dans les formes prescrites par les articles 137 et suivants du Code d'instruction criminelle et, au besoin, par tous les officiers de police judiciaire. Les contrevenants sont passibles des peines portées par les articles 471 du Code pénal et 474 en cas de récidive, modifiés, s'il y a lieu, par l'application de l'article 463. — V. *Supplément*, v^{is} Vaine pature, Parcours, Secondes herbes.

PÊCHE. 11 *bis*. Toutes les actions civiles en dommages-intérêts, pour contraventions à la convention du 6 mai 1882 sur la police de la pêche dans la mer du Nord, en dehors des eaux territoriales, qui sont poursuivies indépendamment de l'action publique, ou pour faits relatifs à la pêche entre pêcheurs français ou entre pêcheurs français et étrangers, sont portées, quel qu'en soit le montant, devant le juge de paix du domicile du Français défendeur. L. 15 janv., art. 19. — V. *Annales* 1883, p. 37.

11 *ter.* Les armateurs des bateaux de pêche, qu'ils en soient ou non propriétaires, sont dans tous les cas responsables des condamnations civiles prononcées contre les patrons et équipages de ces bateaux. Les pères ou mères veuves des marins embarqués sont également responsables des condamnations civiles prononcées contre leurs enfants mineurs. Même L., art. 20.

PEINE. — *Supplément*, v° Circonstances atténuantes et aggravantes.

PENSION ALIMENTAIRE. 1 *bis*. Aux termes de l'article 205 du Code civil, modifié par la loi du 9 mars 1891, les enfants doivent des aliments à leur père et mère ou autres ascendants qui sont dans le besoin. La succession de l'époux prédécédé en doit dans le même cas à l'époux survivant. Le délai pour réclamer les aliments est d'un an à partir du décès et se prolonge, en cas de partage, jusqu'à son achèvement.

La pension alimentaire est prélevée sur l'hérédité. Elle est supportée par tous les héritiers et, en cas d'insuffisance, par tous les légataires particuliers, proportionnellement à leur émolument. Toutefois, si le défunt a expressément déclaré que tel legs sera acquitté de préférence aux autres, il sera fait application de l'article 927 du Code civil. Ces dispositions sont applicables à toutes les colonies où le Code civil a été promulgué. — V. *Annales* 1891, p. 150, et *Supplément*, v^{is} Succession, Époux.

1 *ter.* La loi du 9 mars 1891, qui a modifié l'article 205 du Code civil, n'a pas d'effet rétroactif et, par suite, l'obligation qui résulte dudit article ainsi modifié n'existe pas à la charge de la succession d'un époux décédé avant la promulgation de ladite loi nouvelle. Trib. civ. Boulogne-sur-Mer, *Annales* 1892 p. 355.

15... Cette solution est sans valeur depuis la loi du 9 mars 1891.

22. — V. *supra*, n^{os} **1** *bis* et **1** *ter*.

45 *bis*. Le juge de paix est incompétent pour connaître d'une demande de pension alimentaire excédant 150 francs contre plusieurs défendeurs, de quelque manière que l'obligation se divise entre ces derniers. Trib. Saint-Dié, 14 nov. 1890, *Annales* 1891, p. 343.

PIGEONS...

13. Les pigeons, pour tout ce qui concerne le régime des colombiers, la réparation civile des dommages par eux causés à la propriété d'autrui et le droit pour le propriétaire lésé de tuer ces animaux et même, en certains cas, de se les approprier, sont régis par la loi sur le Code rural, du 4 avril 1889. Art. 6 et 7. — V. *Abandon d'animaux et de bestiaux*, n°ˢ 28 et suiv., spécialement à l'égard des pigeons *voyageurs*. V. *Ibid.*, n°ˢ 43 et suiv.

POIDS ET MESURES. 2... Les lois des 7 juillet 1881, 7 juillet 1882 et 28 juillet 1883, rendent obligatoire, à partir du 1ᵉʳ avril 1884, l'usage exclusif, aussi bien dans les opérations de l'administration que dans les transactions privées, de l'alcoomètre centésimal de Gay-Lussac pour la constatation du degré des alcools et eaux-de-vie. Les alcoomètres centésimaux et les thermomètres nécessaires à leur usage ne doivent plus, depuis ces lois, être mis en vente et employés avant d'avoir été soumis à une vérification préalable et sans être munis d'un signe constatant l'accomplissement de cette formalité. Le ministre du commerce peut, sur l'avis conforme du Bureau national des poids et mesures, prescrire une nouvelle vérification générale ou partielle des alcoomètres en circulation. Tout patenté faisant le commerce des alcools en gros et en demi-gros est tenu d'avoir un alcoomètre de Gay-Lussac et un thermomètre vérifiés. Les contraventions à cette loi sont punies des peines portées en l'article 79 du Code pénal.

19... *Adde :* Cass., 21 févr. 1890, *Annales* 1891, p. 249.

POLICE DU ROULAGE. 14 *bis.* Une bicyclette ou machine du même genre ne saurait être considérée comme un véhicule, mais bien comme une monture mécanique ; aucune obligation de la nature de celles auxquelles sont astreints les conducteurs de voiture par l'article 9 du décret du 10 août 1852 n'est imposée aux personnes qui sont en selle sur une monture quelconque ; il leur est loisible de passer à droite ou à gauche des véhicules qu'ils rencontrent, et à ceux-ci de leur livrer le passage du côté qu'ils trouvent le plus avantageux. Par conséquent, un voiturier qui livre, à une personne en selle sur sa bicyclette, un passage suffisant, de quelque côté que ce soit et sans cependant laisser libre la moitié de la chaussée, est en

règle avec la police du roulage. Trib. corr. Château-Thierry,
30 sept. 1892, *G. P.*, 5 nov. 1892.

POUVOIR ADMINISTRATIF ET MUNICIPAL. 1... La loi
du 18 juillet 1837 a été abrogée par celle du 6 avril 1884.

10. En ce qui concerne les crieurs de journaux et de tous
écrits ou imprimés, distribués ou vendus sur la voie publique,
l'exercice de leur profession est actuellement réglementé par
la loi du 19 mars 1889. — V. *Supplément*, v° CRIEURS PUBLICS,
n°s 6 et suiv.

11... Ainsi modifié par la loi du 6 avril 1884 : Le maintien
du bon ordre dans les endroits où il se fait de grands rassem-
blements d'hommes, tels que les foires, marchés, réjouissances
et cérémonies publiques, spectacles, jeux, cafés, églises et
autres lieux publics.

18... La loi du 6 avril 1884 dit : Inspection sur la fidélité
du débit des denrées qui se vendent au poids ou à la mesure
et sur la salubrité des comestibles exposés en vente.

29... Le soin de prévenir par des précautions convenables et
celui de faire cesser, par la distribution des secours nécessaires les accidents et les fléaux calamiteux, tels que les incendies, les inondations, les maladies épidémiques ou contagieuses, les épizooties, en provoquant, s'il y a lieu, l'intervention de l'administration supérieure. — L. 6 avril 1884,
art. 97, § 6.

44... Ainsi modifié par l'article 97, §§ 7 et 8, de la loi précitée : Le soin de prendre provisoirement les mesures nécessaires contre les aliénés dont l'état pourrait compromettre la
morale publique, la sécurité des personnes ou la conservation
des propriétés, et le soin d'obvier ou de remédier aux événements fâcheux qui pourraient être occasionnés par la divaga-
tion des animaux malfaisants ou féroces.

49... V. *Supplément*, v° BAN DE VENDANGES.

51... V. *Supplément*, v° PIGEONS.

52... V. *Supplément*, v° VAINE PATURE.

53... Aux termes de l'article 97, § 4, de la loi du 6 avril
1881, c'est le maire qui est chargé de régler le mode de transport des personnes décédées, les inhumations et exhumations,
le bon ordre et la décence dans les cimetières, sans qu'il soit
permis d'établir des distinctions ou des prescriptions particulières à raison des croyances ou du culte du défunt ou des

circonstances qui ont accompagné sa mort. — V. *Supplément*, vº FUNÉRAILLES.

77... Un maire, en autorisant la destruction des animaux nuisibles par des moyens différents de ceux qui sont déterminés dans l'arrêté du préfet du département, en exécution de la loi du 3 mai 1844, commet un excès de pouvoir. Cons. d'État, 8 août 1890, *Annales* 1892, p. 269.

81... La notification est établie par le récépissé de la partie intéressée ou, à son défaut, par l'original de la notification conservé dans les archives de la mairie (L. 6 avril 1884, art. 96). L'arrêté municipal qui n'a été ni notifié au prévenu, ni publié dans les formes prescrites par l'article 96 de la loi du 6 avril 1884, est destitué de toute force obligatoire. Cass., 31 janv. 1891, *Annales* 1892, p. 62.

86. Aux termes de l'article 95 de la loi du 6 avril 1884, en cas d'urgence, le préfet peut autoriser l'exécution immédiate des arrêtés du maire portant règlement permanent. Cette innovation est d'une utilité incontestable. Elle fait disparaître les graves inconvénients qu'entraînait la jurisprudence de la Cour de cassation, qui refusait, sous l'empire de la loi du 18 juillet 1837, de reconnaître au préfet le droit d'abréger, même dans les cas les plus urgents, le délai pendant lequel il lui appartenait d'annuler ou de suspendre les arrêtés avant leur mise à exécution. Circul. min. de l'intér., 20 mai 1884. Mais lorsque le préfet se serait contenté de donner son approbation avant l'expiration du délai, sans autoriser expressément l'exécution immédiate de l'arrêté, l'expiration du délai est indispensable pour que l'arrêté ait force exécutoire. Cass., 21 janv. 1885, *Annales* 1886, p. 46.

89... Ainsi modifié : La loi du 6 avril 1884 exige, pour que les arrêtés du maire soient obligatoires, qu'ils aient été portés à la connaissance des intéressés par voie de publications et d'affiches, toutes les fois qu'ils contiennent des dispositions générales. La publication est constatée par une déclaration certifiée par le maire. Les arrêtés, actes de publication et de notification, sont inscrits à leur date sur le registre de la mairie.

91... La loi du 18 juillet 1837 a été abrogée par la loi du 6 avril 1884, et les matières contenues dans les articles 10 et 11 de la loi abrogée sont maintenant régies par les articles 88 et suivants de la loi nouvelle.

95... La loi du 6 avril 1884 a abrogé en totalité la loi du 18 juillet 1837 et presque totalement celle du 24 juillet 1867. Pour les attributions des conseils municipaux, V. *Supplément*, vº MAIRIE, nº 14. — Les délibérations des conseils municipaux servant de base à un arrêté municipal, en matière de vaine pâture, n'ont de force légale et ne sont exécutoires qu'après approbation du préfet statuant en conseil de préfecture. Cass., 27 juillet 1888, *Annales* 1889, p. 132.

96 et **97**... L'ordonnance du 18 décembre 1838 a été aussi abrogée par la loi du 6 avril 1884. Le maire, d'après la loi nouvelle, doit adresser dans la huitaine une expédition de toute délibération au sous-préfet, qui en constate la réception sur un registre et en délivre immédiatement récépissé. Les délibérations d'un conseil municipal portant sur un objet étranger à ses attributions ou prises hors de sa réunion légale, ou celles qui seraient prises en violation d'une loi ou d'un règlement d'administration publique, sont nulles de plein droit. Quant aux délibérations auxquelles auraient pris part des membres du conseil intéressés, soit en leur nom personnel, soit comme mandataires, à l'affaire qui en a fait l'objet, elles sont simplement annulables. L. 6 avril 1884, art. 62, 63 et 64.

97 *bis.* La nullité de droit est déclarée par le préfet en conseil de préfecture. Elle peut être prononcée par le préfet et proposée ou opposée par les parties intéressées à toute époque. C'est également de cette façon que sont annulés les actes et délibérations par lesquels les conseils municipaux publient des proclamations et adresses, émettent des vœux politiques ou se mettent, hors les cas prévus par la loi, en communication avec un ou plusieurs conseils municipaux. — L'annulation est aussi prononcée par le préfet en conseil de préfecture. Elle peut être provoquée d'office par le préfet, dans un délai de trente jours à partir du dépôt du procès-verbal de la délibération à la sous-préfecture ou à la préfecture. Elle peut aussi être demandée par toute personne intéressée et par tout contribuable de la commune. Dans ce dernier cas, la demande en annulation doit être déposée, à peine de déchéance, à la sous-préfecture ou à la préfecture, dans un délai de quinze jours à partir de l'affichage à la porte de la mairie ; il en est donné récépissé. Le préfet doit statuer dans le délai d'un mois. Passé le délai de quinze jours sans qu'aucune demande ait été produite, le préfet peut déclarer qu'il ne s'oppose pas à la délibération. Même L., art. 65, 66 et 72.

97 *ter*. Le conseil municipal et, en dehors du conseil, toute partie intéressée peut se pourvoir contre l'arrêté du préfet devant le conseil d'État. Le pourvoi est introduit et jugé dans les formes du recours pour excès de pouvoirs.

97 *quater*. Les délibérations portant sur les objets énumérés dans l'article 68 de la loi nouvelle (V. *Supplément*, vº MAIRE, nº 14) ne sont exécutoires qu'après avoir été approuvées par l'autorité supérieure, c'est-à-dire par le préfet, sauf les cas où l'approbation par le ministre compétent, par le conseil général, par la commission départementale, par un décret ou par une loi, est prescrite par les lois et règlements. Le préfet statue en conseil de préfecture quand il s'agit de délibérations concernant les baux de plus de dix-huit ans, les aliénations ou échanges de propriétés communales, les transactions ou la vaine pâture. Quand le préfet refuse son approbation, ou lorsqu'il n'a pas fait connaître sa décision dans le délai d'un mois à partir de la date du récépissé, le conseil municipal peut se pourvoir devant le ministre de l'intérieur. Même L., art. 68 et 69. — V. *Supplément*, vˡˢ VAINE PATURE, PARCOURS.

97 *quinquies*. Quant aux délibérations qui ne sont pas soumises à l'approbation préfectorale, elles ne deviennent néanmoins exécutoires qu'un mois après le dépôt fait à la préfecture ou à la sous-préfecture. Le préfet peut, par un arrêté, abréger ce délai. Même L., art. 68.

98 et 99... V. *Supplément*, vº MAIRIE, nº 14.

PRÉFET. 1. La loi du 18 juillet 1837 a été abrogée par celle du 6 avril 1884. Mais aux termes de l'article 95 de la loi nouvelle, le préfet n'a toujours le droit que d'annuler les arrêtés des maires ou d'en suspendre l'exécution.

2... Il en est toujours de même sous l'empire de l'article 85 de la loi du 6 avril 1884, qui remplace l'article de la loi du 18 juillet 1837.

PRESCRIPTION. 2... Mais la renonciation à la prescription étant l'abandon d'un droit légitime, doit être volontaire, non équivoque et donnée en pleine connaissance de cause. Trib. civ. Seine, 1ᵉʳ juin 1891, *Annales* 1891, p. 386.

5. La défense faite au juge par l'article 2223 du Code civil s'applique même au cas où il s'agit de l'action civile pour la réparation du dommage causé par un crime ou un délit. La loi du 29 juillet 1881 n'a pas dérogé à cette règle. Cass., 5 janv. 1892, *Annales* 1892, p. 192.

28 *bis.* Le mémoire préalable que doit adresser au préfet quiconque veut intenter une action contre une commune interrompt la prescription. Cass. req., 21 août 1882, *Annales* 1883, p. 96.

46... La prescription de cinq ans résultant de l'article 2277 du Code civil ne saurait être opposée à une demande soit en réparations locatives, soit en dommages-intérêts pour dégradations. Orléans, 9 févr. 1889, *Annales* 1891, p. 94.

61 *bis.* La Cour de Paris a cependant décidé, à la date du 21 janvier 1889, que la prescription de l'article 2271 n'était point applicable aux entrepreneurs, alors même qu'ils auraient travaillé autrement qu'à prix fait ou qu'il ne s'agirait que de menus ouvrages. — V. *Annales* 1889, p. 231.

65 *bis.* La prescription de six mois du paragraphe 3 de l'article 2271 du Code civil régit exclusivement les salaires des ouvriers et gens de travail payables à la journée, et ne s'applique pas aux commis ou employés aux écritures payables annuellement. Ces appointements ne se prescrivent que par cinq ans conformément à l'article 2277.

66 *bis.* La seule preuve contraire réservée par l'article 2275 à un marchand à qui l'on oppose la prescription d'un an pour le prix des marchandises vendues à un particulier non marchand est la délation du serment à son adversaire sur la question de savoir si la chose a été réellement payée. C'est donc à tort qu'un jugement rejette le moyen de prescription en déclarant que la présomption de payement était repoussée par toutes les circonstances de la cause, et notamment par la correspondance échangée entre les parties, sans prétendre, d'ailleurs, que cette correspondance contînt une reconnaissance de la dette. Cass., 4 nov. 1891, *Annales* 1891, p. 312.

71 *bis.* L'action publique et l'action civile résultant des crimes, délits et contraventions prévus par la loi du 29 juillet 1881 se prescrivent, aux termes de l'article 65 de ladite loi, par trois mois révolus, à compter du jour où ils ont été commis ou du dernier acte de poursuite s'il en a été fait. Cette prescription est applicable à la contravention d'injure non publique. Cass., 15 janv. 1891, *Annales* 1892, p. 56.

85 *bis.* La contravention à un arrêté de police prescrivant un travail à un propriétaire est permanente, et la prescription commence à courir le lendemain du jour où expire le délai imparti par l'arrêté. Trib. corr. Seine, 8 févr. 1892, *Annales* 1892, p. 176. — V. *Supplément*, v° LOGEUR.

PRIVILÈGE. 2. — *a.* Le privilège accordé au bailleur d'un fonds rural par l'article 2102 du Code civil ne peut être exercé, même quand le bail a acquis date certaine, que pour le fermage des deux dernières années échues, de l'année courante et d'une année à partir de l'expiration de l'année courante, ainsi que pour tout ce qui concerne l'exécution du bail et pour les dommages-intérêts qui pourront lui être accordés par les tribunaux. L. 19 févr. 1889, art. 1er.

— *b.* En matière de bail à colonage partiaire, le privilège résultant de la loi du 18 juillet 1889 et de la jurisprudence antérieure s'applique, dans la limite que nous venons de déterminer au numéro précédent, aux avances faites par le bailleur. Poitiers, 18 déc. 1890, *G. P.* 1891, 1, 74.

— *c.* Les indemnités dues par suite d'assurance contre l'incendie, contre la grêle, contre la mortalité des bestiaux ou les autres risques sont attribuées sans qu'il y ait besoin de délégation expresse aux créanciers privilégiés ou hypothécaires suivant leur rang. Néanmoins, les payements faits de bonne foi avant opposition sont valables. Même L., art. 2.

— *d.* Il en est de même des indemnités dues en cas de sinistre par le locataire ou par le voisin par application des articles 1733 et 1382 du Code civil. En cas d'assurance du risque locatif ou du recours du voisin, l'assuré ou ses ayants droit ne pourront toucher tout ou partie de l'indemnité sans que le propriétaire de l'objet loué, le voisin ou le tiers subrogé à leurs droits aient été désintéressés des conséquences du sinistre. Même L., art. 3.

PROCÈS-VERBAUX. 25 *bis.* Jugé cependant que le rapport d'un garde champêtre qui n'a pu l'écrire lui-même n'est pas nul parce que l'écriture ne serait pas de la main de l'officier public compétent auquel ce garde champêtre a fait son rapport oral. Il suffit pour la validité que cet officier public, après avoir reçu lui-même et directement le rapport, en ait contrôlé la rédaction et que le garde, après lecture, ait déclaré cette rédaction conforme à la vérité. Cass., 17 mai 1888, *Annales* 1889, p 179.

43... Les procès-verbaux dispensés d'enregistrement à raison de la nature des faits qu'ils constatent et qu'une décision ultérieure du ministère public fait rentrer dans la catégorie des actes assujettis à l'impôt ne tombent pas sous l'application de l'article 34 de la loi du 22 frimaire an VII.

De même quand l'autorité compétente attribue à certains actes un caractère qui ne permet plus de leur appliquer l'immunité d'impôt dont ils avaient d'abord légalement profité, il y a lieu de se borner à requérir, avant tout usage, la double formalité d'enregistrement et de timbre qui serait donnée sans amende de retard à la diligence du ministère public. Note ministérielle, avril-juin 1882, *Annales* 1882, p. 363.

52... Les commissaires de police doivent, sous peine de l'amende de 5 francs édictée par les articles 34 de la loi du 22 frimaire an VII et 10 de celle du 16 juin 1824, faire enregistrer dans un délai de quatre jours tous les procès-verbaux dressés par eux sur le rapport d'un agent de police. Note ministérielle, avril-juin 1882, *Annales* 1882, p. 363.

55... Quand des procès-verbaux sont dressés par des gendarmes dans le lieu de résidence desquels ne se trouve pas de bureau d'enregistrement, il y a simplement lieu, avant tout usage, à requérir la double formalité de timbre et d'enregistrement qui doit être donnée sans amende de retard à la diligence du ministère public. Note ministérielle, avril-juin 1882, *Annales* 1882, p. 363.

PUBLICATION DES RÈGLEMENTS. 1... Aux termes de l'article 96 de la loi du 6 avril 1884, laquelle a abrogé celle du 18 juillet 1837, les arrêtés du maire ne sont obligatoires qu'après avoir été portés à la connaissance des intéressés, par voie de publications et d'affiches, toutes les fois qu'ils contiennent des dispositions générales. La publication est constatée par une déclaration certifiée par le maire. Les arrêtés et actes de publication sont inscrits à leur date sur le registre de la mairie.

2 *bis.* Les règlements généraux de police faits par les préfets ne deviennent obligatoires que dès l'instant où ils ont été publiés ou affichés dans les formes accoutumées ; la lecture et l'application faites au prévenu, dans une précédente affaire, d'un tel règlement ne sauraient tenir lieu de publication régulière. Cass., 25 oct. 1890, *Annales* 1891, p. 379.

7... Les arrêtés des maires, qui ne contiennent pas de dispositions générales, doivent être portés à la connaissance des intéressés par voie de notification individuelle. La notification est établie par le récépissé de la partie intéressée ou, à son défaut, par l'original de la notification conservé dans les archives de la mairie. Les arrêtés et actes de notification sont inscrits à leur date sur le registre de la mairie. L. 6 avril 1884, art. 96.

9. L'arrêté municipal prohibant la tenue d'un bal, qui n'a pas été notifié au prévenu, et qui n'a pas été publié dans les formes prescrites par l'article 96 de la loi du 5 avril 1884, est destitué de toute force obligatoire. Cass., 31 janv. 1891, *Annales* 1892, p. 62.

PUISSANCE PATERNELLE. 8. Les père et mère et ascendants sont déchus de plein droit, à l'égard de tous leurs enfants et descendants, de la puissance paternelle, ainsi que de tous les droits qui s'y rattachent, s'ils sont condamnés pour avoir excité, favorisé ou facilité la corruption ou la prostitution de leurs enfants et descendants. L. 24 juill. 1889, art. 1er, *Annales* 1889, p. 325.

9. De même si les père et mère et ascendants sont condamnés soit comme auteurs, coauteurs ou complices d'un crime commis sur la personne d'un ou plusieurs de leurs enfants ou descendants. *Ibid.*

9 bis. Au cas de condamnation encourue par la mère veuve, pour crime sur la personne d'un de ses enfants, la déchéance de la puissance paternelle est de plein droit encourue par elle; cette déchéance en ce cas n'est point simplement facultative pour le juge, qui ne peut, au contraire, s'abstenir de la prononcer. Cass., 8 mars 1890, *G. P.* 1890, I, 551.

10. De même si les père et mère et ascendants sont condamnés deux fois, comme auteurs, coauteurs ou complices d'un délit commis sur la personne d'un ou plusieurs de leurs enfants ou descendants. *Ibid.*

11. De même si les père et mère et ascendants sont condamnés deux fois pour excitation habituelle de mineurs à la débauche. *Ibid.*

12. La déchéance dont il vient d'être parlé laisse subsister, entre les ascendants déchus et l'enfant, les obligations relatives aux aliments. *Ibid.*

13. La loi du 24 juillet 1889 désigne non plus comme étant déchus de plein droit, mais comme pouvant être déclarés déchus de tous les droits se rattachant à la puissance paternelle, les père et mère condamnés aux travaux forcés à perpétuité ou à temps, ou à la reclusion, comme auteurs, coauteurs ou complices d'un crime autre que ceux prévus par les articles 86 à 101 du Code pénal, c'est-à-dire autre que les attentats et complots dirigés contre le chef du gouvernement et sa famille, et que les crimes tendant à troubler l'État par la guerre civile, l'illégal emploi de la force armée, la dévastation et le pillage public. L. 24 juill. 1889, art. 2.

14. Peuvent encore être déclarés déchus des mêmes droits les père et mère condamnés deux fois pour un des faits suivants : séquestration, suppression, exposition ou abandon d'enfants, ou pour vagabondage. *Ibid.*

15. De même, les père et mère condamnés par application de l'article 2, § 2, de la loi du 23 janvier 1873 tendant à réprimer l'ivresse publique et à combattre les progrès de l'alcoolisme, ou des articles 1, 2 et 3 de la loi du 7 décembre 1874 relative à la protection des enfants employés dans les professions ambulantes. *Ibid.*

16. De même, les père et mère condamnés une première fois pour excitation habituelle de mineurs à la débauche. *Ibid.*

17. De même, les père et mère dont les enfants ont été conduits dans une maison de correction par application de l'article 66 du Code pénal. En ce cas, les tribunaux répressifs n'ont pas le droit de statuer sur la question de déchéance. C'est en pareil cas à l'administration à qui est confiée l'éducation du mineur à provoquer cette mesure si elle la juge indispensable, lorsque, par exemple, le mineur aurait par sa bonne conduite mérité d'être libéré avant sa vingtième année. Il y aurait en ce cas grand intérêt à le soustraire à l'influence de sa famille qui lui a déjà été funeste.

18. Enfin peuvent être déchus, en dehors de toute condamnation, les père et mère qui, par leur ivrognerie habituelle, leur inconduite notoire et scandaleuse, ou par de mauvais traitements, compromettent soit la santé, soit la moralité, soit la sécurité de leurs enfants.

18 *bis.* Doit être déclaré déchu de la puissance paternelle à l'égard de ses enfants le père qui, après avoir été condamné à l'emprisonnement pour ivresse publique et mauvais traitements envers lesdits enfants, les a ensuite abandonnés. Trib. civ. Dôle, 24 août 1889, *G. P.* 1889, I, 544.

18 *ter.* La déchéance de l'autorité paternelle suppose de la part de celui qui l'a encourue une véritable indignité impliquant chez un père l'oubli de ses sentiments comme de ses devoirs envers ses enfants. On ne trouverait donc pas motif suffisant à cette déchéance dans le fait de correction excédant sensiblement la mesure, en l'état de nos mœurs, d'une légitime correction et qui, en fait, n'a pas compromis la santé des enfants, surtout lorsque le père reconnaissant ses torts promet de n'y point retomber. Trib. civ. Toulouse, 3 juill. 1890, *Gazette du Midi*, 27 juill. 1890.

18 *quater.* En l'absence d'actes obscènes accomplis en présence des enfants, le seul fait que le père de famille a entretenu des relations adultères avec une femme ne constitue pas l'inconduite notoire. Trib. civ. Seine, 28 nov. 1891, *Droit*, 17 déc. 1891.

18 *quinquies.* La déchéance est applicable en vertu de l'article 2, § 6, de la loi précitée au père de famille qui laisse sous ses yeux son enfant d'un premier lit en butte aux mauvais traitements de sa seconde femme. Trib. civ. Marseille, 18 avril 1891, *Droit*, 4 juin 1891.

19. Il y a lieu de remarquer que, dans les cas prévus aux numéros 8, 9, 10 et 11 *supra*, la loi frappe de la déchéance des droits de puissance paternelle non seulement les père et mère mais aussi les ascendants. Au contraire, dans les cas prévus aux numéros 13, 14, 15, 16, 17 et 18, le législateur n'a déclaré la déchéance applicable qu'aux père et mère seulement. Mais il y a tout lieu de supposer que bien que le législateur ait négligé dans les cas prévus auxdits numéros de répéter le mot *ascendants*, il a entendu appliquer à ces derniers les dispositions énoncées aux numéros dont s'agit.

19 *bis.* Facultative ou *de plano*, la déchéance est indivisible dans tous les cas et sous réserve de la dette alimentaire qu'elle laisse subsister entre les ascendants déchus et l'enfant; elle entraîne la perte de tous les droits sans exception se rattachant à la puissance paternelle.

Au contraire, dans les cas prévus aux numéros 13, 14, 15, 16, 17 et 18, le législateur n'a déclaré la déchéance applicable qu'aux père et mère seulement.

20. L'action en déchéance est intentée devant la chambre du conseil du tribunal du domicile ou de la résidence du père ou de la mère, par un ou plusieurs parents du mineur au degré de cousin germain ou à un degré plus rapproché, ou par le ministère public. Même L., art. 3.

21. Cette action, qu'elle soit due à l'initiative du ministère public ou à celle d'une des personnes désignées au numéro précédent, est introduite au moyen d'un mémoire énonçant les faits et accompagné des pièces justificatives. Ce mémoire est présenté au président du tribunal et notifié aux père et mère ou ascendants dont la déchéance est demandée. *Ibid.,* art. 4. — La notification doit avoir lieu de telle façon que le père ou la mère, dont l'indignité est demandée, puisse présenter sa défense avant qu'aucune mesure d'instruction ait été ordonnée. Angers, 18 mars 1891, journal *la Loi,* 14 avril 1891.

22. Le président du tribunal commet un juge pour faire le rapport à jour indiqué. Le procureur de la République fait procéder à une enquête sommaire sur la situation de la famille du mineur et sur la moralité de ses parents connus, et qui sont mis en demeure de présenter au tribunal les observations et oppositions qu'ils jugent convenables. *Ibid.*

23. Il est procédé dans les formes prescrites par les articles 892 et 893 du Code de procédure civile pour l'interdiction; toutefois, la convocation du conseil de famille reste facultative pour le tribunal. *Ibid.*

La loi ne dit pas quel conseil de famille doit être réuni. Est-ce le conseil de famille du père ou celui des enfants? L'article 4, en disposant qu'il sera procédé dans les formes prescrites par les articles 892 et 893 du Code de procédure civile pour l'interdiction, semble indiquer que, comme dans le cas d'interdiction, c'est le conseil de famille de l'actionné, du père ou de la mère ou des ascendants, qui doit être réuni. Mais il n'apparaît pas que le législateur ait aperçu la difficulté, car il n'en est pas parlé dans les travaux des rapporteurs de la loi. Cependant il est certain que le législateur a eu en vue de protéger les enfants maltraités, et, en retirant au père ou à la mère indigne la puissance paternelle, il ne s'est préoccupé que de l'intérêt des enfants. Nous pensons donc qu'en pareille matière, c'est le conseil de famille de ces derniers qui doit être consulté. C'est, au surplus, en ce sens que la loi est interprétée par la plupart des tribunaux.

24. La chambre du conseil procède à l'examen de l'affaire sur le vu de la délibération du conseil de famille, lorsqu'il a été convoqué, de l'avis du juge de paix du canton, après avoir convoqué, s'il y a lieu, les parents ou autres personnes et entendu le ministère public en ses conclusions. Le jugement est prononcé en audience publique. Il peut être déclaré exécutoire nonobstant opposition ou appel. *Ibid.*

25. Pendant l'instance en déchéance, la chambre du conseil peut ordonner, relativement à la garde et à l'éducation des enfants, telles mesures provisoires qu'elle juge utile. Les jugements sur cet objet sont exécutoires par provision. *Ibid.*, art. 5.

26. Les jugements par défaut, prononçant la déchéance de la puissance paternelle, peuvent être attaqués par la voie de l'opposition dans le délai de huit jours à partir de la notification à la personne et dans le délai d'un an à partir de la notification à domicile. Si, sur l'opposition, il intervient un second jugement par défaut, ce jugement ne peut être attaqué que par la voie de l'appel. *Ibid.*, art. 6.

27. Ce n'est là que la reproduction du vieil adage : « Opposition sur opposition ne vaut. » D'ailleurs, dans deux cas seulement, le second jugement pourrait être par défaut : 1° quand l'opposant aurait formé son opposition par acte extra-judiciaire et ne l'aurait pas, dans la huitaine, renouvelée par conclusions signées d'un avoué ; 2° quand, sur l'opposition, le demandeur ne constituerait pas avoué ; il y aurait lieu alors à défaut-congé.

28. L'appel des jugements appartient aux parties et au ministère public. Il doit être interjeté dans le délai de dix jours, à compter du jugement s'il est contradictoire, et, s'il est rendu par défaut, du jour où l'opposition n'est plus recevable. Même L., art. 7.

28 *bis.* L'appel d'un jugement qui a accueilli l'action en déchéance de la puissance paternelle intentée contre des père et mère par le ministère public, dans les termes de l'article 3 de la loi du 24 juillet 1889, est soumis aux formalités ordinaires de l'appel en matière civile. Il n'est donc recevable qu'à la condition d'avoir été notifié par les appelants au ministère public dans les formes prescrites par l'article 456 du Code de procédure civile. Une simple déclaration d'appel faite au greffe du tribunal qui a rendu le jugement ne saurait équivaloir à cette notification. Bourges, 6 mai 1891, *G. P.*, 16 mai 1891.

28 *ter.* Le pourvoi en cassation contre un arrêt qui a accueilli l'action en déchéance de la puissance paternelle intentée contre un père par le ministère public, dans les termes de l'article 3 de la loi du 24 juillet 1889, est soumis aux formalités ordinaires des pourvois en matière civile. Cass., 23 févr. 1891, *G. P.* 1891, I, 320.

29. Tout individu déchu de la puissance paternelle est incapable d'être tuteur, subrogé tuteur, curateur ou membre du conseil de famille. *Ibid.*, art. 8.

29 *bis.* Mais la destitution de tutelle n'entraîne point, par voie de conséquence, la déchéance de la puissance paternelle ; notamment, elle n'enlève pas au père la garde et la surveillance de son enfant mineur. Poitiers, 21 juillet 1890, *G. P.* 1890, II, 184.

30. Dans le cas de déchéance de plein droit encourue par le père, le ministère public ou les parents désignés au numéro 20 ci-dessus saisissent sans délai la juridiction compétente, qui décide si, dans l'intérêt de l'enfant, la mère exercera les droits de la puissance paternelle, tels qu'ils sont définis par le Code civil. Dans ce cas, il est procédé de la façon indiquée aux numéros 21, 22, 23, 24, 25, 26, 27 et 28 ci-dessus. *Ibid.*, art. 9.

31. Lorsque les tribunaux répressifs prononcent les condamnations indiquées aux numéros 8, 9, 10, 11, 13, 14, 15, et 16, ils peuvent statuer sur la déchéance de la puissance paternelle dans les conditions établies par la loi du 24 juillet 1889. Art. 9.

32. Dans le cas de déchéance facultative, le tribunal qui la prononce statue par le même jugement sur les droits de la mère à l'égard des enfants nés et à naître, sans préjudice, en ce qui concerne ces derniers, de toute mesure provisoire à demander à la chambre du conseil (V. *supra*, n° 25) pour la période du premier âge. *Ibid.*, art. 9.

33. Si le père déchu de la puissance paternelle contracte un nouveau mariage, la nouvelle femme peut, en cas de survenance d'enfants, demander au tribunal l'attribution de la puissance paternelle sur ces enfants. *Ibid.*, art. 9.

34. En cas de déchéance de la puissance paternelle, les droits du père, et à défaut du père, les droits de la mère, quant au consentement au mariage, à l'adoption, à la tutelle officieuse et à l'émancipation, sont exercés par les mêmes personnes que si le père et la mère étaient décédés, sauf le cas où il serait décidé autrement en vertu de la loi du 24 juillet 1889. Art. 14.

35. Les père et mère frappés de déchéance dans les cas prévus aux numéros 8, 9, 10, 11, 13, 14, 15 et 16 ci-dessus, ne peuvent être admis à se faire restituer la puissance paternelle qu'après avoir obtenu leur réhabilitation. Même L., art. 15. — Il y a lieu de remarquer que la loi ne prévoit pas le cas où la déchéance aurait été prononcée contre les ascendants.

36. Dans les cas prévus aux numéros 17 et 18 ci-dessus, les père et mère frappés de la déchéance peuvent demander au tribunal que l'exercice de la puissance paternelle leur soit restitué. L'action ne peut être introduite que trois ans après le jour où le jugement qui a prononcé la déchéance est devenu irrévocable. Même L., art. 15.

37. La demande en restitution de la puissance paternelle est introduite sur simple requête et instruite comme il est dit aux numéros 21, 22, 23, 24 ci-dessus. Mais ici l'avis du conseil de famille est obligatoire. Même L., art. 16.

38. La demande est notifiée au tuteur qui peut présenter, dans l'intérêt de l'enfant ou en son nom personnel, les observations et oppositions qu'il aurait à faire contre la demande. Les dispositions indiquées aux numéros 25, 26, 27 et 28 doivent ici recevoir leur application. *Ibid.*

39. Le tribunal, en prononçant la restitution de la puissance paternelle, fixe suivant les circonstances l'indemnité due au tuteur, ou déclare qu'à raison de l'indigence des parents il ne sera alloué aucune indemnité. La demande qui aurait été rejetée ne pourrait plus être introduite, si ce n'est par la mère après dissolution du mariage. *Ibid.*

40. Lorsque des administrations d'assistance publique, des associations de bienfaisance régulièrement autorisées à cet effet, des particuliers jouissant de leurs droits civils ont accepté la charge de mineurs de seize ans que des pères, mères ou tuteurs leur ont confiés, le tribunal du domicile de ces pères, mères ou tuteurs peut, à la requête des parties intéressées agissant conjointement, décider qu'il y a lieu, dans l'intérêt de l'enfant, de déléguer à l'assistance publique les droits de puissance paternelle abandonnés par les parents, et de remettre l'exercice de ces droits à l'établissement ou au particulier gardien de l'enfant. Même L., art. 17.

41. Si des parents, ayant conservé le droit de consentement au mariage d'un de leurs enfants, refusent de consentir au mariage, en vertu de l'article 148 du Code civil, l'assistance publique peut les faire citer devant le tribunal, qui donne ou refuse le consentement, les parents entendus ou dûment appelés dans la chambre du conseil. *Ibid.*

42. Lorsque des administrations d'assistance publique, des associations de bienfaisance régulièrement autorisées à cet effet, des particuliers jouissant de leurs droits civils, ont recueilli des enfants mineurs de seize ans, sans l'intervention des père et mère ou tuteur, une déclaration doit être faite dans les trois jours au maire de la commune sur le territoire de laquelle l'enfant a été recueilli, et, à Paris, au commissaire de police, à peine d'une amende de 5 à 15 francs. En cas de nouvelle infraction dans les douze mois, l'article 482 du Code pénal est applicable. Le dernier paragraphe de l'article 463 est aussi applicable aux cas prévus par la loi du 24 juillet 1889. Art. 19.

43. Les maires et les commissaires de police doivent, dans le délai de quinzaine, transmettre ces déclarations au préfet, et dans le département de la Seine au préfet de police. — Ces déclarations doivent être notifiées dans un nouveau délai de quinzaine aux parents de l'enfant. *Ibid.*

44. Si, dans les trois mois à dater de la déclaration, les père et mère ou tuteur n'ont point réclamé l'enfant, ceux qui l'ont recueilli peuvent adresser au président du tribunal de leur domicile une requête afin d'obtenir que, dans l'intérêt de l'enfant, l'exercice de tout ou partie des droits de la puissance paternelle leur soit confié. Le tribunal procède à l'examen de l'affaire en chambre du conseil, le ministère public entendu. Dans le cas où il ne confère au requérant qu'une partie des droits de la puissance paternelle, il déclare par le même jugement que les autres, ainsi que la puissance paternelle, sont dévolus à l'assistance publique. *Ibid.*, art. 20.

45. Dans les cas prévus aux numéros 40, 41, 43, 44, les père, mère ou tuteur qui veulent obtenir que l'enfant leur soit rendu, s'adressent au tribunal de la résidence de l'enfant par voie de requête visée pour timbre et enregistrée gratis.

Après avoir appelé celui auquel l'enfant a été confié et le représentant de l'assistance publique, ainsi que toute personne qu'ils jugent utile, le tribunal procède à l'examen de l'affaire en chambre du conseil, le ministère public entendu. Le jugement est rendu en audience publique. *Ibid.*, art. 21.

46. Si le tribunal juge qu'il n'y a pas lieu de rendre l'enfant aux père, mère ou tuteur, il peut, sur la réquisition du ministère public, prononcer la déchéance de la puissance paternelle ou maintenir à l'établissement ou au particulier gardien les droits qui lui ont été conférés dans les conditions indiquées aux numéros 40 et 41 ou au numéro 45. — En cas de remise de l'enfant, il fixe l'indemnité due à celui qui en a eu la charge, ou déclare qu'à raison de l'indigence des parents il ne sera alloué aucune indemnité. La demande qui a été rejetée ne peut plus être renouvelée que trois ans après le jour où la décision est devenue irrévocable. Même art.

47. Les enfants confiés à des particuliers ou à des associations de bienfaisance, dans les conditions de la loi du 24 juillet 1889, sont sous la surveillance de l'État, représenté par le préfet du département. Même L., art. 22.

48. Le préfet du département de la résidence de l'enfant confié à un particulier ou à une association de bienfaisance, dans les conditions de la loi du 24 juillet 1889, et le directeur de l'assistance publique, peuvent toujours se pourvoir devant le tribunal civil de cette résidence afin d'obtenir, dans l'intérêt de l'enfant, que le particulier ou l'association soit dessaisi de tout droit sur ce dernier et qu'il soit confié à l'assistance publique. — La requête du préfet est visée pour timbre et engistrée gratis. Le tribunal statue, les parents entendus ou dûment appelés. *Ibid.*, art. 23.

49. La décision du tribunal peut être frappée d'appel, soit par le préfet, soit par l'association ou le particulier intéressé, soit par les parents. L'appel n'est pas suspensif. *Ibid.*

50. Les représentants de l'assistance publique, pour l'exécution de la loi du 24 juillet 1889, sont les inspecteurs départementaux des enfants assistés, et à Paris le directeur de l'administration générale de l'Assistance publique. *Ibid.*, art. 24.

51. Dans les départements où le conseil général s'est engagé à assimiler pour la dépense les enfants faisant l'objet de la loi du 24 juillet 1889 aux enfants assistés, la subvention de l'État est portée au cinquième des dépenses tant extérieures qu'intérieures des deux services, et le contingent des communes constitue pour celles-ci une dépense obligatoire conformément à l'article 136 de la loi du 5 avril 1884. *Ibid.*, art. 25.
— **V.** *Supplément*, v⁰ˢ TUTELLE, TUTEUR, SUBROGÉ TUTEUR.

QUAI... Il en est toujours de même sous l'empire de l'article 97 de la loi du 6 avril 1884, laquelle a abrogé l'article 3, tit. XI, de la loi du 24 août 1790.

RAMONAGE. 1... L'article 97 de la loi du 6 avril 1884, qui remplace l'article 3, tit. XI, de la loi du 24 août 1790, n'a rien changé aux attributions de la police municipale sur ce point.

REGISTRES DE L'ÉTAT CIVIL. 6. — V. *Annales* 1892, p. 114, l'étude des droits et devoirs du juge de paix en matière de vérification des registres de l'état civil.

RÉHABILITATION. 4... *Adde :* loi du 14 août 1885. — V. *Annales* 1885, p. 289.

5. Ainsi modifié : Les individus qui sont en état de récidive légale, ceux qui, après avoir obtenu la réhabilitation, ont encouru une nouvelle condamnation, ne sont admis au bénéfice de la réhabilitation qu'après un délai de dix années écoulées depuis leur libération. Néanmoins, les récidivistes qui n'ont subi aucune peine afflictive ou infamante et les réhabilités qui n'ont encouru qu'une condamnation à une peine correctionnelle sont admis au bénéfice de la réhabilitation après un délai de six années écoulées depuis leur libération. Même L.

RENONCIATION. 1. Le pouvoir donné par une veuve, tutrice légale de ses enfants mineurs, à l'effet de renoncer en leur nom à la succession de leur père, n'est sujet qu'à un seul droit fixe d'enregistrement et non à autant de droits fixes qu'il y a d'enfants, comme pourrait le faire croire la divisibilité des intérêts entre les mineurs. En effet, la mandante stipule seule. — Solution de l'enregistrement du 11 juillet 1885, *Annales* 1886, p. 289.

RENTES SUR L'ÉTAT. 13. Il résulte d'une note ministérielle du 25 février 1881, que depuis la loi du 27 février 1880 sur l'aliénation des biens de mineurs, portant abrogation expresse de la loi du 24 mars 1806 reconnue, par avis du conseil d'État du 16 janvier 1808, applicable aux héritiers bénéficiaires, ces derniers ne peuvent plus vendre, sans autorisation préalable, les inscriptions de rentes sur l'État dépendant des successions qu'ils administrent, lors même que ces inscriptions seraient d'une rente inférieure à 50 francs. — V. *Annales* 1881, p. 311.

REQUÊTE CIVILE. 6. La requête civile est signifiée, avec assignation dans le délai de deux mois à l'égard des majeurs, à compter du jour de la signification du jugement attaqué, à personne ou à domicile.

Le délai de deux mois ne court contre les mineurs que du jour de la signification du jugement faite depuis leur majorité à personne ou à domicile.

Quand le demandeur est absent du territoire européen de la République ou de l'Algérie pour cause de service public, il a, outre le délai ordinaire de deux mois depuis la signification du jugement, le délai de huit mois.

Il en est de même en faveur des gens de mer absents pour cause de navigation.

Ceux qui demeurent hors de la France continentale ont, outre le délai de deux mois depuis la signification du jugement, le délai des ajournements. — V. *Supplément*, v° EXPLOIT, n° 100 ; L. 3 mai 1862.

RÉQUISITIONS MILITAIRES. 6... *Adde :* Les réquisitions à exercer en vue de la constitution de ces approvisionnements pourront être faites par les autorités administratives en vertu d'une délégation spéciale du gouverneur de la place. L. 5 mars 1890.

6 *bis*. Dans le cas indiqué au numéro précédent, le gouverneur peut déléguer le droit de requérir les prestations nécessaires pour constituer les approvisionnements aux préfets, aux sous-préfets, aux maires, aux ingénieurs des ponts et chaussées et des mines. Décret 3 juin 1890.

11 *bis*. L'article 12 de la loi du 3 juillet 1877 sur les réquisitions militaires, qui dispense de fournir le logement dans leur domicile les détenteurs de caisses publiques déposées dans ledit domicile, est applicable aux receveurs des postes et télégraphes. Cass., 3 févr. 1888, *G. P.* 1888, I, 409.

11 *ter*. Les personnes dispensées par l'article 12 de la loi du 3 juillet 1877 de fournir le logement militaire dans leur propre domicile ne sont pas tenues de pourvoir par elles-mêmes au logement chez d'autres habitants. C'est à la municipalité qu'incombe cette obligation, mais cela aux frais des dispensés. Cass., 3 févr. 1888, *G. P.* 1888, I, 409.

11 *quater*. Les réquisitions doivent toujours être adressées au maire, ou en son absence à son suppléant légal, sauf le cas prévu au numéro précédent, et sous réserve des peines énoncées au numéro 20. Dans le cas où, comme il a été dit au numéro 6 *bis*, c'est le maire qui, par délégation, ordonne les réquisitions, il doit dans sa commune les adresser à son suppléant légal. Décret 3 juin 1890.

16. Le juge de simple police saisi d'une poursuite contre un individu qui a refusé de loger des militaires en marche doit se déclarer incompétent lorsque, par suite de l'application des dispositions de l'article 21 de la loi du 3 juillet 1877, l'amende à prononcer doit être supérieure à 15 francs. Cass. crim., 6 mars 1886, *Annales* 1887, p. 354.

RESPONSABILITÉ. 21 *bis*. L'architecte communal qui, pour tous les travaux faits pour le compte de la commune, ne touche qu'un traitement fixe, est un employé de la commune et, par suite, n'encourt, à raison de ces travaux, qu'une simple responsabilité, mais non la responsabilité prévue aux articles 1792 et 2270 du Code civil. Cons. préfect. Alpes-Maritimes, *G. P.*, 6 nov. 1892.

21 *ter*. Le délai de dix ans fixé par l'article 1792 comme durée à la responsabilité des architectes et entrepreneurs ne commence à courir que du jour où les travaux sont reçus définitivement par le propriétaire, sans que les acomptes versés par ce dernier puissent modifier ce point de départ. Paris, 10 août 1892, *G. P.*, 26 nov. 1892.

32. — V. *Supplément*, v° Voiturier, n°ᵉ 58 et 59.

41 *bis*. Cette responsabilité est limitée à la somme de 1000 francs pour les espèces monnayées et les valeurs ou titres au porteur de toute nature qui n'ont pas été déposés réellement entre les mains des aubergistes ou hôteliers. L. 18 avril 1889, art. unique.—V. *Aubergiste, hôtelier et logeur*, n°ˢ 45 *bis* et 48 *bis*.

67 *bis*. La personne qui accepte, moyennant salaire, la garde d'un enfant, est responsable du dommage causé par lui pendant qu'il est sous sa surveillance. Si l'obligation de garde a été prise par une femme mariée sous le régime de la communauté du consentement du mari, ce dernier et la communauté peuvent être condamnés à la réparation du préjudice causé par l'enfant. Le consentement du mari résulte suffisamment de ce fait que la garde de l'enfant était exercée à la maison conjugale à sa connaissance et sous ses yeux. Cass., 22 juill. 1891, *Annales* 1892, p. 195.

77 *bis*. Le père est responsable d'un homicide commis par son fils, même majeur, si, sachant ce dernier atteint d'aliénation mentale, il s'est constitué son gardien et l'a conservé chez lui sans prendre les précautions exceptionnelles que comportait l'état de son enfant. Chambéry, 29 oct. 1889, *Annales* 1891, p. 96.

92 *bis*. La responsabilité des aubergistes et hôteliers a été limitée par la loi du 18 avril 1889. V. *supra*, n° 41 *bis*.

121 *bis*. Les communes sont responsables des dommages résultant des crimes et délits commis sur leur territoire par des attroupements, à moins qu'elles ne prouvent avoir pris toutes mesures préventives et fassent en même temps connaître les coupables, ou qu'elles n'aient pas la disposition de la police, ni de la force armée, ou que le dommage résulte d'un fait de guerre. Art. 106, 107, 108, L. 5 avril 1884. — V. *Supplément*, v° Maire, n° 41.

RÉUNIONS PUBLIQUES. 5 *bis*. Une réunion à laquelle les électeurs prud'hommes pour la formation d'une chambre syndicale ont été convoqués par voie d'affiches, doit être précédée de la déclaration exigée par l'article 2 de la loi du 30 juin 1881; peu importe, d'ailleurs, qu'une pareille réunion soit seulement ouverte à une certaine catégorie de citoyens, si les prévenus n'y ont pas été nominativement convoqués. Cass. crim., 7 août 1886.

6 *bis*. Les membres du bureau d'une réunion publique électorale ne sont pas responsables de l'introduction illicite prévue par l'article 5 de la loi de 1881 de femmes et de jeunes gens non électeurs. Cass., 24 janv. 1890, *Annales* 1891, p. 235.

9 *bis*. Les organisateurs d'une réunion publique ne sont pas punissables par le seul fait du défaut de formation d'un bureau.

La sanction du défaut de désignation de celui-ci se trouve uniquement dans la responsabilité édictée par l'article 8, § 3, de la loi du 30 juin 1881.

9 *ter*. Après que le président a levé la séance, la réunion peut continuer sans déclaration préalable, ni constitution d'un nouveau bureau, du moment où le délégué de l'administration n'a pas prononcé la dissolution. Cass., 24 janv. 1890, *Annales* 1891, p. 235.

17 *bis*. Le bureau n'est responsable des désordres qui se produisent dans une réunion électorale que s'il les a tolérées, ou si, n'ayant pu les empêcher, il n'a pas levé la séance. Cass., 24 janv. 1890, *Annales* 1891, p. 235.

SALUBRITÉ. 1... L'article 97 de la loi du 6 avril 1884, laquelle a abrogé l'article 3, tit. XI, de la loi du 24 août 1790, n'a rien changé aux attributions du maire sur ce point.

2... La loi du 6 avril 1884, qui remplace celle du 18 juillet 1837 et qui a abrogé l'article 3, tit. XI, de la loi du 24 août 1790, donne dans son article 94 le droit au maire de prendre les arrêtés pour ordonner les mesures locales sur les objets confiés par les lois à sa vigilance et à son autorité, et publier à nouveau les lois et règlements de police et rappeler les citoyens à leur observation.

4... La police municipale a pour objet d'assurer la salubrité publique. Elle comprend notamment tout ce qui intéresse la sûreté et la commodité du passage dans les rues, quais, places et voies publiques, ce qui comprend... le nettoiement..., et l'interdiction de rien jeter qui puisse causer des exhalaisons nuisibles. L. 6 avril 1884, art. 97.

7 *bis*. De même est légal et obligatoire l'arrêté par lequel un maire enjoint aux habitants de la commune de placer, dans le délai d'un mois, des chéneaux et des tuyaux de descente aux toitures des maisons en façade sur la rue et de réduire les avant-toits. Cass., 8 janv. 1885, *Annales* 1886, p. 223.

11 *bis*. Est légal l'arrêté par lequel un maire interdit d'une manière générale, dans sa commune, les chenils ou dépôts de meutes de chiens. Cass., 21 décembre 1889, *Annales* 1891, p. 172.

16... La police municipale, dont le maire est chargé sous la surveillance de l'administration supérieure, comprend notamment le soin de prévenir par des précautions convenables, et celui de faire cesser par la distribution des secours nécessaires, les accidents et les fléaux calamiteux tels que... les maladies épidémiques ou contagieuses, les épizooties, en provoquant, s'il y a lieu, l'intervention de l'administration supérieure. L. 6 avril 1884, art. 91 et 97, § 6.

19... *Adde :* Cass., 26 nov. 1887, *Annales* 1888, p. 180. Un maire ne peut pas, sans excès de pouvoir, aller jusqu'à ordonner la fermeture d'un établissement dangereux, incommode ou insalubre. Cass., 18 févr. 1887, *Annales* 1888, p. 155.

23 et 24... La police municipale comprend également le mode de transport des personnes décédées, les inhumations et exhumations, le maintien du bon ordre et de la décence dans les cimetières, sans qu'il soit permis d'établir des distinctions ou des prescriptions particulières à raison des croyances ou du culte du défunt ou des circonstances qui ont accompagné sa mort. L. 6 avril 1884, art. 97, § 4.

SCELLÉS. 11... V. Étude de M. Boulé, *Annales* 1891, p. 184.

15... Aux termes du décret du 22 janvier 1890, qui modifie l'arrêté des consuls, en date du 13 nivôse an X, les juges de paix ne doivent apposer les scellés au domicile des officiers généraux et supérieurs de l'armée de terre ou assimilés que lorsqu'ils en ont été formellement requis par l'autorité militaire compétente. Circul. ministér., 4 sept. 1890, *Annales* 1891, p. 43.

15 *bis.* Une circulaire du 10 juillet 1886 indique que les frais auxquels donnent lieu l'apposition et la levée des scellés sur les papiers laissés après décès par les officiers généraux ou supérieurs sont payés sur les fonds du département de la guerre. A ce décret est annexé un catalogue qui énumère les documents sur lesquels, en pareil cas, doivent porter exclusivement les recherches et l'examen du juge de paix. — V. *Annales* 1887, p. 6.

15 *ter.* Lors du décès d'un officier général, supérieur ou assimilé, de l'un des corps de la marine en activité de service, l'autorité maritime peut requérir le juge de paix d'apposer les scellés, dans le plus bref délai, sur les meubles contenant des papiers, cartes, plans ou mémoires susceptibles d'intéresser le département de la marine et trouvés au domicile du défunt. Décret 31 déc. 1886, art. 1. — Toute initiative en cette matière est enlevée au juge de paix ; à l'autorité maritime seule appartient le soin de requérir le scellé. Circul., 6 janv. 1887.

15 *quater.* La réquisition est adressée directement au juge de paix compétent par le préfet maritime, si le décédé résidait dans un chef-lieu d'arrondissement ou de sous-arrondissement maritime ; si le décédé résidait dans un établissement de marine hors des ports, par le directeur de cet établissement ; dans tous les autres cas, par le ministre de la marine. *Ibid.,* art. 2.

15 *quinquies.* L'autorité maritime peut se faire représenter à l'apposition et à la levée des scellés par un officier ou fonctionnaire délégué à cet effet par l'autorité qui a formulé la réquisition. Le représentant de cette autorité doit être informé en temps utile par le juge de paix de la date et de l'heure de la levée des scellés. *Ibid.,* art. 3.

15 *sexies.* Lors de l'inventaire, les objets reconnus comme appartenant au gouvernement, ou que le délégué de l'autorité maritime juge devoir l'intéresser, sont inventoriés séparément et remis à ce délégué sur son reçu. Les travaux dont le défunt serait l'auteur ne peuvent être saisis et sont délivrés immédiatement aux ayants droit, ainsi que toutes pièces dont la distraction n'est pas demandée par le ministre. *Ibid.,* art. 4.

15 *septies.* Copies de l'inventaire spécial et du reçu du délégué sont adressées au ministre de la marine ; ce dernier peut également conserver les pièces dont le défunt serait propriétaire, à charge de les faire estimer de concert avec les héritiers et d'en payer la valeur sur les fonds du budget. *Ibid.,* art. 5.

15 *octies.* Dans le cas où l'apposition des scellés est faite uniquement dans l'intérêt de l'État, les frais sont supportés par le budget de la marine. *Ibid.,* art. 6.

15 *novies.* Toutes les formalités qui viennent d'être énumérées peuvent être accomplies au décès de tout officier, fonctionnaire ou agent de la marine ayant rempli une mission ou supposé détenteur de pièces ou documents quelconques intéressant le département. *Ibid.,* art. 7.

16... Ainsi complété : La plupart des cures ou succursales n'ayant pas de patrimoine propre, et l'apposition des scellés ne présentant dès lors d'utilité que dans certains cas particuliers, lorsqu'il y a eu notamment confusion dans la gestion des biens curiaux et des biens de la fabrique, ou immixtion du titulaire de la cure dans la gestion des biens de la fabrique, les juges de paix peuvent, en général, attendre pour apposer les scellés au décès des curés ou desservants que cette mesure conservatoire soit demandée par les représentants de la fabrique, de la commune ou de l'autorité supérieure. Mais, en revanche, il importe que, aussitôt après le décès d'un archevêque ou évêque, le juge de paix du canton du lieu du décès, ceux des cantons où se trouvent situés soit le palais épiscopal, soit les propriétés particulières du prélat, apposent les scellées d'office et d'urgence sur tous les objets, titres et papiers. Circul., 8 janv. 1884.

21. Ainsi modifié : Lorsqu'une instance en séparation de corps ou en divorce est pendante entre deux époux, l'un ou l'autre peut, dès la première ordonnance et sur l'autorisation du juge donnée à la charge d'en référer, prendre pour la garantie de ses droits des mesures conservatoires, notamment requérir l'apposition des scellés sur les biens de la communauté. Art. 242, C. civ., modifié par la loi du 18 avril 1886.

21 *bis.* Le même droit appartient à la femme, même non commune, pour la conservation de ceux de ses biens dont le mari a l'administration ou la jouissance. *Ibid.*

21 *ter.* Les scellés sont levés à la requête de la partie la plus diligente ; les objets et valeurs sont inventoriés et prisés ; l'époux qui est en possession est constitué gardien judiciaire, à moins qu'il n'en soit décidé autrement. *Ibid.*

26... V. *Annales* 1891, p. 184, étude de M. Boulé.

119... V. *Annales* 1892, p. 5.

145. Ceux-là seuls qui ont un intérêt né et actuel peuvent s'opposer à la levée des scellés ; ne se trouve pas dans ce cas, celui qui, s'appuyant sur de simples ouï-dire, allègue l'existence d'un testament en sa faveur. Le juge des référés, après en avoir ainsi décidé, ne peut pas ordonner des recherches en vue de la découverte dudit testament. Montpellier, 29 mai 1890, *Annales* 1891, p. 392.

SECONDES HERBES. 8. Le droit appartenant à une commune de faire pâturer les seconds fruits de prés appartenant à une commune voisine ne fait pas partie des droits qui ont été supprimés par les lois des 19 juillet 1889 et 24 juin 1890. Il constitue une servitude réelle discontinue et conventionnelle de pacage, qui n'est pas soumise aux conditions de rachat forcé établies par l'article 12 de la loi du 24 juin 1890. Besançon, 16 juin 1891, *Annales* 1891, p. 339. — V. *Supplément*, v^{ls} Parcours, Vaine pature, Paturage.

SECOURS. 11 *bis*. Ne commet aucune contravention l'individu qui refuse de siéger comme assesseur dans un bureau électoral, bien qu'il ait été requis à cet effet par le président du bureau. Cass. crim., 7 mai 1887, *Annales* 1888, p. 133.

SERMENT. 44 *bis*. Celui qui a déféré ou référé le serment décisoire devant une juridiction civile n'est pas admis à faire la preuve de la fausseté du serment prêté par son adversaire pour obtenir la réparation du préjudice à lui causé (art. 1363 C. civ.). Mais, en cas de poursuite exercée par le ministère public pour faux serment, il peut être entendu comme témoin. Cass., 19 juillet 1888, *Annales* 1889, p. 124.

SOURCE. 5. Les eaux d'une source qui alimentent un cours d'eau demeurent une propriété privée dans l'étendue du fonds où elles prennent naissance ; mais elles perdent ce caractère lorsqu'elles sont tombées dans un cours d'eau commun à divers propriétaires. Cass. req., 28 déc. 1880, *Annales* 1881, p. 346.

SUCCESSION. — V. *Supplément*, v^{ls} Pension alimentaire, Epoux.

SURSIS. 3. — V. *Supplément*, v° Circonstances atténuantes et aggravantes.

STATISTIQUE. 2. Ainsi modifié : Les juges de paix peuvent être autorisés par le procureur général à faire partie des commissions de statistique agricole, à la condition que cela n'entrave en rien l'accomplissement de leurs devoirs professionnels. Le cas échéant, c'est au procureur général que les chefs de l'administration départementale doivent s'adresser pour lui faire connaître spécialement les juges de paix de son ressort qu'ils désirent appeler à siéger dans les commissions cantonales. Si l'avis du parquet est favorable, le préfet prend un arrêté de nomination, et la lettre d'avis destinée au juge de paix doit être envoyée par les soins de l'administration au procureur général, qui la fait parvenir à son adresse par la voie hiérarchique. Circul. ministér., 31 mai 1882. — V. *Annales* 1883, p. 223.

TAPAGE NOCTURNE. 50. Manque de base légale le jugement qui, pour condamner du chef de tapage injurieux et

nocturne, a fait état d'un procès-verbal dressé par le garde
champêtre de la commune, cet agent n'ayant pas qualité pour
dresser procès-verbal sur une contravention de cette nature.
Cass., 13 déc. 1890, *Annáles* 1891, p. 394.

37. Le juge de simple police doit se déclarer incompétent
s'il reconnaît que les paroles proférées par les auteurs d'un
tapage nocturne sont manifestement de nature à porter
atteinte aux bonnes mœurs. Cass. crim., 14 juin 1884, *Annales*
1885, p. 397.

TÉMOIN. 7. Les consuls d'Allemagne en France, non sujets
de l'empire, sont tenus de fournir leur témoignage en justice
quand les tribunaux le jugent nécessaire, mais après avoir été
cités par lettre officielle. Circul., 19 mars 1888, *Annales* 1888,
p. 217.

8. Les mêmes consuls, sujets allemands, ne peuvent jamais
être contraints à comparaître devant les tribunaux. Quand la
justice a quelque déclaration juridique ou déposition à recevoir d'eux, elle doit les inviter par écrit à se présenter devant
elle et, en cas d'empêchement, elle doit, suivant ce qu'elle juge
préférable, leur demander leur témoignage par écrit, ou envoyer un délégué à leur domicile pour recueillir leur témoignage de vive voix. Circul.. 6 déc. 1888.

THÉATRE. 1... Il en est toujours de même sous l'empire
de l'article 97 de la loi du 6 avril 1884, laquelle a abrogé la loi
du 24 août 1790.

9 *bis.* N'est point obligatoire l'arrêté municipal portant prohibition des concerts publics pendant la saison théâtrale les
jours de représentation ordinaire. Cass., 20 janv. 1888, *Annales* 1888, p. 383.

15 *bis.* Il n'y a contravention à un arrêté sur la police des
théâtres, interdisant de troubler le spectacle, qu'autant que la
représentation a été interrompue et troublée. Le juge de police
est souverain appréciateur, après enquête à l'audience, du
point de savoir si la représentation a été troublée par le sifflet
d'un spectateur. Cass., 6 juin 1885, *Annales* 1886, p. 375.

15 *ter.* S'il est permis aux spectateurs de manifester par des
applaudissements ou des sifflets leur opinion sur la pièce représentée et sur le jeu des acteurs, c'est à la condition que ces
applaudissements ou ces sifflets n'excèdent pas une juste mesure et ne dégénèrent pas en trouble apporté à la représenta-

tion. C'est en ce sens que doit être interprété un arrêté municipal qui ordonne aux spectateurs de garder le silence au théâtre pendant la représentation. Le juge de police admet donc une excuse illégale en relaxant les inculpés sous le prétexte qu'ils n'ont été ni les auteurs, ni les provocateurs d'une manifestation tumultueuse au cours de la représentation, mais qu'ils y ont seulement participé. Cass., 16 déc. 1887, *Annales* 1888, p. 318. — V. *Supplément*, v° TRAVAIL DANS LES ÉTABLISSEMENTS INDUSTRIELS.

TIMBRE. 13 *bis*. Sont dispensés des droits de timbre les avis de parents de mineurs dont l'indigence est constatée. Dans le même cas d'indigence, il y a dispense du droit de timbre pour les actes nécessaires à la convocation et à la constitution des conseils de famille et à l'homologation des délibérations. La loi assimile, en pareil cas, aux mineurs, les interdits et les personnes dont l'interdiction est demandée. L. 26 janv. 1892.

17 *bis*. Doivent être visées pour timbre les requêtes indiquées. V. *Puissance paternelle*, n° 45.

18 *bis*. Sont exempts du timbre les certificats, actes de notoriété et autres pièces exclusivement relatives à l'exécution de la loi du 20 juillet 1886 sur la Caisse des retraites pour la vieillesse. Art. 24 de la loi.

18 *ter*. Les pétitions et mémoires présentés aux ministres, aux autorités constituées et aux administrations et établissements publics, sont assujettis au droit de timbre. Il n'est fait d'exception que pour :

1° Les demandes de secours (demandes de congés absolus et limités, quittances de secours aux indigents);

2° Les actes de police générale et de vindicte publique (plaintes et dénonciations ayant pour objet de faire connaître à l'autorité des faits délictueux et disciplinaires et d'en provoquer la répression, requêtes et réclamations adressées à l'autorité judiciaire par les personnes placées ou retenues dans les établissements d'aliénés) ;

3° Recours en grâce ;

4° Demande d'assistance judiciaire. Circul., 20 avril 1886.

52 *bis*. Sont dispensées du timbre toutes les expéditions délivrées en matière civile par les greffiers de justice de paix. L. 26 janv. 1892. — V. *Supplément*, v° EXPÉDITION.

TOMBES DES SOLDATS MORTS PENDANT LA DERNIÈRE GUERRE. La loi du 4 avril 1873 a été abrogée par celle du 6 avril 1884.

TRAVAIL DANS LES ÉTABLISSEMENTS INDUSTRIELS.
1. La loi du 2 novembre 1892 réglemente le travail des enfants, des filles mineures et des femmes dans les usines, manufactures, mines, minières et carrières, chantiers, ateliers et leurs dépendances de quelque nature que ce soit, publics ou privés, laïques ou religieux, même lorsque ces établissements ont un caractère d'enseignement professionnel ou de bienfaisance. L. précitée, art. 1er. — Au cours de la discussion de la loi à la Chambre des députés, M. Dumay avait présenté un amendement tendant à faire ajouter à l'énumération des établissements les mots *bureaux* et *magasins*; mais cet amendement fut rejeté sur l'observation faite par le rapporteur que les statistiques accusaient 615 000 établissements de commerce en plus des 100 000 établissements industriels, et que dans ces conditions l'inspection deviendrait une tâche impossible.

1 *bis*. M. Thellier de Poncheville avait demandé qu'on exceptât formellement les travaux qui, bien qu'exécutés dans les dépendances de l'établissement industriel, doivent néanmoins, par leur nature, être considérés comme des travaux agricoles; mais l'amendement fut retiré par son auteur, sur l'explication donnée par le rapporteur que le travail purement agricole, objet de l'amendement, n'était pas visé par la loi.

2. La loi du 2 novembre 1892 s'applique aux étrangers qui travaillent dans les établissements que nous venons d'énumérer. Même L., art. 1er. — Elle s'applique également aux enfants placés en apprentissage et employés dans un des établissements mentionnés au numéro 1. Même L., art. 31.

3. La loi nouvelle ne s'applique pas aux travaux effectués dans les établissements où ne sont employés que les membres de la famille sous l'autorité du père, de la mère ou du tuteur. Mais en pareil cas, si le travail se fait à l'aide de chaudière à vapeur ou de moteur mécanique, ou si l'industrie exercée est classée au nombre des établissements dangereux ou insalubres, l'inspecteur a le droit de prescrire les mesures de sécurité et de salubrité à prendre conformément aux articles 12, 13 et 14 de la loi. — V. *eod. verbo*, nos 22 et suiv. Même L., art. 1er.

3 *bis*. Au cours de la discussion devant le Sénat, M. Maret

avait proposé d'autoriser l'admission dans l'atelier de famille de jeunes ouvriers ou aides travaillant en collaboration avec le chef de famille. Mais le rapporteur repoussa cet amendement et en obtint le rejet. Cet amendement, selon lui, ne pouvait avoir aucune utilité pratique pour les ouvriers, car les jeunes gens, disait-il, acquièrent plus rapidement des connaissances u⋯ dans les grandes usines que dans les petits ateliers. De plu⋯ ajoutait-il, la raison qui a fait excepter les ateliers de famille de la surveillance des inspecteurs, c'est-à-dire la garantie contre tout abus et tout excès devant résulter de l'affection paternelle, n'existerait plus.

4. Les enfants ne peuvent être employés par les patrons, ni être admis dans les établissements industriels avant l'âge de treize ans révolus, sauf les enfants munis du certificat d'études primaires institué par la loi du 28 mars 1882, qui peuvent être employés à partir de douze ans ; et encore ces derniers doivent-ils être munis, en outre, d'un certificat d'aptitude physique délivré à titre gratuit par l'un des médecins chargés de la surveillance du premier âge ou l'un des médecins inspecteurs des écoles, ou tout autre médecin chargé d'un service public désigné par le préfet. L'examen peut être contradictoire si les parents le réclament. Même L., art. 2.

5. Les inspecteurs du travail peuvent toujours requérir un examen médical de tous les enfants au-dessous de seize ans, déjà admis dans les établissements susvisés, à l'effet de constater si le travail dont ils sont chargés excède leurs forces. Dans ce cas, les inspecteurs ont le droit d'exiger leur renvoi de l'établissement sur l'avis conforme de l'un des médecins désignés au numéro précédent. L'examen peut être contradictoire si les parents le réclament. *Ibid.*

5 *bis.* Pour les enfants de treize à seize ans, non seulement pour les garçons, mais encore et plus particulièrement pour les filles, il y a une période critique pendant laquelle tel ou tel travail peut devenir dangereux ; c'est pourquoi les inspecteurs, quand ils se trouvent en présence d'enfants dont la santé semble ébranlée, peuvent réclamer un examen médical destiné à révéler si l'enfant peut sans inconvénient être astreint plus longtemps au même travail. Discussion devant le Sénat, explication du rapporteur.

6. Dans les orphelinats et établissements de bienfaisance visés plus haut, n° 1, l'enseignement manuel ou professionnel pour les enfants âgés de moins de treize ans, sauf pour les enfants âgés de douze ans munis du certificat d'études primaires, ne peut pas dépasser trois heures par jour. *Ibid.*

7. Les enfants de l'un et de l'autre sexe âgés de moins de seize ans ne peuvent être employés à un travail effectif de plus de dix heures par jour. Les jeunes ouvriers ou ouvrières de seize à dix-huit ans ne peuvent pas être employés à un travail effectif de plus de onze heures par jour. Même L., art. 3. — Au cours de la discussion de la loi à la Chambre des députés, M. Neyraud demandait que la durée quotidienne du travail des enfants de moins de seize ans fût portée à onze heures avec un maximum fixé à soixante heures par semaine ; mais cet amendement fut repoussé.

8. Les heures de travail que nous avons ci-dessus indiquées doivent être coupées par un ou plusieurs repos dont la durée totale ne saurait être inférieure à une heure et pendant lesquels le travail doit être interdit. *Ibid.*

9. Les enfants âgés de moins de dix-huit ans, les filles mineures et les femmes ne peuvent être employés à aucun travail de nuit dans les établissements énumérés ci-dessus, n° 1. Même L., art. 4.

10. La loi considère comme travail de nuit tout travail entre 9 heures du soir et 5 heures du matin. Cependant, le travail doit être autorisé de 4 heures du matin à 10 heures du soir, quand il est réparti entre deux postes d'ouvriers ne travaillant pas plus de neuf heures chacun. Le travail de chaque équipe doit être coupé par un repos d'une heure au moins. *Ibid.*

11. En aucun cas, alors même que, comme la loi le prévoit, un règlement d'administration publique accorderait à certaines industries la faculté de prolonger le travail des femmes et des filles de plus de dix-huit ans jusqu'à 11 heures du soir à certaines époques de l'année (faculté qui ne peut être accordée pour une durée de plus de soixante jours), la journée de travail effectif ne peut dépasser douze heures.

Même au cas d'existence d'un règlement d'administration publique autorisant une dérogation permanente aux dispositions relatées aux numéros 9 et 10 ci-dessus, le travail ne peut en aucun cas dépasser sept heures par vingt-quatre heures. *Ibid.*

12. En cas de chômage résultant d'une interruption accidentelle ou de force majeure, l'interdiction relative au travail de nuit peut, dans n'importe quelle industrie, être temporairement levée par l'inspecteur du travail pour un délai déterminé. *Ibid.*

13. Les enfants âgés de moins de dix-huit ans et les femmes de tout âge ne peuvent être employés dans les établissements énumérés au numéro 1 ci-dessus plus de six jours par semaine, ni les jours de fête reconnus par la loi, même pour rangement d'atelier. Le jour adopté pour le repos hebdomadaire doit être indiqué par une affiche apposée dans les ateliers. Même L., art. 5. — Même au cas où un règlement d'administration publique autoriserait dans les usines à feu continu, pour un certain temps, l'emploi à certains travaux des femmes majeures et des enfants du sexe masculin tous les jours de la semaine, la nuit, la condition d'un jour de repos par semaine subsiste. Même L., art. 6.

14. Les enfants des deux sexes, âgés de moins de treize ans, ne peuvent être employés comme acteurs, figurants, etc..., aux représentations données dans les théâtres et cafés-concerts sédentaires. L'emploi d'un ou plusieurs enfants dans les théâtres, pour la représentation de pièces déterminées, peut être exceptionnellement autorisé à Paris par le ministre de l'instruction publique et des beaux-arts, et dans les départements par les préfets. Même L., art. 8.

15. Les filles et les femmes ne peuvent être admises dans les travaux souterrains des mines, minières et carrières. Même L., art. 9.

16. Dans certains cas déterminés, des règlements d'administration publique peuvent permettre le travail des enfants dans certaines mines à partir de 4 heures du matin jusqu'à minuit, sous la condition expresse que les enfants ne soient pas assujettis à plus de huit heures de travail effectif et à plus de dix heures de présence dans la mine par vingt-quatre heures. *Ibid.*

17. Les maires sont tenus de délivrer gratuitement aux père, mère, tuteur ou patron, un livret sur lequel sont portés les noms et prénoms des enfants des deux sexes âgés de moins de dix-huit ans, la date, le lieu de leur naissance et leur domicile. Si l'enfant a moins de treize ans, le livret doit mentionner qu'il est muni du certificat d'études primaires institué par la loi du 28 mars 1882. Les chefs d'industrie ou patrons doivent inscrire sur le livret la date de l'entrée dans l'atelier et celle de la sortie. Ils doivent également tenir un registre sur lequel doivent être mentionnées toutes les indications que nous venons d'énumérer. Même L., art. 10.

18. Les patrons ou chefs d'industrie et loueurs de force motrice sont tenus de faire afficher dans chaque atelier les dispositions de la loi nouvelle, les règlements d'administration publique relatifs à son exécution et concernant plus spécialement leur industrie, ainsi que les adresses et les noms des inspecteurs de la circonscription. Ils doivent afficher également les heures auxquelles commence et finit le travail ainsi que les heures et la durée des repos. Un duplicata de cette dernière affiche doit être envoyé à l'inspecteur et un autre doit être déposé à la mairie. Même L., art. 11.

18 *bis.* Dans les industries où il ne peut y avoir d'heure déterminée ni pour le repos ni pour le travail, où l'ouvrier est aux pièces, où son travail ne s'engrène pas à celui d'un camarade, on ne peut pas évidemment demander la fixation ni l'affichage des heures de travail. L'industriel doit déclarer pourquoi il ne peut pas fixer l'heure du travail. On ne peut pas condamner le patron à l'impossible ni à l'irréalisable. Discussion au Sénat, explications du rapporteur.

19. L'organisation de relais, ayant pour effet de prolonger au delà de la limite légale la durée de la journée de travail, est interdite pour les personnes protégées par la loi nouvelle. *Ibid.*

20. La loi exige, dans toutes les salles de travail des ouvroirs, orphelinats, ateliers de charité ou de bienfaisance dépendant des établissements religieux ou laïques, le placement d'une façon permanente d'un tableau indiquant, en caractères facilement lisibles, les conditions du travail des enfants, telles qu'elles sont relatées ci-dessus, n°ˢ 4, 5, 6, 7, 8, 9, 10, 11, 12 et 13, et déterminant l'emploi de la journée, c'est-à-dire les heures du travail manuel, du repos, de l'étude et des repas. Ce tableau doit être visé et signé par l'inspecteur. *Ibid.*

21. Un état nominatif complet des enfants élevés dans les établissements désignés au numéro 20, indiquant leurs nom et prénoms, la date et le lieu de leur naissance, et certifié conforme par les directeurs de ces établissements doit être remis tous les trois mois à l'inspecteur et faire mention de toutes les mutations survenues depuis la production du dernier état. *Ibid.*

22. Les femmes, filles et enfants ne peuvent être employés dans des établissements insalubres ou dangereux, où l'ouvrier est exposé à des manipulations ou à des émanations préjudiciables à sa santé, que sous les conditions déterminées par les règlements d'administration publique. Même L., art. 13.

23. Les établissements énumérés ci-dessus, n° 1, et leurs dépendances, doivent être tenus dans un état constant de propreté, convenablement éclairés et ventilés. Ils doivent présenter toutes les conditions de sécurité et de salubrité nécessaires à la santé du personnel. Même L., art. 14.

24. Dans tout établissement contenant des appareils mécaniques, les roues, les courroies, les engrenages ou tout autre organe pouvant offrir une cause de danger, doivent être séparés des ouvriers, de telle manière que l'approche n'en soit possible que pour les besoins du service. Les puits, trappes et ouvertures de descente doivent être clôturés. *Ibid.*

25. Tout accident ayant occasionné une blessure à un ou plusieurs ouvriers, survenu dans un des établissements mentionnés ci-dessus, n° 1, doit être l'objet d'une déclaration par le chef de l'entreprise, ou à son défaut et en son absence par son préposé. Cette déclaration doit contenir le nom et l'adresse des témoins de l'accident ; elle doit être faite dans les quarante-huit heures au maire de la commune qui en dresse procès-verbal. A cette déclaration, le patron doit joindre un certificat du médecin indiquant l'état du blessé, les suites probables de l'accident et l'époque à laquelle il doit être possible d'en connaître le résultat définitif. Il doit être remis, séance tenante, au déposant, récépissé de la déclaration et du certificat médical. Le maire doit immédiatement aviser de l'accident l'inspecteur divisionnaire ou départemental. Même L., art. 15.

26. Les patrons ou chefs d'établissement doivent veiller au maintien des bonnes mœurs et à l'observation de la décence publique. Même L., art. 16.

27. Les inspecteurs du travail sont chargés d'assurer l'exécution de la loi nouvelle, de celle du 9 septembre 1848, et concurremment avec les commissaires de police, de celle du 7 décembre 1874, relative à la protection des enfants employés dans les professions ambulantes. Mais en ce qui concerne les exploitations de mines, minières et carrières, l'exécution de la loi est confiée aux ingénieurs et contrôleurs des mines placés pour ce service sous l'autorité du ministre du commerce et de l'industrie.

Le service des inspecteurs du travail comprend des inspecteurs divisionnaires et des inspecteurs ou inspectrices départementaux. Même L., art. 17 et 18.

28. Les inspecteurs et inspectrices ont entrée dans les établissements désignés n° 1 ci-dessus. Ils peuvent se faire représenter le registre dont nous avons parlé ci-dessus, n° 17, les livrets, les règlements intérieurs et s'il y a lieu le certificat d'aptitude physique. — V. *supra*, n° 4. Même L., art. 20.

29. Les contraventions sont constatées par les procès-verbaux des inspecteurs et inspectrices qui font foi jusqu'à preuve contraire. Ces procès-verbaux doivent être dressés en double exemplaire, dont l'un est destiné au préfet et l'autre au parquet.

Il n'est d'ailleurs en rien dérogé au droit commun quant à la constatation et à la poursuite des infractions. *Ibid.* — L'inspecteur peut se présenter à l'heure qui lui plaît et jusqu'à deux et trois fois dans la même journée. Mais il n'a pas à se munir de témoins pour dresser ses procès-verbaux. Discussion au Sénat, explications du rapporteur.

30. Les manufacturiers, directeurs ou gérants d'établissements visés dans la loi nouvelle, qui contreviendraient aux prescriptions de cette loi et des règlements d'administration publique relatifs à son exécution, doivent être poursuivis devant le tribunal de simple police et sont passibles d'une amende de 5 à 15 francs. Même L., art. 26.

31. L'amende doit être appliquée autant de fois qu'il y a de personnes employées dans des conditions contraires à la loi. *Ibid.*

32. Cependant la peine n'est pas applicable si l'infraction est le résultat d'une erreur provenant de la production d'actes de naissance, livrets ou certificats contenant de fausses énonciations ou délivrés pour une autre personne. *Ibid.*

33. Les chefs d'industrie sont civilement responsables des condamnations prononcées contre leurs directeurs ou gérants. *Ibid.*

34. En cas de récidive, le contrevenant doit être poursuivi devant le tribunal correctionnel et puni d'une amende de 16 à 100 francs. Même L., art. 27.

35. Il y a récidive lorsque, dans les douze mois antérieurs au fait poursuivi, le contrevenant a déjà subi une condamnation pour contravention identique. En cas de pluralité de contraventions entraînant les peines de la récidive, l'amende doit être appliquée autant de fois qu'il a été relevé de nouvelles contraventions. *Ibid.*

36. Les tribunaux correctionnels peuvent appliquer l'article 463 sur les circonstances atténuantes ; mais, en aucun cas, l'amende pour chaque contravention ne peut descendre au-dessous de 5 francs.

37. L'affichage du jugement peut, suivant les circonstances et en cas de récidive seulement, être ordonné par le tribunal de police correctionnelle. Le tribunal peut ordonner, dans le même cas, l'insertion du jugement aux frais du contrevenant dans un ou plusieurs journaux du département. Même L., art. 28.

38. Quiconque mettrait obstacle à l'accomplissement des devoirs d'un inspecteur doit être puni d'une amende de 100 à 500 francs, et, en cas de récidive, de 500 à 1 000 francs. L'article 463 est applicable en pareil cas. Même L., art. 29.

39. A partir du 1er janvier 1893, date à laquelle la nouvelle loi devient applicable, la loi du 19 mai 1874 et les règlements d'administration publique rendus en exécution de ses dispositions sont abrogés. Même L., art. 32.

TRAVAUX PUBLICS. 7. Les agents de l'administration, ou les personnes auxquelles elle délègue ses droits, ne peuvent pénétrer dans les propriétés privées pour y exécuter les opérations nécessaires à l'étude des projets de travaux publics, civils ou militaires, exécutés pour le compte de l'État, des départements ou des communes, qu'en vertu d'un arrêté préfectoral indiquant les communes sur le territoire desquelles des études doivent être faites. L'arrêté est affiché à la mairie de ces communes au moins dix jours avant, et doit être représenté à toute réquisition. — L'introduction des agents de l'administration, ou des particuliers à qui elle délègue ses droits, ne peut être autorisée à l'intérieur des maisons d'habitation ; dans les autres propriétés closes, elle ne peut avoir lieu que cinq jours après notification de l'arrêté au propriétaire ou, en son absence, au gardien de la propriété.

A défaut de gardien connu, demeurant dans la commune, le délai ne court qu'à partir de la notification au propriétaire faite en la mairie ; ce délai expiré, si personne ne se présente pour permettre l'accès, lesdits agents ou particuliers peuvent entrer avec l'assistance du juge de paix. L. 29 déc. 1892, art. 1er.

8. Il ne peut être abattu d'arbres fruitiers, d'ornement ou de haute futaie, avant qu'un accord amiable soit établi sur leur valeur, ou qu'à défaut de cet accord il ait été procédé à une constatation contradictoire destinée à fournir les éléments nécessaires sur l'évaluation des dommages. Même art.

TRIBUNAL DE COMMERCE 1... Voir, au mot *Elections* (chap. VI, *Elections consulaires*), le commentaire complet de la loi du 8 décembre 1883 et l'état de la jurisprudence sur toutes les questions qui, en cette matière, se rattachent spécialement à la juridiction des juges de paix.

TRIBUNAUX DE SIMPLE POLICE. 104 *bis.* La procuration spéciale exigée par l'article 152 du Code d'instruction criminelle n'est pas prescrite à peine de nullité ; à défaut de cette procuration spéciale, le ministère public et la partie civile ont seulement le droit de s'opposer à l'audition du mandataire verbal. Cass., 20 nov. 1890, *Annales* 1891, p. 18.

160 *bis.* Lorsque appel est interjeté d'une décision rendue en matière de funérailles par le juge de simple police, en exécution de l'article 5 de la loi du 15 novembre 1887, cet appel est porté devant le président du tribunal civil, qui doit statuer dans les vingt-quatre heures.

201 *bis.* Le délai de huit jours, imparti par la circulaire du 22 décembre 1879 pour le renvoi de l'état des retardataires, que les juges de paix doivent annoter préalablement, court du jour où ces magistrats ont reçu de l'administration des finances ledit état accompagné des renseignements recueillis sur la solvabilité des condamnés. Circul. ministér., 2 août 1890, *Annales* 1891, p. 42.

217. — V. *Supplément*, vº Circonstances atténuantes et aggravantes.

TROUPES EN MARCHE. 1. Par une circulaire du ministre de l'intérieur, en date du 16 septembre 1881, les maires de chaque commune sur le territoire desquelles il existait une ou plusieurs lignes de tramways ont été invités à édicter, en vertu des pouvoirs à eux conférés par les lois des 16-23 août 1790, tit. IX, art. 3, et 18 juillet 1837, art. 11 et 17, un règlement enjoignant à toute personne conduisant une voiture ou un train de tramways de l'arrêter jusqu'à ce que les troupes en marche qu'elles rencontreraient fussent passées. Les infractions à cette injonction, ajoute la circulaire, doivent tomber sous l'application de l'article 471, n° 15, du Code pénal. — V. *Annales* 1882, p. 6.

TUTELLE, TUTEUR, SUBROGÉ TUTEUR. 11... La notification au tuteur de sa nomination doit être faite dans les trois jours de la délibération, plus un jour par 5 myriamètres de distance entre le lieu où s'est tenue l'assemblée et le domicile du tuteur. L. 3 mai 1862.

88 *bis.* Toute personne qui éprouve un préjudice par suite du défaut d'inscription de l'hypothèque légale du pupille sur les immeubles du tuteur, peut exercer une action en dommages-intérêts contre le subrogé tuteur, qui était tenu de faire cette inscription sans délai. Angers, 19 janv. 1892, *Annales* 1892, p. 385 ; Cass., 15 nov. 1892, *G. P.*, 26 nov. 1892.

127. — V. *eod. verbo*, n° 158.

146... 5° Ceux qui ont été déchus de la puissance paternelle. Art. 8, L. 24 juill. 1889.

147... La déchéance de la puissance paternelle est une cause d'indignité qui opère de plein droit.

§ 12, *additionnel. — De l'organisation de la tutelle en cas de déchéance de la puissance paternelle.*

158. Si la mère est prédécédée, si elle a été déclarée déchue ou si l'exercice de la puissance paternelle ne lui est pas attribuée, le tribunal décide si la tutelle doit être constituée dans les termes du droit commun, sans qu'il y ait toutefois obligation pour la personne désignée d'accepter cette charge. L. 24 juill. 1889, art. 10.

159. Les tuteurs institués en vertu de la loi précitée remplissent leurs fonctions sans que leurs biens soient grevés de l'hypothèque légale du mineur. Toutefois, au cas où le mineur possède ou est appelé à recueillir des biens, le tribunal peut ordonner qu'une hypothèque générale ou spéciale soit constituée jusqu'à concurrence d'une somme déterminée. *Ibid.*

160. Si la tutelle n'est pas constituée comme il est dit au numéro précédent, elle est exercée par l'assistance publique, conformément aux lois des 15 pluviôse an XIII, et 10 janvier 1849 (V. aussi, *Supplément*, v° PUISSANCE PATERNELLE, n° 15). L'assistance publique peut, tout en gardant la tutelle, remettre les mineurs à d'autres établissements et même à des particuliers. *Ibid.*, art. 11.

161. Le tribunal, en prononçant sur la tutelle, fixe le montant de la pension qui doit être payée par les père et mère et ascendants auxquels des aliments peuvent être réclamés, ou déclare qu'à raison de l'indigence des parents, il ne peut être exigé aucune pension. *Ibid.*, art. 12.

162. Pendant l'instance en déchéance, toute personne peut s'adresser au tribunal par voie de requête afin d'obtenir que l'enfant lui soit confié. Elle doit déclarer qu'elle se soumet aux obligations prévues par le paragraphe 2 de l'article 364 du Code civil, au titre *De la Tutelle officieuse.* Si le tribunal, après avoir recueilli tous les renseignements et pris, s'il y a lieu, l'avis du conseil de famille, accueille la demande, les dispositions des articles 365 et 370 du même Code sont applicables. V. *Supplément*, v° TUTELLE OFFICIEUSE, n°ˢ 3, 9. — *Ibid.*, art. 13.

163. En cas de décès du tuteur officieux avant la majorité du pupille, le tribunal est appelé à statuer de nouveau, comme il est dit aux numéros 161 et 162 ci-dessus. *Ibid.*

164. Lorsque l'enfant a été placé par les administrations hospitalières ou par le directeur de l'Assistance publique de Paris chez un particulier, ce dernier peut, après trois ans, s'adresser au tribunal et demander que l'enfant lui soit confié dans les conditions énoncées aux numéros précédents. *Ibid.*, art. 13.

165. L'article 13 de la loi du 24 juillet 1889 a institué un nouveau genre de tutelle officieuse, qui ne suppose aucune espèce de vue d'adoption. C'est un acte de bienfaisance qui ne confère au pupille aucun droit ni actuel ni éventuel sur les biens du tuteur. Lorsque ce dernier a terminé l'éducation de son pupille et l'a mis en état de gagner sa vie, il ne subsiste plus entre eux qu'un lien moral.

L'administration, grâce aux pouvoirs qui lui sont donnés par l'article 23 de la loi précitée, peut se faire restituer l'enfant par elle confié à un particulier, alors même que celui-ci aurait obtenu la tutelle officieuse dont nous venons de parler, du moment où il fait mauvais usage de son autorité.

TUTELLE OFFICIEUSE. 3... V. *Supplément*, v° PUISSANCE PATERNELLE, n° 34.

21... *Supplément*, v° TUTELLE, TUTEUR, SUBROGÉ TUTEUR, n° 163.

USINES. — V. *Supplément*, v° TRAVAIL DANS LES ÉTABLISSEMENTS INDUSTRIELS.

USUFRUIT. 9... Mais le juge de paix est compétent, dans les limites de l'article 1er de la loi de 1838, pour connaître de la demande du nu-propriétaire contre l'usufruitier, tendant à obtenir les réparations mises par la loi à la charge de ce dernier. Dall., *Répertoire*, v° COMPÉTENCE DES TRIBUNAUX DE PAIX, n° 139 ; Carré, *Compétence civile*, n° 355 ; Curasson, n° 421.

VAINE PATURE. 11. Ainsi modifié : Le parcours a été aboli par la loi du 9 juillet 1889. — V. *Supplément*, v° PARCOURS.

12. Ainsi modifié : La loi du 9 juillet 1889, dans son article 2, a aboli le droit de vaine pâture appartenant à la généralité des habitants et s'appliquant en même temps à la généralité du territoire d'une commune ou d'une section de commune. Mais ce même article a décidé que, dans l'année de la promulgation de ladite loi, le maintien du droit de vaine pâture, fondé sur une ancienne loi ou coutume, sur un usage immémorial ou sur un titre, pourrait être réclamé au profit d'une commune ou d'une section de commune, soit par délibération du conseil municipal, soit par requête d'un ou plusieurs ayants droit adressée au préfet. — Lorsque la réclamation est faite par des particuliers, nous dit la même loi, le conseil municipal doit être mis en demeure de donner son avis dans les six mois, à défaut de quoi il doit être passé outre. La loi du 22 juin 1890, ayant pour but de modifier le titre II du Code rural, a reproduit cet article, mais en faisant cesser le droit de vaine pâture de plein droit un an après la promulgation de ladite loi, et en fixant le même délai pour l'exercice de la demande en maintien. La loi du 22 juin 1890 a ajouté, en outre, que si la réclamation, de quelque façon qu'elle se produise, n'était pas, dans l'année de la promulgation, l'objet d'une décision conformément aux dispositions du paragraphe 1er de l'article 3 de la loi du 9 juillet 1889, la vaine pâture continuerait à être exercée jusqu'à ce que cette décision fût intervenue.

Ainsi donc, en principe, la loi du 9 juillet 1889 a supprimé le droit de vaine pâture ; cette loi a eu pour effet de faire disparaître complètement ce droit partout où le maintien n'en a pas été demandé dans les conditions et dans le délai fixés. Puis est venue la loi du 22 juin 1890 qui a pour une année rétabli le droit de vaine pâture ; partout donc où le maintien n'avait pas été demandé dans le délai fixé par la loi du 9 juillet 1889, il a pu être demandé dans un nouveau délai d'une année à partir du 22 juin 1890, passé lequel le droit s'est trouvé irrévocablement éteint.

12 *bis.* Dès 1853, soixante-dix-sept départements avaient réclamé la suppression du droit de vaine pâture ; onze départements seulement s'étaient prononcés en faveur du maintien. Mais la majorité des hommes compétents était hostile à ce droit et le considérait comme plus nuisible qu'utile sur notre sol où les terres vides deviennent de plus en plus rares.

12 *ter.* La demande de maintien, qu'elle émane d'un conseil municipal ou qu'elle émane d'un ou de plusieurs ayants droit, doit être soumise au conseil général. La délibération du conseil général est définitive si elle est conforme à celle du conseil municipal. S'il y a divergence, la question est tranchée par décret rendu en Conseil d'État. L. 9 juill. 1889, art. 3.

12 *quater.* Du moment où le droit de vaine pâture a été maintenu, le conseil municipal seul a le droit, ultérieurement, après enquête *de commodo et incommodo*, d'en proposer la suppression. Pour cela, il y a lieu de suivre les mêmes formes que pour la demande de maintien. *Ibid.*

12 *quinquies.* En supposant que, dans une commune, le droit de vaine pâture ait été maintenu après accomplissement des formalités prescrites par la loi du 9 juillet 1889 et avant la promulgation de la loi du 22 juin 1890, serait-il devenu nécessaire, après la promulgation de cette dernière loi, de demander à nouveau le maintien ? Nous ne le croyons pas, car la loi du 22 juin 1890 n'a pas apporté de modifications essentielles à celle du 9 juillet 1889 ; elle n'a fait que la retoucher dans des détails d'importance secondaire. A l'exception de ces détails, l'état de choses établi par la loi du 9 juillet 1889 doit donc subsister.

13 et 14. Modifié ainsi qu'il suit : Le droit de vaine pâture établi comme il est dit aux numéros 12 et 12 *bis* ne fait jamais obstacle à la faculté que conserve tout propriétaire soit d'user d'un nouveau mode d'assolement ou de culture, soit de se clore. Tout terrain clos est affranchi de la vaine pâture. *Ibid.*, art. 6.

15. Est réputé clos tout terrain entouré soit par une haie vive, soit par un mur, une palissade, un treillage, une haie sèche d'une hauteur de 1 mètre au moins, soit par un fossé de 1^m,20 à l'ouverture et de 50 centimètres de profondeur, soit par des traverses en bois ou des fils métalliques distants entre eux de 33 centimètres au plus et s'élevant à 1 mètre de hauteur, soit par toute autre clôture continue et équivalente faisant obstacle à l'introduction des animaux. *Ibid.*

16... Cet article n'a pas été reproduit dans la loi du 9 juillet 1889, mais l'article 6 de cette loi est conçu dans de tels termes qu'il semble devoir être appliqué à la vaine pâture d'une façon générale.

17. Ainsi modifié : La vaine pâture, fondée sur un titre et établie sur un héritage déterminé soit au profit d'un ou plusieurs particuliers, soit au profit de la généralité des habitants d'une commune, est maintenue et doit s'exercer conformément aux droits acquis. Mais le propriétaire de l'héritage grevé peut toujours s'affranchir, soit moyennant indemnité fixée à dire d'experts, soit par voie de cantonnement. Art. 12 de la loi du 9 juillet 1889 modifié par la loi du 22 juin 1890.

17 *bis*. On ne saurait faire tomber sous l'application de l'article 12 précité le droit revendiqué par les habitants d'une commune de faire paître des troupeaux sur une étendue considérable de terrains appartenant à un grand nombre de propriétaires et situés sur le territoire d'une commune voisine. Un semblable droit constitue un droit de parcours. Trib. civ. Dijon, 26 mai 1891, *le Droit*, 26 juin 1891.

17 *ter*. Le droit de pacage constitué par titre sur une propriété et ne pouvant s'exercer qu'après l'enlèvement des récoltes ou leur consommation par le fonds servant est, non pas un droit de vaine pâture, mais une servitude ordinaire. Trib. civ. Romorantin, 4 juill. 1891, *le Droit*, 22 juill. 1891.

17 *quater*. Le droit de pacage constitué par titre sur un pâtis qui fournit une herbe suffisante pour la nourriture quotidienne des troupeaux à toute époque de l'année, n'est qu'une simple servitude et non un droit de vaine pâture. Orléans, 28 déc. 1891, *le Droit*, 14 janv. 1892.

18 et 19. Aux termes de l'article 5 de la loi du 9 juillet 1889, dans aucun cas et dans aucun temps la vaine pâture ne pouvait s'exercer sur les prairies naturelles ou artificielles. La loi du 22 juin 1890 a reproduit la même prohibition ; mais cette loi accorde la faculté de réclamer, en se conformant aux dispositions fixées dans les numéros précédents, le rétablissement de la vaine pâture sur les prairies naturelles seulement, et ce dans les conditions où elle existait antérieurement à la loi du 9 juillet 1889. La loi du 22 juin 1890 décide également, comme la loi de 1889, que la vaine pâture ne peut avoir lieu sur aucune terre ensemencée ou couverte d'une production quelconque, faisant l'objet d'une récolte, tant que la récolte n'est pas enlevée.

19 *bis*. La prohibition en principe de la vaine pâture sur les prairies naturelles s'explique par les progrès de l'agriculture. Sans parler de la fumure, on pratique aujourd'hui sur les prairies naturelles des travaux de drainage, d'irrigation, de défoncement, qui peuvent les faire considérer à ce point de vue presque comme des terres cultivées.

20. — V. *supra*, n°ˢ 13, 14 et 15.

21. Ainsi modifié : La vaine pâture s'exerce soit par troupeau séparé, soit au moyen du troupeau en commun, conformément aux usages locaux, sans qu'il puisse être dérogé aux articles 647 et 648 du Code civil et aux règles expressément établies par la loi du 9 juillet 1881. Art. 4.

21 *bis*. L'usage du troupeau en commun n'est pas obligatoire. Tout ayant droit peut renoncer à cette communauté et faire garder par troupeau séparé le nombre de têtes de bétail qui lui est attribué par la répartition générale. L. 9 juill. 1889, art. 7.

22. Ainsi modifié : La quantité de bétail proportionnée à l'étendue du terrain de chacun est fixée dans chaque commune ou section de commune entre tous les propriétaires ou fermiers exploitants, domiciliés ou non domiciliés, à tant de têtes par hectare, d'après les règlements et usages locaux. En cas de difficulté, il y est pourvu par délibération du conseil municipal, soumise à l'approbation du préfet. Même L., art. 8.

23. Ainsi modifié : Tout chef de famille domicilié dans la commune, alors même qu'il n'est ni propriétaire, ni fermier d'une partie quelconque des terrains soumis à la vaine pâture, peut mettre sur lesdits terrains, soit par troupeau séparé, soit dans le troupeau commun, six bêtes à laine et une vache avec son veau, sans préjudice des droits plus étendus qui lui seraient accordés par l'usage local ou le titre. Même L., art. 9.

24. Ainsi rectifié : Le droit de vaine pâture doit être exercé directement par les ayants droit et ne peut être cédé à personne. *Ibid.*, art. 10.

25, 26, 27, 28. Abrogés en ce qui concerne le parcours.

28 *bis.* Les conseils municipaux peuvent toujours, conformément aux articles 68 et 69 de la loi du 5 avril 1884, prendre des arrêtés pour réglementer le droit de vaine pâture, notamment pour en suspendre l'exercice en cas d'épizootie, de dégel ou de pluies torrentielles, pour cantonner les troupeaux de différents propriétaires ou les animaux d'espèces différentes, pour interdire la présence d'animaux dangereux ou malades dans les troupeaux. *Ibid.*, art. 11.

53. Il y a lieu de rappeler ici que la loi du 9 juillet 1889, confirmée par celle du 22 juin 1890, a prohibé d'une façon absolue l'exercice de la vaine pâture sur les prairies artificielles, etc.; qu'en ce qui concerne les prairies naturelles, la loi du 22 juin 1890 a accordé la faculté de demander le rétablissement de la vaine pâture dans certaines conditions. — V. *supra*, n⁰ˢ 18 et 19.

56. Ainsi modifié : La loi du 9 juillet 1889 a en principe aboli le droit de vaine pâture appartenant à la généralité des habitants et s'appliquant en même temps à la généralité du territoire d'une commune ou d'une section de commune. Les seuls droits de vaine pâture qui puissent encore être invoqués aujourd'hui sont ceux qui existaient lors de la promulgation de la loi du 9 juillet 1889, qui étaient fondés sur une ancienne loi ou coutume, sur un usage immémorial ou un titre et dont le maintien a été réclamé dans le délai d'une année de la promulgation de ladite loi, ou dans le délai d'une année à partir de la promulgation de la loi du 22 juin 1890, au profit d'une commune ou section de commune, par le conseil municipal ou par un ou plusieurs ayants droit.

53, 54, 55, 56. Abrogés en ce qui concerne le parcours.

57. Ainsi modifié : Les autorités qui règlent l'exercice de la vaine pâture sont :

Les lois, coutumes ou règlements anciens ;

Les anciens usages ;

Les titres ;

La loi du 13 juillet 1889 ;

Celle du 22 juin 1890 ;

Enfin les règlements des conseils municipaux.

58. Ainsi rectifié : Les conseils municipaux tiennent ce pouvoir des articles 68 et 69 de la loi du 5 avril 1884. — V. *supra*, n° 28 *bis*.

59. Ainsi modifié : Les délibérations des conseils municipaux portant sur la vaine pâture ne sont exécutoires qu'après avoir été approuvées par l'autorité supérieure, c'est-à-dire par le préfet, statuant en conseil de préfecture. Lorsque le préfet refuse son approbation ou n'a pas fait connaître sa décision dans un délai d'un mois à partir de la date du récépissé, le conseil municipal peut se pourvoir devant le ministre de l'intérieur.

65 *bis*. L'article 11 de la loi du 9 juillet 1889 ne parle que « des arrêtés pouvant être pris par les conseils municipaux ». Mais, d'autre part, les maires, aux termes des articles 90 et 91 de la loi du 5 avril 1884, ont mission d'exécuter les décisions du conseil municipal et de prendre toutes les mesures relatives à la police municipale et rurale. La loi du 9 juillet 1889 n'ayant pas dit expressément que le pouvoir des maires ne s'exerçait pas à l'égard des droits de vaine pâture, il est permis de croire que tout ce qui est dit aux numéros 62, 63, 64 et 65 est toujours exact.

68. Maintenu par l'article 9 de la loi précitée.

70. — V. *supra*, n° 22.

91. — V. *Supplément*, v° ABANDON D'ANIMAUX, n°° 19 et suivants.

93. — V. *supra*, n° 28 *bis*.

103... *Adde :* L. 9 juill. 1889, art. 5, et L. 22 juin 1890. — V. n°° 18 et 19.

106... *Adde :* La loi du 9 juillet 1889, ni celle du 22 juin 1890 ne prohibent la vaine pâture que sur les prairies artificielles et naturelles. Mais il y a tout lieu de croire que l'idée de supprimer les prohibitions indiquées au numéro 106 du *Dic-*

tionnaire n'est pas entrée dans l'esprit du législateur, qui s'est proposé pour but de supprimer en principe et de restreindre en tout cas le plus possible la vaine pâture.

107. — V. *supra*, n°ˢ 18 et 19.

113 et 114. — V. *supra*, n°ˢ 13, 14 et 15.

119... La théorie résultant de l'arrêt rapporté au numéro 118 n'est plus discutable aujourd'hui; en effet, l'article 6 de la loi du 9 juillet 1889 dit, d'une façon générale, que tout terrain clos est affranchi de la vaine pâture.

150. — V. *supra*, n°ˢ 21 et 21 *bis*.

157... *Adde :* Art. 140, L. 5 avril 1884.

159... *Adde :* Art. 140, L. 5 avril 1884.

166. — V. *supra*, n° 24.

170. Sans intérêt depuis que le droit de parcours est aboli.

171... Cette question a été définitivement tranchée par la rédaction de l'article 6 de la loi du 9 juillet 1889. Le droit de vaine pâture ne fait « jamais » obstacle à la faculté que conserve tout propriétaire de se clore. — Il n'y a donc pas d'exception possible.

188. — V. *supra*, n° 17.

192 et 193. Sans intérêt depuis l'abolition du droit de parcours.

194, 195, 196, 197, 198. *Idem.*

216. — V. *Supplément*, v° CHEMINS.

248. — V. *supra*, n°ˢ 18 et 19.

275. — *Supplément*, v° ABANDON D'ANIMAUX.

308. — V. *Ibid.*

319. — V. *Supplément*, v° ABANDON D'ANIMAUX, n°ˢ 18 et suiv.

VÉLOCIPÈDES. — V. *Supplément*, v° POLICE DU ROULAGE.

VENTE DE FRUITS ET RÉCOLTES... Autrefois, toutes les ventes de grains en vert et pendants par racines étaient prohibées (L. 6 messidor an III, art. 1ᵉʳ) ; mais la loi du 9 juillet 1889, sur le Code rural (art. 14), a supprimé cette restriction au droit qu'a tout propriétaire de disposer de sa chose, en abrogeant cette loi du 6 messidor an III.

VENTES PUBLIQUES DE MEUBLES ET DE MARCHANDISES. 53... Modifié en ce sens : Un officier public peut, sans contrevenir à la loi du 22 pluviôse an VII, ne faire qu'une seule déclaration préalable pour plusieurs ventes publiques de meubles, dont il a été chargé à la requête de diverses personnes ayant des intérêts distincts. Solut. de l'Administr. de l'enreg., 4 oct. 1884, *Annales* 1885, p. 147.

124 *bis.* La survenance de la faillite de celui auquel appartenaient les meubles vendus ne saurait modifier l'obligation dont il est parlé au numéro précédent. En conséquence, le syndic serait mal fondé à réclamer le versement du prix entre ses mains, au mépris des oppositions. Cass., 4 juin 1888, *Annales* 1889, p. 187.

125. — V. *Supplément*, v° CONSIGNATION JUDICIAIRE.

162. — V. *Supplément*, v° CONSIGNATION JUDICIAIRE.

VENTE DES IMMEUBLES DES MINEURS. 9. Dans les procédures n'ayant d'autre objet que la vente sur licitation, si les immeubles à liciter ont des mises à prix inférieures à 2 000 francs, et s'ils appartiennent indivisément à des mineurs ou incapables et à des majeurs, ces derniers peuvent se réunir aux représentants de l'incapable pour que la vente ait lieu sur requête, comme si les immeubles appartenaient seulement à des mineurs. L'avis du conseil de famille n'est pas nécessaire quand la vente est provoquée par les majeurs. L. 23 oct. 1884, art. 2. — V. *Annales* 1884, p. 361.

10. Quand le prix principal d'adjudication d'un immeuble vendu judiciairement ne dépasse pas 2000 francs et est devenu définitif par l'expiration du délai de surenchère, toutes les sommes payées au Trésor pour droits de timbre, d'enregistrement, de greffe et d'hypothèque, applicables aux actes rédigés en exécution de la loi pour parvenir à l'adjudication, sont restituées. Même L., art. 3.

11. Les lots mis en vente par le même acte sont réunis pour le calcul du prix d'adjudication, et la valeur des lots non adjugés entre dans ce calcul pour leurs mises à prix. — La vente ultérieure des lots non adjugés profite du bénéfice de la loi. d'après les mêmes règles. Même L., art. 1er.

12. Quand le prix d'adjudication ne dépasse pas 1 000 francs, les divers agents de la loi subissent une réduction d'un quart sur leurs émoluments. L'état des frais de poursuite est dressé par distinction entre les droits du Trésor et ceux des agents de la loi ; il est taxé et annexé au jugement ou au procès-verbal d'adjudication. Même L., art. 3.

13. Est susceptible d'opposition de la part des intéressés, pendant trois jours à compter de l'enregistrement de l'acte de

vente, la disposition du jugement ou du procès-verbal d'adjudication qui ordonne la restitution, par le Trésor, des sommes
à lui payées, et réduit d'un quart les émoluments des agents
de la loi, si le prix est inférieur ou égal à 1000 francs. Cette
opposition est formée et jugée comme en matière d'opposition
à taxe. S'il n'y a pas eu d'opposition, il en est justifié par un
certificat du greffier ; en cas de jugement sur l'opposition, il
est produit un extrait de ce jugement ; le tout a lieu sans
frais. Même L., art. 4.

14. Le greffier du tribunal ou le notaire délégué pour la
vente délivre à l'adjudicataire un extrait suffisant pour la
transcription de son titre, et au vendeur, mais seulement en
cas de non-payement du prix ou de non-exécution des conditions de l'adjudication, un extrait en la forme exécutoire.
Même L., art. 4.

15. Le bénéfice de la loi du 23 octobre 1884 s'applique à
toutes les ventes judiciaires d'immeubles dont le prix ne dépasse pas 2000 francs, ainsi qu'à leurs incidents de subroga-
tion, de surenchère et de folle enchère. Dans les procédures
où la licitation est incidente aux opérations de liquidation et
partage, le bénéfice de ladite loi est acquis à tous les actes
nécessaires pour parvenir à l'adjudication, à partir du cahier
des charges inclusivement ; les frais antérieurs ne sont pas
employés en frais de vente. Même L., art. 2.

16. Le tribunal devant lequel se poursuit une vente, dont
la mise à prix est inférieure à 2000 francs, peut ordonner que
les placards et insertions ne contiendront qu'une désignation très sommaire des immeubles (le prix des insertions est
de la moitié de celui fixé pour les autres ventes judiciaires),
et que les placards seront manuscrits et apposés sans procès-
verbal d'huissier dans les lieux indiqués par le tribunal.
Même L., art. 5.

VERS A SOIE. 6 *bis.* Au surplus, aucun doute ne peut plus
subsister aujourd'hui à cet égard, la loi sur le Code rural du
4 avril 1889 ayant reproduit dans son article 11 les dispositions prohibitives de la loi des 28 septembre-6 octobre 1891,
tit. I, sect. 3, art. 4. — V. *Abandon d'animaux et de bestiaux,*
n° 53.

VICES RÉDHIBITOIRES. 1. La loi du 20 (et non 28) mai
1838, concernant les vices rédhibitoires dans les ventes et

échanges d'animaux domestiques, a été abrogée et remplacée par la loi du 2 août 1884 faisant partie d'un ensemble de lois destinées à former le Code rural. Aux termes de cette dernière loi (art. 1er), l'action en garantie, dans les ventes ou échanges d'animaux domestiques, est régie, à défaut de conventions contraires, par les dispositions suivantes, sans préjudice des dommages et intérêts qui peuvent être dus s'il y a dol.

M. Maunoury, dans le rapport qu'il a fait à la Chambre des députés, sur le projet de loi (*Journ. off.*, doc. parlement., nov. 1883, p. 1372), détermine comme il suit le but et la portée de cet article 1er : « Il ne faut pas s'effrayer, dit-il, de ce que la liste des vices rédhibitoires soit restreinte. Le vendeur y trouve plus de sécurité quand il est de bonne foi, car le dol rend responsable de tout vice quel qu'il soit. Quant à l'acheteur, il a toujours le droit de se garantir par des conventions particulières. Il ne faut pas perdre de vue, en effet, que le projet de loi ne constitue qu'une présomption légale, à savoir que les contractants ont entendu limiter la garantie à des vices déterminés, lorsqu'il n'y aura pas de conventions particulières. »

L'obligation de garantie imposée aux vendeurs d'animaux domestiques par l'article 1641 du Code civil et par la loi du 2 août 1884 peut être étendue par une convention spéciale des parties. Cass., 20 déc. 1887, *Annales* 1888, p. 320.

L'action rédhibitoire n'appartient qu'à l'acheteur, et le vendeur n'est jamais recevable à l'exercer. Bordeaux, 6 juin 1887, *Annales* 1889, p. 215.

1 *bis.* Sont réputés vices rédhibitoires et donnent seuls ouverture aux actions résultant des articles 1641 et suivants du Code civil, sans distinction des localités où les ventes et échanges ont eu lieu, les maladies ou défauts ci-après, savoir (L. 2 août 1884, art. 2) :

2. *Pour le cheval, l'âne et le mulet.* — 1° La morve; 2° le farcin; 3° l'immobilité; 4° l'emphysème pulmonaire; 5° le cornage chronique; 6° le tic proprement dit, avec ou sans usure des dents; 7° les boiteries anciennes intermittentes; 8° et la fluxion périodique des yeux. — V. *infra*, n° 51 *bis.*

3. *Pour l'espèce bovine*, la loi du 2 août 1884 a supprimé tout vice rédhibitoire.

3 *bis.* Les animaux atteints ou soupçonnés d'être atteints de

maladies contagieuses, étant hors du commerce, la vente de
ces animaux est nécessairement nulle. Et la tuberculose étant
une des maladies contagieuses qui rendent impossible la vente
des animaux de l'espèce bovine, la vente d'un bœuf atteint de
tuberculose au moment du contrat doit être annulée sans qu'il
soit besoin d'établir que le vendeur connaissait ou soupçon-
nait l'existence de cette maladie. Cass., 20 juill. 1892, *Annales*
1892, p. 370. — Mais l'action en nullité de la vente d'une
vache, fondée sur la loi du 21 juillet 1881, ne peut s'exercer
qu'après la constatation et la reconnaissance préalable du
délit réprimé par ladite loi. Trib. Verdun, 4 nov. 1890, *Annales*
1891, p. 101.

3 *ter*. L'acheteur d'une vache, qui se borne, à l'appui d'une
demande en garantie dirigée contre son vendeur, à imputer à
ce dernier de l'avoir trompé en affirmant que l'animal était
atteint d'une toux simplement passagère alors qu'il était réellement atteint de phtisie pulmonaire, est non recevable, car il
n'excipe d'aucune convention spéciale de garantie dérogeant
aux dispositions de la loi du 2 août 1884 qui affranchissent de
toute garantie le vendeur d'animaux de l'espèce bovine. Cass.,
21 juill. 1891, *Annales* 1892, p. 228.

4, 5, 6. Ces articles sont devenus sans objet.

7. *Pour l'espèce ovine.* — La clavelée ; cette maladie, reconnue chez un seul animal, entraîne la rédhibition de tout le
troupeau s'il porte la marque du vendeur.

7 *bis*. *Pour l'espèce porcine.* — La ladrerie. Cette disposition
est nouvelle ; la loi de 1838 ne spécifiait aucun vice rédhibitoire pour l'espèce porcine.

8. *Adde :* Étude de M. A. Sevène, juge de paix de Villemure,
Annales 1888, p. 259.

9. L'action en réduction de prix, autorisée par l'article 1644
du Code civil, ne peut être exercée dans les ventes et échanges
d'animaux énoncés précédemment, lorsque le vendeur offre
de reprendre l'animal vendu en restituant le prix et en rem-
boursant à l'acquéreur les frais occasionnés par la vente.
L. 2 août 1884, art. 3. — Ainsi, en règle générale, l'acquéreur
d'un animal atteint d'un vice rédhibitoire a le choix ou de
poursuivre contre son vendeur la résolution du contrat, ou
d'intenter contre celui-ci l'action *quanti minoris*, c'est-à-dire
une simple demande en réduction du prix de la vente. Seule-

ment, pour prévenir un procès et en éviter les frais souvent considérables, il est permis au vendeur d'arrêter cette dernière action *quanti minoris* en reprenant l'animal vendu et en indemnisant l'acheteur des frais qui ont été la conséquence de la vente.

9 *bis*. Aucune action en garantie, même en réduction de prix, n'est admise pour les ventes ou pour les échanges d'animaux domestiques, si le prix, en cas de vente, ou la valeur, en cas d'échange, ne dépasse pas 100 francs. *Ibid.*, art. 4. — Cette disposition a pour but de mettre obstacle à l'introduction d'instances judiciaires dont l'intérêt ne justifierait pas les frais. Mais il importe de remarquer qu'elle n'est applicable qu'à défaut de conventions contraires, et que, par conséquent, pour les animaux dont le prix, en cas de vente, ou la valeur, en cas d'échange, ne dépassera pas 100 francs, l'action en garantie pourra toujours être stipulée entre les parties par une convention expresse ; c'est seulement dans le cas de silence des parties que cette action cessera d'être réservée de plein droit par l'effet d'une présomption légale.

10. Le délai pour intenter l'action rédhibitoire est de neuf jours francs, non compris le jour fixé pour la livraison, excepté pour la fluxion périodique, pour laquelle ce délai sera de trente jours francs, non compris le jour fixé pour la livraison. L. 2 août 1884, art. 5.

10 *bis*. C'est aussi, en ce qui concerne les chevaux atteints de fluxion périodique, dans le délai de trente jours non compris celui de la livraison que, à peine de non-recevabilité, doit être provoquée la nomination d'experts chargés de constater l'existence du vice. Trib. Châteaubriant, 7 déc. 1889, *Annales* 1891, p. 344.

12. Jugé, sous l'empire de la loi de 1838, que l'action rédhibitoire doit, à peine de déchéance, être intentée dans le délai légal fixé par cette loi, et qu'il ne suffit pas, pour éviter la déchéance, d'avoir provoqué dans ce délai la nomination d'experts chargés de visiter l'animal soupçonné de vice rédhibitoire. Cass., 23 mars 1840, Sirey 1840, I, 431 ; Cass., 10 déc. 1855, D., *P.* 1856, I, 59, Sirey 1856, I, 237 ; Cass., 19 déc. 1860, D., *P.* 1861, I, 24, Sirey 1861, I, 368. — Depuis la nouvelle loi, il y a les mêmes motifs de décider.

13. Si la livraison de l'animal a été effectuée hors du lieu du domicile du vendeur, ou si, après la livraison et dans le délai ci-dessus, l'animal a été conduit hors du lieu du domicile du vendeur, le délai pour intenter l'action sera augmenté à raison de la distance, suivant les règles de la procédure civile. L. 2 août 1884, art. 6. — Aux termes de l'article 1033 du Code de procédure civile, l'augmentation de ce délai doit être fixée à un jour par 5 myriamètres de distance ou par fraction de 4 myriamètres et au-dessus.

15. Quel que soit le délai pour intenter l'action, l'acheteur, à peine d'être non recevable, est tenu de provoquer, dans les délais de l'article 5, la nomination d'experts chargés de dresser procès-verbal. La requête doit être présentée, verbalement ou par écrit, au juge de paix du lieu où se trouve l'animal ; ce juge constate dans son ordonnance la date de la requête et nomme immédiatement un ou trois experts, qui doivent opérer dans le plus bref délai. L. 2 août 1884, art. 7.

Ces experts ont pour mission et pour devoir de vérifier l'état de l'animal, de recueillir tous les renseignements utiles, de donner leur avis, et, à la fin de leur procès-verbal, d'affirmer par serment la sincérité de leurs opérations. *Ibid.*

Les pouvoirs des experts sont plus complètement définis que par la loi de 1838; ils sont étendus ; ainsi ils ont le droit d'entendre des témoins à titre de renseignements.

15 *bis*. L'article 7 de la loi du 2 août 1884 n'a pas entendu imposer, en cas de ventes successives du même animal, l'obligation de présenter autant de requêtes qu'il y aurait eu de ventes dans les délais légaux. L'expertise ordonnée sur la demande d'un des acquéreurs sauvegarde les droits de tous les intéressés, alors surtout que la procédure introduite par cet acquéreur a été dénoncée par l'acheteur intermédiaire au vendeur originaire en faisant connaître à ce dernier le jour de l'expertise et le mettant à même d'y comparaître. Cass., 18 nov 1891, *Annales* 1892, p. 118.

16 *bis*. La loi de 1884, dans un intérêt d'économie, a reproduit la disposition de la loi de 1838 qui permet au juge de paix, contrairement aux règles ordinaires de la procédure, de ne nommer qu'un seul expert.

18. Les experts sont dispensés de prêter le serment préalable, ce qui entraînerait une dépense inutile ; mais ils sont tenus d'affirmer par serment, dans leur procès-verbal même, la sincérité de leurs opérations. Exposé des motifs de la loi du 2 août 1884, *Journ. off.*, 31 oct., 1er et 3 nov. 1884, p. 7798 à 7827.

18 *bis*. Les délais stipulés par les articles 5 et 7 pour l'expertise et l'introduction de l'action ne sont point des délais successifs ; en sorte que l'action doit toujours, à peine de non-recevabilité, être intentée dans le délai de neuf ou de trente jours suivant les cas, et sauf les délais de distance. C'est dans ce sens que la jurisprudence de la Cour de cassation s'était affirmée d'une façon constante sous l'empire de la loi de 1838. Cass., 17 mai 1847, *Annales*, 1re série, t. V, p. 339; Cass., 10 déc. 1855, D., *P.* 1856, I, 59, Sirey 1856, I, 237; Cass., 19 déc. 1860, D., *P.* 1861, I, 24, Sirey 1861, I, 368. *Sic*, Caen (sol. impl.), 6 juin 1885, *Annales* 1886, p. 274.

18 *ter*. Le vendeur doit être appelé à l'expertise, à moins qu'il n'en ait été autrement ordonné par le juge de paix, à raison de l'urgence et de l'éloignement. — La citation à l'expertise doit être donnée au vendeur dans les délais déterminés par les articles 5 et 6, et énoncer qu'il sera procédé même en son absence. L. 2 août 1884, art. 8. — V. *infra*, n° 32 *bis*.

Si le vendeur a été appelé à l'expertise, la demande peut être signifiée dans les trois jours à compter de la clôture du procès-verbal, dont copie devra être signifiée en tête de l'exploit. — Si le vendeur n'a pas été appelé à l'expertise, la demande devra être faite dans les délais fixés par les articles 5 et 6. *Ibid*.

18 *quater*. La demande est portée devant les tribunaux compétents, suivant les règles ordinaires du droit. — Elle est dispensée de tout préliminaire de conciliation et, devant les tribunaux civils, elle est instruite et jugée comme matière sommaire. L. 2 août 1884, art. 9.

Ainsi, en matière de vices rédhibitoires, rien n'est changé aux règles ordinaires de la compétence. Si le vendeur est un commerçant, la juridiction sera déterminée conformément à l'article 420 du Code de procédure civile ; s'il n'est pas commerçant, il devra être assigné dans tous les cas devant le juge de son domicile, juge de paix ou tribunal de première instance, suivant que l'importance du litige, déterminée par le prix de la vente ou par la valeur de l'objet échangé, n'excédera pas ou dépassera la somme de 200 francs.—V. *infra*, n°° 25, 28, 29.

19. Si l'animal vient à périr, le vendeur n'est pas tenu de la garantie, à moins que l'acheteur n'ait intenté une action régulière dans le délai légal et ne prouve que la perte de l'animal provient de l'une des maladies spécifiées dans l'article 2. L. 2 août 1884, art. 10.

20. Cette disposition (art. 8 de la loi du 20 mai 1838) a été littéralement reproduite sous l'article 11 de la loi du 2 août 1884.

20 *bis*. Sont abrogés tous les règlements imposant une garantie exceptionnelle aux vendeurs d'animaux destinés à la boucherie. Sont également abrogées la loi du 20 mai 1838 et toutes les dispositions contraires à la présente loi. L. 2 août 1884, art. 12.

Les règlements dont la loi de 1884 porte abrogation sont notamment les arrêts de règlement du Parlement de Paris des 4 septembre 1673 et 16 juillet 1699, confirmés par lettres patentes des 1er février 1743 et 17 juin 1782, et par une ordonnance de police du 25 mars 1830.

23. Ces observations s'appliquent également à la loi du 2 août 1884, laquelle ne déroge en rien notamment à la loi du 21 juillet 1881 sur la police sanitaire des animaux, complétée par le décret du 28 juillet 1888.—V. Étude de M. Sevène, juge de paix de Villemure, *Annales* 1888, p. 259.

25. Voir *supra*, n° 18 *quater*, et, sur la non-recevabilité de l'action dans le cas où la valeur du litige n'excède pas 100 fr., le numéro 9 *bis*.

26. Au point de vue de la compétence du juge de paix en matière d'action rédhibitoire, la valeur du litige pourra être déterminée d'après les règles suivantes : 1° s'il s'agit de l'action en garantie proprement dite, tendant à la résolution du contrat de vente ou d'échange, c'est-à-dire au remboursement du prix d'achat ou à la restitution en nature de l'animal acheté ou donné en échange, ce sera, en cas de vente, le prix réclamé, augmenté des frais accessoires également répétés, qui servira à fixer la valeur de la demande. En cas d'échange, au contraire, le demandeur devra intenter son action dans la forme d'une demande alternative, tendant à ce que son co-échangiste soit condamné ou bien à lui restituer l'animal que celui-ci a reçu en échange et, s'il y a lieu, la soulte en argent qu'il a touchée, ou bien, faute de ce faire, à lui payer une certaine somme déterminée pour lui tenir lieu et le remplir de la valeur de ces objets ; et ce sera la seconde branche de l'alternative, c'est-à-dire la valeur estimative de la chose réclamée en nature, qui servira à fixer l'importance du litige ; 2° s'il s'agit de l'action *quanti minoris*, c'est-à-dire en réduction de prix, la valeur du litige sera limitée à la somme dont le demandeur réclamera la restitution en principal et frais accessoires. —V., au surplus, n° 30.

Les frais de fourrière faits pendant la période de temps qui a précédé immédiatement l'introduction de l'action rédhibitoire, en tant qu'ils constituent alors une mesure nécessaire et virtuellement autorisée par la loi, peuvent être considérés comme des accessoires de la demande, dont il n'y a pas lieu de tenir compte pour la détermination de la valeur de cette demande, au point de vue des limites de la compétence. Cass., 1ᵉʳ juill. 1872, D., *P.* 1873, I, 239 ; Cass. (sol. implic.), 12 nov. 1889, *G. P.* 6 déc. 1889.

28 et 29. L'article 9 de la loi du 2 août 1884 a expressément consacré cette doctrine et fait cesser toute incertitude à cet égard. V. *supra*, n° 18 *quater*.

30. Voir, au surplus, relativement aux frais de fourrière faits antérieurement à l'introduction de la demande, *supra*, n° 26, *in fine*.

31 et 32. Sous l'empire de la loi du 2 août 1884, ces décisions n'ont rien perdu de leur valeur ni de leur exactitude juridique. — V., au surplus, *supra*, n° 18 *bis*.

32 *bis*. Si la loi du 2 août 1884 prescrit à l'acheteur, qui excipe d'un vice rédhibitoire, à peine de non-recevabilité, d'intenter la demande en résiliation et de provoquer la nomination d'experts dans les délais préfixes spécifiés par les articles 5 et 6 de ladite loi, cette prescription légale et la sanction qui y est attachée ne sauraient être étendues à la sommation de comparaître à l'expertise qui doit être faite au vendeur conformément à l'article 8 de cette même loi ; cette sommation peut valablement n'être signifiée qu'après l'expiration de ces délais, à la condition toutefois que le vendeur ait été prévenu en temps utile pour pouvoir assister à l'expertise. Caen, 6 juin 1885, *Annales* 1886, p. **274.**

32 *ter*. Lorsque la résiliation de la vente d'un animal domestique, pour vice rédhibitoire, a été prononcée par le tribunal, sans que l'acheteur ait provoqué la nomination préalable d'experts chargés, à peine de nullité, de dresser procès-verbal, le défendeur qui, devant les juges du fond, n'a pas opposé la fin de non-recevoir tirée de l'article 7 de la loi du 2 août 1884, n'est pas recevable à s'en prévaloir pour la première fois devant la Cour de cassation. Cass., 3 nov. 1886, *Annales* 1888, p. 269.

33. L'article 5 de la loi du 2 août 1884 a consacré la jurisprudence antérieure, en déclarant expressément que le délai fixé pour intenter l'action rédhibitoire était un délai *franc*.

34 et 39. Principes et solutions toujours applicables.

40 et 41. La loi du 2 août 1884, sur les vices rédhibitoires, est limitative et, en principe, l'action rédhibitoire ne peut être intentée en dehors des cas que cette loi a spécifiés, à moins que la garantie ne soit due en vertu d'une convention intervenue entre les parties. Cass., 10 nov. 1885, *Annales* 1886, p. 219. — Cette convention peut être *expresse* ou *tacite;* et l'existence de la convention tacite de garantie peut s'induire de l'ensemble des faits constatés par les juges du fond (Cass., 10 nov. 1885, précité), et notamment résulter implicitement de la nature même de la chose vendue et du but que les parties s'étaient proposé et qui formait la condition essentielle du contrat. Cass., 10 nov. 1885, précité ; Cass., 23 mars 1887, *Annales* 1888, p. 178. — V. Étude de M. Sevène, juge de paix à Villemure, *Annales* 1888, p. 259.

D'un autre côté, on admet généralement que la loi du 2 août 1884 s'applique aux ventes d'animaux de boucherie comme aux autres ventes d'animaux domestiques en général. Cass., 10 nov. 1885 (sol. implic.), *Annales* 1886, p. 219. *Sic* MM. Watrin, *G. des Trib.*, 21, 22 et 23 oct. 1885 ; Angot. *Législat. sur les anim.*, n° 110 ; Leroy et Drioux, *Des anim. domest.* p. 72 et 73. — *Contra*, Le Pelletier, *Man. des vices rédhibitoires*, n° 249.

41 *bis*. Jugé, conformément à cette doctrine, que, lorsqu'un marchand de bestiaux vend à un boucher une vache pour être immédiatement abattue et livrée à la consommation comme viande de boucherie, il y a convention tacite de garantie donnant ouverture à l'action rédhibitoire pour le cas où, après l'abatage, il a été reconnu que l'animal était atteint d'une tuberculose généralisée, maladie non prévue par la loi de 1884, mais rendant sa chair impropre à la consommation.

Cass., 10 nov. 1885 et 23 mars 1887, précités. — V. aussi Trib. de Saint-Calais, 26 déc. 1886, *Annales* 1887, p. 243.

51. Un vice apparent, comme la cécité d'un cheval, ne peut donner lieu à la résiliation de la vente, alors même que la vente a eu lieu avec garantie des vices rédhibitoires, à moins que l'acheteur ne prouve que le vendeur a employé des manœuvres dolosives pour dissimuler l'infirmité de l'animal. Paris, 1er avril 1887, *Annales* 1888, p. 179.

51 *bis.* Le juge du fond peut décider que le tic avec usure des dents dont un cheval était atteint est apparent, en faisant résulter cette apparence des termes du rapport de l'expert commis et de toutes les circonstances de la cause. Cass., 11 nov. 1890, *Annales* 1892, p. 45.

52. La réserve, faite dans la vente d'un cheval, qu'il sera visité par un vétérinaire et trouvé sans défaut, ne peut s'interpréter dans le sens d'une restriction à raison de vices cachés, des vices rédhibitoires déjà prévus et réglementés par la loi de 1884, mais de défauts secondaires accessoires, suffisants pour déprécier le cheval selon les vues de l'acheteur et du vétérinaire convenu. Rouen, 19 nov. 1885, *Annales* 1887, p. 107.

VOITURIER. 36 *bis.* Une compagnie de wagons-lits n'est pas responsable, alors que la faute de ses agents n'est pas établie, de la perte ou du vol des objets non enregistrés que les voyageurs n'ont pas confiés à sa garde, mais qu'ils ont gardés avec eux. Trib. Seine, 14 mai 1892, *Annales*, 1892, p. 350.

58. Ainsi modifié : La réception des objets transportés et le payement du prix de la voiture éteignent toute action contre le voiturier pour avarie ou perte partielle, si dans les trois jours, non compris les jours fériés, qui suivent celui de cette réception et de ce payement, le destinataire n'a pas notifié au voiturier, par acte extra-judiciaire ou par lettre recommandée, sa protestation motivée. Toutes stipulations contraires sont nulles et de nul effet. Cette dernière disposition n'est pas applicable aux transports internationaux. L. 11 avril 1888, *Annales* 1888, p. 190.

58 *bis.* Les formes imposées par la loi au destinataire d'un colis pour la notification au voiturier de sa protestation pour avarie ou perte partielle sont impérativement et limitativement déterminées. Dès lors, une simple lettre écrite par le destinataire au voiturier, alors même que celui-ci reconnaît l'avoir reçue, ne conserve pas l'action en responsabilité contre le voiturier. Cass., 23 déc. 1891, *Annales* 1892, p. 313.

58 ter. Qu'il s'agit de pertes, d'avaries, de retards ou d'actions quelconques, la règle posée par l'ancien article 105 était inflexible. L'impossibilité où était le destinataire de se livrer, au moment de la réception, à une vérification sérieuse, soit des objets eux-mêmes, soit des tarifs, et le danger qu'il y avait, en refusant les marchandises, d'aggraver leur état et les chances de détérioration, appelaient une réforme. D'après la loi nouvelle, il n'y a plus de distinction entre les expéditions qui sont faites dans l'intérieur et celles qui sont faites de l'étranger, sauf en ce qui concerne les stipulations contraires.

59. Ainsi modifié : Les actions pour avaries, pertes ou retards auxquelles peut donner lieu, contre le voiturier, le contrat de transport, sont prescrites dans un délai d'un an, sans préjudice des cas de fraude ou d'infidélité. Toutes les autres actions auxquelles ce contrat peut donner lieu, tant contre le voiturier ou le commissionnaire que contre l'expéditeur ou le destinataire, aussi bien que celles qui naissent des dispositions de l'article 541 du Code de procédure civile, sont prescrites dans un délai de cinq ans. Le délai de ces prescriptions est compté, dans le cas de perte totale, du jour où la remise de la marchandise aurait dû être effectuée, et, dans tous les autres cas, du jour où la marchandise est remise ou offerte au destinataire. Le délai pour intenter chaque action récursoire est d'un mois. Cette prescription ne court que du jour de l'exercice de l'action contre le garanti. Dans le cas de transports faits pour le compte de l'État, la prescription ne commence à courir que du jour de la notification de la décision ministérielle emportant liquidation ou ordonnancement définitif. *Ibid.*

59 bis. Si la loi nouvelle a établi une courte prescription pour les actions intentées à raison de pertes, d'avaries ou de retards, c'est que, en pareil cas, la vérification est toujours faite d'urgence.

59 ter. L'application de l'article 105 nouveau du Code de commerce s'impose avec plus de force encore quand la marchandise arrive en port payé. Paris, 24 oct. 1892, *G. P.* 26 nov. 1892.

VOLAILLES. 16. La législation de 1791 concernant les volailles, la réparation civile des dégâts par elles commis sur le fonds d'autrui, ainsi que le droit de destruction accordé à la partie lésée sur ces animaux, a été complétée et remplacée par la loi sur le Code rural du 4 avril 1889, art. 4 et 5. — V. *Abandon d'animaux et de bestiaux*, nos 23 et suivants.

ANNALES
DES JUSTICES DE PAIX

Recueil mensuel de législation, de doctrine et de jurisprudence

PAR

MM. Louis MILLION et Alex. BEAUME

ET UNE SOCIÉTÉ DE MAGISTRATS, D'AVOCATS ET DE JURISCONSULTES

Un cahier par mois de deux à trois feuilles grand in-8°.
Prix : **10** francs par an, *franco*.

BULLETIN SPÉCIAL

DES DÉCISIONS DES JUSTICES DE PAIX
ET DES TRIBUNAUX DE SIMPLE POLICE

Par MM. Louis MILLION et Alex. BEAUME

Un cahier par mois de deux feuilles grand in-8°.
Prix : **8** francs par an, *franco*.

Ces deux journaux sont rédigés avec le plus grand soin par des hommes pratiques et spéciaux.

Le comité de rédaction est composé de notabilités considérables dans la science du droit et dans la pratique des affaires des justices de paix. Il suffit d'indiquer les noms des personnes qui ont bien voulu s'associer à ce comité pour faire apprécier la valeur de ces recueils.

Font partie du comité de rédaction des *Annales des Justices de paix* et du *Bulletin général des Décisions des Justices de paix* : MM. François SAINT-MAUR, ✳, ancien président de chambre à la Cour de Pau; E. PLUM, docteur en droit, avocat à la Cour de Paris; E. DUMONT, avocat à la Cour de Paris; GIRARDOT, ex-juge de paix à Melun; BOULÉ, juge de paix à Pontoise; SOREL, ✳ I O. président du Tribunal civil de Compiègne; WORMS, ✳ professeur à la Faculté de droit de Rennes, membre correspondant de l'Institut; Al. BIDAULT DE L'ISLE, juge au Tribunal de la Seine; Louis VACHERON, avoué à la Cour de Paris; JOUAUST, juge de paix du Ve arrondissement de Paris; CRANNEY, ✳ O. juge de paix du XIe arrondissement de Paris; PICON, ancien juge de paix à Courbevoie (Seine); LE LÉGARD, juge de paix à Angoulême (Charente); CARDENNE, ancien juge de paix à Rue (Somme); DEWILDE, ex-avoué, licencié en droit à Arras (Pas-de-Calais), etc., etc.; des magistrats de la Cour de cassation et de la Cour d'appel et un grand nombre d'avocats du barreau de Paris et de professeurs des Facultés de droit.

PARIS. — TYPOGRAPHIE A. HENNUYER, RUE DARCET. 7.